魏晋
南北朝
史

A HISTORY OF THE WEIJIN SOUTHERN AND NORTHERN DYNASTIES

何兹全 张国安 著

人民出版社

中国自然地理与魏晋南北朝历史大势

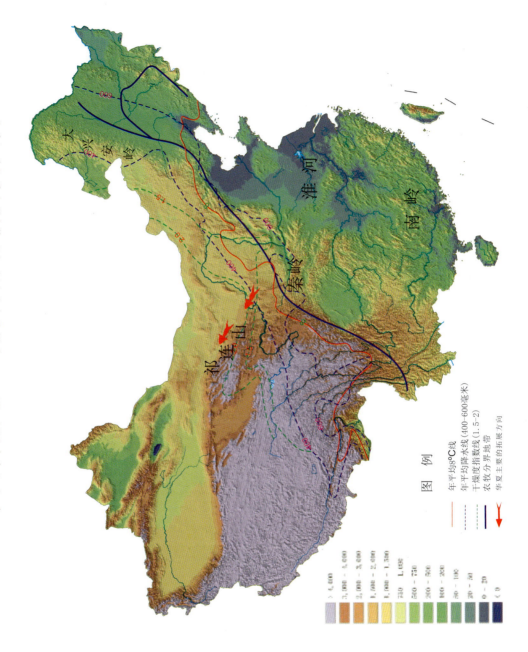

大兴安岭

淮河

南岭

秦岭

祁连山

图　例

年平均8℃线
年平均降水线（400～600毫米）
干燥度指数线（1.5～2）
农牧分界地带
华夏主要的拓展方向

> 6,000
3,000～4,000
3,000～3,000
1,000～2,000
1,000～1,000
1,000
750～750
500～500
300～300
200～200
100～100
50～50
0～50
< 0

此图依据现代数据绘制，这些因素三千年来的变化并不大，所以，它们对于宏观理解中国历史有着极其重要的参考价值。图上数据展示出一个从东北到西南的半月形地带，在太阳辐射、气温、降水量、湿润程度、植物生长期、动植物资源等生态环境方面具有相当的一致性，生态环境十分接近，基本上由草原、高原灌丛与草甸组成，属于半干旱气候类型，一直是畜牧或半农半牧族群繁衍生息的家园。带西、带北主要地貌是沙漠、山地、高原和草原，地势平缓，交通方便，有利于文化交流、物质交换及人类种群的移动与迁徙，植被属于荒漠区域，人口密度极低；带东、带南以平原、盆地、水网、湖泊、丘陵、低山相间，受到来自太平洋和印度洋暖湿气流的季节影响，降水充沛，气候湿润，植被属于森林区域，自古以农耕为经济基础。400毫米等降水量线是我国半湿润区和半干旱区的分界线，年降水量不足400毫米，土地便向荒漠化发展。它也是适宜人类生存地区的界线。其两侧还是农牧交错带和众多江河的水源地。

过渡带上表现出独特的生态脆弱性，这个带是中原王朝直接影响力和中央控制疆域的重要指标，是华夏民族和其他民族之间战争与和平的生命线。汉末魏晋南北朝时期，适逢中古气候有三个寒冷事件多、持续时间长的寒冷期（180～200年，270～330年，410～540年），以致天灾频繁，民众困穷，这一地带的族群就成为搅乱东亚大陆秩序的强大推动力，而统治者人谋不臧，遂至祸难相继，天人交并，战乱连绵。

影响中国历史的另一区域是高纬度的北方大草原，那里气候干寒，属于温差起伏较大的内陆气候地区，植物生长期相当短促，人与自然的生态关系极不稳定，微小的气候变化可以立刻引发生态改变，可以容忍的变化边际也十分微小，7月份平均气温即使只冷一度即可对作物产生严重的影响，从而导致人类行为的变动，草原游牧民族以牧畜为生，野无青草则牛羊不能生息繁衍，饥馑必接踵而至，愈在北边，愈面临困境，这造成北方草原族群向南方迁徙，于是一波压一波，产生了强大的推动力，使中国的历史乱上加乱。

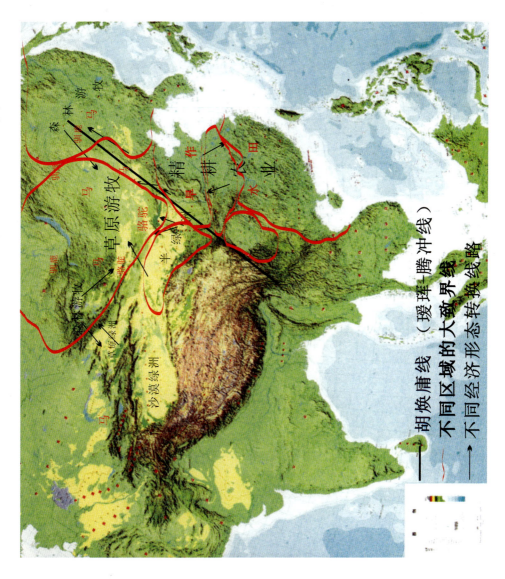

胡焕庸线与不同的经济形态及分区

森林
游牧
马
驯鹿
精耕
耕作
利用
农业
水田
马
驯鹿
草原游牧
骆驼
半绿洲
马
沙漠绿洲

胡焕庸线（瑷珲-腾冲线）

—— 胡焕庸线
—— 不同区域的大致界缘
➝ 不同经济形态转换线路

胡焕庸线（瑷珲—腾冲）是胡焕庸发现的中国人口地理分界线，即自黑龙江瑷珲至云南腾冲画一条直线（约为45°），线东南半壁36%的土地供养了全国96%的人口；西北半壁64%的土地仅供养4%的人口，揭示了中国人口分布的规律。后来发现它同时还负载、分割了许多神奇的自然与社会的元素，并与气象上的400毫米等降水量线、中国生态环境界线、地貌区域分割线、文化文明转换的分割线以及民族界线等存在相当程度的重合。

　　该线以西、以北，大部分人群或游牧或狩猎，生产上不利于单户生存，形成了部落内聚力强、组织性强、团体观念重等习性，多是粗犷、豪迈、辽远的风情。该线以东、以南，适于人类的生产和生活，农耕文明成为主流，文化发达，技术高超，创造性强，具小巧玲珑、秀美细腻和略显局促的景象。这里有两个中枢区域，一在北京、一在南京，而以桐柏山、大别山、淮河之线为界，淮河是是天侯、地形及人民生活习惯的变换线。中原、江南和岭南是古今人文繁荣的主要区域，对我国社会、历史与民族文化特征的形成一直起着重要作用。华夏文化在两个方向的发展没有限制，甚至诸如朝鲜、越南和日本也全都采纳了中国式的国家机构与对外关系、表意文字、饮食、服饰与历法模式。

　　基本的社会形态建立于基本的生态环境之中，这里最重要的是华夏的农田和蒙古的草原。一般而言，游牧民族在经济上依赖于农业民族。草原社会事实上是中国历史的副产品，整个游牧制度建立在粗放经济及人口分散的原则上，整个人口、财产的机动性与独立性的结合，加上游牧骑兵的机动性，使草原社会在战争中极其坚强。西晋时，马镫的发明更加剧了游牧民族骑兵本来就有的天然优势。华夏的经济及社会不是为战争而组织的，相反，它们在战争中极为脆弱。当中原有强大的政治体系时，决定大陆秩序的，还是华夏的势力，游牧民族至多只能沿长城一线及青藏高原东部移动。当草原和华夏两大制度先后崩溃，大陆就分解为多个区域单元，其间的争斗、分化、组合成为这一时期的主要内容，而多种经济形态的东北地区充分体现出优越性，拓跋鲜卑由森林部落转化为游牧民族，进而融合入华夏之长，主导了再统一的进程。

目　录

引　言

三国两晋南北朝，习惯上多称作魏晋南北朝。魏是三国之一，是三国中比较重要的，但它不能完全代表三国。魏必须加上蜀汉和吴，才能称三国。晋，有西晋和东晋，混称为晋是可以的，但称作两晋，就更清楚些。

三国两晋南北朝时期的上限，有人定在曹丕称帝的一年，有人定在赤壁之战以后。我们认为，建安元年曹操挟持汉帝迁都许昌，是新的历史形式的一个开端，是三国序幕的开始，应该作为这个时期的上限。赤壁战后，三国鼎立的局势已经稳定下来。到了曹丕称帝以及刘备、孙权相继称帝，不过是三国政权的形式化而已。至于汉末黄巾大起义和诸侯讨伐董卓的战争，只是旧时期的结尾而不能当作新时期的开始。

三国两晋南北朝时期的下限，有人定在隋建国的一年。有人定在隋灭陈的一年。后说比较合适。因为陈灭了，南北朝才算结束。

三国两晋南北朝时期含有四个历史阶段。第一个阶段为魏、蜀、吴三国的鼎立，约在公元196—266年之间。第二个阶段为西晋的短暂统一和东晋十六国的混战，约在

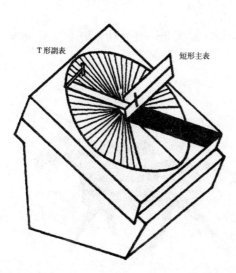

T形副表　　　　　短形主表

中国传统时间的雕像——日晷。据汉代洛阳出土文物复原

266—420 年之间。第三个阶段和第四个阶段是南北朝的对峙和南北朝的并趋衰弱和周隋的转强，约在 420—589 年之间。这一时期，共达 394 年之久。

　　三国两晋南北朝时期的历史，是基本上处于分裂状态的历史。从民族的角度来说，这又是民族重新组合的时期。关于这一时期的历史记载，也是地方性的撰述为多，总揽全局的著述少。在二十四史中，关于三国两晋南北朝的著述，有十二部之多。其中有十部，包括《三国志》、《宋书》、《南齐书》、《梁书》、《陈书》、《魏书》、《北齐书》、《周书》、《南史》、《北史》，都是关于割据政权的史书；《晋书》和《隋书》分别记述了一代史事。近代史家能合三国两晋南北朝的史事于一书，但往往不能通观这一时期历史发展的总形势及发展中的阶段性。本书试图就这个问题，提出自己的看法。

　　三国两晋南北朝时期的分裂和动乱，长期受到人们的重视。但这一历史时期在分裂和动乱中为自己寻求出路，却是很少有人注意到的。我们认为，这个时期在大量的消极现象掩盖下，存在着积极的因素，国家的分裂为新的统一规模准备了条件，从封建割据到全国达到更高程度的大统一。从民族的角度来说，这又是民族重新组合的时期，民族间的斗争为新的民族关系的协调准备了条件。如何辩证地看待这一历史时期的发展，而不是把它简单地写作漆黑一团，这是本书所力求做到的一点。

　　史书之文，要做到信实、凝练、确切。凝练非一日之功，要下长期的功

度量空间的工具——据文献复原的西晋计里鼓车

北朝重装骑兵复原图。强大的骑兵是北方军事优于南方的保证

夫。信实和确切也不易做到，但必须努力去做，这是不能打折扣的。专著、论文和考据所论述的对象不同，所论述的目的不同，文体也当有所不同。数十年来，这三者的区别也不大讲究，不利于历史表述的发展。我们虽已认识了这一点，但在实践上，还不能免俗，幸读者谅之。

东汉末击鼓说唱俑及头部特写。该俑神情幽默风趣，姿态生动活泼，极具艺术感染力。不仅形似本师，而且神似。从此开始，本师为你概述这段风云诡谲的历史

第一章 三国的鼎立

第一节 曹操稳占中原

曹操半身像

魏、蜀、吴三国的鼎立，是以曹魏的盛衰为发展主线的。建安元年（196）曹操迫汉帝迁都许昌，实行"挟天子以令诸侯"的决策，实际上架空了皇帝，结束了汉朝的统治，这可以说是揭开了三国鼎立的序幕。同年，曹操以军事编制的形式，推行屯田。在当时北方普遍粮荒、农民大量脱离土地的情况下，这是较有效地保证军粮供应的措举，也在一定程度上解决了流民的就业问题，这对曹操军事力量的充实、政治威望的提高，都有重大的意义。建安五年（200），曹操在官渡之战中击溃了袁绍的主力。这是历史性的重大战役，开创了他稳占中原的局面，使曹魏在以后三国历史发展中始终占有优势的地位。

袁绍占冀州

建安初年，在关东各地割据称雄的人物中，势力最大者是袁绍。他起兵讨董卓时任勃海太守，乘董卓西迁长安之机，夺得了冀州。当时的冀州，"带甲百万，谷支十年"，称得上兵强粮足。随后他又取幽州、青州、并州，兼有河北四州之地。这四州，在当时是具战略形势的要地，其北有乌桓、鲜卑，可以为用；南有大河为阻，进可以战，退可以守。在袁绍初占冀州时，其谋士沮授就向他进言："将军……振一郡之卒，撮冀州之众，威震河朔，名重天下。虽黄巾猾乱，黑山跋扈，举军东向，则青州可定；还讨黑山，则张燕可灭；回众北首，则公孙必丧；震胁戎狄，则匈奴必从。横大河之北，合四州之地，收英雄之才，拥百万之众，迎大驾于西京，复宗庙于洛邑，号令天下，以讨未复，以此争锋，谁能敌之？"袁绍听了，很高兴，说："此吾心也。"①

　　袁绍占据北方的雄心，早在讨董卓时就有了。当时，"绍与曹操共起兵。绍问操曰：'若事不辑，则方面何所可据？'操曰：'足下意以为何如？'绍

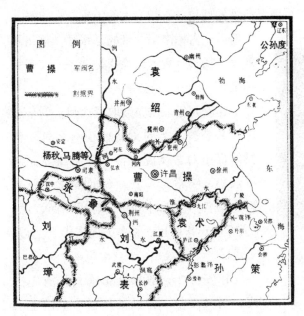

东汉末年割据诸侯分布图

袁绍全身像

---

①　《三国志·魏志·袁绍传》。

曰：'吾南据河，北阻燕、代，兼戎狄之众，南向以争天下，庶可以济乎？'
操曰：'吾任天下之智力，以道御之，无所不可。'"① 袁绍早已看中了河北四
州这块地方。曹操虽有本领任天下之智力以与人争衡，但也同样看重河北这
块地方。袁绍占有河北，这是他强大的基础。曹操想发展他的功业，也必然
以河北为争夺的对象。

袁绍的父祖，四世三公。他是一个煊赫的世家子弟。袁家的门生故吏遍
于天下，故他有很大的政治上的号召力。

曹操据兖州兴起后，迎献帝都许（今河南许昌县西南），假献帝之命，
自为大将军，以袁绍为太尉。袁绍不甘屈居曹操之下，并且也受不了曹操挟
天子而令诸侯的气焰，决心要灭掉曹操。建安五年（200），袁绍举兵攻曹
操，发动了历史上有名的官渡之战。

曹操在官渡战前的几次胜利

官渡之战以前，曹操在军事上所处的地位，有相当大的困难。在建安元
年前后，占据南阳一带的是张绣，荆州是刘表，扬州是袁术，徐州是刘备，江东是
孙策。

西北汉魏墓葬出土的骑兵铜俑

建安元年，吕布袭取了徐州，刘备来
许投靠曹操。当时刘备已很有名气。曹
操的谋士对曹操说："观刘备有雄才而甚
得众心，终不为人下，不如早图之。"意
思是劝曹操要杀掉刘备。曹操却回答说：
"方今收英雄时也，杀一人而失天下之心，
不可。"②

建安二年，曹操征张绣。张绣先投
降，后又反复，曹操被打了一个措手不

---

① 《三国志·魏志·武帝纪》。
② 《三国志·魏志·武帝纪》。

及，大败而归。建安三年春，曹操再征张绣。刘表派兵援助张绣，曹军腹背
受敌，又听到袁绍将要攻许，遂退兵。袁绍很想拉拢张绣，以便南北两路出
兵夹攻曹操。建安四年冬，就在袁绍进攻的前夕，张绣听从谋士贾诩的劝
告，又归降了曹操，曹操非常高兴，封张绣为列侯，食邑二千户，此在曹魏
一代的封侯中，封户之多仅次于张鲁。

袁术和吕布，一个在扬州，一个在徐州，结为儿女亲家，但关系时好时
坏。建安二年，袁术称帝，遣使请吕布送女完婚。吕布先允许，送女在路，
继而后悔，追回绝婚。袁术大怒，发步骑数万，七道进攻吕布，为吕布所破。
曹操乘机东征袁术，袁术败走淮南。建安三年九月，曹操攻吕布，围下邳
（今江苏睢宁县西北），引沂、泗水灌城。吕布手下的宋宪等举城降。吕布
求为曹操将，曹操不允，缢杀之。

袁术被曹操所败后，困顿淮南，又遇天旱地荒，士民冻馁，极为狼狈。
他打算通过徐州、青州，北投袁绍。曹操派刘备带兵去徐州截击。袁术不得
过，想折回寿春，发病死在路上。

刘备在许，深得曹操的器重。曹操对刘备说："今天下英雄，唯使君与
操耳。本初（袁绍字）之徒，不足数也。"[①]当曹操派刘备去徐州邀击袁术时，
谋士们都反对，谋士程昱等对曹操说："公前日不图备，昱等诚不及也。今

魏晋的刀鞘、弓、箭箙、弓袋

吕布像

---

① 　《三国志·蜀志·先主传》。

借之以兵，必有异心。"①刘备离开许都前，曾与外戚董承等受献帝衣带中密诏诛曹操。刘备到徐州后，立即派人与袁绍联络，共同反对曹操。

曹操对刘备是很重视的，他决不会让刘备在徐州站住脚。他计划在袁绍出兵之前，先消灭刘备。他手下的将军们都说："与公争天下者，袁绍也。今绍方来而弃之东，绍乘人后，若何？"曹操说："夫刘备，人杰也，今不击，必为后患。袁绍虽有大志，而见事迟，必不动也。"②谋士郭嘉也赞同曹操先灭刘备。刘备到徐州还未来得及整顿，曹操大军一到，刘备战败，只好经青州，北投袁绍。这一战，从决策到胜利回师，都在建安五年正月之内。而袁绍也正像曹操所估计的，"见事迟，必不动"，待曹操回师北屯官渡（今河南中牟县东北），袁绍还没有动。

至此，袁术、吕布死，张绣降，刘备败。在经过这几次军事胜利以后，许地被四面包围的形势已转化为稳定的局面。至于刘表，这是个划地自守的人，曹操根本看不起他。

曹、袁两方的军情

曹操东征刘备，许都空虚，正是袁绍对曹操发动进攻的最好时机。袁绍的谋士田丰也向他建议："与公争天下者，曹操也。操今东击刘备，兵连未可卒解。今举军而袭其后，可一往而定。兵以机动，斯其时也。"③要抓住这一时机向许进兵。袁绍没有采纳田丰的意见，却说儿子病了，无心出征。田丰气愤地说："夫遭难遇之机，而以婴儿病失其会，惜哉！"（《三国志·魏志·袁绍传》）。袁绍在曹、刘交战时坐失良机。在曹操已回师官渡的时候，他却又坚决出兵了。

河南邓县骑兵具装画像砖。文献记载袁绍有三百，曹操不到十具

---

① 《主国志·蜀志·程昱传》。
② 《三国志·魏志·武帝纪》。
③ 《后汉书·袁绍传》。

在讨论出兵时，田丰又提出不同意见："曹操既破刘备，则许下非复空虚。今不如久持之。将军据山河之固，拥四州之众，外结英雄，内修农战，然后简其精锐，分为奇兵，乘虚迭出，以扰河南，救右则击其左，救左则击其右，使敌疲于奔命，人不得安业，我未劳而彼已困，不及三年，可坐克也。"①。袁绍又不从。田丰强谏，袁绍怒，把田丰下在牢里。

袁绍移檄州郡，数曹操罪恶。建安五年二月，袁绍进军黎阳（今河南浚县东北）。官渡之战就此开始了。

论兵力，袁绍军队人数是远远超过曹操。关于袁军人数，诸书记载都称为十万人。如《三国志·魏志·袁绍传》称袁绍"简精卒十万，骑万匹，将攻许"。曹操军队的人数，诸书记载多谓不过万人。如《三国志·魏志·武帝纪》称："时公兵不满万，伤者十二三。"而《荀彧传》载荀彧对曹操说："公以十分居一之众，划地而守之。"按当时的情况讲，曹操兵士不如袁绍众多，是没有疑问的，但少到兵不满万，似乎又太少了。裴松之就不同意曹操兵不满万的说法。他以为"魏武初起兵，已有众五千。自后百战百胜，败者十二三而已矣。但一破黄巾，受降三十余万。余所吞并，不可悉纪。虽征战损伤，未应如此之少也"。并举了几条事例，说明曹操兵数"不得甚少"，"记述者欲以少见奇，非其实录也。"②

官渡之战前，当时人对于曹、袁双方的军情，是有评论的。曹操和袁绍自幼就有交往，知已知彼，曹操对能战胜袁绍很有信心。在听得袁绍提大军十余万将攻许的消息后，曹操手下诸将都以为不可敌。但曹操却说："吾知绍为人，志大而智小，色厉而胆薄，忌克而少威，兵多而分画不明，将骄而政令不一，土地虽广，粮食虽

东汉晚期战马鞍具复原图

----

① 《后汉书·袁绍传》。
② 《三国志·魏志·武帝纪》。

丰，适足以为吾奉也。"①荀彧和郭嘉都是三国时代有名的谋士。两人都先仕袁绍后投曹操，对曹、袁都有比较深刻的了解。荀彧评论曹、袁，认为曹操与袁绍相比有四胜，"绍貌外宽而内忌，任人而疑其心。公明达不拘，唯才所宜，此度胜也。绍迟重少决，失在后机。公能断大事，应变无方，此谋胜也。绍御军宽缓，法令不立，士卒虽众，其实难用。公法令既明，赏罚必行，士卒虽寡，皆争致死，此武胜也。绍凭世资，从容饰智，以收名誉，故士之寡能好问者多归之。公以至仁待人，推诚心不为虚美，行己谨俭，而与有功者无所恡惜，故天下忠正效实之士咸愿为用，此德胜也。夫以四胜辅天子，扶义征伐，谁敢不从？绍之强，其何能为。"②郭嘉称袁绍有十败，曹操有十胜，内容与荀彧所说大致相同。

官渡之战前夕，凉州从事杨阜到许来。回去以后，凉州人士问他关于曹、袁形势，杨阜说："袁公宽而不断，好谋而少决，不断则无威，少决则失后事，今虽强，终不能成大业。曹公有雄才远略，决机无疑，法一而兵精，能用度外之人，所任各尽其力，必能济大事者也。"③三国时评论曹、袁优劣的还有很多人，荀彧、郭嘉、杨阜之说是有代表性的。袁绍外宽内忌，用人而疑其心，也就必然不能容人、不能用人。好谋少决，就必然当断不断，失掉时机。作为一个军事家，这就足以招致失败了。

官渡之战的序幕

官渡之战，是由三

清乾隆三十四年刻《三国人物画像》荀彧像、郭嘉像

---

① 《三国志·魏志·武帝纪》。
② 《三国志·魏志·荀彧传》。
③ 《三国志·魏志·杨阜传》。

个战役组成的：一是解白马（今河南滑县东）之围，二是延津（今河南延津县北）之战，三是官渡（今河南中牟县东北）主力决战。白马和延津之战，又可看作官渡主力决战的序幕。

袁绍驻黎阳，派大将颜良攻曹操别将刘延于白马。曹操谋士荀攸建议曹操领兵趋延津，虚张声势，好像要从延津渡河袭击绍军的后路，引诱袁绍分兵西来应敌。然后掉转兵力，快速行军，掩袭围困白马的袁军。

袁绍见曹操兵趋延津，以为曹操要从那里渡河抄袭自己的后路，果然分兵，西趋延津迎击。曹操得知袁绍已分兵西下，即从延津急行军，斜趋白马。曹军离白马只有十余里路了，颜良才得知这一消息，仓卒应战。曹军大破袁军，斩颜良。遂徙白马军民，沿河往西撤退。

曹操能取得白马之战胜利的原因，第一，曹军主动，袁军被动。曹操以计分散袁绍兵力，袁绍果真陷入曹操的计谋。第二，曹操采取的是集中优势兵力，各个击灭敌人的作战方法。第三，曹操所采取的速决战。黎阳在河北，白马在河南，相距不过几十里路。这就要求曹操从延津向白马的进军，既要机密，又要迅速。既到之后，作战又要速决。不然，黎阳袁绍援军一到，战局便会全部改观。速决战使曹操获胜。

曹操从白马后撤的时候，袁绍从黎阳渡河追击，在延津南又打了一仗。这一仗，曹操又获胜了。《三国志·魏志·武帝纪》载："绍于是渡河追公军，至延津南。公勒兵驻营南阪下，使登垒望之，曰：可五六百骑。有顷，复白：骑稍多，步兵不可胜数。公曰：勿复白。乃令骑解鞍放马。是时，白马辎重就道。诸

官渡之战示意图

将以为敌骑多,不如还保营。荀攸曰:此所以饵敌,如何去之。绍骑将文醜与刘备将五六千骑前后至。诸将复白:可上马。公曰:未也。有顷,骑至稍多,或分趣辎重。公曰:可矣。乃皆上马。时骑不满六百,遂纵兵击,大破之,斩醜。良、醜,皆绍名将也,再战,悉禽,绍军大震。"

延津南之战,曹操正是利用了袁绍军队的贪婪无纪律的弱点,采取了以白马辎重饵敌的策略。袁绍兵骑虽多,但到了"分趣辎重"之时,已经乱了阵脚,成为一群乌合之众了。

打了白马、延津南两个战役之后,曹操从容地把军队撤退到官渡。与袁绍在官渡决战,曹操是早有安排的。撤军到官渡,这是一个主动的战略撤退。

官渡之战和曹操的胜利

官渡位在中牟县北,在古官渡水的南岸。此地比延津更靠近许都。因为曹操缩短了防线,也缩短了补给线。而对袁绍来说则是深入敌境,分散了兵力,延长了补给线。选择在官渡与袁绍决战,是对曹操有利的。

官渡之战,曹操是守方,袁绍是攻方。当曹军撤至官渡,袁军进到阳武(今河南原阳县东南)时,沮授向袁绍献策:"北军数众而果劲不及南,南谷虚少而财货不及北。南利在于急战,北利在于缓搏。宜徐持久,旷以日月。"[1]这仍是出兵前田丰、沮授向袁绍建议的策略。袁绍没有认真考虑,一

东汉画像石骑兵交战图

北宋《武经总要》抛石车图

---

① 《三国志·魏志·袁绍传》。

下就把沮授的意见否定了。

建安五年八月，袁军自阳武连营稍进，进迫官渡，大军依沙堆为屯，东西数十里。曹军亦分营相当。从八月到十月，袁、曹两军在官渡相持了两三个月。由于袁军兵多势强，曹军兵少势弱，曹军的处境是非常艰苦的。据《三国志·魏志·袁绍传》载："绍为高橹，起土山，射营中。营中皆蒙楯。众大惧。"曹操乃为发石车（即"霹雳车"），击袁军之楼，皆破。袁绍又挖地道，欲袭曹营，曹操辄于内为长堑以拒之。曹操与袁绍相持日久，"百姓疲乏，多叛应绍，军食乏"。相持期间，曹操曾一度打算撤退到许，再与袁绍决战。他写信与留守许下的荀彧商议。荀彧回信称："今军食虽少，未若楚、汉在荥阳、成皋间也。是时，刘项莫肯先退，先退者，势屈也。公以十分居一之众，画地而守之，扼其喉而不得进，已半年矣。情见势竭，必将有变，此用奇之时，不可失也。"[①]曹操听从了荀彧的建议，坚守官渡。

袁绍也曾试图分兵扰袭曹操的后方。他曾派刘备到汝南一带协助当地的地方势力，扰乱许南。最初确也给了曹操后方一些威胁，使得"自许以南，吏民不安"。但刘备"新将绍兵，未能得其用"（《三国志·魏志·曹仁传》）。曹操派曹仁将骑出击，刘备败退，尽复诸县。袁绍又遣别将韩荀抄断西道，为曹仁击破。袁绍就再不敢分兵出击了。

派兵扰乱曹操的后方，是田丰、沮授等尝向袁绍提出过的建议。但这时情况已有变化，此计已不适用。袁绍讨曹操的檄文中虽然说到"并州越太行，青州涉济、漯，大军泛黄河以角其前，荆州下宛叶而掎其后"（《三国志·魏志·袁绍传》注引《魏氏春秋》），这说的是四面

东汉武梁祠足蹬弩施放图

---

① 《三国志·魏志·荀彧传》。

包围的形势。但这时实际出兵的，却只有袁绍亲自率领的黎阳、官渡这一路。荆州刘表根本没有出兵的打算（参看《三国志·魏志·刘表传》）。曹操已占有河内，委魏种"以河北事"（《三国志·魏志·武帝纪》），并州高干的军队，一时也就出不来。官渡之战的前一年，建安四年八月，曹操已派臧霸等将精兵入青州，以捍东方。青州刺史是袁绍的长子袁谭。从一出兵，袁谭就在袁绍身边。袁绍似根本就没有从青州出兵的打算。这样，虚张声势要四面包围，实际上只是一路兵。在这种条件下，派游军远离大军主体，到汝南一带去活动，是冒险的。

官渡会战，曹操的胜利是由两次奇袭袁军辎重的成功及在最紧要关头袁绍战略决定的错误所决定的。

清乾隆三十四年刻《三国人物画像》荀攸像

九月间，袁绍运粮车数千乘送军粮到官渡。荀攸对曹操说："绍运车旦暮至，其将韩㝯①，锐而轻敌，击可破也。"（《三国志·魏志·荀攸传》）曹操采纳荀攸的建议，派徐晃、史涣在路上邀击韩㝯，大破之，烧其辎重。冬十月，袁绍复遣军运粮，使部将淳于琼等将兵万余人护送，宿绍营北四十里乌巢。袁绍谋臣许攸与审配不和，攸家犯法为审配所治。攸往投曹操，将袁绍辎重屯集乌巢，"袁军无严备"的情况告诉曹操，并建议曹操乘夜往袭。曹操听从许攸的意见，决定由曹洪、荀攸留守，自己亲自率兵夜袭乌巢袁军粮谷。曹操"步骑五千人，皆用袁军旗帜，衔枚缚马口，夜从间道出，人抱束薪。所历道有问

---

① 韩㝯，《资治通鉴》卷63作韩猛。《三国志·魏志·荀攸传》裴松之注云："案诸书，韩㝯或作韩猛，或云韩若，未详孰是。"

者，语之曰：袁公恐曹操抄略后军，遣兵以益备。闻者信以为然，皆自若。既至，围屯，大放火，营中惊乱。"（《资治通鉴》卷六三）但天明以后，淳于琼看见曹操兵少，便开门出击，后又入营自守。曹操一时攻之不下。

袁绍听得曹操往攻乌巢粮屯的消息，以为曹操本营必已空弱，决定攻取曹操的本营。袁绍对袁谭说："就曹破琼，吾拔其营，彼固无所归矣。"乃使部将张郃、高览等攻操营。张郃反对说："曹操精兵往必破琼等，琼等破，则事去矣，请先往救之。"并说曹操营固，攻之必不能拔，"若琼等见禽，吾属尽为虏矣！"（《资治通鉴》卷六三）袁绍谋臣郭图迎合袁绍，力主进攻曹操本营。"宽而不断，好谋而少决"的袁绍，采取两听的办法，一面以重兵攻曹营，一面也派了一部分轻兵去救淳于琼。

袁绍援救淳于琼的军队将近乌巢。曹操眼看两面受敌，情况十分危急，在这十分危急的情况下，曹操十分沉着冷静，仍决定集中兵力，先攻破琼营。时"操左右或言'贼骑稍近，请分兵拒之'。操怒曰：'贼在背后，乃白！'士卒皆殊死战，遂大破之，斩琼等，尽燔其粮谷。"（《资治通鉴》卷六三）援军眼见琼军已破，也不战自败。

张郃、高览攻曹操本营的结果又如何呢？郭图自惭他的计策失算，却反来陷害张郃，对袁绍诬说

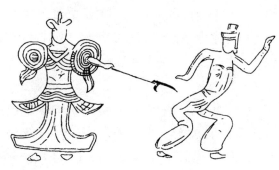

东汉徐州画像石线描图

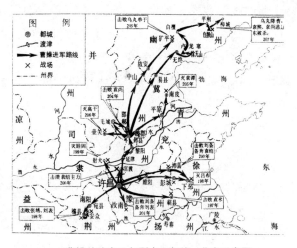

曹操从建安二年到十二年统一北方示意图

张郃"听得军败很高兴"。张郃一怒之下，遂与高览焚烧攻具，投奔曹操。

至此，袁军败局已定。军中听得淳于琼被杀，张郃、高览降曹营的消息，全军大溃。袁绍仅和儿子袁谭单骑逃回河北。官渡大战就这样结束了。

袁绍回到邺，悔恨交集，于建安七年夏天呕血而死。袁绍有三个儿子，长子谭，次子熙，少子尚。袁绍死后，谭、尚争位，互相攻伐，臣下也分为两派。袁谭战败，跑回青州，求救于曹操。这时曹操正要去征刘表。是继续征刘表呢？还是回师北救袁谭？群下意见，"多以为表强，宜先平之，谭、尚不足忧也"。荀攸说："天下方有事，而刘表坐保江汉之间，其无四方志可知矣。袁氏据四州之地，带甲十万，绍以宽厚得众，借使二子和睦以守其成业，则天下之难未息也。今兄弟遭恶，此势不两全。若有所并则力专，力专则难图也。及其乱而取之，天下定矣，此时不可失也。"(《三国志·魏志·荀攸传》)曹操接受了荀攸的意见，回师救袁谭，并以女嫁之。

建安九年，曹操取邺，袁尚投奔幽州袁熙。袁谭的求救，本是时势所迫。曹操约为婚姻，也不过借以笼络。袁谭借曹操攻袁尚的机会，大肆扩充势力。十年，曹操攻斩袁谭。幽州守将以幽州降曹操，袁尚、袁熙奔三郡乌桓，后又奔辽东，为辽东太守公孙康所杀。黑山农民军张燕有众十余万，也于此时投降曹操，被封为列侯。十一年，曹操攻取并州，斩高干。十二年，征三郡乌桓，出卢龙塞(今河北迁西喜峰口附近)，东指柳城(今辽宁朝阳西南)，胡汉降者二十余万。曹操占据了河北四州，征服了乌桓，自领冀州牧，让还兖州。从此，曹操稳占中原，邺成为曹氏的基地。

东汉山东沂南画像石乐舞百戏线描图

第二节　三国局面的形成

　　曹操消灭袁氏，占有河北四州，已统一了大半个北方和中原地区。余下还未被曹操控制的地方，西有马超、韩遂占有的关中和陇右，南有刘表占有的荆州，东南有孙权占有的江东。

刘表在荆州

　　刘表，年轻时就已知名，初平元年（194），由何进推荐，任荆州刺史。刘表到荆州时，北有袁术屯鲁阳，尽有南阳之众。南阳有户口数百万，原是一个富庶的地区。袁术在南阳，对刘表构成很大的威胁。南有少数民族的强梁，隐然割据一方。刘表先任用荆州人士蒯良、蒯越、蔡瑁等，诛杀了一些不服从命令的少数民族领袖，安定了荆州八郡。由于袁术"奢淫欲肆，征敛无度，百姓苦之"，他既与刘表不和，又北联公孙瓒，与袁绍、曹操为敌，结果被曹操所败，南逃江淮间。后张绣占有南阳，与刘表关系友好，荆州解除了北方的威胁。刘表采取对皇帝"不失贡职"，在地方保境安民的政策。所以自初平元年（194）到建安十三年（208）刘表去世，近二十年间，中原和关中地区迭遭变乱，民不聊生，荆州却比较安定的。很多北方人逃难到荆州依靠刘表，荆州地区多少有点乱世乐园的味道。据《后汉书·刘表传》称："于是开土遂广，南接五岭，北据汉川，地方数千里，带甲十余万。初，荆州人情好扰，加四方骇震，寇贼相扇，处处麇沸。表招诱有方，威怀兼治，其奸猾宿贼更为效用，万里肃清，大小咸悦而服之。关西、兖、豫学士归者盖有千数。

刘表像

表安慰赈赡，皆得资全。遂起立学校，博求儒术，綦母闿、宋忠等，撰立五经章句，谓之后定。爱民养士，从容自保。"

刘表处在群雄角逐的时代，只有保境安民思想，而没有兼并一统野心。他能使荆州人民在战乱时代，保持二十来年的安定生活，也是难能可贵的了。

对于投奔荆州的北方才学之士，刘表虽然都能给予赈赡，使之过安适的生活，但却不能任用他们，发挥他们的才能。从长安逃到荆州去的王粲后来就对曹操说："刘表雍容荆楚，坐观时变，自以为西伯可规。士之避乱荆州者，皆海内之俊杰也；表不知所任，故国危而无辅。"（《三国志·魏志·王粲传》）所谓对避乱到荆州的俊杰都"不知所任"，王粲就是一例。对诸葛亮，徐庶，庞统也是如此，这些都是曾荟集在荆州的俊杰之士，刘表却一个也未任用。

刘备得诸葛亮

官渡之战时，刘备在袁绍帐下。袁绍派他到汝南去联络当地的黄巾余部，扰乱曹操的后方，同时也是为了与刘表取得联系，夹击曹操。官渡之战后，曹操亲自征讨刘备。刘备遂南奔荆州依刘表。刘表驻襄阳，使刘备屯樊。樊在汉水北，与襄阳隔水相望，是荆州的北方门户。刘表害怕刘备的声望，不敢用他，但又想依靠他抵御曹操，所以就让他屯樊。

刘备在荆州的最大收获，是得到诸葛亮出山作他的助手，这是刘备一生中的大事。

东汉画像石中的马厩。左侧一老人看着厩中两匹骏马

　　诸葛亮，字孔明，琅邪阳都（今山东沂水县）人。随叔父诸葛玄避乱荆州，住在襄阳城西二十里的隆中，躬耕陇亩，自比于管仲、乐毅（《三国志·蜀志·诸葛亮传》）。

　　刘备知道诸葛亮，是由于司马德操和徐庶的推荐。据《襄阳记》载："刘备访世事于司马德操，德操曰：'儒生俗士，岂识时务，识时务者在乎俊杰。此间自有伏龙、凤雏。'备问为谁？曰：'诸葛孔明，庞士元也。'"（《三国志·蜀志·诸葛亮传》注引）。徐庶也对刘备说："诸葛孔明者，卧龙也。……此人可就见，不可屈致也。将军宜往驾顾之。"（《三国志·蜀志·诸葛亮传》）

　　刘备三顾茅庐，第三次才见到诸葛亮，对他吐露自己的心志，说汉室倾颓，奸臣窃命。自己不度德不量力欲伸大义于天下。由于智术短浅，半生颠沛，以至今天。然志犹未已，请先生指教。诸葛亮对刘备讲了一席话。诸葛亮说："自董卓已来，豪杰并起，跨州连郡者不可胜数。曹操比于袁绍，则

诸葛亮像

明刻《英雄谱·定三分隆中决策》

名微而众寡，然操遂能克绍，以弱为强者，非惟天时，抑亦人谋也。今操已拥百万之众，挟天子而令诸侯，此诚不可与争锋。孙权据有江东，已历三世，国险而民附，贤能为之用，此可以为援而不可图也。荆州北据汉、沔，利尽南海，东连吴会，西通巴、蜀，此用武之国，而其主不能守，此殆天所以资将军，将军岂有意乎？益州险塞，沃野千里，天府之土，高祖因之以成帝业。刘璋暗弱，张鲁在北，民殷国富而不知存恤，智能之士思得明君。将军既帝室之胄，信义著于四海，总揽英雄，思贤如渴，若跨有荆益，保其岩阻，西和诸戎，南抚夷越，外结好孙权，内修政理，天下有变，则命一上将将荆州之军以向宛、洛，将军身率益州之众出于秦川，百姓孰敢不箪食壶浆以迎将军者乎？诚如是，则霸业可成，汉室可兴矣。"① 这就是有名的《隆中对》。

　　诸葛亮分析了天下形势，指出曹操在北方，孙权在江东，都已有了相当的基础，在这两块地方刘备已不能与他们竞争；荆州是用武之国，益州险塞，沃野千里，而处其两地的刘表、刘璋都是暗弱不能守成的人，刘备正可攻占荆、益之地。如能跨有荆、益，西和诸戎，南抚夷越，东边结好孙权，遇有机会，就可以荆、益两路出兵中原，成霸业，兴汉室。诸葛亮这一席话，使刘备长了见识，就恭敬地请诸葛亮出山作助手。以后的三国鼎立之势，果如诸葛亮《隆中对》中所分析的那样。

曹操南征

　　建安十三年七月，曹操南征刘表。八月，刘表病死。刘表有两子，长子刘琦，少子刘琮。刘表派刘琦为江夏太守，死后遂以刘琮为嗣，代领军众。当曹操进兵到新野（今河南新野）时，刘琮瞒着刘备，暗地向曹操投降。

　　在曹操大军压境时，荆州人士曾分为两派，一派依附刘琮，劝刘

东汉画像石出殡图

---

①　《三国志·蜀志·诸葛亮传》。

琮投降曹操，一派不同意投降，他们后来多跟随了刘备。

劝刘琮投降的人，主要有蒯越、蔡瑁、韩嵩、傅巽等。他们对刘琮说："逆顺有大体，强弱有定势。以人臣而拒人主，逆也，以新造之楚而御国家，其势弗当也。以刘备而敌曹公，又弗当也。三者皆短，欲以抗王兵之锋，必亡之道也。将军自料何与刘备？……诚以刘备不足御曹公乎？则虽保楚之地，不足以自存也；诚以刘备足御曹公乎，则备不为将军下也。愿将军勿疑。"（《三国志·魏志·刘表传》）

他们劝刘琮投降的理由，不外两项。一是以人臣拒人主，这是叛逆。这正是曹操挟天子而令诸侯所得到的好处。二是打败了不如投降，打胜了也是刘备的，对刘琮没有好处。这理由是很动听的，刘琮听了他们的话，遂投降曹操。

待曹操大军到了宛，刘备才知道刘琮投降的消息。刘备处在这个地位，抵御是不可能的，遂决定退到江陵。江陵原是荆州的郡治，那里存有军用物资。

曹操征荆州，主要是北方已大体统一，关中诸将也都服顺，征荆州，下江东，已提到曹操的日程上来。但曹操急于攻荆州的另一个原因，就是不让刘备在荆州站住脚。刘备在荆州数年，已经取得荆州人的敬服和支持，一旦刘备取刘表而代之，占有荆州，将是极大的麻烦。

曹操也知江陵存有军用物资，怕刘备先去占有，便急速赶到襄阳。听到刘备已过襄阳去江陵，曹操将精骑五千急追，一日一夜行三百余里，在当阳县之长坂，赶上刘备。江陵是去不了的，刘备只得与诸葛亮，张飞、赵云斜趋汉津，与关羽率领的水军会合，又与来迎接的刘表长子江夏太守刘琦会合，一同到夏口（今汉口）暂驻。

清刻张飞像

孙、刘联合和赤壁之战

曹操征荆州和刘表死的消息传到江东后，鲁肃请孙权派他以吊丧为名去荆州察探军情。鲁肃到荆州时，曹操已驱军南下。鲁肃与刘备会于当阳，同至夏口。刘备派诸葛亮随鲁肃去吴，商议联合破曹，同时由夏口移住樊口（今湖北鄂城县西北）。

时孙权在柴桑（今江西九江市），诸葛亮见到孙权，陈说孙、刘联合破曹之计："豫州（指刘备，刘备曾为豫州刺史）军虽败于长阪，今战士还者及关羽水军精甲万人，刘琦合江夏战士亦不下万人。曹操之众，远来疲弊，闻追豫州，轻骑一日一夜行三百余里，此所谓'强弩之末，势不能穿鲁缟'者也。故兵法忌之，曰'必蹶上将军'。且北方之人，不习水战，又荆州之民附操者，逼兵势耳，非心服也。今将军诚能命猛将统兵数万，与豫州协规同力，破操军必矣。操军破，必北还，如此则荆、吴之势强，鼎足之形成矣。成败之机，在于今日。"[①]

孙权听了诸葛亮一席话，心里安定了些。曹操到了江陵，就送信给孙

清乾隆三十四年刻《三国人
物画像》鲁肃像

东汉双辕车复原

---

① 《三国志·蜀志·诸葛亮传》。

权，内称："近者奉辞伐罪，旌麾南指，刘琮束手。今治水军八十万众，方与将军会猎于吴。"（《三国志·吴志·吴主传》注引《江表传》）。诸葛亮到时，孙权正在为此事忧虑。曹操此次南征刘表，目的不仅在争荆州，也要一举解决江东，来信中的语言很明白的了。摆在孙权面前的有两条路：要么抵抗，要么投降。孙权的部下以长史张昭为代表的大多数人倾向投降。张昭等对孙权说①："曹公豺虎也，然托名汉相，挟天子以征四方，动以朝廷为辞。今日拒之，事更不顺。且将军大势，可以拒操者，长江也。今操得荆州，奄有其地，刘表治水军，蒙冲斗舰，乃以千数，操悉浮以沿江，兼有步兵，水陆俱下，此为长江之险，已与我共之矣。而势力众寡，又不可论。愚谓大计不如迎之。"（《三国志·吴志·周瑜传》）

力排众议，主张抵抗的是鲁肃。《三国志·吴志·鲁肃传》载：当孙权诸将皆劝权投降曹操时，"而肃独不言。权起更衣，肃追于宇下，权知其意，执肃手曰：卿欲何言？肃对曰：向察众人之议，专欲误将军，不足与图大事。今肃可迎操耳，如将军，不可也。何以言之？今肃迎操，操当以肃还

东吴水军典型战船 艨艟、斗舰模型

① 《三国志·吴志·周瑜传》作"议者咸曰"，未指明张昭曰。《资治通鉴》卷65作"长史张昭等曰"。孙权给陆逊书论周瑜、鲁肃、吕蒙功业说："至子布（张昭字）、文表，俱言宜遣使脩檄迎之"（《三国志·吴志·吕蒙传》）。

付乡党，品其名位，犹不失下曹从事，乘犊车，从吏卒，交游士林，累官故不失州郡也。将军迎操，欲安所归？愿早定大计，莫用众人之议也。权叹息曰：此诸人持议，甚失孤望；今卿廓开大计，正与孤同，此天以卿赐我也"。

　　这时，周瑜正外出到鄱阳，鲁肃劝孙权召还周瑜参与讨论。周瑜也是主张抵抗的。周瑜对孙权说："操虽托名汉相，其实汉贼也。将军以神武雄才，兼仗父兄之烈，割据江东，地方数千里，兵精足用，英雄乐业，尚当横行天下，为汉家除残去秽。况操自送死，而可迎之邪？请为将军筹之：今使北土已安，操无内忧，能旷日持久，来争疆场，又能与我校胜负于船楫间乎？今北土既未平安，加马超、韩遂尚在关西，为操后患。且舍鞍马，仗舟楫，与吴越争衡，本非中国所长；今又盛寒，马无藁草，驱中国士众远涉江湖间，不习水土，必生疾病。此数四者，用兵之患也，而操皆冒行之，将军禽操，宜在今日。瑜请得精兵三万人，进住夏口，保为将军破之。"（《三国志·吴志·周瑜传》）

　　周瑜、鲁肃和诸葛亮的议论，增强了孙权抗击曹操的信心。为了表达自己的决心，孙权拔刀斫前奏案说："诸将吏敢复言当迎操者，与此案同。"（《三国志·吴志·周瑜传》注引《江表传》）

　　孙、刘联合抗击曹操的协定，就此定下来了。曹操的兵力，在他给孙权的信里称八十万。据《三国志·吴志·周瑜传》注引《江表传》中记周瑜估计"彼所将中国人，不过十五六万，且军已久疲；所得表众，亦极七八万耳，尚怀狐疑"。孙权方面的兵力，周瑜曾要求五万人，孙权告诉他："五万兵难卒合，已选三万人，船粮战具俱办，卿与子敬，程公（程普）便在前发，孤当续发人众，多载资粮，为卿后援。"可以估计，周瑜率领的第一线兵力是三万人，孙权续发人众是多少，没有明确记载，可能也是三万左右，因

周瑜像

为孙告诉周瑜："卿能办之者诚快，邂逅不如意，便还就孤，孤当与孟德决之。"孙权如此气壮，人众不会太少。刘备方面的兵力，诸葛亮曾对孙权说过，"今战士还者及关羽水军精甲万人，刘琦合江夏战士亦不下万人"，共二万来人。孙、刘联军合计，第一线的兵力共约五万人左右。

　　曹操由江陵水陆东进，孙、刘联军由樊口、夏口溯流而上。两军相遇于赤壁（今湖北蒲圻西北）。

　　曹军战士多北方人，不服南方水土，交战之前，军中已疾疫流行。刚一交战，曹军不利，便撤到江北。周瑜部将黄盖针对曹军不习水战，船舰连接一起的机会，建议用火攻。周瑜采纳了黄盖的火攻并诈降之计。黄盖先向曹操送了降书。正好遇上东南风起，黄盖以斗舰在前，余船在后，向江北进发。曹军以为黄盖来降，都高兴的出营观看。离曹军二里来路时，来船同时点起火来，火烈风猛，船行如箭，直冲曹军船群，烧了曹操的战船，还延及岸上兵营，曹军烧死落水无数。周瑜率军随后攻到，曹军大败。

　　曹操带领败兵由华容道（今湖北潜江南）撤退。一路大风，天寒地冻，又遇上这一带道路泥泞，步兵携草铺路，冷饿马践，死伤甚众。曹操总算逃得性命。

　　赤壁之战虽败，曹操还希望能保有荆州。他留下征南将军曹仁、横野将军徐晃守江陵，折冲将军乐进守襄阳，然后北回。

　　孙、刘联军乘胜追击。曹仁困守江陵经年，终因孤军悬远，后援补给困难，撤军北归。但曹操还占有了襄阳，取得以襄阳为中心的荆州北部大片土地。孙权占有江陵、夏口、陆口（今

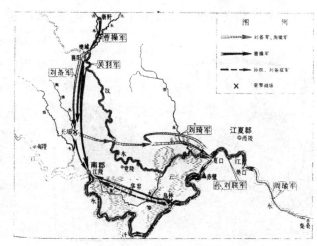

赤壁之战示意图

湖北嘉鱼西南），荆州东半部。刘备占荆州的南部零陵、桂阳、武陵、长沙四郡（今湖南和湖北西部），以油口（油水入江处，今湖北公安）为驻地，改名为公安。后孙权又把江陵让给刘备。曹、刘、孙三家瓜分了荆州。

　　赤壁之战，初步奠定了三国鼎立的局面。也初步实现了诸葛亮《隆中对》给刘备制定的第一阶段的目标。曹操没有实现吞并荆州和江东的目的，但占有了襄阳，消除了从南部给许下的威胁，总算有所得。孙权占有荆州的东部江夏等郡，扩大了地盘，巩固了江东根据地，所得不少。成就最大的是刘备集团了。刘备奋战半生，在北方从未能取得个立脚之地。如今据有半个荆州，有了个安身立命之处，进取益州在望，荆、益两路出击与曹操争胜的理想也有了实现的可能。赤壁之战，对三国新局面的出现，起了决定性的作用。但是荆州为孙、刘、曹三家瓜分，却伏下孙、刘两家争荆州的祸根。

第三节　取益州和争荆州

刘焉、刘璋在益州

　　刘备取得荆州四郡，初步站住了脚步，但形势仍是很困难的。诸葛亮后来曾形容在荆州时的形势说："主公之在公安也，北畏曹公之强，东惮孙权之逼，近则惧孙夫人生变于肘腋之下。当斯之时，进退狼跋。"（《三国志·蜀志·法正传》）而且取得荆州，只是实现了刘备雄图的第一步。按照诸葛亮《隆中对》的方略，是要"跨有荆、益"。现在已占有荆州，第二步就该跨据益州了。

东汉成都画像石车马出行图

　　这时，刘焉，刘璋父子统治益州已二十来年。灵帝时，刘焉历任刺史、太守、宗正、太常。他曾向灵帝建议，选派清名重流到地方上去当州牧，以加强朝廷对地方的控制。他原来希望到交阯去。后来听侍中董扶说："京师将乱，益州分野有天子气"（《三国志·蜀志·刘焉传》），便改求益州。刘焉在当时也属于"海内清名之士"（《三国志·蜀志·刘焉传》注引《续汉书》），又是皇家宗室。益州上层人士对于他当州牧是欢迎的。广汉人侍中董扶，巴西人太仓令赵韪都去官随刘焉回益州。刘焉走到荆州时，益州人马相、赵祗领导益州人民起义，自号黄巾，旬月之间，攻杀益州刺史郤俭，连破广汉、蜀郡、犍为三郡，有众万余。益州从事贾龙率家兵攻破黄巾军，迎刘焉到益州。

刘焉到益州后，与当地豪族关系紧张。他杀豪族王咸、李权等十余人，欲以立威，但结果适得其反。犍为太守任歧和迎接刘焉入蜀的贾龙，都起兵反对他。任歧和贾龙都是蜀郡人。任歧、贾龙都被刘焉打败杀死，刘焉也失去了益州人对他的支持。

赵韪原是跟随刘焉入蜀的。刘焉死，他以益州大吏的身份推荐刘璋为益州刺史。但后来赵韪也因反对刘璋而被杀。

汉末以来，很多北方人流入益州。这些流人与益州土著之间难免有些矛盾。刘焉、刘璋曾利用流人势力来抑制益州豪族。据《英雄记》记载："先是，南阳、三辅人流入益州数万家，（璋）收以为兵，名曰东州兵。璋性宽柔，无威略。东州人侵暴旧民，璋不能禁，政令多阙，益州颇怨。赵韪素得人心，璋委任之。韪因民怨谋叛，乃厚赂荆州请和。阴结州中大姓，与俱起兵还击璋。蜀郡、广汉、犍为皆应韪。璋驰入成都城守。东州人畏韪，咸同心并力助璋，皆殊死战，遂破反者，进攻韪于江州。韪将庞乐、李异反杀韪军，斩韪。"（《三国志·蜀志·刘二牧传》注引）

益州豪族大姓对刘璋不满，时思叛乱。刘璋暗弱，缺乏明断，不能控制局势。在刘备入益州前，益州的形势就是这样。

清乾隆三十四年刻《三国人物画像》张松像

刘备取成都

曹操吞并荆州、江南的计划受挫以后，乃改而谋取关中。建安十六年，曹操声称要讨伐张鲁，进兵汉中。明眼人都会看出这是欲盖弥彰，因为当时占据关中的是韩遂、马超。如进兵汉中，关中是必经之路。不先取韩遂、马超，是不能进兵汉中的。韩遂，马超是知道曹操的意图的，遂联合起来，反对曹操。

曹操进兵关中，用计离间马超、韩遂，大破关中诸军，韩遂、马超逃往凉州。曹操遂占有关中，留夏侯渊屯长安。之后，曹操并不急于进攻汉中，反而于建安十七年和十九年两次出兵东征孙权。只是在东征无功后，才于建安二十年进攻汉中。

建安十六年曹操声称进攻汉中，对益州豪族阴谋反对刘璋却有大用处。他们抓住这个机会，要把刘备引进益州来，达到驱逐刘璋的目的。刘璋的别驾从事张松对他说："刘豫州（指刘备），使君之宗室而曹公之深仇也，善用兵，若使之讨鲁，鲁必破。鲁破，则益州强，曹公虽来，无能为也。"（《三国志·蜀志·先主传》）刘璋听了张松的话，派法正去荆州请刘备带兵入蜀征伐张鲁。刘备当然求之不得，遂安排诸葛亮、关羽、张飞、赵云等守荆州，自己带领庞统、黄忠等入蜀。庞统，当时被称作"凤雏"，与"卧龙"（诸葛亮）齐名。

刘备到涪（今四川绵阳境），刘璋来会。张松、法正、庞统都劝刘备在会上袭取刘璋。刘备不肯，说："此大事，不可仓卒"。（《三国志·蜀志·先主传》）自己是被请来的，没有助人讨张鲁，先把主人杀掉，这是丧失人心的事。为收一时之利而失掉人心，刘备不干。刘璋盛情接待刘备，给兵给饷，使他北讨张鲁。

刘备北到葭萌关（今四川昭化南）。但他没有进兵去讨张鲁，而是按兵不动，

清刻刘玄德平定益州

"厚树恩德，以收众心"（《三国志·蜀志·先主传》）。

建安十七年，曹操征孙权，孙权向刘备求救。刘备要赶回荆州，请刘璋助兵助饷。但这次，刘璋却很冷漠，给兵给饷不及刘备希望的一半。

张松听说刘备要回荆州，忙写信给刘备："今大事垂可立，如何释此去乎？"（《三国志·蜀志·先主传》）张松的哥哥广汉太守张肃知道了这事，报告给刘璋。刘璋杀掉张松，下令各关城防范刘备。刘备到蜀经年，已得到益州一些人的支持。现在又得到曲在刘璋的借口，便回师进攻成都。诸葛亮在荆州得到消息后，留关羽守荆州，亲率张飞、赵云入蜀，攻下白帝、江州（今重庆）、江阳（今泸州），与刘备合围成都。建安十九年，刘璋降。

汉中是益州北方门户，对取得益州的刘备来说，汉中是必争之地。汉中也是关中长安的屏障，曹操也要争汉中。建安二十年，曹操征张鲁。

刘备取汉中

张鲁在汉中已二十多年。他利用宗教在汉中进行统治。他信奉的宗教，叫"五斗米道"，因信教的人都要出五斗米，所以就称五斗米道了。《后汉书·刘焉传》称张鲁"祖父陵，顺帝时客于蜀，学道鹤（《三国志·魏志·张鲁传》，鹤作鹄）鸣山中，造作符书，以惑百姓。受其道者，辄出米五斗，故谓之米贼。陵传子衡，衡传张鲁。"（《三国志·张鲁传》略同）五斗米道，是道教天师道的一支。东汉后期兴起的道教，最早的传播地大约是青、徐各州的滨海地区[①]。自汉至南北朝，天师道之传布多与此滨海地区有关系。张鲁一家原是"沛国丰人也"（《三国志·魏志·张

明《三才图会》张道陵像

---

①　参看陈寅恪《天师道与滨海地区之关系》，原刊于《中央研究院历史语言研究所集刊》第三本第四分册，收入上海古籍出版社出版《陈寅恪文集》之二《金明馆丛稿初编》。

汉中古栈道模型

鲁传》)。张陵到蜀，乃是客居。丰沛离东海不远，张鲁一家的五斗米道是从东方带去的。

张鲁原任刘焉督义司马。刘焉派张鲁和别部司马张脩将兵入汉中，攻杀汉中太守而占有其地。后来张鲁又杀了张脩①。刘璋以张鲁不顺，尽杀其母及家室。张鲁遂脱离刘璋，割据汉中。

张鲁在汉中的统治，只设宗教职，称祭酒、大祭酒，不置官吏。《三国志·魏志·张鲁传》载："鲁遂据汉中，以鬼道教民。自号师君，其来学道者，初皆名鬼卒，受本道已信，号祭酒，各领部众，多者为治头大祭酒。皆教以诚信不欺诈，有病自首其过，大都与黄巾相似。诸祭酒皆作义舍，如今之亭传。又置义米肉，悬于义舍，行路者量腹取足；若过多，鬼道辄病之。犯法者，三原，然后乃行刑。不置长吏，皆以祭酒为治，民夷便乐之。"农民受剥削，生活普遍贫困，他们的理想，就是平均主义，只求生活上都能过得去。张鲁义舍，义米肉，是符合农民要求的。不置长吏，少些官吏，农民所受的剥削是会相对地减轻些的。因此，农民对张鲁的统治，是"便乐之"的。

曹操自散关（今陕西宝鸡西南）出武都（今甘肃成县西北）征张鲁，张鲁降。曹操以夏侯渊为征西将军，留守汉中。建安二十三年，刘备进兵汉中，与夏侯渊相持经年。二十四年正月，刘备部将黄忠大破渊军于定军山，

---

① 《三国志·魏志·张鲁传》注引《典略》说："熹平中，妖贼大起，……东方有张角，汉中有张脩。…后角被诛，脩亦亡。及鲁在汉中，因其民信奉脩，遂增饰之。"所记与《三国志·魏志·张鲁传》、《后汉书·刘焉传》皆不同。裴松之认为："张脩应是张衡，非《典略》之失，则传写之误。"

并斩渊，曹操率兵争汉中。刘备据险固守不战。曹操军攻不能取，战士多逃亡，曹操不得已放弃汉中，五月撤军东归。刘备遂占有汉中。这年七月，刘备自立为汉中王。

这时，是刘备最盛的时期。他东边占有荆州，西边占有益州，北边占有汉中，完全实现了《隆中对》所说的跨有荆、益的形势。

刘孙失和与荆州之争

诸葛亮入蜀后，留关羽守荆州。建安二十四年七月间，关羽以南郡太守麋芳守江陵，将军傅士仁守公安，自率大军攻曹仁于樊城。曹仁派于禁、庞德屯樊北，与樊城为犄角之势，八月间，大霖雨汉水泛滥，于禁等七军被淹。于禁等登高避水。关羽乘大船进攻。于禁降，庞德被擒，不降而死。樊城岌岌可危。陆浑人民杀县吏，南附关羽，关羽皆加官号，给兵，使扰乱曹军后方。有的记载说：这时，自许以南，往往遥应关羽。关羽威震华夏，曹操曾一度考虑徙许都以避其锋。

关羽是三国名将，当时人称关羽、张飞为"万人敌"。但此人孤高自傲，孙权曾遣使为子求婚于羽女，但关羽"辱骂其使，不许婚"（《三国志·蜀志·关羽传》注引《典略》）。关羽在荆州违背了诸葛亮《隆中对》中"结好孙权"的策略。关羽出兵攻樊城，留南郡太守麋芳在江陵，将军傅士仁屯公安。这两个人可以说是关羽的主要助手，但《关羽传》中称他们"素皆嫌羽轻己。自羽之出军，芳、仁供给军资，不悉相救。羽言'还当治之'。芳、仁咸怀惧不安。"

在当时的曹、刘、孙三角形势中，只有刘、孙联合，才

兵家必争之地——古荆州城

能敌得住曹的压力，才能存在。曹操的经济力量和军事力量都比刘、孙任何一方大得多，刘、孙不联合就敌不住。刘、孙两方面的有识之士，对此也是都有认识的。诸葛亮、鲁肃在这方面是代表人物。刘备，孙权也都能这样作。

　　但在刘、孙联合中，荆州问题始终是个疙瘩。赤壁之战后，围绕着借荆州的问题孙、刘之间发生了争斗。孙权给陆逊的一封信中，曾评论鲁肃："劝吾借玄德地，是其一短。"(《三国志·吴志·鲁肃传》)鲁肃索荆州时责备关羽说："国家区区本以土地借卿家者，卿家军败远来，无以为资故也。今已得益州，既无奉还之意，但求三郡，又不从命。"(同上)孙权、鲁肃所说的借地，借的是江北江陵南郡。赤壁战后，曹操留曹仁守江陵。周瑜围江陵经年，到建安十四年，曹仁弃江陵走，周瑜取得江陵，"权以瑜为南郡太守"(《三国志·吴志·吴主传》)。次年，周瑜死，鲁肃代瑜领兵，以程普领南郡太守，鲁肃、程普俱屯江陵。鲁肃劝孙权以江陵即南郡借刘备，鲁肃改屯陆口，程普改领江夏太守。

西夏版刻关羽像

孙权以荆州借刘备，借的就是江陵南郡，并不是刘备占有的荆州都是孙权借给的。刘备取得益州后，建安二十年，孙权曾与刘备争荆州，结果两家妥协，中分荆州，长沙、江夏、桂阳以东属孙权，南郡、零陵、武陵以西属刘备。孙权以南郡换取了长沙、江夏、桂阳。按理借荆州这问题也该解决了，但孙权并不以此为满足，他等机会要夺占刘备的全份荆州，这已不是还和借的问题了，而是要占有荆州的问题了。

　　荆州问题的纠缠，并不是借与还的道义问题，而是军事形势上的实质性的斗争。荆州在谁手里，军事上的地理优胜条件就掌握在谁手里。荆州对于蜀汉进取中原，极为重要，对于孙吴保卫江东也是非常重要。荆州为军家必争的要区，刘、孙在荆州问题上的难以和解，是客观形势所造成的。

建安二十四年七月间，关羽大军北上攻樊，后方江陵、公安空虚。这是孙权夺荆州的好机会。

鲁肃死后，吕蒙接替鲁肃屯陆口。关羽北攻樊，吕蒙上疏孙权说："羽讨樊而多留备兵，必恐蒙图其后故也。蒙常有病，乞分士众还建业，以治疾为名。羽闻之，必撤备兵，尽赴襄阳。大军浮江，昼夜驰上，袭其空虚，则南郡可下，而羽可禽也。"（《三国志·吴志·吕蒙传》）吕蒙遂假称病重，孙权也明令召吕蒙回建业治病。关羽信以为真，把留在江陵、公安的军队调出一部分赴襄阳。

孙权得到消息，即令吕蒙进兵。吕蒙到寻阳（今江西九江）把精兵埋伏在船仓里，伪装商人船只，昼夜兼行，遂到南郡。士仁、糜芳不战而降。关羽战士家属，尽在江陵，吕蒙都好生款待，问所不足，疾病给医药，饥寒赐衣粮。关羽听得江陵被孙权偷袭，从前线撤回。将士听到家中平安，生活很好，都不愿跟随关羽打仗。建安二十四年十二月，关羽败走麦城，至漳乡（今湖北荆门西），被孙权军队擒获，杀死，孙权取得荆州。孙权在偷袭荆州前，已与曹操暗中联络。孙权遣使向曹操称臣。曹操并没有作皇帝，孙权上书称臣，弄得曹操对人

清乾隆三十四年刻《三国人物画像》吕蒙像

陆逊像

说："是儿欲踞吾著火炉上邪！"（《三国志·魏志·武帝纪》注引《魏略》语）取荆州后，曹操以天子名义任命孙权为骠骑将军，假节领荆州牧。

建安二十五年（220）正月，曹操死，子曹丕继承魏王位。这年十月，曹丕作了皇帝，国号魏，建都洛阳。消息传到成都，刘备以献帝已遇害，于次年四月（221）也即皇帝位于成都，改元章武。史称蜀国为蜀汉。

章武元年（221），刘备率师伐吴，与孙权争夺荆州。刘备以黄权为镇北将军，督江北诸军，自己亲率大军自江南缘山截岭，树栅连营军于夷道猇亭（今湖北宜昌北）。孙、刘两军相峙数月，最后，陆逊以火攻，烧刘军营，连破四十余营，大败刘军。刘备夜遁，逃归白帝（今四川奉节）。

与孙权争荆州，刘备部下有不同意见。赵云就是不主张争荆州的，他对刘备说："国贼是曹操，非孙权也。且先灭魏，则吴自服。操身虽毙，子丕篡盗，当因众心，早图关中，居河、渭上流以讨凶逆，关东义士必裹粮策马以迎王师。不应置魏，先与吴战。兵势一交，不得卒解也。"（《三国志·蜀志·赵云传》注引《赵云别传》）诸葛亮只于军败之后，叹曰："法孝直若在，则能制主上，令不东行，就复东行，必不倾危矣。"（《三国志·蜀志·法正传》）看来诸葛亮也是不同意伐吴的。刘备的失败，就连魏帝曹丕也有所预料，《三国志·魏志·文帝纪》载："帝（曹丕）闻备兵东下，与权交战，

唐阎立本绘刘备像

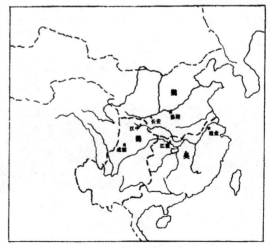

三国形势示意图

树栅连营七百余里，谓群臣曰：备不晓兵，岂有七百里营可以拒敌者乎？'苞原隰险阻而为军者，为敌所禽'。此兵忌也。孙权上事今至矣。后七日，破备书到。"从地理形势看，从巫到夷道猇亭，约三百里，从秭归到夷道猇亭，不过百余里，所谓"连营七百余里"，不知如何算法。陆逊以火攻取胜，亦不知如何攻法。这些，旧史都不能详。

为了争荆州，孙权曾与曹操联络，上书称臣，并接受曹操的封爵，这只是一时的权宜之计。客观形势是：吴、蜀面临着一个共同的强敌——曹魏，唇亡齿寒，吴、蜀重修联盟，才是图存的必然决策。于是，在吴、蜀打了一大规模的战役后，孙权遣使臣到白帝向刘备求和。刘备到此已无力量与孙权争荆州，也就接受孙权和议。222年，孙权与曹魏绝。223年，刘备死。诸葛亮继续执行东和孙吴的方略。229年，孙权即皇帝位，国号吴，建都建业（今南京），改元黄龙。三国鼎立的局面相对稳定。

第四节　曹魏政局的发展

"唯才是举"，整饬吏治

吴、蜀夷陵之战和魏、蜀、吴的相继称帝，为三国时期的历史划分出两个不同的阶段。三国的第一阶段，主要是三个领导集团为了打下自己的基业而进行了各种活动。第二阶段，则是各自为了巩固自己的统治而进行的活动。在第二阶段中，各国内部的矛盾比较复杂，有不同于第一阶段的特殊情况。

曹操是魏国的奠基人。他破格用人、整饬吏治的政策，创造了魏国的活泼有生气的政治局面。后来，曹丕继他执政并作了皇帝，魏国的政治局面就有了变化。

曹操主张只有整饬吏治，才能打击那些

曹操画像

目无法纪的人，使百姓安心，社会秩序得到保证。他在指责袁绍在冀州时吏治的败坏时说过："有国有家者，不患寡而患不均，不患贫而患不安。袁氏之治也，使豪强擅恣，亲戚兼并，下民贫弱，代出租赋，炫鬻家财，不足应命。审配宗族，至乃藏匿罪人，为逋逃主。欲望百姓亲附，甲兵强盛，岂可得邪！"（《三国志·魏志·武帝纪》注引《魏书》）取得冀州后，曹操特别强调"重豪强兼并之法"下令"无令强民有所隐藏，而弱民兼赋"（《三国志·魏志·武帝纪》注引《魏书》）。

曹操对于地方官中注意整饬吏治、打击豪强者多加以鼓励和支持。如王脩任魏郡太守，"抑强扶弱，明赏罚，百姓称之"（《三国志·魏志·王脩传》）。王脩曾前随孔融，后随袁绍，都有好的声名。杨沛为长社长，曹洪宾客在县界，征调不肯如法，沛杀之，曹操"以为能"（《三国志·魏志·贾逵传》注引《魏略》）。司马芝为菅长。豪族刘节为郡主簿，宾客千余家多不奉法，包庇宾客不服兵役，司马芝即以刘节为兵。满宠为许令，曹洪的宾客犯法，满宠依法治罪。曹洪向曹操求情。满宠知道后，未等曹操说话，就把曹洪的宾客杀掉了。曹操听到后，高兴地说："当事不当尔邪？"（《三国志·魏志·满宠传》）曹操用人，注重真才实学。他甚至不问品行如何，只要有才能，都任用。有名的举才三令，鲜明地说出了他的这种主张。建安十五年令："今天下尚未定，此特求贤之急时也。孟公绰为赵、魏老则优，不可以为滕、薛大夫，若必廉士而后可用，则齐桓其何以霸世？今天下得无有被褐怀玉而钓于渭滨者乎？又得无盗嫂受金而未遇无知者乎？二三子其佐我明扬仄陋，唯才是举，吾得而

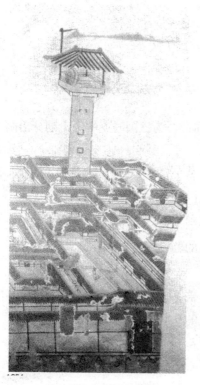

河北安平壁画庄园图

用之。"十九年令："夫有行之士未必能进取，进取之士未必能有行也。陈平岂笃行，苏秦岂守信邪？而陈平定汉业，苏秦济弱燕。由此言之，士有偏短，庸可废乎？有司明思此义，则士无遗滞，官无废业矣。"（《三国志·魏志·武帝纪》）二十二年令："昔伊挚、傅说出于贱人，管仲，桓公贼也，皆用之以兴。萧何、曹参，县吏也，韩信、陈平负汙辱之名，有见笑之耻，卒能成就王业，声著千载。吴起贪将，杀妻自信，散金求官，母死不归，然在魏，秦人不敢东向，在楚则三晋不敢南谋。今天下得无有至德之人放在民间，及果勇不顾，临敌力战；若文俗之吏，高才异质，或堪为将守；负汙辱之名，见笑之行，或不仁不孝而有治国用兵之术；其各举所知，勿有所遗。"（《三国志·魏志·武帝纪》注引《魏书》）三令的内容差不多，中心思想只有一句话："唯才是举"。在用人的具体行动上，曹操曾"拔于禁、乐进于行阵之间，取张辽、徐晃于亡虏之内，皆佐命立功，列为名将。其余拔出细微，登为牧守者，不可胜数"。

秦汉以来，地主阶级上层有世家、豪族、高资等不同成分。他们虽属于一个阶级，但属于不同等级。在同一等级中，又有各种区别。他们的社会身份又各不相同。东汉中叶以后，有机会登入仕途者，更多为世家子弟。曹操唯才是举，打破了这种压抑人才的仕途积习。他既任用世家子弟，也选拔豪族俊秀。如李典，山阳巨野人，他的从父李乾有宾客数千家在乘氏。初平中，李乾以众随曹操征战。李乾死后，李典代领其众。官渡之战时，李典率宗族及部曲输谷帛供军。臧霸，泰山华人，先随吕布，后归曹操，曹操使

出土的东汉陶楼模型

他领青、徐两州。又如许褚，谯国谯县人。汉末聚少年及宗族数千家，坚壁以御寇。后归曹操，为操的宿卫，很见亲信，官至武卫中郎将。李典等，都显然是豪族中人物，曹操任用他们，得到他们的效力。

曹操的主要助手，智囊团中的核心人物，也主要是来自世家的名士。曹操所用的士人中，最器重的一位是荀彧，是颍川人。父祖都是"知名当世"的人物。叔父位至司空。他们可能是颍川世家的第一流门第。荀彧又向曹操推举了许多人，《三国志·魏志·荀彧传》注引《彧别传》，称荀彧"前后所举者命世大才，邦邑则荀攸、锺繇、陈群，海内则司马宣王，及引致当世知名郗虑、华歆、王朗、荀悦、杜袭、辛毗、赵俨之俦，终为卿相，以十数人。取士不以一揆。戏志才，郭嘉等有负俗之讥，杜畿简傲少文，皆以智策举之，终各显名。荀攸后为魏尚书令，亦推贤进士。太祖曰："二荀令之论人，久而益信，吾没世不忘。"这些人物成了建安年间曹操集团的骨干，在曹操左右居于重要地位。

曹操所用的地方官，也多是名士。《魏书》载："自刘备叛后，东南多变。太祖以陈群为酂令，（何）夔为城父令，诸县皆用名士以镇抚之，其后吏民稍定。"（《三国志·魏志·何夔传》注引）

荀彧所推举的，多是中原汝颍地区的人，系荀彧的家乡人士。曹操取得冀州后，网罗了一些冀州的人才，取得荆州后，又网罗了一些荆州人才。曹操到荆州时，王粲向他祝酒，说："袁绍起河北，仗大众，志兼天下，然好贤而不能用，故奇士去之。刘表雍容荆楚，坐观时变，自以为西伯可规。士之避乱荆州者，皆海内之俊杰也，表不知所任，故国危而无辅。明公定冀州之日，下车即缮其甲卒，收其豪杰

东汉末武威车复原线描图

而用之，以横行天下。及平江汉，引其贤俊而置之列位，使海内回心。此三王之举也。"（《三国志·魏志·王粲传》）

农业经济的恢复

曹操重视农业经济的恢复，采取各种措施安定流民，开垦荒田，兴修水利，减轻农民赋税负担，促进了社会安定的局面。

建安元年在许下屯田，是曹操采取的恢复农业生产的重要措施。许下屯田以后，曹操和他的子孙们，又继续在各地屯田，见诸记载的就有：颍川、魏郡、邺、汲郡、河内、河东、沛、洛阳、长安、汉中、皖、睢阳、芍陂、淮南北、襄城等地。屯田，特别是建安初年的屯田，为曹操解决了军粮问题，对他在军事上的胜利起了相当大的作用。

屯田丞印弘农令印

在建立屯田系统的同时，曹操也重视郡县地方官的选用。一大批郡县守令在恢复农业方面作出了成绩，他们尽心农事，轻刑宽政，招抚流亡农民。凉茂为泰山太守，"旬月之间，襁负而至者千余家"（《三国志·魏志·凉茂传》）。锺繇为司隶校尉，治洛阳。董卓乱后，洛阳人民散亡殆尽。繇"徙关中民，又招纳亡叛以充之。

魏晋军屯图

数年间，民户稍实"（《三国志·魏志·锺繇传》）。刘馥为扬州刺史，单骑造合肥空城，建立州治，"数年中恩化大行，百姓乐其政，流民越江山而归者以万数"（《三国志·魏志·刘馥传》）。郑浑为下蔡长、邵陵令。时天下未定，人民流动，不治产业，生子无以相活，大都弃而不养。浑在官，劝课农桑，又开稻田，对弃子不养的，严加治罪。民初畏罪，后来富裕了，生下儿女也都养育了。人民感念郑浑，所育子女，多用郑作名字。后郑迁左冯翊，吏民数千余家相随。曹操征汉中，以浑为京兆尹，勤稼穑、明禁令，民安于农。（《三国志·魏志·郑浑传》）曹操征张鲁，以苏则为金城太守。时值丧乱之后，吏民流散饥穷，户口损耗。苏则抚循有方，旬月之间，流民皆归，得数千家。又亲自教民耕种，其岁大丰收，归附者日多。（《三国志·魏志·苏则传》）。曹操破袁绍后，以杜畿为河东太守。时天下郡县皆残破，河东最先定，耗减较少。杜畿为政，崇宽惠，百姓勤农，家家丰实。曹操征关中韩遂、马超，军粮皆仰仗河东。战后，粮食尚余有二十余万斛。杜畿在河东十六年，治绩为天下最（《三国志·魏志·杜畿传》）。各地郡守和屯田官都注意水利，兴修水池、陂堨和灌溉水渠。刘馥为扬州刺史，"广屯田，兴治芍陂及茹陂，七门、吴塘诸堨以溉稻田"（《三国志·魏志·刘馥传》）。贾逵为豫州刺史，"遏鄢、汝，造新陂，又断山溜长溪水，造小弋阳陂，又通运渠二百余里，所谓贾侯渠"（《三国志·魏志·贾逵传》）。

魏翻车模型

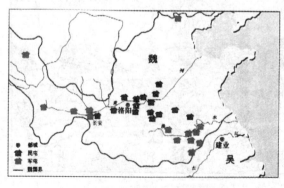

魏主要屯田地区分布示意图

曹操和他所用的地方

官减轻农民负担，招诱流民屯田就农，兴修水利，促进了农业生产的发展，农民生产积极性提高了。曹魏初期的单位亩产量，超过了前朝。

九品中正制和封国制

曹操用人不拘一格，"唯才是举"的精神，到曹丕在位时就有了变化。杨沛在曹操和曹丕两代的不同际遇，很说明这种变化。杨沛，冯翊万年人。初平年间，作公府令史，以牒除为新郑长。他历任曹操时期长社令，九江、东平、乐安太守，邺令，护羌都尉，京兆尹等职，一再为曹操所称赞。他任长社长时，曹洪的宾客征调不肯如法，杨沛先打断他的脚，然后杀掉。曹操以为能。在九江、东平、乐安任内，也并有政绩。沛因坐与督军争斗而髡刑五岁。输作未竟，曹操听到邺下颇不奉科禁，想起杨沛的严能，遂从徒中起沛为邺令。曹洪、刘勋等听得消息，遣家骑驰告子弟，使各自收敛。这样一位严能之吏，到曹丕时却是"冗散里巷"，"家无余资"，"妻子冻馁"（《三国志·魏志·贾逵传》注引《魏略·杨沛传》）。杨沛前后不同的际遇，说明曹氏父子用人标准的不同。像杨沛这样以严能起家的人，就不免走到末路了。

作为这一变化的标志的，是九品官人法的制定。制定的时间是曹丕已即王位还未受禅称帝的延康元年，制定的人是陈群。《三国志·魏志·陈群传》载："文帝（曹丕）在东宫，深敬器焉。……及即王位，封群昌武亭侯，徙为尚书。制九品官人之法，群所建也。"关于九品官人法出现的背景和具体办

魏上尊号表受禅碑

法，《通典·选举典》有如下的论述："按九品之制，初因后汉建安中，天下兴兵，衣冠士族，多离于本土，欲征源流，遽难委悉。魏氏革命，州郡县俱置大小中正，各以本处人任诸府公卿及台省部吏、有德充才盛者为之，区别所管人物，定为九品。"由此可以看出，九品官人法的出现，就是为衣冠士族服务的。州郡县的中正，都是在朝廷任职的本地人来承担，而这些任职的人自然是以本地的士族名士为主。担任中正职务的另一条件是德充才盛。德的问题一提出，无德无行，不仁不孝，受金盗嫂的人就很难品评出来了。所以九品官人法一出，就等于是对曹操"唯才是举"的三令的精神的否定。事实上也是如此。九品官人法出来后，中正一职就为各地在京作官的世家名士所把持，而九品所品评的人物，其高品都为世家高门所独占。当然，这里也有个演变过程，如西晋的卫瓘所说："其始造也，乡邑清议，不拘爵位，褒贬所加，足为劝励，犹有乡论遗风。"

阎立本绘曹丕像。曹丕以禅代的形式建立了一种政权和平转移的模式，为中古王朝沿袭。但曹丕此举并非民心所向、众望所归，而是建立在特务等恐怖统治的基础上的，画像中锐利的右眼透露着凶残

（《晋书·卫瓘传》）但不久，问题就显露出来了。齐王曹芳正始年间，夏侯玄和司马懿论中正制之失时，已经指出"自州郡中正品度官才之来，有年载矣，缅缅纷纷，未闻整齐"（《三国志·魏志·夏侯玄传》）。后来，到了西晋时代，在九品官人法和中正品评人物制度下，如刘毅所说，已是"上品无寒门，下品无世族"了（《晋书·刘毅传》）。九品官人法和中正制，实质上是汉末月旦评的延续，只是月旦评是社会舆论，九品官人法是官家评定。主持月旦评的人和中正官大多是世家大族的名士人物，两者是一样的。

陈群在曹操时代，只作到侍中、领丞相东西曹掾。他的态度是："在

朝无适无莫（凡事无可无不可），雅仗名义，不以非道假人。"（《三国志·魏志·陈群传》）但曹丕一上台，他就活跃起来了。另外，司马懿，在曹操时也无地位，曹丕时也重要起来。陈群、司马懿和魏宗室曹真的地位一样高，成为在曹丕死时受遗诏辅政的人物。世家高门在当时是不可抗拒的社会势力，陈群、司马懿是世家高门的代表人物。曹丕借助他们以巩固曹家政权，他们借政治地位和九品中正制度以发展世家大族的势力。

曹魏也有封国制，但名号是虚封，皆不食租。自曹丕称帝以后，朝廷对宗室颇多猜忌，同姓王公甚难自处。他们名义上是王公，实际上毫无权力，甚至连人身自由都没有，形同囚犯。法令规定：诸侯王皆须就国，不得停留京师；诸侯王不得辅政；诸侯王不得互相交往，也不得与别人交往。陈寿在《三国志·魏志·武文世王公传》中这样评述魏之王公："魏氏王公，既徒有国土之名，而无社稷之实，又禁防壅隔，同于囹圄，位号靡定，大小岁易。"另一位史家也评论："魏兴，承大乱之后，民人损减，不可则以古始。于是封建侯王，皆使寄地，空名而无其实。王国使有老兵百余人，以卫其国。虽有王侯之号，而乃侪为匹夫。悬隔千里之外，无朝聘之仪，邻国无会同之制。诸侯游猎不得过三十里，又为设防辅监国以察之。王侯皆思为布衣而不能得。"（同上传，注引《袁子》曰）袁子，指袁涣子袁准，著有《袁子正论》。

魏王公的具体情况，可以陈思王曹植为例。"时法制，待藩国既自峻迫，寮属皆贾竖下才，兵人给其残老，大数不过二百人。又植以前过，事事复减半。"（《三国志·魏志·陈思王植传》）所谓"前过"，就是曹操爱植才，欲立为王太子。曹丕即位后，怀恨在心，故对植特为苛薄严峻。曹丕有一次发世家子弟为兵，诸侯国世家

绿釉陶六博俑

子弟也在发中。曹植上疏恳求停发他的世家子弟。他所陈述的情况，反映了曹魏诸侯王封国的可怜相。他说："臣初受封，策书曰：植受兹青社，封于东土，以屏翰皇家，为魏藩辅。而所得兵百五十人，皆年在耳顺，或不逾矩。虎贲官骑及亲士凡二百人。……而名为魏东藩，使屏藩王室，臣窃自羞矣。……臣士息前后三送，兼人已竭，惟尚有小儿，七八岁已上，十六七已还，三十余人。今部曲皆年者，卧在床席，非糜不食，眼不能视，气息裁属者，凡三十七人；疲瘵风靡，疣盲聋聩者，二十三人。"就曹植的情况说，里面有曹丕对曹植怨恨的因素在内。但曹魏封国的整个情况和曹植的情况是不会有什么质的区别。

　　九品中正制的实施和王公封国的实际待遇，反映了曹丕统治下的政局之狭隘、猜忌的情调，已失去了曹操时期的相当开朗的色彩。

司马氏夺权

　　在曹丕所重视的世家名门中，他重用了一个日后跟曹家夺权的司马懿。

　　司马懿在曹操时并没有受到重用，终曹操之世，他位不过军司马。曹丕为魏国王太子时，司马懿为太子中庶子，大为曹丕所亲任，与陈群、吴质、朱铄号称"四友"。曹丕称帝，司马懿的地位渐渐重要起来，由尚书、督军、御史中丞起官至抚军将军，加给事中录尚书事。黄初五年，曹丕以尚书令陈群为镇军大将军，尚书仆射司马懿为抚军大将军。当时，军权主要仍在曹氏手中。论地位，曹真、曹休、陈群也略在司马懿之上。太和二年

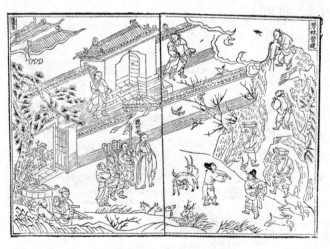

明《帝鉴图说·魏明帝建芳林》

（228），曹休死。五年，曹真死。青龙四年（236），陈群死。司马懿的地位逐渐突出。这以后的对蜀战事，多由司马懿主持：景初二年（238），司马懿讨平割据辽东的公孙渊，更提高了他在政治上和军事上的地位。

　　明帝死前，以曹爽为大将军，假节钺，都督中外诸军事，录尚书事，与太尉司马懿并受诏辅少主。少主齐王曹芳即位时，年仅八岁，加曹爽侍中。按照当时的官制，大将军位在太尉之上。曹爽的谋士为他划策，由他出面，奏请皇帝转司马懿为太傅，"外以名号尊之，内欲令尚书奏事，先来由己，得制其轻重也"（《三国志·魏志·曹真传附子爽传》）。太傅是个闲散高官。推司马懿为太傅，表面上是提高了司马懿的官位，使在自己之上，实际上是夺了司马懿的权。

　　景初三年（239）到齐王芳正始末（249）十年间，曹爽掌握军政大权。他以弟羲为中领军，弟训为武卫将军，以何晏为吏部尚书典选举，以邓飏、丁谧为尚书，毕规为司隶校尉，把宫廷卫宿、京师守卫、官吏选举等权，都掌握在自己人手中。从景初三年春明帝死到正始八年，司马懿装病家居，这

司马懿像

魏晋步骑复原

几年里，司马懿虽然官居太傅闲散职位，但仍利用其政治威望，抓权不放。正始二年（241）吴出兵攻淮南、六安、樊、柤中。吴将朱然、孙伦五万人围樊城，诸葛瑾、步骘攻柤中。司马懿亲督诸军南征。吴兵退，追至三州口，大胜而还。司马懿奏穿广漕渠，引河水入汴，灌溉东南诸陂，开始在淮南北屯田。淮南北的屯田，是邓艾的建议。司马懿大力支持，使其得以施行。淮南北屯田和开广漕渠，便利了魏在东南的用兵。"每东南有事，大军兴众，泛舟而下，达于江淮，资食有储而无水害"（《三国志·魏志·邓艾传》）。四年，吴诸葛恪欲图寿春（今安徽寿县），司马懿将兵入舒（今安徽舒城）防御。

  曹爽与司马懿之间的矛盾，也是逐渐发展的。明帝死时，宫廷中曾出现一次小的纠纷。明帝原拟以后事属燕王曹宇，以燕王宇为大将军，与夏侯献、曹爽、曹肇等共同辅助齐王芳。中书令刘放、中书监孙资，居中掌权日久，曹献、曹肇心内不平。刘放、孙资害怕燕王曹宇等掌权后对自己不利，乘间向明帝诉说燕王不堪大任，并向明帝推荐曹爽和司马懿。结果，燕王宇免职，曹爽被任命为大将军，与司马懿共同辅佐齐王芳。在这一宫廷纠纷中，曹爽与司马懿是站在一边的。最初，曹爽以司马懿"年德并高，恒父事之，不敢专行"（《三国志·魏志·曹真传附子爽传》）。何晏、邓飏等用事

魏弩机

后，曹爽、司马懿间嫌隙渐生，曹爽作事，常常不再考虑司马懿的意见和劝告。

  正始八年五月，司马懿衡量了一下形势，认为还没到与曹爽较量的时机，遂以退为进，称疾家居，不与政事。

  九年冬，曹爽一党的李胜出任荆州刺史，去向司马懿辞行。司马懿装出病危的样子来接见他。他回去后告曹爽说："司马公已是尸居余气，形神已离，没

有什么可怕的了。"又说："太傅病不可复，令人怆然！"

曹爽信了李胜的话，对司马懿放松了防备。司马懿却阴养死士，俟机发动政变。

正始十年（249）正月甲午，齐王芳谒高平陵。高平陵是明帝的陵墓，在洛阳南九十里。曹爽和他的弟弟中领军羲，武卫将军训等皆陪同前往。司马懿霍然而起，奏请皇太后，废爽兄弟。司马懿的儿子司马师为中护军，率兵屯司马门。司马懿自率兵列阵阙下。假司徒高柔节行大将军，入据曹爽营。以太仆王观行中领军，接管曹羲营。司马懿对高柔说："君为周勃矣！"（《晋书·宣帝纪》）原来阴养的死士三千人，至是也一朝而集，成为政变的骨干。

司马懿亲自率领太尉蒋济等，勒兵屯洛水浮桥，上奏曹爽兄弟罪状。

曹爽得到司马懿的上奏，惶恐犹豫，不知所措。爽党司农桓范，原留在城内，听得司马懿发动政变，诳开城门投奔曹爽。他向曹爽建议，挟天子去许昌，招天下兵讨司马懿。曹爽犹豫不决，派侍中许允，尚书陈泰去司马懿处探风声。司马懿假意对他们说，曹爽是有过的，但不过免官而已。曹爽信以为真。桓范等援引古今，谏说百端，自夜达旦。曹爽不能听，投刀于地说："司马公正欲夺吾权耳！吾得以侯还第，不失为富家翁。"（《晋书·宣帝纪》）

曹爽将司马懿的奏疏送给齐王芳，请齐王芳免去自己的官，然后随齐王芳进城，被幽居在家中。几天以后，有人告发，黄门张当曾私以所选才人送曹爽、何晏等。张当供说，曹爽、何晏、邓飏、丁谧等阴谋反逆，拟于三月

山东画像石"大王出行图"局部摹本

中发。于是收爽、羲、训、晏、飏等人狱，劾以大逆不道，皆伏诛，夷三族。

曹爽一派人被杀后，齐王芳以司马懿为丞相，加九锡。司马懿虽固辞不受，但自此以后，魏之军政大权皆在司马氏掌握之中。

在司马氏与曹氏的权力斗争中，正始十年春的这次政变是关键性的一个回合。这一回合决定了司马氏的胜利。但曹氏已统治了几十年，朝里朝外忠于曹魏的势力还是相当强大的。司马懿与曹爽斗争中，尽量抓曹爽的缺点，把自己打扮成一个受明帝托孤的元老忠臣。因此，他迷惑了一些人。在他与曹爽的斗争中，有些忠于曹氏的人也多站在司马氏一边。他们看到的是曹爽的缺点和司马懿的忠贞。司马氏要想取代曹魏的皇位，还须在整个统治阶级人心中培养出威望来，对于曹魏的忠臣还有待一批批清扫。正始以后，曹魏的统治，形式上还维持了十六、七年，就是这个原因。

嘉平三年（251），太尉、征东将军、假节都督扬州诸军事王凌，以齐王芳暗弱，受制于司马懿，拟于许昌拥立楚王彪，与洛阳对抗。王凌的儿子王广不同意他的打算。王广认为："今司马懿情虽难量，事未有逆，而擢用贤能，广树胜己，修先朝之政令，副众心之所求。爽之所以为恶者，彼莫不必改，夙夜匪解，以恤民为先。父子兄弟，并握兵要，未易亡也。"（《三国志·魏志·王凌传》注引《汉晋春秋》）从王广的话里可以看到：这时司马懿虽然已经专权，但还没露出逆迹。

司马懿得知王凌的谋划后，以迅雷不及掩耳的出兵，迫使王凌自杀。王凌的计划没有出笼，就被司马懿扑灭了。王凌和同党皆夷三族，楚王彪被赐死。

这一年，司马懿死，子司马师为抚军大将军、录尚书事，代

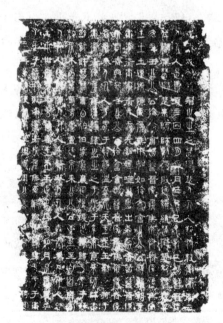

魏三体石经拓本

司马懿主政。不久，进位大将军。

　　嘉平六年（254），司马师杀中书令李丰、太常夏侯玄、光禄大夫张缉。李丰在中书两年，齐王芳常常召见他。司马师问他皇帝同他说些什么，李丰不以实告。师怒，以刀镮打杀李丰。夏侯玄与曹爽是姑表兄弟，张缉是齐王芳皇后的父亲。三人都与曹魏的关系密切。

　　这一年，司马师废了齐王芳，另立高贵乡公曹髦为帝。改元正元。

　　正元二年（255），镇东将军毌丘俭、扬州刺史文钦起兵于寿春，讨司马师。战败，毌丘俭被杀，夷三族；文钦南奔，降吴。

　　司马师平毌丘俭后不久死去。他的弟弟司马昭代为大将军，录尚书事。

　　甘露二年（257），征东大将军诸葛诞反。司马昭带着皇帝东征，围寿春。次年，寿春破，诸葛诞被杀。

　　经过杀王凌、李丰、夏侯玄、毌丘俭、诸葛诞几个回合的斗争，忠于曹魏的内外势力大体被剪除已尽。

　　高贵乡公曹髦是曹丕的孙子，东海王霖的儿子。他代替齐王芳即位时，只有十四岁。他作皇帝朝见群臣后，司马师问锺会："上，何如主也？"锺会对曰："才同陈思，武类太祖。"陈思王指曹植，太祖是曹操。能才同曹植，武类曹操，可真不简单。但这时，满朝大臣大都是拥护司马氏的人了，宫内近臣和宫中卫士也多半是司马氏的人，曹魏大势已去。

　　作了六年傀儡皇帝，曹髦实在忍不下去了，甘露五年（260）四月，曹髦决定与司马昭一拼。他召集近臣侍中王沈、尚书王经、散骑常侍王业，对他们说："司马昭之心，路人所知也。吾不能坐受废

《画像三国志》司马师

辱，今日当与卿等自出讨之。"尚书王经劝他不要鲁莽行事，称："今权在其门，为日久矣，朝廷四方皆为之致死，不顾逆顺之理，非一日也。且宿卫空阙、兵甲寡弱，陛下何所资用？而一旦如此，无乃欲除疾而更深之邪！祸殆不测，宜见重详。"（《三国志·魏志·三少帝纪》注引《汉晋春秋》）曹髦从怀里取出讨伐诏书甩在地上说："行之决矣。正使死，何所惧！况不必死耶。"在曹髦入宫禀告皇太后的时候，王沈、王业赶忙跑去告诉司马昭，要他早作准备。

曹髦拔剑登车，率领殿中宿卫，宫中奴隶数百人，鼓噪而出。头一阵遇着司马昭的弟弟屯骑校尉司马伷。司马伷的兵士看见是皇帝，个个心慌，一哄而散。第二阵遇到贾充。贾充的父亲贾逵，是曹魏的大臣，贾充却是司马氏的死党。贾充的部众看见了皇帝，也想跑。有个叫成济的问贾充："事急矣，当云何？"贾充说：司马公"畜养汝等，正为今日。今日之事，无所问也。"成济得了贾充的话，心里有了底，赶上去一枪，把曹髦刺死于车下。

曹髦死后，司马昭又立了个曹奂作皇帝，改元景元（260）。曹奂是曹操的孙子，燕王宇的儿子。这时，从朝廷到地方，忠于曹氏的势力大体已被剪除一尽了，司马氏所需的是对外立威，灭蜀灭吴也就提到日程上了。

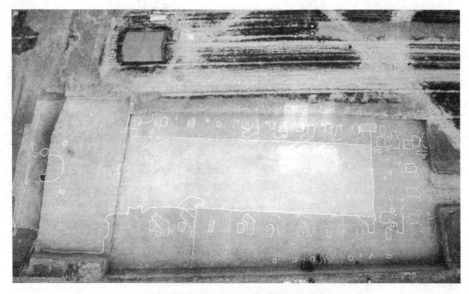

一个王朝的背影：河南安阳西高穴曹奂墓全景航拍

第五节 诸葛亮治蜀及其后的政局

自刘备死后，诸葛亮以丞相辅佐蜀汉后主刘禅，主管军国大政。刘备临死时对刘禅说，"汝与丞相从事，事之如父"。刘禅恪遵父亲遗言，蜀汉"政事无巨细，咸决于亮"。诸葛亮对刘禅，也确实作到了自己对刘备的诺言："臣敢竭股肱之力，效忠贞之节，继之以死。"（《三国志·蜀志·诸葛亮传》）

北伐中原，复兴汉室，是诸葛亮在《隆中对》中提出来的。刘备死后，诸葛亮是以"北定中原，攘除奸凶，复兴汉室，还于旧都"作为他报答刘备、忠于刘禅的"职分"（诸葛亮《出师表》，见《三国志·蜀志·诸葛亮传》）。

平定南中

为了解除北伐时的后顾之忧和开拓兵源财源，诸葛亮在北伐之前，首先要安定南中。

三国时的南中，概指今四川南部和贵州、云南等地。这里居住着一些少数民族，汉代统称为西南夷。刘备章武元年（221），以李恢为庲降都督，住平夷县（今贵州毕节），总管南中事务。刘备死后，越嶲（郡治邛都，今四川西昌西北）叟族领袖高定起兵称王，牂牁（郡治故且兰，今贵州凯里西北）郡丞朱褒据郡反叛，益州郡（郡治滇池，今云南晋宁县东）大姓雍闿反，降吴。南中另一大姓孟获也参加反叛。南中的骚动，也使诸葛亮不得不先行南征。

建兴三年（225），诸葛亮率军南征，兵分三路。东路由马忠率领趋牂牁。中路由李恢率领出平夷，向益州郡。西路主力军由诸葛亮率领，

清殿藏本诸葛亮全身像

经安上（今四川宜宾西），由水路赴卑水（今四川美姑），趋越嶲（今四川西昌）。这年三月诸葛亮出师，五月渡泸，平复南中三郡，降服孟获。同年十二月回到成都。前后用了将近一年的时间。

当时的南中，是比较荒僻的。诸葛亮在《出师表》中称之是"五月渡泸，深入不毛"。诸葛亮这次南征，取用的是攻心为上的方针，要在使南人心服。当时马谡建议说："南中恃其险远，不服久矣。虽今日破之，明日复反耳。今公方倾国北伐以事强贼。彼知官势内虚，其叛亦速。用兵之道，攻心为上，攻城为下，心战为上，兵战为下，愿公服其心而已。"（《三国志·蜀志·马谡传》注引《襄阳记》）据传说诸葛亮对孟获曾七擒七纵。最后，孟获说，"公，天威也，南人不复反矣！"

《三国志·蜀志·诸葛亮传》注引《汉晋春秋》记载：诸葛亮平服南中后，不留兵，不留官，"皆即其渠师而用之"。他认为："若留外人，则当留兵。兵留则无所食，一不易也。加夷新伤破，父兄死丧，留外人而无兵者，必成祸患，二不易也。又夷累有废杀之罪，自嫌衅重，若留外人，终不相信，三不易也。今吾欲使不留兵，不运粮，而纲纪粗定，夷汉粗安故耳。"

不留兵，不留官，不会是一官一兵不留。庲降都督和各郡郡守，总是要由成都蜀汉政府派去的。"皆即其渠师而用之"，大约是用作县邑官。少数民族地区的县邑，就由少数民族的酋帅来管理，称作邑侯或邑君。

《三国志·蜀志·张嶷传》有邑侯魏狼，苏祁邑君冬逢，都是少数民族的酋帅。这次诸葛亮出兵征服后的南中，有时也还有些变乱。如"越嶲郡，叟夷数反，杀太守龚禄、焦璜。是后，太守不敢之郡，只住安上县，去郡八百余里"。到张嶷为越嶲太守时，才改变了这种情况。建兴十一年，南夷豪帅刘胄反，扰乱诸郡。后，牂牁兴古獠人复反。马

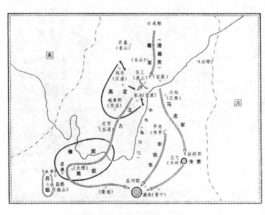

诸葛亮进军南中路线示意图

忠击斩刘胄再平南中后，庲降郡督由平夷移驻味县（今云南曲靖），"处民夷之间"，蜀汉政府的势力大大向南推移了。

诸葛亮平南中后，达到了增兵增财的目的，"军资所出，国以富饶"（《三国志·蜀志·诸葛亮传》）。诸葛亮"移南中劲卒，青羌万余家于蜀为五部，所当无前。"（《华阳国志·南中志》）李恢平定南土后，"赋出叟、濮耕牛战马金银犀革，充继军资，于时费用不乏"。（《三国志·蜀志·李恢传》）。张嶷平牂牁兴古僚人后。"招降得二千人，悉传诣汉中"（《三国志·蜀志·张嶷传》注引《益部耆旧传》）。

北伐

诸葛亮回到成都，休息整顿了一年。建兴五年春（227）出屯汉中沔阳，准备北伐。临发上疏（即后人所说的《出师表》）写道："先帝创业未半而中道崩殂。今天下三分，益州疲弊，此诚危急存亡之秋也。……今南方已定，兵甲已足，当奖率三军，北定中原，……兴复汉室，还于旧都。此臣所以报先帝而忠陛下之职分也。"（《三国志·蜀志·诸葛亮传》）

次年，诸葛亮由汉中率军攻祁山。这是诸葛亮第一次北伐。从这次算起，到建兴十二年（234），诸葛亮病死五丈原，前后与魏有六次战争。五次是蜀汉发动的进攻，一次是魏进攻，蜀汉防御。

建兴六年（228）春，诸葛亮扬言要由斜谷道（由陕西汉中到郿县）取郿。使赵云、邓芝为疑军，据箕口（斜谷道的南口）。曹魏派大将军曹真率众迎战。诸葛亮率大军西攻祁山（今甘肃礼县东北）。南安、天水、安定三郡叛魏应亮，关中震动。魏明帝曹叡西镇长安，命张郃拒亮。诸葛亮使马

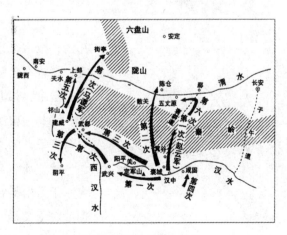

孔明六出祁山合图

明刻《英雄谱·孔明上出师表》

木牛复原模型

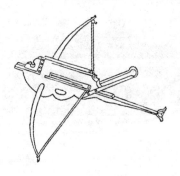

诸葛连弩复原图

谡督诸军在前，与张郃战于街亭（今甘肃天水南）。马谡违反诸葛亮的节度，驻军山上，为张郃所破，以致影响整个战局。诸葛亮斩马谡，取西县千余家还汉中。

这年冬，诸葛亮又出散关（今陕西宝鸡西南）围陈仓（宝鸡东）。魏派曹真迎战。诸葛亮因粮尽而还。魏部将王双率军追击，被战败而亡。

建兴七年（229）春，诸葛亮遣陈式攻武都（今甘肃成县西北）、阴平（今甘肃文县西）。魏雍州刺史郭淮率众迎击陈式。诸葛亮自出至建威（成县西），郭淮退走。遂克武都、阴平两郡。

建兴八年（230）秋，魏使司马懿由西城（今甘肃天水南）、张郃由子午（由今西安南到宁陕东）、曹真由斜谷（郿县到褒城）出，三道欲攻汉中，诸葛亮待之于城固、赤阪（今陕西洋县）。因遇大雨，道绝，真等皆退走。这年，魏延破魏雍州刺史郭淮于阳溪。

建兴九年（231）春二月，诸葛亮复出祁山，以木牛运输军粮。魏将司马懿西屯长安，督将军张郃、费曜、郭淮等御之。诸葛亮破费曜、郭淮于上邽，司马懿敛兵依险拒守。诸葛亮粮尽退兵。张郃来追，蜀汉伏兵弓弩齐发，张郃中矢而死。

建兴十二年（234）春二月，诸葛亮率大军十万由斜谷出，以流马运输粮米。并进据武功五丈原（今陕西郿县西南），与司马懿对峙渭南。诸葛亮每患粮不继，乃分兵屯田为久驻之计。耕者杂于渭滨居民之间，百姓安堵。相持百余日，八月，亮病笃，卒于军中。蜀军退。

这六次战争，有两次是出祁山，一次是出斜谷，一次出散关，一次出建威，一次是魏军进攻，诸葛亮在汉中拒守。六次战争中，第一次，第六次规模比较大。

治戎和理民

陈寿评论诸葛亮，称他"于治戎为长，奇谋为短，理民之干，优于将略"（《诸葛亮传》）。治戎和理民，是封建时代治理国家的两大纲领，在和平时期是这样，在战争时期也是这样。这是丞相应当尽到的职责，也是有丞相才能的人才能尽到的职责。蜀汉在三国中的根基最薄，取得基地的时间最晚，诸葛亮能辅佐刘备父子在当时激烈复杂的斗争中，与魏、吴鼎立，极为不易。这种成就，是跟诸葛亮治戎和理民的成果分不开的。

陈寿称誉"诸葛亮之为相国也，抚百姓，示仪轨；约官职，从权制；开诚心，布公道。尽忠益时者虽仇必赏，犯法怠慢者虽亲必罚，服罪输情者虽重必释，游辞巧饰者虽轻必戮。善无微而

蜀汉铜鼓。铜鼓是西南少数民族的标志性神器

西南少数民族风格的汉代云南铜饰件

不赏，恶无纤而不贬。庶事精练，物理其本，循名责实，虚为不齿。终于邦域之内，咸畏而爱之。刑政虽峻而无怨者，以其用心平而劝戒明也。"(《三国志·魏志·诸葛亮传》评曰)"用心平而劝戒明"，是诸葛亮贯彻于军政民政的一贯作风。"刑政虽峻而无怨者"，表明这位政治家的深刻的政治影响。

有关诸葛亮的事迹，见于史籍者不多。就流传下来仅有的简略记载而言，如建兴六年街亭失败后，取西县民千余家还汉中。建兴十二年屯田渭滨，耕者杂于居民之间而百姓安堵。这都表明，诸葛亮的军队是节制之师，在当时历史条件下，是很难做到的。

诸葛亮死后的蜀汉政局

诸葛亮死后，蜀国的政治先后由蒋琬、费祎掌管。蒋琬还考虑过伐魏，兴复汉业。费祎就全无与魏争天下的思想了。费祎对姜维说："吾等不如丞相亦已远矣，丞相犹不能定中原，况吾等乎？且不如保国治民，敬守社稷。如其功业，以俟能者。"(《三国志·蜀志·姜维传》注引《汉晋春秋》)蒋琬、费祎执政时期，蜀国大体上采取了保境安民政策，军事活动比较少。

费祎死后，姜维在蜀掌权。诸葛亮对他很赏识，称他"思虑精密，敏于军事，心存汉室，才兼于人。"费祎时，姜维"负其才武，每欲兴军大举，费祎常裁制不从"(《三国志·蜀志·姜维传》)。

姜维掌权后，又恢复了对魏的战争。他仍是贯彻诸葛亮的军事路线，重点首先在争取占有陇西。姜维自以为是天水人，"练西方风俗，兼负其

出土的蜀汉兵器

蒋琬墓

才武，欲诱羌、胡以为羽翼，谓自陇以西可断而有也"。（同上）他数次出兵，都是争夺陇西。

自后主延熙十六年（253）到延熙二十年（257）的五年之间，姜维五次伐魏。延熙十九年在上邽南段谷（今甘肃天水西南）一次战争中，因另一路军队误期，姜维被邓艾打败，战士"星散流离，死者甚众，众庶由是怨讟，而陇以西亦骚动不宁"（《三国志·蜀志·姜维传》）。段谷败后，不仅姜维的威望大减，蜀国蜀军也元气大伤。

蜀汉后主刘禅是个庸材，他为政四十年，前期因有诸葛亮、蒋琬、费祎等辅政，政治较为清明。但在费祎之后，他听信宦官黄皓，政治昏聩。就连大将军姜维也因害怕黄皓陷害而不敢驻在京城成都。

蜀汉晚期，朝政是相当腐败的。公元261年，吴派使臣薛珝来蜀，回国后对吴主孙休说到蜀国情况是："主暗而不知其过，臣下容身以求免罪，入其朝不闻正言，经其野民有菜色。"（《三国志·吴志·薛综传附子珝传》）

姜维的抗战及其失败

景元三年（262），司马师以钟会为镇西将军，都督关中。司马昭谋伐蜀，朝臣多以为不可，独司隶校尉钟会赞成。司马昭遂以钟会都督关中，筹划伐蜀。他对朝臣们说："自定寿春以来（指讨伐诸葛诞），息役六年，治兵缮甲，以拟二虏（指吴、蜀）。……今宜先取蜀。三年之后，因巴蜀顺流之势，水陆并进。此灭虞定虢，吞韩并魏之势也。计蜀战士九万，居守成都及备他境不下四万，然则余众不过五万。今绊姜维于沓中，使不得东顾。直指骆谷，出其空虚之地，以袭汉

刘禅像　姜维像

中。……以刘禅之暗，而边城外破，士女内震，其亡可知也。"(《晋书·文帝纪》)

　　姜维听得司马昭派锺会都督关中，已经看出司马昭的诡计，赶忙从沓中上书后主说："闻锺会治兵关中，欲规进取。宜并遣张翼、廖化督诸军分护阳安关口（今陕西略阳南阳平关）、阴平桥头（今甘肃文县境），以防未然。"(《三国志·蜀志·姜维传》)后主信任宦官黄皓，迷信鬼巫，黄皓说王人告诉他，魏决不会进攻，刘禅即把姜维的奏章压下，朝中群臣都被蒙在鼓里，什么也不知道。

　　景元四年（263），魏国兵分三路大举伐蜀。西路由征西将军邓艾率领，带兵三万从狄道（今甘肃临洮）向甘松、沓中进攻，目的是缠住姜维，使他不能从沓中回撤。中路由雍州刺史诸葛绪率领，带兵三万从祁山（今甘肃西和县北）向桥头进发，截断姜维的归路。东路是主力，由锺会亲自率领。带兵十万分从斜谷（今陕西郿县南）、骆谷（今陕西盩厔南）、子午谷（今陕西鄠县南）三道，向汉中进发。

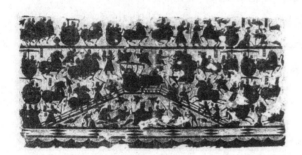

水陆交战图

剑门关

　　这时，姜维提出的御敌的方案是："敌至，诸围皆敛兵聚谷，退就汉、乐二城，使敌不得入平①，且

---

① 《资治通鉴》卷七七甘露三年（258），引此句作"听敌入平"。胡三省注云："谓纵敌使入平地。"意思与此《传》正相反，细审形势，当以《资治通鉴》为是。

重关镇守以捍之。有事之日，令游军并进以伺其虚。敌攻关不克，野无散谷，千里县（悬）粮，自然疲乏。引退之日，然后诸城并出，与游军并力搏之，此殄敌之术也。"（《三国志·蜀志·姜维传》）

钟会十万大军，浩浩荡荡杀向汉中，蜀军就是按照姜维的方案作御敌的安排。这时蜀在汉中的守军，有一万来人。于是撤诸外围守军，分为两部，分别退守汉（今陕西沔县东）、乐（今陕西城固）两城，守城军不过五千人。钟会进入汉中，了解了这种情况，并不留在那里攻城，只派两位偏将带领一部分军队把汉、乐两城包围起来，自己却带领大军越过汉中向阳安关①进发。魏军不伤一兵一卒，不战而取下汉中。

姜维在沓中，听得魏军主力已到汉中的消息，急忙从沓中向汉中转移。后面邓艾跟踪，紧迫不放。姜维到了桥头（今甘肃文县东南），桥头大道已被魏将诸葛绪占领。姜维假装要从诸葛绪军的北面过境，靠着地熟、人熟、情报快，在诸葛绪撤兵向北去堵截的时候，他却折回头以快速行军通过了桥头，等到诸葛绪再回到桥头的时候，姜维领兵刚刚过去。

姜维走到阴平，钟会已经攻下阳安关口，正向白水关（今四川广元西北）进军。姜维急忙会合由成都开来的廖化、张翼率领的援军，一同退守剑阁（今四川剑阁）。

剑阁，有大、小两座剑山，相隔三十里，群山相连，形势绝险。姜维守住剑阁，钟会屡攻不下。后方遥远，粮运困难，

邓艾偷袭成都示意图

① 《资治通鉴》卷262景元三年注："阳安关口，意即阳平关也。"

军队给养大成问题。锺会一筹莫展，打算退兵。

　　邓艾进兵到阴平（今甘肃文县），听得锺会被姜维阻止在剑阁，正欲退兵，急忙写信给司马昭报告军情：大军已深入蜀境，功告垂成，千万不能撤退。他认为从阴平走山路向南，出剑阁西面一百多里，可以袭击涪（今四川绵阳）。涪在剑阁后面，离成都不过三百里，是成都的门户。如果军队到涪，姜维势必撤兵来救，这样，锺会的大军就能不战而取剑阁，如果姜维不来援救，涪守军势弱，必然容易攻下。邓艾信送出后，不待司马昭的回示，就照信上所说的计划，自阴平向南进军了。

　　邓艾所走的这条路，实在艰险。山高谷深，七百里地很少人烟。邓艾一路凿山开路。遇到险要之处，兵士们便攀着树枝，缘着悬崖，一个拉着一个的前进。

　　邓艾就这样翻山越岭来到江油（今四川江油），驻守在江油的蜀军，大吃一惊，便向邓艾投降了。邓艾由江油进一步迫进涪。

　　蜀汉军驻涪的主将是诸葛亮的儿子诸葛瞻。他没有乘邓艾远来疲惫还没有站住脚步的时候向邓艾进攻。他的部将黄崇再三向他建议，诸葛瞻不肯接受。邓艾进攻了，他的人马都是处在不进就死的处境，攻势非常勇猛。诸葛瞻被迫退守绵竹。邓艾派人去劝他投降，说："若降者，必表为琅邪王。"（《三国志·蜀志·诸葛亮传附子瞻传》）瞻大怒，立斩来使。邓艾攻入绵竹，诸葛瞻和黄崇都死在战场上。他的儿子诸葛尚，听得父亲战

邓艾像

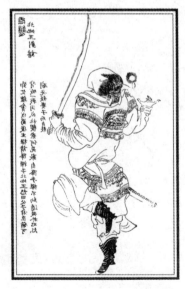

《无双谱·北地王刘湛》。刘湛的自杀为蜀汉的结局增添了些许悲壮的色彩，与刘禅的贪生形成鲜明的对比

死，说：父子为国家大臣，没能早杀黄皓，致使国破家亡，有何脸面活下去。也力战而死。

邓艾进军到雒（今四川广汉），离成都只有八十里。后主招来群臣会议。有的主张到南中去，有的主张到东吴去。光禄大夫谯周劝后主投降。后主犹豫了半天，最后也就听了谯周的话，向邓艾投降了。只有后主的一个儿子北地王刘谌，很有点烈性和气节。他愤慨地对后主说：如理穷力屈，祸败将及，便当父子君臣背城一战，同死社稷，以见先帝于地下，奈仍屈辱投降！后主不听。刘谌觉得大势已去，无力挽回，便带着妻子到他祖父刘备庙里大哭一场，先杀妻儿，然后自杀。

后主投降以后，又命姜维向锺会投降。蜀汉的兵士听得要向敌人投降，都气得拔刀砍石头。

有的史书记载称蜀亡时有二十八万户，男女九十四万口，将士十万二千人，吏四万人（参看《三国志·蜀志·后主传》注引王隐《蜀记》）。

第六节　孙吴对江南的开发。孙吴的灭亡

赤壁之战后，孙权占有江东，又占有荆州一部分，江南广大疆域都在他控制之下。自公元200年孙策死，孙权代他领兵，到公元252年孙权死，孙权统治江南前后达五十二年。这五十多年，基本上是江南的开发时期。东汉末年，先有镇压黄巾起义，后有军阀混战，北方遭受破坏，人民大批南逃避乱，对于江南耕地面积的扩大和经济的开发，是有帮助的。

征山越、蛮族和夷族

孙吴能在江南立国，就是以前代江南地区的不断开发为条件。孙权时期，江南的开发主要仍在长江沿岸和长江下游三角洲地带，岭南珠江流域也在逐步兴起，而广大内地，仍是地广人稀，经济文化比较落后的。这时期，在东南内部地区居住的是越族。因为他们居住的地区多是山地，历史上就称他们为山越，这与秦汉之际，东越、闽越、南越的得名是一样的。实际

上，他们都是越族。除去居住平原地区的已经汉化外，大部分山越人仍很落后。他们居山谷幽邃之地，"未尝入城邑，对长吏"（《三国志·吴志·诸葛恪传》），自然也不服役纳租。

山越人口众多，地区广大。他们居住地区又靠近孙权统治地区中心的吴郡、会稽、建业等地，对孙权政权的巩固和稳定，有相当大的威胁①。孙吴统治阶层不得不考虑如何征服山越，使他们成为东吴的兵源和财源，变有害因素为有利因素。

孙吴与山越人的战争，从孙策时即已开始，一直到孙皓时止，几十年中连续不断，几乎与吴国的统治相始终。其中，次数多，规模大的征讨战争，多在孙权时期。每次征讨之后，就把降服的山越人中强壮的收编为士兵，羸弱的划归郡县。公元 234—237 年，诸葛恪征讨丹阳郡山越，一次就得兵四万人（《三国志·吴志·诸葛恪传》）。据《吴志》各传中所载诸将征讨山

阎立本绘孙权像

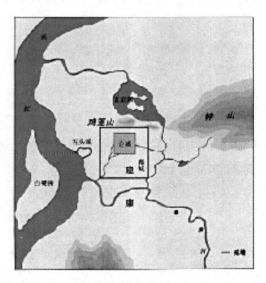

建业形势图

---

① 《三国志·吴志·吴主传》："时扬越蛮夷多未平集，内难未弭，故权卑辞上书，求自改励。"《三国志·吴志·贺全吕周锺离传》："山越好为叛乱，难安易动。"这些记载，说明山越对孙氏政权的威胁。

越所得士兵人数加起来，已不下十三四万。[1] 吴亡时，吴国士兵人数大约有二十多万，其中山越人约在半数以上。

居住在荆州地区的少数民族主要是蛮族，交州地区的被称为夷。孙吴对蛮、夷人也有过不少征讨。黄龙三年（231），孙权以潘濬率众五万讨武陵蛮，"斩首获生，盖以万数"（《三国志·吴志·潘濬传》）。赤乌十一年（248），交阯九真夷攻没县邑。孙权以陆胤为交州刺史、安南校尉。胤入南界，务崇招纳。"贼帅百余人，民五万余家，深幽不羁，莫不稽颡，交域清泰。"（《三国志·吴志·陆胤传》）

孙吴征服山越、蛮、夷等族后，一方面是把他们征发出来作战士和划归郡县作编户耕田种地，一方面也逐步在他们原来居住的地区设置郡县。江南荆、扬、交、广地区，东汉时有二十个郡和二百六十五个县。[2] 东吴时期，由于分置和增置，已增为四十三个郡和三百一十三个县。[3] 通常情况下，郡县数目的增加多是由于经济发展和人口增加。而东吴时期，江南郡县数的增加，除这种原因外，还有一个原因是山越、蛮、夷族居住地区被开辟而增设了郡县。

农田水利的发展

东吴政权注意兴修水利。农田灌溉面积的扩大，使江南耕地面积扩大了，农业生产增加了。农业经济的发展，在长江下游三吴地区最为显著。为了增加农业生产，解决军粮问题，东吴与曹魏一样，也注重屯田。吴的屯田也有军屯和民屯之分。征服山越、

出土的东汉岭南三合院模型

---

[1] 参看何兹全：《孙吴的兵制》，见《中国史研究》，1984年第3期。

[2] 此据《续汉书·郡国志》。无广州，在交州内。

[3] 参看吴增仅、杨守敬《三国郡县表附考证》。《三国志·吴志·孙皓传》注引《晋阳秋》作"县三百一十三"。

蛮、夷所取得的民户，一部分成为郡县编户，一部分也用来屯田。管理屯田的官，称为典农校尉和典农都尉，这和曹魏管理民屯的农官名称是一样的。他们也同样不受郡县的管辖。① 典农校尉，地位等于郡守，都尉等于县令长。屯田的规模都是相当大的。在皖城的屯田，有稻田四千余顷。② 江北的屯田，有屯田兵数千家③ 诸葛恪在庐江皖口屯田，屯田兵有万人④。毗陵屯田，有男女各数万口⑤。这些规模大的屯田，都是军屯。民屯人数也不少。永安六年（263），"丞相（濮阳）兴建，取屯田万人以为兵。"（《三国志·吴志·三嗣主传》）既然说是"取屯田万人以为兵"，这些屯田人原不是兵，这是很清楚的。而且从屯田人中抽出一万人，大约不会影响屯田的耕作，这也说明孙吴民屯中的劳动人数是多的。

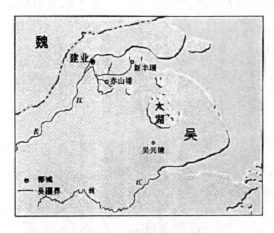

东吴长江三角洲水利分布图

民屯中的屯田者不服兵役。军屯中的佃兵，平时耕田种地，疆场有事则参加战斗。《三国志·吴志·陆凯传》载陆凯谏孙皓的话："先帝战士，不给他役，使春唯知农，秋唯收稻，江渚有事，责其死效。"可知孙皓以前，屯田兵是平时耕田种地，有战争就参加战斗。这与曹魏的军屯大体也是一样的。

---

① 《宋书·州郡志》："溧阳令，汉旧县。吴者为屯田""湖熟令，汉旧县。吴者为典农都尉。""晋陵太守，吴时分吴郡，无锡以西为毗陵典农校尉"。《三国志·吴志·陆逊传》："年二十……出为海昌屯田都尉，并领县事。"这些记录，说明吴的屯田与魏一样，也是独立于郡县之外，不受郡县守令管辖的。

② 见《晋书·王浑传》。

③ 《三国志·魏志·满宠传》："青龙三年（235）春，（权）遣兵数千客佃于江北。"

④ 《三国志·吴志·诸葛恪传》："恪自领万人。……拜恪威北将军，封都乡侯。恪乞率众佃庐江、皖口。"

⑤ 《三国志·吴志·诸葛瑾传》注引《吴书》："赤乌中，诸将出部伍，新都都尉陈表，吴郡都尉顾承各率所领人会佃毗陵，男女各数万口。"

孙氏在江东建国，靠的
是江北豪族和江东豪族的支
持。为了对豪族进行报答，
曹魏晚期出现的给客制度，
在孙权早期就出现了。建安
十九年（214），孙权取皖城，
以吕蒙为"庐江太守，所得
人马皆分与之。别赐寻阳屯

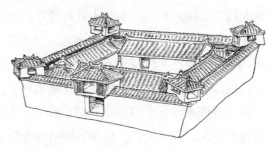

东吴陶院落复原图

田六百人，官属三十人"（《三国志·吴志·吕蒙传》）。建安二十四年，蒋
钦死，孙权"以芜湖民二百户，田二百顷给钦妻子"（《三国志·吴志·蒋钦
传》）。建安二十年，陈武从孙权征合肥，战死。"权命以其爱妾殉葬，复客
二百家"（《三国志·吴志·陈武传》注引《江表传》）。

　　孙权前期，内外形势动荡，他依靠江北、江东豪族为他维持局面，所以
这时期孙吴统治阶级内部君臣之间是比较团结的。孙权后期，情况变化了。
本来，吴和蜀的立国情势就有所不同，蜀的理想是"兴复汉室，还于旧都"
（诸葛亮《出师表》）。孙吴则满足于划江自守的偏安局面。诸葛亮生前曾几

吴名将朱然墓漆盘"宫闱宴乐图"线图

次北伐，吴则很少主动向魏大规模进攻。西晋的傅玄说孙权"兵不妄动，故战少败而江南安"（《三国志·吴志·吴主传》注引《傅子》）。到孙权后期，三国鼎峙局面已大体稳定下来，孙权年事已长，为子孙皇位计的思想逐渐突出，他与将相大臣间的矛盾也就逐渐出现了。陈寿评论他"性多嫌忌，果于杀戮，暨臻末年，弥以滋甚"（《三国志·吴志·吴主传》评曰）。他信任宦官左右下人，嫌疑大臣。后来孙皓猜疑大臣，果于杀害，不过是孙权晚年事态的发展而已。

与夷洲的交通

孙权时期有一件大事，这就是与夷洲的交通。夷洲，就是我们现在所说的台湾。当时夷洲居民还处在原始社会阶段。《临海水土志》载："夷洲在临海东南，去郡二千里，土地无雪霜，草木不死，四面是山，众山，夷所居。……此夷各号为王，分画土地、人民，各自别异。人皆髡头穿耳，女人不穿耳。作室居，种荆为蕃障。土地饶沃，既生五谷，又多鱼肉。舅姑子妇男女卧息共一大床。交会之时，各不相避。能作细布，亦作斑文布。……其地并出铜铁，唯用鹿觡矛以战斗耳。磨砺青石，以作矢镞刀斧，镮贯珠珰。"（见《太平御览》卷780引）从用鹿觡矛，石镞刀斧看，当时夷洲居民还处在石器时代，或已到晚期。从种荆为蕃障看，当时掠夺战争尚不严重。国家，往往是在城邑、掠夺战争之后出现的。夷洲居民当时还没有城邑，也还没有国家组织。

黄龙二年（230），孙权"遣将军卫温、诸葛直将甲士万人浮海求夷洲及亶洲。亶洲在海中，……其上人民，时有至会稽，货布。会稽东县人海行，亦有遭风流移至亶洲者。所在绝远，卒不可得至，但得夷洲数千人还。"（《三国志·吴志·吴主传》）亶洲，不知今何地，可能是琉球。孙权使

广州出土的东汉陶船

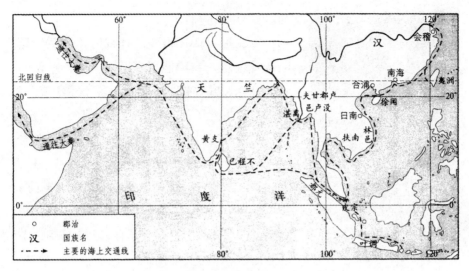

东汉三国南方海路航线图

万人至夷洲，可能事先对夷洲已有很多的了解。不然，他不会进行这样大规模的海上活动。

夷洲以外，北到辽东半岛，南到南洋诸国，都曾有吴的使臣和商人活动。魏明帝曾诏辽东，提到孙权"复远遣船，越渡大海，多持货物，诳诱边民"（《三国志·魏志·公孙渊传》注引《魏略》）。吴与南海各地的海上来往和贸易也比前代有所发展。吴的使臣曾多次泛海南出。交州刺史派康泰、朱应出使南海各国，"所经及传闻，则有百数十国"（《梁书·海南诸国传》序）。回国后，康泰著《外国传》，朱应著《扶南异物志》。大秦的商人经南海来到吴的建业。大和尚康僧会，也是从海上到达吴都建业的。

孙皓与吴的灭亡

司马昭灭蜀之后，本来打算休息三年就去灭吴。但灭蜀后的第二年，司马昭就死了。司马昭死后不到半年，儿子司马炎即受魏禅为帝，改元泰始元年（266），西晋开始。又过了十五年，晋才伐吴。

吴国最后一个统治者是孙权的孙子孙皓。其人既残暴，多忌讳，又荒淫，好酒色，还使用一些酷刑来杀人。但这个人却有点聪明，也有才干，与

朱然墓出土镇墓兽

蜀后主刘禅不一样。

　　吴的租税徭役很重。孙权时，大臣张昭、陆逊曾上疏，希望能减轻赋税。但孙权认为：三国分立，常要打仗，租税徭役不得不重。到孙皓时，虽然不打仗了，但修造宫殿，穷极技巧，功役费用以亿万计。人民服役，不胜其苦。后宫的宫女已有数千人，还年年要挑选。镇西大将军、都督巴丘，领荆州牧陆凯曾上疏："臣闻国无三年之储，谓之非国，而今无一年之畜。而诸公卿位处人上，禄延子孙，曾无致命之节，匡救之术，苟进小利于君，以求容媚，荼毒百姓，不为君计也。自从孙弘造义兵以来，耕种既废，所在无复输入，而分一家父子异役，廪食日张，畜积日耗，民有离散之怨，国有露根之渐，而莫之恤也。民力困穷，鬻卖儿子，调赋相仍，日以疲极。所在长吏，不加隐括，加有监官，既不爱民，务行威势，所在骚扰，更为烦苛，民苦二端，财力再耗，此为无益而有损也。"（《三国志·吴志·陆凯传》）贺邵也上疏："自登位以来，法禁转苛，赋调益繁；中宫内竖，分布州郡，横兴事役，竞造奸利；百姓罢杼轴之困，黎民罢无己之求，老幼饥寒，家户菜色，而所在长吏，迫畏罪负，严法峻刑，苦民求办。是以人力

王濬像　　　　　　　　　羊祜像　杜预像

不堪，家户离散，呼嗟之声，感伤和气。又江边成兵远当以拓土广境，近当以守界备难，……而征发赋调，烟至云集，衣不全裋褐，食不赡朝夕，出当锋镝之难，入抱无聊之感。是以父子相弃，叛者成行。"（《三国志·吴志·贺邵传》）可是，孙皓对于陆凯、贺邵的上疏，却恨之入骨，贺邵因此被杀。

　　百姓受不了孙皓的压迫剥削，就起来反抗。施但领导的起义，有一万多人参加，直攻打到离建业三十里的地方。交州、广州的人民也起来反对他，斗争了好多年。

　　孙皓的荒淫暴虐，使吴国上下离心，伐吴的条陈，就时时在晋朝廷上提出来。大臣对伐不伐吴，分成两派。一派以羊祜等为首，主张伐吴。一派以贾充为首，坚决反对伐吴。晋武帝是个平庸寡断的人，一时也拿不定主意。

　　咸宁五年（279）晋益州刺史王濬上疏："孙皓荒淫凶逆，宜速征伐。若一旦皓死，更立贤王，则强敌也。愿陛下勿失事机。"（《资治通鉴》卷八十）镇南大将军、都督荆州诸军事杜预也上疏："凡事当以利害相校，今此举之利十有八九，而其害一二，止于无功耳。"疏到之时，武帝正与张华围棋。张华也说："吴主淫虐。诛杀贤能，当今讨之，可不劳而定，愿勿以为疑。"

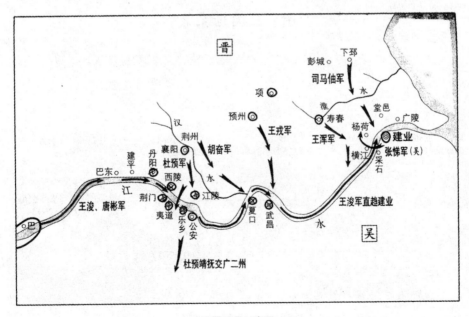

西晋灭吴示意图

(《资治通鉴》卷八十) 武帝这才下了伐吴的决心。

　　这年冬十一月，晋大举伐吴，沿长江上下六路出兵。一路由镇军将军琅邪王司马伷率领出涂中 (今安徽滁县)，一路由安东将军王浑率领出江西 (今安徽和县一带)，一路由建威将军王戎出武昌 (今湖北鄂城)，一路由平西将军胡奋率领出夏口 (今湖北汉口)，一路由镇南大将军杜预率领出江陵 (今湖北江陵)，最西一路由龙骧将军王濬率领，从蜀顺江而下。六路大军共二十多万。但总领六路大军的却是始终反对伐吴最力的贾充。

　　在六路大军中，王濬一路作战最勇猛。吴军曾在西陵 (今湖北宜昌) 以西吴晋两国交界处，用铁索和铁锥把长江的水底、水面都封锁起来。王濬到后，破除了障碍，顺江而下。加上江陵、夏口、武昌诸路大军的胜利，晋军很快就到达建业，孙皓只得投降。孙吴的灭亡，结束了三国鼎立的历史。

　　吴亡时有户五十二万三千，吏三万二千，兵二十三万，男女口二百三十万 (见《三国志·吴志·孙皓传》注引《晋阳秋》)。差不多比蜀多一倍。

附：三国世系表

一、魏

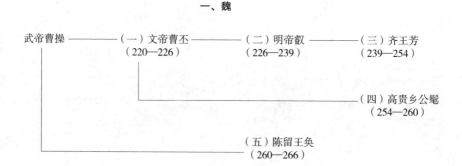

武帝曹操 ——— (一) 文帝曹丕 ——— (二) 明帝叡 ——— (三) 齐王芳
　　　　　　　　（220—226）　　　　（226—239）　　　　（239—254）

　　　　　　　　　　　　　　　　　　　　　　　　　　(四) 高贵乡公髦
　　　　　　　　　　　　　　　　　　　　　　　　　　　（254—260）

　　　　　　　　　　　　　　　　　(五) 陈留王奂
　　　　　　　　　　　　　　　　　　（260—266）

二、蜀

（一）昭烈帝刘备 ————————————（二）后主禅
　　（221—223）　　　　　　　　　　（223—263）

三、吴

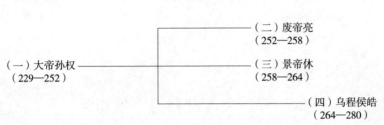

　　　　　　　　　　　　　　　　　（二）废帝亮
　　　　　　　　　　　　　　　　　（252—258）

（一）大帝孙权 ————————————（三）景帝休
　　（229—252）　　　　　　　　　　（258—264）

　　　　　　　　　　　　　　　　　（四）乌程侯皓
　　　　　　　　　　　　　　　　　（264—280）

第二章　西晋的短暂统一和东晋十六国的混乱

第一节　太康时期的小康局面

农业经济的恢复和发展

晋武帝在位的二十五年，是西晋皇朝相对安定时期。这期间，从太康元年（280）到十年（289），是西晋比较繁荣的时期。保持了一个小康的局面。

阎立本绘晋武帝司马炎像

平吴以前，晋就重视农业的恢复和发展。据《晋书·食货志》载："是时江南未平，朝廷励精于稼穑。"泰始二年（266），武帝诏："今者省徭务本，并力垦殖，欲全农功益登，耕者益劝"。汲郡太守王宏，勤恤百姓，导化有方，督劝开荒五千余顷。当时正遇上荒年，他郡皆闹饥荒，而汲郡独无匮乏。于是武帝特下诏书褒扬，赐谷千斛。十年，光禄勋夏侯和请求修新渠、富寿、游陂三渠，凡溉田千五百顷。咸宁元年诏："今以邺奚官奴婢著新城，代田兵种稻。奴婢各五十人为一屯，屯置司马，使皆如屯田法。"西晋朝廷采取措施，从垦荒、兴修水利、增加农业劳动力和加强监督等方面来鼓励农业生产。

　　三国时期的屯田制，在变乱时可以受到欢迎，在社会相对稳定时就不能适应农民小私有的要求了。司马昭在魏陈留王咸熙元年（公元264年），就"罢屯田官，以均政役。诸典农皆为太守，都尉皆为令长"（《三国志·魏志·陈留王纪》）。大约这次政令未能得到贯彻，晋武帝泰始二年（266）又"罢农官为郡县"（《晋书·武帝纪》）。废除屯田制，可能有多种原因，如避免官吏侵占等。但把在军法部勒下进行生产的屯田人变为郡县管理下的编户小农后，他们的生产积极性会更高，更能增加生产，使政府能得到更多的收益，这应是主要原因。

　　西晋统一后，即于太康元年（280）颁布户调式，同时还颁布了占田法和课田法。占田、课田法规定："男子一人占田七十亩，女子三十亩。其外，丁男课田五十亩，丁女二十亩，次丁男半之，女则不课。…远夷不课田者输义米，户三斛，远者五斗，极远者输算钱，人二十八文"（《晋书·食货志》）。占田、课田制下的农民，是一家一户的个体小农。他们的粮食除缴纳田租外，都归他自己所有，

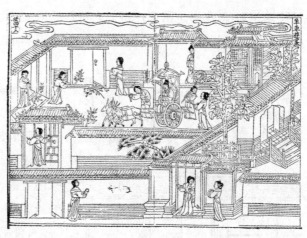

《帝鉴图说·羊车游宴》。用羊拉车有可能是这一时期宫内的风俗，宋文帝也是如此。但这历来被史家视晋武帝为昏庸无耻之举

晋牛转连磨复原图

因而他们的生产积极性是高的。太康时期的小康局面虽只有十来年，但仍是人民可以相当安居的历史时期。《晋书·食货志）称："是时，天下无事，赋税平均，人咸安其业而乐其事。"干宝《晋纪·总论》就这样描述："牛马被野，余粮委亩，行旅草舍，外闾不闭，民相遇者如亲。其匮乏者，取资于道路。故于时有'天下无穷人'之谚"。这些虽是不无溢美之言，但也不能全是杜撰。

太康年间，人口增加很显著。史书记载太康元年（公元280年），全国有"户二百四十五万九千八百四十，口一千六百一十六万三千八百六十三"（《晋书·地理志》）。占田、课田法颁布后的第三年，即太康三年（公元282年），国家"户有三百七十七万"（《三国志·魏志·陈群传》注引《晋太康三年地记》）。这当是国家户籍上人口数的增加，与人口的实际增加数当有距离。但总的说来，这时期的人口增加是令人注目的。

《便民图鉴·田家乐》

对世家地主的优遇

汉末三国时是世家和豪族势力的扩张时期。曹魏后期，大约是在司马氏主政以后，朝廷正式肯定世家地主的特权，其中也包含了特权的新的形式。这实际上是特权的扩张。《晋书·王恂传》载："魏氏给公卿以下租牛客户，数各有差。自后小人惮役，多乐为之，贵势之门动有百数。又太原诸部亦以匈奴胡人为田客，多者数千。"租牛客户，是给自公卿以下的人，即世家地主。以匈奴胡人为田客的太原诸部，就不只限于世家，其中当也有地方上的豪族。

太康元年平吴之后，晋廷在公

布户调式和民丁占田、课田的同时，还公布了官品占田和荫人以为佃户、衣食客的制度。法令规定：官品第一至第九，各以贵贱占田。第一品可以占五十顷。以下，每低一品，递减五顷。至第九品，得占田十顷。又各以品之高低，荫其亲属，多者及九族，少者三世。宗室、国宾、先贤之后，及士人子孙，也都有这种特权，特权扩大到士人子孙，这是秦汉时世家地主范围的扩大，特别是儒宗这一等级的延伸。史家对魏晋以后的这类地主，称作世族，又称作"士族"，是有原因的。同时，也不可忘记，无论是称世族或士族，在其内部自有品级或等级的不同。史家所谓门阀，应指其中较高的品级或等级而言。官吏按品级还可荫庇衣食客和佃户。官至六品以上，得荫衣食客三人，第七、第八品得荫二人，九品一人。第一品、二品得荫庇佃户五十户，第三品十户，以下递减，到第九品一户（参看《晋书·食货志》）。

世族地主的占田数额是远远超过劳动人民的。即使第九品还可以占田十顷，超过劳动人民占田七十亩的十四倍以上。

曹魏给公卿以下的租牛客户，"数各有差"，但具体的规定，没有传下来。晋武帝太康元年关于依品高低荫人以为衣食客，佃客的规定，是我们所知道这方面的最早纪录。

曹魏时制定的九品官人之法，西晋时已完全成为世族地主独占高级官位

晋元康二年青瓷百戏堆塑谷仓罐

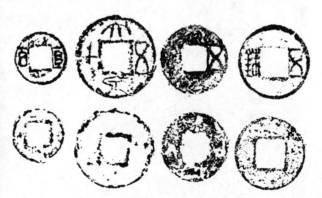

西晋五铢钱拓本。孔方兄之由来——西晋大乱之前，上层社会弥漫着"惟钱是求"的风气，时人鲁褒作《钱神论》进行了辛辣讽刺。"钱之为体……为世神宝。亲之如兄，字曰孔方。……谓为神物。"孔方兄从此成为中国文化中钱的同义词

的手段。这时世族地主的政治特权早已形成，九品中正制更加巩固了世家地主的特权。晋人刘毅在上疏武帝时指出："上品无寒门，下品无势族"和"据上品者，非公侯之子孙即当涂之昆弟也"(《晋书·刘毅传》)。

　　朝廷规定世族地主占田和荫庇人口，是对既成事实作合法化的承认。承认中自然也有限制的意思，如官品荫庇法中规定第一品第二品"佃客无过五十户"(《晋书·食货志》)，就是限制。但事实上，限制是不起作用的。太康年间，即占田法颁布之后，李重上疏①反对限制奴婢数额时就指出："诸侯之轨既减，而井田之制未复，则王者之法不得制人之私也。人之田宅既无定限，则奴婢不宜偏制其数。惧徒为之法，实碎而难检。"(《晋书·李重传》)

《博古叶子·石王斗富》

这说明朝廷对品官占田虽有明文限制，但事实上，世族地主的特权是没有限制的。举例来说，如王戎，性好兴利，广收八方园田水碓，周遍天下(《晋书·王戎传》)。石崇，水碓三十余区，仓头八百余人，其他珍宝货贿田宅称是(《晋书·石崇传》)。

　　晋对世族地主的这些措施，无疑给他们在政治上和经济上更多的优遇，这有利于统治阶层在一定程度上的调和。但世族地主之无限制的特权，助长了他们在生活上和政治上的腐化，也使太康年间的小康局面好景不长。

第二节　多种矛盾的交织和

---

① 据唐长孺先生说，见《西晋田制试释》，刊《魏晋南北朝史论丛》第45—46页。

西晋的灭亡

宗室诸侯王权力之重

　　魏晋间帝位的更替，是通过宫廷政变来实现的。晋武帝认为，要防止这种事变的重演，就必须培植皇族在地方上的势力，使其成为维护朝廷的可靠力量。因此，武帝在泰始元年即位后，就大封宗室①。以邑二万户为大国，置上、中、下三军，兵五千人；邑万户为次国，置上军、下军，兵三千人；五千户为小国，置一军，兵千五百人（《晋书·地理志上》）。

　　晋继承了两汉的封国制，有王、侯两级。因有西周五等爵制的传说，又定了五等爵。在魏陈留王咸熙元年（公元264年）五月庚申复设"五等爵"（《三国志·魏志·陈留王奂纪》）。总的说来，晋"有王、公、侯、伯、子、男六等之封"，又"有开国郡公、县公、郡侯、县侯、伯、子、男及乡亭、关内、关外等侯之爵"（《通典·职官典·历代王侯封爵》）。

　　西晋初年，大封同姓王，有二十七王之多。比起西汉初年所封的王来，西晋诸王的封地还不能跨州连郡，而且西晋的诸侯王也是"徒享封土，而不治吏民"的。封邑民户的户调田租，也不都归王侯所有，他们享有的只是户调的三分之一（绢一匹）和田租的二分之一（二斛）。西晋诸侯王的势力，主要

今朝鲜境内出土壁画《冬寿出行图》线描图

---

① 《资治通鉴》卷七九泰始元年："帝惩魏氏孤立之敝，故大封宗室，授以职任。"

来自他们的职务。西晋的诸侯王多担任一方面的都督诸军事和地方刺史。如汝南王亮，武帝时为大都督，督豫州诸军事，镇许昌；楚王玮，太康末，都督荆州诸军事，镇南将军；赵王伦，元康初迁征西将军，开府仪同三司，镇关中；齐王冏，是镇东大将军，开府仪同三司，镇许昌；成都王颖；惠帝时为镇北大将军，镇邺；河间王颙，为平西将军，镇关中。还有任职朝廷的，如东海王越和长沙王乂。

　　地方都督，都是由皇帝任命的。建立都督制的目的也是为了巩固皇权捍卫统一。但都督坐镇一方，手握一方军政大权，可以成为维护皇权的力量，也可以成为地方割据的势力。晋因惩魏氏孤立之敝而建立的宗室诸侯王的特权，由于缺乏必要的法度和统治集团内部矛盾的发展，宗室诸侯王恰好成为分割皇权的势力，以致出现了八王之乱。

贾后专政和八王之乱

　　公元 290 年，晋武帝死，子惠帝即位。惠帝是一个近乎白痴的庸人，而皇后贾后，却怀有政治野心，并手段毒辣。晋武帝时，外戚贾氏和杨氏都有重要的政治地位。武帝死后，外戚杨骏和杨太后，父女合谋，掌握了朝廷大

西晋战马复原图　　　　　　　　　　　　　魏晋武士俑

权。惠帝元康元年（291），贾后联络楚王司马玮，杀了杨骏及其家属和党羽数千人，命汝南王司马亮与太保卫瓘共录尚书事以辅政；楚王司马玮为卫将军，领北军中侯。北军，是守卫京城的禁军，是军队的精锐和骨干。

不久，贾后又以惠帝的手诏，责楚王玮擅杀大臣，杀楚王玮。至此，朝廷权力都落在贾后手里。贾后以贾模为散骑常侍，加侍中；中书监张华、裴颜为侍中；安南将军裴楷为中书令，加侍中；与右仆射王戎并管机要。在这个政权的核心人物中，贾模、裴颜等是贾后的亲党，张华是个撑门面的人物。张华和贾模，裴颜同心辅政，从惠帝元康元年（291）到元康九年间，在政治上维持着一个相对稳定的局面，司马光的评论称当时"虽闇王在上，而朝野安静，华等之功也"（《资治通鉴》卷八二元康元年）。

惠帝的太子司马遹，幼年聪明，为武帝所喜爱。长而刚猛，又渐为贾后所畏忌。贾后的亲党怕将来太子继位后，对他们不利，便劝贾后废太子为庶人，接着又杀害了他。

太子遹死后，赵王伦在他的心腹孙秀的谋划下，宣称为太子报仇，起兵杀贾后及张华、裴颜等。不久，赵王伦自立为帝。

与此同时，齐王冏、河间王颙、成都王颖，并拥强兵，各据一方。齐王冏的父亲齐王攸和晋武帝都是司马昭的儿子，后齐王攸出为司马师的继嗣。

明刊《东西晋演义·贾后淫荡》

憨态可掬的西晋童俑——惠帝的智力可能就和他一样

司马师死，司马昭继兄执政。司马昭常说："天下是司马师打的，天下也应由司马攸继承。"司马攸才出武帝之右，且为众望所归，也差一点代替武帝为嗣君，因而齐王冏原有作皇帝的可能。赵王伦称帝时，齐王冏出镇许昌。他得到河间王颙和成都王颖的支持，联合进兵洛阳。加之赵王伦的亲信王舆在洛阳起兵反伦。齐王冏内外结合，大败伦兵，杀伦和孙秀，迎惠帝复位，齐王冏辅政。

惠帝无子，按亲疏顺序，应由成都王颖为皇太弟。齐王冏贪恋权位，立了惠帝一个侄子司马覃为皇太子，引起成都王颖的不满。河间王颙在联合讨伐赵王伦以前，曾支持过赵王伦。对此，齐王冏是心怀不满的，河间王颙也因而内不自安。

齐王冏辅政后，骄恣专横，擅杀朝臣，不听劝谏。河间王颙推尊成都王颖为首，起兵讨冏。骠骑将军长沙王乂起兵为内应，发兵攻冏。冏败被杀。成都王颖居邺，遥执朝政。长沙王乂虽在朝廷，事无大小，皆去邺征询成都王颖的意旨。这局面是维持不久的。长沙王乂与河间王颙、成都王颖间嫌隙渐生。颙、颖联合起兵讨乂。长沙王乂，史称其"开朗果断，才力绝人，虚心下士，甚有名誉"（《晋书·长沙王乂传》）。及二王来攻，乂率兵应战。战久，粮乏，洛阳城中大饥，将士虽然疲敝，但上下同志，皆愿为乂效死。成都王司马颖和河间王颙围洛阳日亟，洛阳城中"公私穷蹙，米石万

《碧血录·卫瓘》

魏晋驻军图

钱"(《晋书·惠帝纪》)。情况困难，洛阳城内统治阶级内部出现分裂。东海王越，密与殿中诸将联合，捕乂送金墉城，为颙部将所杀。

成都王颖入洛阳，复还镇邺。惠帝诏以颖为丞相，东海王越守尚书令。不久，又以颖为皇太弟，都督中外诸军事，任丞相如故。

司马颖僭侈日甚，大失众望。东海王越奉惠帝诏亲征颖，为颖所败，逃归东海。司马颖俘惠帝到邺，河间王颙部将张方入洛阳。

幽州刺史王浚，并州刺史东瀛公司马腾同起兵讨颖，连破颖军。邺中大震。司马颖仓惶挟惠帝去洛阳。张方迎惠帝入洛阳，拥兵擅政。因连年兵燹，洛阳残破。张方又拥惠帝和司马颖去长安。这时朝政大权自然又转入河间王颙手中。司马颙废成都王颖，另立豫章王炽为皇太弟。

惠帝永兴二年（305），东海王越以迎惠帝为名，起兵讨河间王颙。次年颙败，越迎惠帝还洛阳。成都王颖北渡河，为人所杀。河间王颙后来在应征诏赴洛阳途中为人所杀。公元306年，惠帝中毒死，皇太弟炽立，是为怀帝，朝政大权落入东海王越之手。

从汝南王亮到东海王越，一共有八个王参加混战，中间还夹着一个贾后。这是西晋历史上的贾后专政和八王之乱。经过这次变乱，社会经济受到严重破坏，人民大量伤亡，西晋的统治机能也从此瘫痪。

西晋长沙釉陶骑乐俑

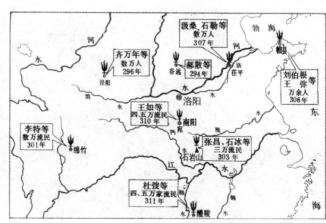

西晋流民起义图

汉族流民和内迁各族人民的反晋

在八王混战期间，各地水利失修，吏治混乱。正在这时，天灾也连年流行，各地大量人口的流亡也开始了。

据史书记载，这时期关中人口有十余万流入汉川（《晋书·李特载记》）。河东、平阳、弘农、上党诸郡人民流入颍川、汝南、南阳、河南的有数万家（《晋书·王弥传》）。益州流民流入荆、湘的也有数万家（《晋书·杜弢传》）。刘琨上疏陈述他在并州目睹人民流亡的情况："臣自涉州疆，目睹困乏，流民四散，十不存二，携老扶幼，不绝于路。"（《晋书·刘琨传》）

流民到新的地方，生活的困难是可以想见的。当地官府和地主阶级，给他们的不是帮助和同情，而是歧视和欺压。如关中流民在四川遇到的是官吏的贪暴，官吏们甚至想"杀流人首领取其资货"（《晋书·李特载记》）。巴蜀流民在荆、湘为旧百姓之所侵苦（《晋书·杜弢传》）。流民没有活路，便起而暴动。

内迁各民族，在北方以匈奴人为最多。建安年间，曹操分匈奴人为五部，部立其中贵者为帅，选汉人为司马来监督。魏末，改帅为都尉。左部都尉所领有万余落，居太原故兹氏县；右部都尉六千余落，居祁县；南部都尉三千余落，居蒲子县；北部都尉四千余落，居新兴县，中部都尉六千余落，居太陵县。晋武帝时，塞外匈奴地区大水，二万余落徙使居河西故宜阳城下。于是平阳、西河、太原、新兴、上党、乐平诸郡（今山西省境）到处都有匈奴人。

散居在西方边境各郡的是氏和羌。魏晋时期，他们可能还有部落组织。《魏略·西戎传》记述："今虽都统于郡国，然故自有王侯在其虚

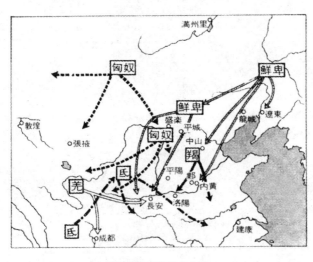

五胡分布及流动走向图

落间。"（《三国志·魏志》卷30注引）散居在关中的氐、羌各族人口，数量是相当多的。据西晋江统估计："关中之人，百余万口，率其户口，戎狄居半。"（《晋书·江统传》）

这些与汉人杂居的各少数民族人民，往往受汉族官吏和地方权贵的欺辱。曹魏后期太原一带的汉人地主常以匈奴人为田客，多者数千人。他们还买匈奴人为奴婢。魏齐王芳正始年间，陈泰为并州刺史、使持节护匈奴中郎将，京邑贵人多寄宝货请陈泰代买奴婢。更有甚者，竟公开掠卖并州胡人。匈奴右贤王刘宣愤恨地说："自汉亡以来，魏晋代兴。我单于虽有虚号，无复尺土之业。自诸王侯，降同编户。"又说："晋为无道，奴隶御我。"（《晋书·刘元海载记》）

惠帝永宁元年（301），李特在益州领导流民暴动，后来李特的势力发展为一个独立的政权，建立了大成国，后又改称"汉"，史称"成汉"。李特的暴动，是流民暴动的开始。接着暴动就不断发生。主要的暴动，有王弥在青、徐等地的暴动，张昌在江、汉间的暴动，王如在豫、荆的暴动，杜弢在荆、湘的暴动。在暴动的流民队伍中，也有当地人民参加。

在流民和各地人民起来反抗晋的统治的同时，以匈奴人为主的内迁各族的反晋活动也在酝酿。

秦汉以来，在西方和北方的少数民族不断有相当数量的人口内迁。他们

酒泉壁画——大月氏人扬场线描图

河西走廊画像砖——羌戎少女图

河西走廊画像砖——少数族牵羊

一方面受郡县管辖，一方面仍保存着他们的部落组织。汉族官吏权贵对于各族人民遭受屈辱、压迫的愤怨，是知道的。阮种对晋武帝反映过："丑虏内居，与百姓杂处。……受方任者又非其材，或以狙诈侵侮边夷，或干赏啗利，妄加讨戮。"(《晋书·阮种传》)惠帝时，江统作《徙戎论》，也指出："士庶玩习，侮其轻弱，使其怨恨之气，毒于骨髓。"(《晋书·江统传》)他们看到民族压迫的严重性，从而提出了解决问题的办法，却是要把各族内迁人口迁回他们的原地。平吴之后，侍御史郭钦上疏：宜及平吴之威，"渐徙平阳、弘农、魏郡、京兆、上党杂胡，峻四夷出入之防"(《晋书·匈奴传》)。江统《徙戎论》，也提出同样主张。当然，这种主张反映了他们对少数民族的歧视，事实上也是办不到的。内迁民族忍无可忍，最后只有反抗晋朝统治的一途。

匈奴人刘渊最先起兵反晋。他是匈奴的贵族。王浚、司马腾讨成都王

胡人驯兽纹金饰牌

西域出土胡人俑　　　　　河西走廊画像砖——牧马

颖时，颖以刘渊为北单于，参丞相军事，发匈奴人抗浚、腾军。刘渊遂起兵。旬日之间有众五万人。公元304年，刘渊即汉王位于左国城（今山西离石北）。刘渊就认为："帝王岂其常哉，大禹出于西戎，文王生于东夷，顾惟所授耳。……吾，汉氏之甥，约为兄弟。兄亡弟及，不亦可乎？且可称汉，追尊后主，以怀人望。"（《晋书·刘元海载记》）刘渊称自己为汉王，是表明他是接续汉朝的帝统，要与晋争天下。刘渊在山西没有遇到有力的抵抗，很快就占领了并州（今山西省中部和南部）一带地方。

刘渊起兵后，在东方起事的还有羯人石勒。

石勒是上党羯人。羯是附属于匈奴的一支。羯人高鼻深目多须，显然与匈奴不同族。石勒的父祖，都是部落小帅。他幼时作过商贩，作过田客。惠帝末年，并州荒歉，并州刺史东瀛公司马腾掠取胡人，"两胡一枷"卖到山东作奴隶，换取军粮。石勒年二十余，也被卖到茌平（今山东茌平南）师懽家为奴，从事耕种。后来，师懽放免他作田客。

石勒是与牧人魏郡汲桑共同起兵的。他们最初的基本部卒是牧人，他们率"牧人乘苑马数百骑"投奔在赵魏（今河北、河南）的公师藩。公师藩为濮阳太守苟晞所杀，石勒和汲桑亡伏苑中。汲桑"以勒为伏夜牙门，帅牧人劫掠郡县系囚，招纳山泽亡命"（《晋书·石勒载记》）。

刘渊的起兵，本是阶级斗争的性质，是被降为田客、奴隶的已经汉化了的内迁的匈奴人民对晋统治者的反抗。由于参加者大多是匈奴人，也就带有民族斗争的色彩。这种色彩，是在后来匈奴贵族对汉族人民越来越采取一些报复手段时，才浓厚起来的。

石勒的起事，在初期更加鲜明地表现出阶级斗争的性质。石勒起事的地点，是远离羯族的居

永嘉六年残纸

住区的。石勒本人是田客奴隶，与他一起起事的是牧人、郡县系囚、山泽亡命，这些都是汉族劳动人民和受压迫的汉人。

怀帝永嘉三年（309），刘渊派儿子刘聪两次进攻洛阳。永嘉四年，刘渊死，刘聪继位。这时洛阳周围地区或遭破坏，或为刘聪、石勒占领，洛阳饥困日甚。掌权的东海王越，眼看洛阳难守，遂以出讨石勒为名，率领仅有的一些军队和满朝文武公卿离开洛阳，东屯项。永嘉五年三月，司马越病死。石勒率骑追司马越军，在苦县宁平城（今安徽鹿南郸城东）大败晋兵，"从骑围而射之，将士十余万人相践如山，无一人得免者"（《资治通鉴》卷八七晋怀帝永嘉五年）。同年五月，刘聪攻陷洛阳，晋王公百官及百姓死者三万多人。怀帝被虏到平阳。

怀帝被虏后，晋人立愍帝于长安。当时"长安城中，户不盈百，墙宇颓毁，蒿棘成林，朝廷无车马章服，唯桑版署号而已"（《晋书·愍帝纪》）。经过五年艰苦战斗，公元316年，刘聪遣刘曜攻长安，愍帝出降。晋朝在北方的政权垮台，西晋亡。怀、愍两帝在平阳受尽侮辱，最后都为刘聪所杀。

第三节　十六国中最早建立的政权和晋在东南的偏安

十六国东北马具复原

旧史中有"五胡十六国"之说。五胡，即指匈奴、鲜卑、氐、羌、羯。十六国，成汉和匈奴人刘氏所建立的汉（史称前赵），是十六国中最早建立的割据政权；继而有后赵、前燕、前秦、前凉；再后有后燕、南燕、北燕，有后秦、西秦、夏，有后凉、南凉、北凉、西凉。另有西燕和冉魏，一般不算入十六国之内。十六国的创立者，并非都是胡人，他们统治下的人民，总的说来，也还是以汉人居多。

西晋灭亡后，司马氏的政权东移，偏安于东南，史称东晋。东晋的统治，几乎是与十六国相始终的。

成汉的建立

成汉的建立，可以上溯到李特为流民所推重的过程，但李特时尚未建国。公元306年，李特的儿子李雄称帝，国号大成。308年，李特侄李寿改国号为汉。史家把两个国号合起来，习称为"成汉"。

在西晋晚年，略阳、天水等地人民向巴蜀地区流徙，大姓李氏、任氏、阎氏、赵氏、何氏、杨氏、上官氏、费氏，成了流民的领袖。李氏，就是略阳巴族人李特、李庠兄弟。史称流徙之中，"道路有疾病穷乏者，特兄弟常营护振救之，由是得众"（《资治通鉴》卷八十二晋惠帝元康八年）。

西晋益州刺史赵廞见中原多事，遂怀有割据巴蜀的野心。他想利用十余万流民的力量来和西晋朝廷抗衡，就拉拢李庠等，使招流民中的壮勇至万余人，"以断北道（入蜀之道）"。西晋任命耿滕为益州刺史来替代赵廞。廞在耿滕到达成都之后，集兵杀滕，自称大将军、益州牧。廞又猜忌李庠"饶勇得众心"，借故杀李庠及庠子侄十余人。李特及弟李流将兵在外，团聚流民七千余人进攻成都，廞战败逃亡，为其部下所杀。

赵廞既死，晋廷任命罗尚为益州刺史，率兵万余入蜀。晋廷并限期迫令流民返回秦、雍故里。时"流人布在梁、益、为人佣"，"随谷庸赁，一室五分，复值雨潦"，

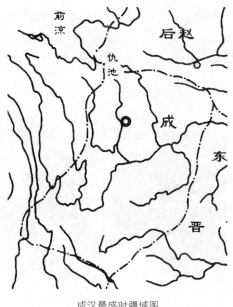

成汉最盛时疆域图

"年谷未登，流人无以为行资"。"及闻州郡逼遣，人人愁怨，不知所为"。同时，广汉太守辛冉贪暴成性，他除了限期催促流民上路外，还"欲杀流民首领，取其资货"。在这样情势下，流民遂起而反抗。李特屡为流民向益州当局请求放宽遣返期限，因此为流民所感戴。公元301年，李特在绵竹（今四川德阳县北）结大营，收容流民。流人既不乐移，咸往归特，旬月间，众过二万。李流亦聚众数千（参看《晋书·李特载记》和《华阳国志·大同志》）。"

　　李特分其众为两营，李特自居北营，弟李流居东营。他派阎式去见益州刺史罗尚，再一次请求放宽遣返回乡的期限。罗尚正在集结军队，准备进攻流民，所以假意应允。阎式知道罗尚欺骗他，便说："弱而不可轻者，百姓也。今促之不以理，众怒难犯，恐为祸不浅！"阎式回去不久，罗尚果然调动步骑三万来袭击李特大营。李特率军反击，官军大败。于是众推李特为主，成立政权，自称行镇北大将军，后又改称益州牧，都督梁、益二州诸军事、大将军、大都督。署置官吏，进兵广汉。据《晋书·李特载记》称："时罗尚贪残，为百姓患，而特与蜀人约法三章，施舍振贷，礼贤拔滞，军政肃然。百姓为之谣曰：'李特尚可，罗尚杀我！'"可见在益州的人民看来，李特的一些措施，比西晋政权要好得多。巴蜀的土著地主，虽然也已结成坞堡，但是军事力量薄弱，不得不与李特假意周旋。及至李特屡败官军，攻入成都小城，罗尚退守成都大城时，特因军中粮少，乃分出部分群众至成都外围诸坞堡就食。李特弟李流曾向李特建议："诸坞新附，人心未固，宜质其大姓子弟，聚兵自守，

成汉胡人吹乐俑

成汉钱币

以备不虞"(《资治通鉴》卷八十五晋惠帝太安二年)。并写信给李特的司马上官惇，告诫"纳降如受敌，不可易也！"这些意见没有引起李特的重视。罗尚密约诸坞堡的大地主，合兵袭击李特。李特大败，被杀。

李特被杀后，由李流继续领导作战。不久，李流病死，李特子李雄继续领导与西晋政权斗争。经过几次大的战斗，公元303年十二月，李雄终于逐走罗尚，攻下成都。304年，雄遂自称成都王；306年，称皇帝，国号大成。

流民在巴蜀地区举行的大起义，可以说是西晋末年流民起义中规模最大的一次。领导人李氏虽是略阳的巴族大姓，其他流民领袖也有不少是略阳、天水等郡大姓，但是这并不改变这次斗争之阶级斗争的性质。这是因为他们领导的反晋运动，是完全符合广大流民的利益的。

成汉在建国初期，向人民征收的赋税，远较晋和迭据中原的少数民族所建立的短期王国为轻。《华阳国志·李雄志》称："雄宽和政役，远至迩安，年丰谷登。乃兴文教，立学官。其赋民：男丁一岁谷三斛，女丁一斛五斗，疾病半之。户调绢不过数丈，绵不过数两。"境内因而出现了"事少役稀，百姓富实，至乃闾门不闭，路无拾遗，狱无滞囚，刑不滥及"的清明景象。在十六国纷扰的时代里，初期的成汉政权，应该算是人民所拥护的政权。

公元334年，李雄病死。这时，成汉宗室内部，酝酿着一场权力斗争。李雄之兄子班继位，李雄子李期杀班自立。公元338年，李特弟李骧之子李寿，又杀李期自立，改国号为汉。李寿即位后，务为奢侈，大起宫殿，"百姓疲于使役，呼嗟满道，思乱者十室而九"(《晋书·李寿载记》)。李寿死，子李势继位，淫杀尤甚，上下离心。347年，东晋荆州镇将桓温出兵伐蜀，李势兵败出降，成汉亡。自李雄称成都王至李势降晋，立国凡四十四年。

汉（前赵）的建立

汉的创建人是刘渊，其祖父于扶罗为匈奴南单于羌渠的儿子。中平年间（184—189），羌渠派于扶罗将兵助汉朝统治者镇压黄巾起义。羌渠被国人所杀，於扶罗便留在内地，自立为单于。刘渊之父名豹，为匈奴的左贤王。曹操分匈奴为五部，以豹为左部帅，其余部帅也都用刘氏。刘氏是匈奴的部落贵族。这些刘氏贵族，虽然分领五部，却都住在晋阳（今山西太原南），在生活上和文化上，他们已经汉化。刘豹死，刘渊代为左部帅；太康末，改为北部都尉。

八王乱时，成都王颖想拉刘渊率领匈奴五部帮他打内战，因以刘渊为北单于。刘渊到了左国城，受匈奴贵族们的拥戴，称大单于，都于离石。公元304年，称汉王。公元308年又改称皇帝，建都平阳（今山西临汾西南），国号汉。汉廷设置的官职有：丞相、御史大夫、太尉，还有大司徒、大司空、大司马、大司农等，这些都是汉朝官职；仅于临终前以子刘聪为大单于，置单于台于平阳以西，此是匈奴称号。

刘渊死，子和立。刘和少习《毛诗》、《左氏春秋》、《郑氏易》，汉化也是比较深的。刘渊死时，受顾命之托的刘聪等都手握强兵。特别是刘聪，"握十万劲卒，居于近郊"（《晋书·刘元海载记》）。刘和与刘聪所处的对立形势是很难相安无事的。刘和发兵要消灭刘聪，反为刘聪所杀，刘聪即帝位。

刘聪也是自幼接受儒家思想教育的。傅祗的子孙傅畅、傅纯、傅粹，大

匈奴牧羊图

东汉石雕马人

司徒朱纪、太师卢志、太傅崔玮、太保许志遐等，都是以儒士而仕于刘聪朝廷。刘聪大臣陈元达，是匈奴后部人，也是汉化很深的，他处处以汉族传统的治国道理要求刘聪。刘聪大兴土木，兴建宫殿，陈元达就上疏诤谏："臣闻古之圣王，爱国如家，故皇天亦佑之如子。陛下龙兴以来，兵疲于外，人怨于内，为之父母，固若是乎？"（《晋书·刘聪载记》）

刘渊、刘聪父子，依靠起家的是匈奴族五部之众。刘渊以刘聪为大单于，大单于所领就是匈奴人，刘聪所"握十万劲卒"也是匈奴人。据《晋书·刘聪载记》记载：刘聪时，"置左右司隶，各领户二十余万，万户置一内史，凡内史四十三，单于左右辅，各主六夷十万落，万落置一都尉"。在刘氏朝廷，大单于手握匈奴族强兵，地位仅次于皇帝，实际上又是皇帝储贰的地位。

匈奴刘氏政权，特别在早期，应看作是胡汉的联合政权。但其士卒主要是匈奴人。匈奴人因受汉族统治者欺辱，心怀怨恨。起事之后，对汉人进行报复。这就加剧了匈奴族与汉族之间的矛盾。

刘聪攻下洛阳，长安，俘虏了怀帝、愍帝后，大体上统一了中原。但与此同时地方割据势力也在发展。石勒据有赵、魏；曹嶷占有东齐（今山东），刘曜坐镇关中（今陕西），鲜卑之众星布燕代（今河北、山西省北部），刘琨为晋保有并州（今山西太原一带）。

刘聪获得政权后，很快生活腐化，荒淫奢侈。其子弟争权，各拥强兵。宦官弄权，挑拨是非。加之连年战争，社会不安定，人民无法正常生产，饥荒频仍。在这种情况下，前赵的人民不断逃亡。如"平阳大饥，流叛死亡，十有五、六"，"司隶部人奔于冀州二十万户"。晋将赵固，郭默攻河东，

匈奴骑士捉俘归带饰

至绛邑，"右司隶部人盗牧马负妻子奔之者三万余骑"（《晋书·刘聪载记》）。到刘聪晚年，刘氏汉朝已陷入上下不宁，分崩离析的局势。

流民和坞堡组织

八王混战之后，接着刘渊、刘聪，石勒等起兵反晋，中原地区人民又陷入战乱之中，人口南移的不下九十余万。①

不能或不愿外逃的，留在中原。逃亡也要有条件，或者依附世家大族，或者自相团聚，还都有最起码的川资和生活资料。携家带口，长途逃难，并不容易。大部分人口仍留在原地，在面临的命运中挣扎。当时留下来的人民求生存的一个办法，是组成坞堡以防守。有了坞堡，就可以防御小股的流寇。坞堡越坚固，人数越多，防御力量就越大。

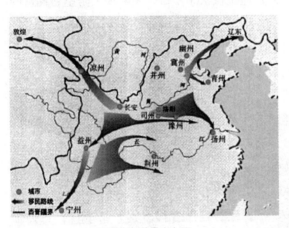

西晋末年移民走向图

顾名思义，坞堡是一种堡垒，内能住人，又可储存粮食。董卓的郿坞是东汉末年的建筑，但可以作为坞堡的典型来看。《三国志·魏志·董卓传》载："（卓）筑郿坞，高与长安城埒，积谷为三十年储。云：事成，雄据天下；不成，守此足以毕老。"据说郿坞"高厚七丈，号曰万年坞"，由此可以想见大型坞堡的坚固，难于攻破。

河西走廊画像砖——坞图

---

① 谭其骧：《晋永嘉乱后之民族迁徙》，刊《燕京学报》15卷第1期，1934年6月。

坞堡组织，还可以上推到西汉末年。汉光武刘秀与五校农民军在渔阳一带作战，令"百姓各自壁以绝其食"，"视人堡壁坚完者，敕令固守"（《后汉书·陈俊传》）。堡壁之起和防边有关系，渔阳就是北方的边地。东汉初，北边备匈奴，沿边地区以及河北各地都筑有堡壁。光武十四年，扬武将军马成屯常山、中山以备北边，"缮治障塞，自西河至渭桥，河上至安邑，太原至井陉，中山至邺，皆筑堡壁起烽燧，十里一侯"（《后汉书·马成传》）。为了防御羌族的骚动，汉光武以马援为陇西太守，马援奏请为金城"置长吏，缮城郭，起坞候"（《后汉书·马援传》）。汉和帝时，樊准任河内太守，"羌人屡入郡县，准辄将兵讨逐，修理坞壁，威名大行"（《后汉书·樊宏传附曾孙准传》）。汉桓帝时，羌人"寇钞关中"，"复没营坞"（《后汉书·皇甫规传》）。"余羌复与烧何大豪寇张掖，攻没巨鹿坞"（《后汉书·段颖传》）。陇西，关中，北方边郡的坞堡多为防御羌人而建。西方的多称坞，北方的多称堡壁。三国、西晋末，已混而为一了。

西晋末年，刘渊，石勒起事时，中原黄河流域到处是些汉人聚众自守的坞堡组织。刘曜"周旋梁陈汝颍之间（今河南、安徽省一带），陷垒壁百余"（《晋书·刘聪载记》）。曹嶷在"齐鲁之间，郡县垒壁降者四十余所"。石勒率众三万"寇魏郡顿丘（今河南清丰西南），诸垒壁多陷之。……进军攻巨鹿，常山，害二郡守将，陷冀州郡县垒百余（今河北省中

河西走廊画像砖——坞壁图

守卫庄园画像砖

部）。……（王浚）讨勒，勒退屯黎阳，分命诸将攻诸未下及叛者，降三十余壁"（《晋书·石勒载记》）。

垒壁和坞堡大体相同，只是名称不一样。从这些记载可以想像，当年中原大河两岸广大地区到处都是坞堡组织。

每个坞堡都有一个坞堡主，这些坞堡主，首先是当地的豪族，也可能是些英雄勇猛之士，在敌方进攻时能领导大众进行防御。这些坞堡，构成了各地不能自保的小农的避难场所。如《晋书·郭默传》所述："郭默，河内怀（今河南武陟西南）人，少微贱，以壮勇事太守裴整，为督将。永嘉之乱，默率遗众自为坞主。流人依附者甚众。"又据《李矩传》称："李矩，平阳人。及长为吏，送故县令于长安。刘元海攻平阳，百姓奔走，矩素为乡人所爱，乃推为坞主，东屯荥阳，后移新郑。……招怀离散，远近多附之。"《魏浚传》也称："永嘉末，与流人数百家东保河阴之硖石。……及洛阳陷，屯于洛北石梁坞，抚养遗众，渐修军器。于是远近咸悦，襁负至者渐众。"《郗鉴传》称："郗鉴，高平金乡人。鉴得归乡里，……共推鉴为主，举千余家俱避难于鲁之峄山。三年间，众至数万。"《苏峻传》也记述："永嘉之乱，百姓流亡，所在屯聚。峻纠合得数千家，结垒于本县。于时豪杰所在屯聚，而峻最强。"

从以上记载来看，坞主大都是推选的。当时是在战乱环境中。这些最初团聚起来的及后来依附投靠来的人，就逐渐成为坞堡主的部曲。如最初跟随魏浚的数百家和后来襁负而至的人，在魏浚死后都归其族子魏该所率领。这些人就都被称为魏该的"部曲"了。最初，这些部曲与主人的隶属关系可能还不太强。魏该后来受刘曜的攻击，拟南徙，"众不从，该遂单骑走至南阳"（《晋书·魏浚传附该传》）。但这些部曲总是要受些军法部勒的。八王之乱时，庾衮率其同族及庶姓保于禹山。

嘉峪关画像砖——耕种

众推衮为主。庾衮对大众说，立之为主就要听他的命令。于是他就定出一些法规，"众咸从之"（《晋书·庾衮传》）。魏晋时期依附关系，隶属关系转强，中原地区坞主和坞内大众的关系即是隶属关系强化的体现。

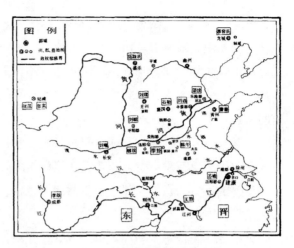

东晋初坞壁及割据势力分布图

这些坞堡组织，是军事性的防御战斗组织，又是经济性的生产组织。每一个坞堡都是一个独立的自给自足的自然经济体。在城市破坏，交换停滞，金属货币萎缩，战乱频仍的条件下，每个坞堡都要生产自己所需要的物品，特别是粮食衣物。庾衮后来自禹山迁到林虑山，林虑山附近的人都来投靠他。当地有个大头山，形势绝险。庾衮率领他们共守这个大头山，而在山下耕田种地（《晋书·庾衮传》）。邵续纠合亡命，绥怀流散，屯于厌次。曹嶷乘续军外出，"乃破续屯田，又抄其户口"（《晋书·邵续传》）。有粮食才能生存，耕田种地，且耕且守，必然是各个坞堡组织的共同情况。

东晋：晋的再建及在东南的偏安

南逃的中原人，在世家大族率领下拥立琅邪王司马睿为帝，在建康再建东晋政权。这些南下的北方世家大族，其中琅邪王氏家族的王敦、王导是代表人物。

司马睿是司马懿的曾孙，其祖司马伷封琅邪王。怀帝时，东海王越把持朝政，司马睿受东海王越的提携，被任为安东将军，都督扬州江南诸军事。他接受了王导的建议，由下邳移镇建业。以后，司马睿就从建业起家，开创了东晋帝业。

司马睿、琅邪王氏和西晋最后一个权臣东海王越，他们三家的关系很密切。王导曾参东海王越军事。司马睿在洛阳时，王导就与他过从甚密，劝他离开洛阳到琅邪封国去。司马越为太傅时，王衍以太尉之尊，却作他的太傅军司。永嘉元年，即司马睿移镇建业这一年，王衍请求司马越以弟王澄为荆州都督，族弟王敦为青州刺史。可见，永嘉年间，晋统治者已在安排逃往江南的后路。①

司马睿虽是司马懿的曾孙，但其父祖在政治上都未立过大功，也未处重要地位，因而也就没有卷入西晋晚年诸侯王争夺政权的斗争漩涡。他与司马越是皇室的远支，封地相邻，思想意识上也接近，因而他们在政治上的关系特别密切。

公元 317 年，愍帝被俘，司马睿就在江南称晋王，次年作起皇帝来，史称为晋元帝。他能建立东晋王朝，主要靠下述两个条件。

第一是靠地理和经济上的优势。司马睿封国琅邪在东方（今山东临沂一带），曾为都督徐州、扬州诸军事。先镇下邳，后移镇建康，也均在东方。建康是孙吴的都城。江南的财富曾支持孙吴建国数十年之久，而江南经济也有相当的发展。西晋八王之乱，流民起义以及刘渊、石勒等的起事，都很少

《三才图会》——晋元帝像、王导像

① 　参阅王仲荦《魏晋南北朝史》（上册）第五章。

波及到这一带地方。因此，正当中原连年战乱，迭遭破坏之际，江南却是一片祥和的乐土。这里是地理和经济上的优势地区。

第二，得到了南渡的北方世家大族和江南本地世家大族的支持和拥护。其中起着关键性作用的人物，就是王导。① 司马睿初到建康时，南方的世家大族看不起他，多持观望态度。后来看到王导、王敦对司马睿的拥戴，才改变态度。王导遂即向司马睿建议："顾荣、贺循，此土之望，未若引之，以结人心。二子既至，则无不来矣。"（《晋书·王导传》）司马睿让王导亲自去拜访他们，顾荣、贺循都应命而出。江南人看到顾、贺两家如此，也都改变了以往的态度。北方的世家大族乐意拥戴司马睿是比较自然的，但也靠了王导的拉拢联系。《晋书·王导传》记载："洛京倾复，中州士女避乱江左者十六七。导劝帝收其贤人君子，与之图事。"所以司马睿称帝时，硬是要王导"升御床共坐"，王导固辞，至于三四次，才不相强。所谓"王与马共天下"之说（《太平御览》卷四九五引《晋中兴书》），真实反映了东晋初年的势态。

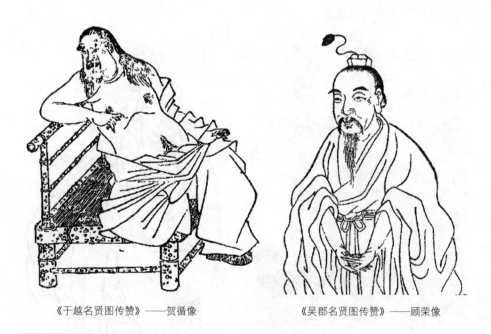

　　《于越名贤图传赞》——贺循像　　　　　《吴郡名贤图传赞》——顾荣像

① 参阅陈寅恪《述东晋王导之功业》，刊《金明馆丛稿初编》。

　　王氏与司马氏的关系如此重要，但也并非始终都很融洽的。司马睿作了皇帝，王导为侍中、司空，假节，录尚书，领中书监；王敦为侍中、大将军，都督江、扬、荆、湘、交、广六州诸军事，荆州刺史，坐镇上游。这样的安排，司马睿是未必情愿的，因而逐渐任用刁协，刘隗，以疏远王导。当时王导尚能"任真推分，澹如也"（《晋书·王导传》），可是王敦却"益不能平"，"嫌隙始构矣"（《晋书·王敦传》）。

　　太兴四年（321），元帝接受刁协的建议"免中州良人遭难为扬州诸郡僮客者以备征役"（《晋书·元帝纪》）。这是在加强朝廷的军事力量。同时，以戴渊为征西将军，都督司、兖、豫、并、冀、雍六州诸军事，司州刺史，镇合肥。以刘隗为镇北将军，都督青、徐、幽、平四州诸军事、青州刺史，镇淮阴。各领兵万人，名为防御石勒，实为防御王敦。王敦对此再也不能容忍了。

　　永昌元年（322），王敦以讨刘隗、刁协为名，起兵武昌，其部参军沈充也在吴兴起兵响应。王敦以沈充为大都督，督护东吴诸军事。王敦和沈充，以东西两路夹攻建康。

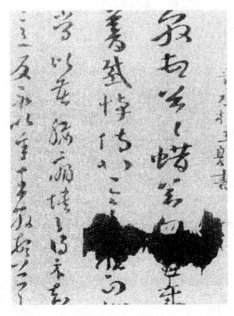

王敦手迹——蜡节帖

王敦所杀大臣周恺像《古圣贤像传略》

　　这次战争，王敦打胜了。军队进入建康，诛杀大臣多人。刘隗出逃过江，投奔石勒。刁协在出逃途中被杀。

　　王敦打胜后没有留在建康，又退还武昌。是年冬，元帝忧愤而死，太子司马绍继位，为晋明帝。王导受遗诏辅政。元帝在位时，喜爱琅邪王衰，欲以易太子。赖王导的保护，才得不废。为感激王导，明帝即位后对他非常信任。

　　王敦自武昌移镇姑孰（今安徽当涂），屯于湖（在姑孰南），又自领扬州牧。太宁二年（324），王敦病，明帝又下诏讨伐王敦。王敦病死，军败，亲党皆死。王敦虽死，王导尚在，王氏在政治上仍为第一世家大族。

　　明帝在位三年（323—325）死，年仅二十七。儿子司马衍继位，即晋成帝，即位时才五岁，王导、庾亮、郗鉴、温峤等受遗诏辅政，尊皇后庾氏为皇太后，由皇太后临朝称制。庾氏是庾亮之妹。朝政大权就落在庾亮手里。

　　明帝病笃时，大权几乎都在宗室南顿王司马宗之手。庾亮一得势，司马宗深为不满，不久被庾亮杀掉。司马宗一头白发，成帝好久不见到他，问庾亮："常日白头公何在？"亮对以谋反伏诛。帝泣谓亮曰："舅言人作贼便

温峤像　　　　　　　　　　陶侃运砖图

苏峻之乱画作

杀之，人言舅作贼复若何？"（《晋书·成帝纪》）。庾亮杀了司马宗，又图排挤王导。但担心荆州刺史陶侃势力强大，对自己不利，就用温峤为江州刺史，镇武昌（今湖北鄂城），以防备陶侃。接着，庾亮又要调历阳（今安徽和县）内史苏峻到建康作大司农，目的在夺苏峻的兵权。庾亮问朝臣的意见。王导反对，说："苏峻为人猜险，必不奉诏。不若且包容之。"光禄大夫卞壸说：苏峻拥强兵，历阳与建康一江之隔，一天可到。一旦不听调命，领兵来犯，将很危险。温峤也带书信来表示反对。庾亮不听，一意孤行。

咸和二年（327）十一月，苏峻联合豫州刺史祖约，以讨伐庾亮为名，渡江进攻建康。次年初，苏峻攻破建康，放火焚烧，"台省及诸营寺署一时荡尽"，又"纵兵大掠"（《晋书·苏峻传》）。庾亮逃往寻阳，投奔温峤。陶侃本对庾亮不满，不愿出兵救建康，因温峤的劝告，才同意出兵。庾亮又亲自去看他，引咎自责，陶侃始释然。

陶侃、温峤大军顺江而下，打败了苏峻，收复建康。苏峻被杀，祖约逃走，投附石勒，后为石勒所杀。

战后，陶侃回荆州，自江陵移镇巴陵（今湖南岳阳）。温峤回江州武昌。庾亮自愧惹出苏峻之乱，请求外镇，出为豫州刺史，镇芜湖（今安徽芜湖）。朝廷大政仍归王导执掌。王导在政治方面的指导思想仍是"镇之以静"和"政务宽恕"。此后，东晋的政局大体上安定了几十年。

从前赵到后赵。北方大部分地区的短暂统一

正当东晋在王敦、苏峻之乱以后这一时期，内部暂时相对平静和少事，北方中原地区也在饱经战乱之后，出现了后赵时北方大部分地区统一的局面。但不久以后，由于石虎的残暴统治，北方人民又复陷入水深火热之中。

公元318年，汉刘聪死，经过一番内乱，皇位被刘曜夺去。刘曜迁都长安，改国号为赵，史称前赵。

刘曜，乃刘渊之族子，少养于渊。年少时，博览群书，汉化较深。刘曜称帝后，立太学于长乐宫东，立小学于未央宫西，选百姓年二十五以下、十三以上，神智可教者千五百人，以朝贤宿儒教之。

石勒于刘聪死后内部大乱时，出兵占有平阳、洛阳，自称大单于、赵王，定都城于襄国（今河北邢台），与刘曜东西相峙。史称石勒之赵为后赵。

关中地区，经汉末及西晋末年的破坏，到刘曜占有时，并未有多少恢复。这是个胡、汉、羌、氐民族杂处的地方。刘曜在这里与羌、氐的战争频仍。公元320年，刘曜部将解虎及长水校尉尹车谋反，与巴人首领句徐、库彭[①]相联结。刘曜杀解虎、尹车、并杀句徐、库彭。于是巴众反，"四山羌、氐、巴、羯应之者三十余万，关中大乱，城门昼闭"。同年，又与陇右氐羌虚除权渠部战。此后，又连年与仇池氐羌杨难敌战，与陈安战。后来，他又向凉州张茂进攻，"自陇长驱至西河，戎卒二十八万五千，临河列营，百余里中，钟鼓之声，沸河动地"。但刘曜自己也知道他的"中军宿卫已皆疲老，不可用也"（《晋书·刘曜载记》）。公元325年，刘曜与石虎在洛阳附近作

匈奴墓出土的车饰件

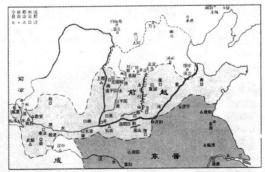

前赵疆域图

---

① 《资治通鉴》卷九一"巴酋句徐、库彭"，《晋书·刘曜载记》作"巴酋徐库彭"。今依《资治通鉴》。胡注："句，古侯翻；库音舍；皆姓也。"

战。夜里，"军中无故大惊，士卒奔溃，乃退屯渑池。夜，又惊溃，遂归长安"（《资治通鉴》卷九三）。无故大惊奔溃，说明刘曜军队因连年战争，士卒疲惫，战斗力已非常弱了。

成帝咸和三年（328），后赵石虎率军四万自轵关（今河南济源西）西入，下河东五十余县，遂进攻蒲坂（今山西永济西）。刘曜救蒲坂。石虎退，刘曜追之，于高候原（今山西闻喜北）大破石虎军，石虎败奔朝歌（今河南卫县）。刘曜自大阳（今山西平陆西南）渡河攻洛阳金墉，分兵攻汲郡。河内、荥阳、野王皆来降。石勒部将石生守金墉，自八月至十一月，刘曜攻之不下。

冬十一月（这年冬十一月十五日已进入公元329年1月），石勒亲自统步骑救金墉。臣下劝他不要出兵。石勒说：刘曜率十万大军，攻金墉一城，一百天攻不下，已看得出他的师老卒怠了。但如不救金墉，金墉破，刘曜乘胜来攻，将席卷河北，就大事不好了。石勒的大臣徐光对他说，刘曜高候大胜之后，不能乘胜直趋襄国，而去围攻金墉，这本身就说明他的无能为。伐之必胜。平定天下，在此一举，机不可失。

石勒对刘曜可能采取的作战计划作了三种估计。他说："曜盛兵成皋关（今河南荥阳西北，汜水入河处），上计也。阻洛水，其次也。坐守洛阳者，成擒也。"（《晋书·石勒载记》）石勒到成皋，见无守军，高兴地对左右说："可以贺我矣。"大军直抵洛阳。刘曜军十余万，集中在洛阳城西。石勒自帅步骑四万人入洛阳城。石虎率步卒三万自城北而西，攻刘曜中军。石堪、石聪各以精骑八千自城西而北，击其前锋。石勒帅大军出城三面夹击。刘曜自幼嗜酒，末年尤甚。这次大战之前，刘曜又大饮酣醉。

归赵侯印

后赵"大赵万岁"瓦当

临战，石堪以骑兵冲击，曜军大败。曜昏醉退走，落马坠于冰上，为石勒军所俘。后被杀。刘曜子刘熙、刘胤放弃长安，逃往上邽（今甘肃天水）。公元329年。石勒出兵攻占上邽，杀刘熙、刘胤等。前赵亡。至此，西起关陇，东接辽西，大河中下游广大地区都归在后赵统治之下，形成了北方部分地区一统的局面。尽管这个局面没有长期维持下去，但在十六国的混乱时期也是值得重视的。

石勒，没有读过书，不识字，但聪明而有才略，又勤奋好学。在戎马倥偬中，常令儒生读书给他听。石勒占据襄国（今河北邢台）后不久，就建立太学，简取明经善书者署为文学掾，选将佐子弟三百人教之。后又增置宣文、宣教、崇儒、崇训等十余小学于襄国四门，简将佐豪右子弟以教之（《晋书·石勒载记上》）。他提倡经学，任用儒家。以从事中郎将裴宪、参军傅畅、杜嘏并领经学祭酒，立秀孝试经之制。又命各郡立学官，郡置博士祭酒二人，弟子百五十人。

石勒拉拢、使用一些汉人作官，帮助他进行统治。同时，对汉人也有杀戮，有报复。大致可以认为，石勒的这些作法是有一定的政治考虑的，不是简单的残杀。对一般汉人、老百姓，石勒懂得，应当加以安辑，使他们能够安定地生活。《晋书·石勒载记上》称："勒与刘零、阎罴等七将率众三万寇魏郡顿丘（今河北临漳和河南安阳、清丰一带）诸垒壁，多陷之。假垒主将军、都尉，简强壮五万为军士，老幼安堵如故。军无私掠，百姓怀之。""攻巨鹿，常山（今河北石家庄到巨鹿一带），害二郡守将，陷冀州郡县堡壁百余，众至十万。其衣冠人物，集为君子营。乃引张宾为谋主。"后来，他在

少数民族骑兵征战线描图

后赵丰货钱币

襄国设崇仁里。"徙朝臣掾属已上士族者三百户于襄国崇仁里，置公族大夫以领之。"张宾，说他之所以依靠石勒，是因为"吾历观诸将多矣，独胡将军可与共成大事"（《石勒载记附张宾传》）。张宾是十六国时期很有才略、高识的人，对石勒在政治上军事上都很有帮助。北方的上层人物多和张宾一样，愿意依附石勒。张宾说："自将军神旗所经，衣冠之士，靡不变节，未能以大义进退者。"（《晋书·石勒载记上》）这说明北方"衣冠之士"乐于依附石勒者不少。

但这也并不是说在石勒统治时期，北方胡汉各族的关系是非常融洽的。石勒曾对胡人"重典禁法，不得侮易衣冠华族"（《晋书·石勒载记下》）。这条禁令的本身，就说明侮易衣冠华族的事实是存在的。《石勒载记》记有这样一个故事："勒以参军樊坦清贫，擢受章武内史。既而入辞。勒见坦衣冠敝坏，大惊曰：樊将军何贫之甚也？坦曰：顷遭羯贼无道，资财荡尽。勒笑曰：羯贼乃尔暴掠邪！今当相赏耳。坦大惧，叩头泣谢。勒曰：孤律自防俗士，不关卿辈老书生也。"内迁的胡羯，在魏晋时期是备受汉人统治者的欺辱的。如今他们的贵族占据了统治地位，他们把对汉人统治者的仇恨撒在一般汉族人身上，也是难免的。但石勒是懂得胡汉各族的相安，对他巩固统治的重要性的。他是用法律来维护这种相安的。

石勒采取措施，鼓励生产。他"遣使循行州郡，劝课农桑。曾以右常侍霍皓为劝课大夫，与典农使者朱表，典农都尉陆光等循行州郡，核定户籍，

西北画像砖击鼓场面

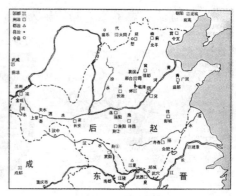

后赵疆域图

劝课农桑。农桑最修者，赐爵五大夫"。他采用魏晋的户调田租制，每户出户赀二匹，租谷二斛，这比魏的田租亩四斛，户出绢二匹，绵二斤和晋的收租四斛，绢三匹，绵三斤，要轻的多。这在战争频仍，生产破坏的十六国时期，也是难能可贵的。

石勒还注意建立法律、租税、田亩制度，稳定国家秩序。但他的时代究竟还是个战乱时代，军事权力的分配是一件头等大事。随石勒一同起家的石虎，领兵多年，威震内外，但残暴不仁，诸子又并握兵权。这对儒雅的太子石弘是个极大的威胁。石勒在世时，未加防范，石勒一死，石虎就杀掉石弘，自己称王。

石虎于公元334年末或335年初夺位，公元349年死，在位十五年。这个十五年，是中原人民生活在水深火热中的十五年。

石虎是石勒的族子，一说是族弟。他是一个非常残暴的人。在作战时，"降城陷垒，不复断别善恶，坑斩士女，鲜有遗类"（《晋书·石季龙载记上》）。但他骁勇善战，为石勒立了大功。石勒作了皇帝，立子弘为太子，弘弟宏为大单于，封石虎为中山王。石虎非常不满，对儿子石邃说："成大赵之业者，我也。大单于之望，实在于我，而授黄吻婢儿。每一忆之，令人不能寝食。待主上晏驾之后，不足复留种也。"

石虎统治时期，一方面大兴土木，一方面对外作战，徭役非常繁重。他准备征辽西慕容皝，"令司、冀、青、徐、幽、并、雍兼复之家，五丁取三，四丁取二，合邺城旧军满五十万，具船万艘，自河通海，运谷豆千一百万斛于安乐城，以备征军之调"（《晋书·石季龙载记上》）。又盛兴宫室于邺，

少数民族牧马壁画

少数民族涉猎线图

起台观四十余所，营长安、洛阳二宫，作者四十余万人。又敕河南四州具南师之备，并、朔、秦、雍严西讨之资，青、冀、幽州三五发卒，诸州造甲者五十万人。兼公侯牧宰，竞兴私利。百姓失业，十室而七。又大发百姓女二十以下、十三以上，三万余人，分为三等来分配。郡县迎合他的意思，务于美淑，夺人妻妇九千余人。百姓妻有美色，豪势因而胁之，率多自杀。当时有个和尚对石虎说：“胡运将衰，晋当复兴，宜苦役晋人，以厌其气。”于是石虎使尚书张群，发近郡男女十六万、车十万乘，运土筑华林苑及长墙于邺北，广长数十里。“张群以烛夜作，起三观四门。三门通漳水，皆为铁扉。暴风大雨，死者数万人”（《晋书·石季龙载记下》）。

在石虎残酷奴役下，人民起义不断发生。梁犊领导的戍卒起义，曾攻陷长安，发展到十多万人，从长安东出，大败石虎军，东进到荥阳，陈留（今河南省中部）。

公元349年，石虎死，诸子争夺政权，互相残杀。石虎养孙汉人冉闵利用胡汉两族的仇恨，大杀胡羯，死者二十余万。屯据四方者都承冉闵意旨，大杀羯人，高鼻子黄胡须多有滥死者。这是十六国时期，汉胡两族最残酷的一次互相残杀。

冉闵，魏郡内黄人（今河南内黄西北），幼而果锐，勇力绝人。他镇压了梁犊的起义军，因而声威大振。冉闵杀死石虎的儿子石鉴，杀石虎二十八孙，自立为皇帝，后赵亡。

极为残暴的后赵皇帝石虎

冉闵，曾企图以汉人为基础来巩固他的政权。他最盛的时候，“清定九流，准才授任，儒学后门，多蒙显进，于时翕然方之为魏晋之初。”他也曾企图联络东晋，遣使臣去对东晋的君臣说：“胡逆乱中原，今已诛之。若能共讨者，可遣军来也。”（《晋书·石季龙载记附冉闵传》）但晋军未来。

永嘉之乱后，北方长期陷入动乱中。人口死亡，土地荒芜。无论是前赵还是后赵，为了加强自己的经济基础，都争着抢夺劳动力，把人口迁到自己的都城和中心地区。人口的流动迁徙，成为这时期突出的事情。在冉闵占据邺建立魏国的时候，石赵的余部占据襄国和一些地方，与冉闵对抗，互相残杀，中原地区情况非常混乱，成为无政府状态。于是当初被迁徙的各族人民，各还本土，实际上是又一次的流亡。据《冉闵传》称："青、雍、幽、冀州徙户及诸氐羌胡蛮数百万，各还本土，道路交错，互相杀掠，饥疫死亡，其能达者十有二、三。诸夏纷乱，无复农者。"

冉闵的魏，不过建立了两年多一点（350年闰正月至352年四月），史家不把它计入"十六国"之内。起于辽西的前燕，消灭了冉闵，占据了北方黄河下游地区。前秦兴起于西方，占有关中。于是中原出现前燕、前秦对峙的局面。此外，还有前凉，建国在河西走廊一带，还是由汉人建立的，对当地经济文化的发展曾起了相当促进的作用，是在十六国中自具特点的政权组织。

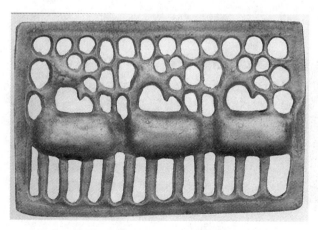

鲜卑风格的三鹿纹金牌饰。鹿是该族传说中的神兽

鲜卑少女发式

第四节　前燕前秦的对立及前秦的统一北方

前燕的建立

前燕慕容氏，是鲜卑族的一支。曹魏初年，入居辽西。魏晋之际，迁居辽东北，晋惠帝元康四年（公元294年），部落首长慕容廆率部徙居大棘城（今辽宁义县西），对部众"教以农桑，法制同于上国"（《晋书·慕容廆载记》），开始了定居的农业生活，逐渐接受汉文化。

西晋末年，中原大乱，北方一些地方的人民多向辽西一带流亡。慕容廆乃侨立一些郡来收容他们。《晋书·慕容廆载记》称："时二京倾复，幽冀沦陷。廆刑政修明，虚怀引纳，流亡士庶多襁负归之。廆乃立郡以统流人。冀州人为冀阳郡，豫州人为成周郡，青州人为营丘郡，并州人为唐国郡。"据当时人说，来归的流亡人口之多，十倍于旧有人口。

投靠慕容廆的流人中，也包括一些世族大家。中原大乱时，一部分青、冀、豫等地的世族大家北徙幽州，投靠王浚。王浚败，他们又东投慕容氏。慕容廆任用他们作官，"委以庶政"。以河东裴嶷、代郡鲁昌、北平阳耽为谋主；北海逢羡、广平游邃、北平西方虔、渤海封抽、西河宋奭、河东裴开为股肱；渤海封弈、平原宋该、安定皇甫岌、兰陵缪恺，以文章才隽任居枢要；会稽朱左车、太山胡毋翼、鲁国孔纂，以旧德清重引为宾友。平原刘赞，

十六国流行车型

西晋鲜卑动物纹金饰件，有与神灵沟通的用途

儒学该通，引为东庠祭酒，其世子㑺率领慕容氏贵族子弟束修受业。慕容廆说："孤思与诸君匡复帝室，翦鲸豕于二京，迎天子于吴会，廓清八表，侔勋古烈，此孤之愿也。"（《晋书·慕容廆载记》附《高瞻传》）他以此为号召，笼络汉人世族大家。这些世族子弟也说："慕容龙骧将军（廆）越在遐表，乃心王室，慷慨之诚、义感天地，方扫平中壤，奉迎皇舆。"（《晋书·慕容廆载记》）他们也以此来宽慰自己。两方面就这样结合起来了。

公元333年，慕容廆死，慕容㑺继立。公元337年，慕容㑺即燕王位。公元342年，建都龙城（今辽宁朝阳），史称前燕。慕容㑺时期（333—348），燕国与段辽战，与宇文㕕战，与高句丽战，拓占土地，迁掠人口。成帝咸康四年（338），慕容㑺征段辽，掠五千户及畜产万计以归。后赵石虎率众数十万围棘城，慕容㑺坚守不动，间出城冲击，所向披靡。石虎不得已而退。慕容㑺遣将追击，斩获三万多人，石虎大败而还。慕容㑺西边拓境至凡城（约在今河北青龙东河北、辽宁边界一带）。公元340年，慕容㑺袭赵蓟城（今北京），略三万余家而归。石虎徙边民于三魏，以蓟城为北境。公元342年，燕军分南北两路攻高句丽，大胜，掳男女五万余口，烧其宫室，毁其都城而还。公元344年，燕伐宇文氏，大胜，克其都城。燕国收其畜产，徙宇文氏部众五千余落于昌黎（今辽宁义县）。

慕容㑺，南败后赵，东兼高句丽，北取宇文氏，十多年内拓地三千余

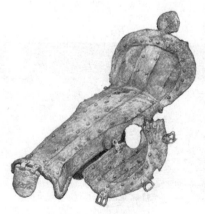

出土的前燕铁马胄　　　　　　　　　高句丽狩猎壁画

里，掠徙人民十万余户。

对于来归的汉族流人，慕容皝给以土地、耕牛，使他们从事农业。前燕原定田租是：用官牛的二八分，十分之八入官，十分之二归农民自己；用私牛的三七分，十分之七入官，十分之三归农民自己。后来慕容皝接受记室参军封裕的建议，改用魏晋屯田的租额："持官牛田者，官得六分，百姓得四分；私牛而官田者，与官中分"（《晋书·慕容皝载记》）。

高句丽、宇文氏族人等，因为都是战败之后被强迫徙来，不像汉人"慕义而至"，多"有思归之心"，而且人数不少，有十万户之多。封裕建议：对他们采取强制性的限制。他说："句丽、百济、宇文、段部之人，皆兵势所徙，非如中国慕义而至，咸有思归之心。今户云十万，狭凑都城，恐方将为国家深害。宜分其兄弟宗属，徙于西境诸城。抚之以恩，检之以法，使不得散在居人，知国之虚实。"（《晋书·慕容皝载记》）看来，高丽、百济、宇文各族的人，人身自由是受到一些束缚的。

燕境内人口增加，旧有土地不能容纳，"无田者十有四焉"。为了解决土地问题，慕容皝罢诸苑囿，"以给百姓无田业者"。开垦荒地，离不开水。他大兴水利灌溉，下令："沟洫灌溉，有益公私，主者量造，务尽水陆之势。"（《晋书·慕容皝载记》）

慕容恪像　　　　　　　　　　前燕最盛时疆域图

慕容皝死，子儁继位。经过慕容廆、慕容皝两代的经营，前燕已有强固的基础，正俟机会向外发展。恰好这时冉闵在对后赵夺权。慕容儁就趁机于352 年消灭了冉闵，自称燕皇帝，初都蓟城，后定都于邺。一直到 370 年，前燕为前秦所灭。

前秦的建立和对北方的统一

慕容氏所占据的，是中原的东半部。乘后赵之乱，氐族苻氏以关中长安为中心，建立起秦国，史称前秦。

苻氏是氐族的一支，世居略阳临渭（今甘肃天水东）。前赵刘曜据有关中，部落帅苻洪归附刘曜，曜以洪为率义侯。石勒擒刘曜取长安，苻洪西保陇山。石虎攻上邽（今甘肃天水），苻洪降，石虎以洪为冠军将军。石勒徙关中豪杰及羌、氐十五万户于司、冀州，以洪为龙骧将军、流民都督，率户二万居枋头（今河南滑县西）。后赵末年大乱，关陇流民相率西归，苻洪降晋，招引归众，至十余万。苻洪自称大将军、大单于、三秦王。

公元 350 年，苻洪为石虎降将麻秋毒死。子苻健杀麻秋，率众西入长

王猛像　　　　　　　　　　　　大秦龙兴化牟古圣瓦当

安，占据关陇。公元 351 年，自号天王、大单于，国号秦。次年，称帝。

公元 355 年，苻健死，子苻生立。据一些史书记载，这是个极残暴的君主，动辄诛杀宗室大臣，以致朝中人心惶惶不安。

公元 357 年，苻健弟苻雄之子苻坚杀苻生自立。苻坚是一个很能干的君主。公元 370 年灭了前燕，公元 376 年灭了前凉，实现了北方的统一。

北方燕、秦两国，论人口，疆土，都是燕强于秦。秦能灭燕，在于其政治修明，经济发展，社会安定，燕为秦所灭，是由于其政治腐败，经济衰落，社会穷困。

秦主苻坚得到王猛，自比为刘备得到诸葛亮。王猛协助苻坚，整饬吏治，打击豪强，流放尸素，拔幽滞，显贤才，无罪而不刑，无才而不任。关中是个水旱不时的地区，苻坚、王猛采取引泾水，修渠道溉田，推广区田法，取得"田畴修辟，仓库充实"的效果。秦国政治社会一片朝气，据《晋书·苻坚载记》称："关陇清晏，百姓丰乐。自长安至于诸州，皆夹路树槐柳，二十里一亭，四十里一驿，旅行者取给于路，工商贸贩于道。"

燕国的政治情况，恰与秦国相反。燕主慕容暐时期，军事由大司马慕容恪主管，军队还是强的。政治由太傅、司徒慕容评主管，却是腐败昏庸。史称其："王公贵戚，多占民为荫户，国之户口，少于私家；仓库空竭，用度不足。"（《资治通鉴》卷一〇一晋海西公太和三年）"百姓困弊，盗贼充斥，纲颓纪紊，莫相纠揭"（《资治通鉴》卷一〇二海西公太和四年）。

燕国后期，有两个人是有才能的，一是慕容恪，一是慕容垂。公元 367 年，慕容恪病死。慕容垂不容于慕容评，被迫外逃，投奔苻坚。慕容评为人贪鄙，封固山泉，鬻樵及水，积钱帛如丘陵。而燕国人民困难，士无斗志。

苻坚、王猛早有

夫妻妾享美食画像砖

灭燕之心，公元 369 年东晋北伐时，燕向秦求救。秦曾出兵救燕。但这并不是秦有爱于燕，而只是形势使然。燕王派使臣求救时，王猛对苻坚说："燕虽强大，慕容评非温敌也。若温举山东，进屯洛邑，收幽、冀之兵，引并、豫之粟，观兵崤、渑，则陛下大事去矣。今不如与燕合兵以退温，温退，燕亦病矣。然后我承其弊而取之，不亦善乎？"（《资治通鉴》卷一〇二晋海西公太和四年）因此，苻坚出兵援燕。次年，在桓温败退后三个月，前秦即由王猛帅军进攻洛阳。燕国在洛阳的守将出降。秦取得洛阳以西地。

公元 370 年，苻坚遣王猛督镇南将军杨安、邓羌等步骑六万伐燕。杨安攻晋阳（今山西太原西南）。晋阳是燕国重镇，驻有重兵。取下晋阳，可解除秦军后顾之忧。王猛自帅大军攻壶关（今山西长治北）。燕主暐命慕容评帅中外精兵三十万拒秦兵。慕容评畏惧王猛，屯兵潞川（《资治通鉴》胡三省注：据《水经注》：潞川在上党潞县北。阚骃曰：潞水，即漳水也，按：当是浊漳水），不敢再进。他认为王猛是悬军深入不能久留，欲以持久制之。

王猛以游击将军郭庆帅骑兵五千，绕道间行出慕容评军后，烧评辎重。大火熊熊，百里外的邺城可见火光。秦军猛将邓羌等率部冲入燕阵、战到日中，大败燕兵，俘斩五万余人。秦兵乘胜追击，所杀及降者又十万余人。慕容评单骑走还邺城。

秦兵进围邺都。慕容暐欲逃往龙城，为追兵所俘。秦灭燕，得郡一百五十七，户二百四十六万，口九百九十九万。苻坚迁慕容暐及其王公以下并鲜卑人四万余户于长安。

秦灭燕后，次年即公元 371 年灭仇池氏杨氏。公元 373 年，苻坚遣将攻取东晋的梁州（今陕西汉中地区）、益州（四川大都）。西南夷邛筰、夜郎皆附于秦。公

《三才图会》——仇池山。山处南北方之间，易守难攻，氐人杨氏割据于此，盘旋于南北方强大政权间，是魏晋南北朝时期存在时间最长的一个政权

元376年，灭前凉。同年，乘鲜卑拓跋氏内乱，又灭了代。淝水之战的前夕，公元382年，苻坚又派吕光进驻西域。从朝鲜半岛上的新罗、东北的肃慎，到西北的大宛、康居、于阗以及天竺等十二国，都遣使通好。前秦的版图，"东极沧海，西并龟兹，南苞襄阳，北尽沙漠"（《高僧传·释道安传》），疆域之大，是十六国任何一国和后来北魏、北周、北齐所不能比的。

前凉的兴亡

在前秦统一北方过程中最后灭掉的一个国，即前凉，是在十六国中独具特色的一员。前凉，从张轨于公元301年任凉州刺史算起，到公元376年为前秦所灭，历时七十六年，是十六国中享年最久的一国。前凉实际上也是一个割据政权，但对晋执臣下之礼，经久不衰。凉州本是荒僻地区，经张氏的经营，地方的经济文化都有发展。在十六国混乱的年代里，凉州是一个相对安定的地区，虽也曾有过强敌压境，但前凉政权都能自行捍卫。

晋惠帝时，张轨在朝任散骑常侍。因看到朝政混乱，"阴图据河西"，于是就要求到河西走廊。永宁元年（301），张轨出为护羌校尉、凉州刺史。对这个偏远地方，朝廷已无力照管，张轨在这里实际上拥有很大的权力。这

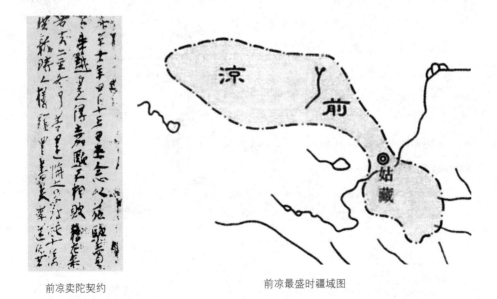

前凉卖陀契约　　　　　　　　　前凉最盛时疆域图

时，河西的鲜卑人很多，其中有些人干扰地方的治安，同时地方上也出现"寇盗纵横"的情况。张轨到任后，即对这些人加以惩治。他很快地就树立起威信来。鲜卑人若罗拔能自漠北向河西移动，侵入凉州。张轨派兵阻击，斩拔能，俘鲜卑人十多万口，安置在河西走廊，张轨因此威名大震。

晋京洛阳失守后，中州避难来河西者络绎不绝，张轨上表，请合秦杂流人于姑臧（今甘肃武威）西北，置武兴郡，又分西平界，置晋兴郡。河西一直不用铸币，这时还以布帛代表货币作为交易媒介。张轨命铸五铢钱，"立制准布用钱，钱遂大行"。这反映了当地经济的向上发展。

晋愍帝在长安即位，张轨派军三千人守卫长安。在此以前，张轨也不断对晋廷有所贡献。

张轨"家世孝廉，以儒学显"。他在河西，"征九郡冑子五百人，立学校，始置崇文祭酒，位视别驾，春秋行乡射之礼"。"令有司可推详立州已来清贞德素、嘉遁遗荣、高才硕学、著述经史……具状以闻。"（《晋书·张轨传》）《资治通鉴》卷一二三称："凉州自张氏以来，号为多士。"胡三省注："永嘉之乱，中州之人士避地河西，张氏礼而用之，子孙相承，衣冠不坠，故凉州号为多士。"在十六国混乱时期，河西俨然成为汉族先进文化的重要据点，自张轨以后，经久不衰，在历史上有相当深远的影响。[1]

公元314年，张轨病死，长子张寔继位。晋廷正式任命张寔为都督凉州诸军事、凉州刺史、西平公。晋宗室南阳王司马保所部，因司马保病死，有一万余人自上邽（今甘肃天水）来投，张寔都予以收容。

320年，张寔为其帐下阎沙等所杀。寔弟张茂诛阎沙等，自称凉州牧。324年，张茂病死，兄张寔子张骏继位，称凉州牧、西平公。公

凉造新泉铜钱

---

[1]　参看陈寅恪《隋唐制度渊源略论稿》，第21—42页，三联书店1954年版。

元346年，张骏病死。子张重华继位、称凉州牧，假凉王。公元349年，凉州官属共上张重华尊号为丞相、凉王，雍、秦、凉三州牧。重华在公元353年病死，子张曜灵即位。

自张茂至张重华在位三十余年间，前凉国势在不断发展。公元323年，前赵之刘曜亲率大军二十八万五千人西下凉州，沿黄河列营一百多里，扬言要渡河进攻姑臧。张茂部署防御力量，表示决心抵抗。刘曜知道自己"军势虽盛，然畏威而来者三分有二，中军疲困，其实难用"，不敢贸然渡河。后来刘曜为石勒所并，张骏"尽有陇西之地，士马强盛"。西域诸国派使者送来方物。张骏并在吐鲁番地区设高昌郡。公元346年，后赵主石虎命大将麻秋攻下凉州金城郡（治金城，今甘肃兰州西北）。张重华任主簿谢艾为中坚将军，率步骑五千，东击麻秋。谢艾大破麻秋军，斩首五千级。347年，石虎先后派麻秋、石宁等率师十二万，进攻枹罕（今甘肃临夏）。前凉守将张璩率部抵抗，后赵士卒死伤数万。此后，谢艾又两度大破后赵军。张骏、张重华父子统治前凉时期，其疆域，南逾河湟，东至秦陇，西迄葱岭，北暨居延。

曜灵继位，年方十岁。不久，重华庶兄张祚废曜灵，自称凉州牧、凉公，次年又自称凉王。张曜灵之弟张玄靓在公元355年，张重华之弟张天锡在公元363年，相继为前凉主。从曜灵继位到张天锡自立的十年间，前凉统治集团内部争权夺位，自相残杀，前凉的统治逐步走上下坡路。张天锡取得政权后，也不能改变这种情况。公元376年，苻坚征调了步骑十三万人进攻

酒泉壁画耕种图

前凉。张天锡先后征集了十万人进行抵抗。经过几次会战，前凉军大败，张天锡投降，前凉亡。符坚统一北方。

第五节　东晋的北伐和前秦的南征。淝水之战

东晋的北伐

在后赵混乱，燕、秦乘机崛起，分割中原形成东西对峙的时候，东晋也企图乘机收复北方失地。这时的东晋朝廷，是由桓温主政。

东晋的初期，过江而南的北方世族大家，都还有故乡之思。过江不久，即有祖逖的北伐。元帝以祖逖为镇西将军、豫州刺史，驻军雍丘（今河南杞县）。祖逖联系黄河南岸坞堡主，共同抗御石勒，"黄河以南，尽为晋土"（《晋书·祖逖传》）。当时就有人歌颂他："幸哉遗黎免俘虏，三辰既朗遇慈父。玄酒忘劳甘瓠脯，何以咏恩歌且舞。"这时，王敦坐据荆州，与朝廷执政大臣刁协、刘隗不和，祖逖深以为忧。又加朝廷派了个戴渊为征西将军、都督司、兖、豫、并、雍、冀六州诸军事、司州刺史，镇合肥（今安徽合肥），位在祖逖之上。祖逖意甚怏怏。公元321年，在雍丘发病而死。

祖逖之后，庾亮、庾翼兄弟也曾有志北伐。他们以荆州为驻地，练兵习

祖逖中流击楫

东晋陶马俑

武，准备北进。这时北方正处在石虎统治之下，兵力强大。东晋朝臣在江南安居二十多年，不愿北归，对庾氏兄弟的北伐，多持观望和反对态度。庾亮驻有重兵的邾城被石虎一举攻破，庾亮自贬三级，忧愤发病而卒。庾翼接替庾亮的职务。为了北伐，他不顾朝廷的反对，自行由武昌移镇襄阳。他到襄阳后，"缮修军器，大佃积谷"，并在请求朝廷准许他北伐的上疏中，要求皇帝"表御之日，便决圣聪，不可广询同异，以乖事会"（《晋书·庾翼传》），可见他对朝臣反对北伐的愤恨。不久庾翼也病死，北伐就成了泡影。

　　庾氏兄弟之后，主张北伐而又在行动上采取了相当规模的是桓温。①

　　桓温，与庾翼友善。庾翼死，晋穆帝以桓温为都督荆梁四州诸军事、安西将军、荆州刺史、领护南蛮校尉、假节。这时，石虎在北方，国势强大；而成汉的李势，则是众叛亲离。桓温决定先取成汉。穆帝永和二年十一月，桓温出兵伐成汉。三年（347）春二月，兵至青衣（今四川乐山西）；三月至彭模（今四川彭山），大军直指成都。李势逃往葭萌，送表请降。成汉亡。

东晋虎啸山丘铭文砖拓片

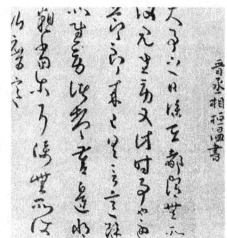

桓温大事帖

---

① 　与桓温同时主张北伐的还有殷浩。殷浩在建康主朝政，桓温握重兵居荆州上游，乘后赵乱，上疏请出师经略中原。屡求北伐。殷浩与桓温不和，诏书皆不许。殷浩欲以北伐自立功名，公元352年以谢尚、荀羡两路出兵许昌、洛阳。后区将军张遇的叛变，兵不得进，公元353年，殷浩率众七万自寿春北伐，为姚襄所卖，大败而还。

桓温还江陵，进位征西大将军。

石虎死，北方乱。桓温认为这是北伐的好机会，上疏请出兵。这时的东晋朝廷，对桓温有所顾忌，任用殷浩为中军将军、假节，都督扬、豫、徐、兖、青五州诸军事，扬州刺史，与桓温对抗。殷浩在当时很有名气，但无才略。桓温说："浩有德有言。向使作令仆，足以仪刑百揆，朝廷用违其才耳。"（《晋书·殷浩传》）殷浩曾两次主持北伐，谋收复许、洛，但都打了败仗，积年准备的器械军储，损失殆尽。桓温因朝野之怨，上疏数浩之罪，请废之。朝廷不得已，免浩为庶人。自此，内外大权全归桓温。

桓温锐意北伐，前后有三次。

第一次进兵，是以关中长安为目标。晋穆帝永和十年（354）二月，桓温统步骑四万由江陵出发。水军自襄阳入均口（今湖北均县）至南乡（今河南浙川南），步兵自淅川（今河南西峡）趋武关。秦兵五万由太子苻生、丞相苻雄等率领，在峣柳（今陕西蓝田东南）拒温。两军大战于蓝田，秦兵大败。桓温进军至灞上（今西安东北）。三辅郡县皆来降，关中人民争持酒肉劳军。有的老人流着眼泪说："不图今日复睹官军"。

桓温兵到关中，时在五月，正是麦收时节。他原希望就地收麦，解决军粮问题。秦王健采取坚壁清野的对策。桓温军中乏食，不得不撤退。秦兵从后追击，温军屡败，死亡以万数。

第二次北伐，是进兵洛阳。穆帝永和十二年（356）七月，桓温自江陵出发。八月，至伊水，大败姚襄，收复洛阳。桓温极力主张还都。但一般朝臣已安于江南的享受，无意于还都洛阳，举朝反对桓温的还都计划。桓温军还以后，司、豫、青、兖诸州又为燕夺去。公元365年洛阳也为燕所攻取。

东晋铜弩机

　　第三次北伐是伐燕。海西公太和四年（369）四月，桓温帅步骑五万，发自姑孰（今安徽当涂），经兖州北伐燕。六月，桓温至金乡（今山东金乡北）。天旱，水道绝，使人凿巨野三百里，引汶水会于清水，引水军自清水入黄河。七月，大军至枋头（今河南滑县西南）。枋头离燕都邺（今河北临漳西）约二百里。邺中人心惶惶，燕主暐和大臣慕容评大惧，谋逃回龙城。慕容垂说："臣请击之，若其不捷，走未晚也。"（《资治通鉴》卷一〇二晋海西公太和四年）。垂与征南将军慕容德帅众五万拒温。燕主暐一面又派人求救于秦，许割虎牢（今河南荥阳西北）以西地予秦。秦王苻坚用王猛策略，由邓羌帅步骑二万救燕。出洛阳，趋颍川。

　　桓温由水路进兵。水路偏在东方，逆水运粮，时间长，困难重重。他驻兵枋头后，寄希望于打通石门（今河南颍阳北）水道；通过谯（今安徽亳县）、梁（今河南商丘南）运粮。慕容垂知道这条线对桓温的重要，派慕容德领骑兵一万五千屯石门，又以燕豫州刺史李邦帅州兵五千断温粮道。

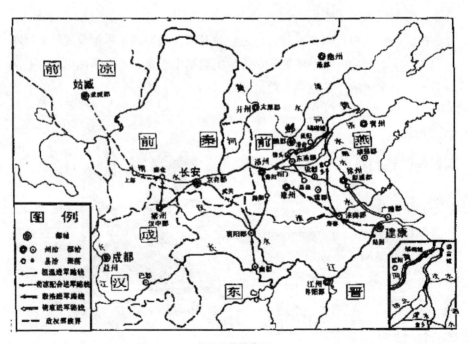

桓温北伐路线图

桓温使晋豫州刺史袁真攻谯、梁，开石门以通水运。袁真攻下了谯、梁，而不能攻开石门。

桓温粮尽，粮路又断，遂不得不退。他焚舟、弃辎重、铠仗，自陆路奔还。燕军乘胜追击，温军死者三万余人。援燕的秦军，邀击温军于谯，温军死亡又以万计。

冬十月，桓温收集散卒，屯于山阳。枋头之战，是历史上一次大战，桓温又一次大败。

桓温的失败，主要原因在于内部的不和，以及作战计划的失误。

桓温从金乡帅众由清河入河时，他的参军谋士郗超说："清水入河，难以通运（胡注云：自清水入河，皆是泝流，又道里回远，故言难以通运）。若寇不战，运道又绝，因敌为资，复无所得，此危道也。不若尽举见众直趋邺城。彼畏公威名，必望风逃溃，北归辽碣。若能出战，则事可立决。若欲城邺而守之，则当此盛夏，难为功力，百姓布野，尽为官有，易水以南必交臂请命矣。但恐明公以此计轻锐，胜负难必。欲务持重，则莫若顿兵河济，控引漕运，俟资储充备，至来夏乃进兵。虽如赊迟，然期于成功而已。舍此二策而连军北上，进不速决，退必愆乏。此贼因势以日月相引，渐及秋冬，

东晋陶牛车及俑群

水更涩滞。且北土早寒，三军裘褐者少，恐于时所忧，非独无食而已。"（《资治通鉴》卷一〇二晋海西公太和四年）桓温不能听。

桓温屯驻枋头时，燕国两个大臣也有一段对话。太子太傅封孚问于申胤曰："温众强士整，乘流直进，今大军徒逡巡高岸，兵不接刃，未见克殄之理，事将如何？"胤曰："以温今日声势，似能有为。然在吾观之，必无成功。何则？晋室衰弱，温专制其国，晋之朝臣未必皆与之同心。故温之得志，众所不愿也，必将乖阻以败其事。又，温骄而恃众，怯于应变。大众深入，值可乘之会，反更消遥中流，不出赴利，欲望持久，坐取全胜；若粮廪愆悬，情见势屈，必不战自败，此自然之数。"（《资治通鉴》卷一〇二海西公太和四年）这也说出了桓温在政治上的困难和军事上的失策。

桓温进兵路线靠的是经巨野由清水入河的水路。这可以叫作东线。东线的缺点是道远而水源不足，又是溯流而上，运兵运粮，都有困难。到枋头后，使袁真取谯、梁，开石门，这条线可以叫作西线。西线的问题是在开启石门。慕容垂派大军守护石门，袁真无法攻克。石门不开，水运不通，桓温军粮断绝，只有速退的一条路了。

十六国陶鼓吹骑马俑　　　　　　　　　　东晋持盾俑

前秦的南征。淝水之战

前秦在统一北方后，境内居住着多种民族。关陇地区有卢水胡和羌人。今山西西北部和陕西北部有山胡（匈奴族）。山西东北部和内蒙一带有鲜卑拓跋氏。辽东，河北和河南北部有鲜卑慕容氏。此外，汉族更是中原地区的主要人口。

苻坚于公元380年分关中氐族子弟十五万户于各方要镇，目的在加强和巩固秦的统治。结果适得其反。本来，氐族人口在关陇地区比较集中而占有优势。分散各地后，因人数比较少，并不能起到巩固统一的作用；由于人口分散，反而起到削弱氐族在关陇的优势的作用。

要巩固大北方的统一，解决民族问题，需要时间来消化，需要发展生产，发展经济，使各族人民都先安居乐业。但苻坚没有来得及这样做就又走上新的征途了。

当时不在秦统辖之内的，只有偏安东南的东晋了。苻坚自恃兵力强大，决心灭掉东晋，完成全国的统一。公元383年，他发动了历史上有名的淝水之战。

淝水之战以前，秦和晋之间已发生过几次或大或小的战争，这些都可以看作淝水之战的序幕战。公元373年，苻坚出兵夺取了东晋的梁州、益州。378年，苻坚派其子苻丕等兵分四路，步骑十七万，合攻襄阳。围攻经年，襄阳陷，生俘襄阳太守朱序。同年，出兵七万攻彭城（今江苏徐州）、淮阴、盱眙。次年，秦兵取彭城、淮阴、盱眙。随进兵攻三阿。去广陵（今江苏扬州）不过百里。晋朝廷大震，临江戒备。秦军为晋兖州刺史谢玄打败了，退还淮北。381、382年之际，秦荆州刺史率众二万攻竟

谢安像

陵。晋桓冲出兵拒战，大败秦兵，斩首七千级，俘虏万人。从这时期双方在战争中的互有胜负来看，东晋并不是弱手。

这时东晋当政的是谢安。谢安颇识大体，使统治阶级关系协和，时人把他比之王导而又"文雅过之"（《晋书·谢安传》）。他与桓氏的关系，处理得特别好。桓温既掌兵权，又掌政权，又有上游荆州为根据地。桓温死后，朝廷加温弟荆州刺史桓豁为征西将军，都督荆、梁、雍、交、广五州诸军事；弟江州刺史桓冲为中军将军，都督扬、豫、江三州诸军事，扬、豫二州刺史，镇姑孰；豁子竟陵太守桓石秀为宁远将军、江州刺史，镇寻阳，三分了桓温生前的职务。桓冲也能顾全大局，他能"尽忠王室"，"忠言嘉谋，每尽力心"（《晋书·桓冲传》）。桓豁死，桓冲迁督江、荆、梁、益、宁、交、广七州等地军事，领护南蛮校尉，荆州刺史。桓冲"自以德望不逮谢安，故委以内相，而四方镇扞以为己任"（《晋书·桓冲传》）。谢安，桓冲一在朝廷，一在上游。当时桓、谢两家手里都掌有兵权，两家能够合作共处，东晋政治上就能获得安定。这是晋廷自过江以来，很难得的好时机。

淝水之战的前夕，东晋的兵力也是比较强大的。北府兵，是一支精干强大的军队。北府，是指的京口（今江苏镇江）。北方兖州、徐州南来的流民，多集中居住京口、晋陵一带。东晋朝廷设置了南兖州、南徐州来安置这些侨民。这些来自北方的侨民"人多劲悍"，招募他们为兵，能组成一支劲旅。晋孝武帝太元初，谢玄任兖州刺史，领广陵相，监江北诸军事、谢玄就"多募劲勇，牢之与东海何谦等以骁猛应选。玄以牢之为参军，领精锐为前锋，百战百胜，号为北府兵。敌人畏之"（《晋书·刘牢之传》）。

北方流亡到南方的侨民，最初不负担租赋徭役。后来为了整顿户口，使侨民也负担赋役，曾多次实

少数民族牧马图

行土断。淝水战前，桓温主政时实行的一次土断，历史上称作庚戌制（因为是在晋哀帝兴宁二年，公元364年，三月庚戌这天施行的），比较彻底，得到"财阜国丰"的效果。后来刘裕实行土断时的上表中称："大司马桓温，以民无定本，伤治为深，庚戌土断，以一其业。于时财阜国丰，实由于此。"（《宋书·武帝纪中》）可见，从财政上看，淝水之战前也是东晋财力较为充足的时期。

淝水战前，苻坚曾与他的王公大臣们讨论伐晋问题。他首先吐露自己思想，说："吾统承大业，垂二十载。芟夷通秽，四方略定。惟东南一隅，未宾王化。吾每思天下不一，未尝不临食辍铺。今欲起天下兵以讨之，略计兵仗精卒，可有九十七万。吾将躬先启行，薄伐南裔，于诸卿意何如？"（《晋书·苻坚载记下》）参与朝议的王公大臣，几乎都是反对伐晋的。这时王猛已死，苻坚的同母弟征南大将军苻融，太子苻宏，中山公苻诜，乃至苻坚尊敬的大和尚道安，都反对伐晋。

朝会散后，苻坚独留苻融商议。《晋书·苻坚载记下》记载："坚曰：'自古大事，定策者一两人而已。群议纷纭，徒乱人意，吾当与汝决之'。融曰：'岁镇在斗牛，吴越之福，不可以伐，一也。晋主休明，朝臣用命，不可以伐，二也。我数战，兵疲将倦，有惮敌之意，不可以伐，三也。诸言不可者，策之上也，愿陛下

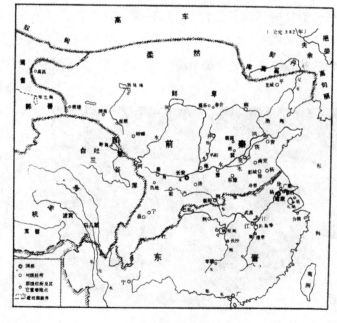

前秦东晋对峙形势图

纳之。'坚作色曰:'汝复如此,天下之事吾当谁与言之!今有众百万,资仗如山。吾虽未称令主,亦不为阘劣。以累捷之威,击垂亡之寇,何不克之有乎?吾终不以贼遗子孙,为宗庙社稷之忧也'。融泣曰:'吴之不可伐,昭然。虚劳大举,必无功而反。臣之所忧,非此而已。陛下宠育鲜卑、羌羯布诸畿甸,旧人族类,斥徙遐方。今倾国而去,如有风尘之变者,其如宗庙何?监国以弱卒数万留守京师,鲜卑羌羯攒聚如林,此皆国之贼也,我之仇也。臣恐非但徒返而已,亦未必万全。臣智识愚浅,诚不足采,王景略一时奇士,陛下每拟之孔明,其临终之言,不可忘也'。"苻融所说王猛临终之言,是:"晋虽僻陋吴越,乃正朔相承。亲仁善邻,国之宝也。臣没之后,愿不以晋为图。鲜卑羌虏,我之仇也,终为人患,宜渐除之,以便社稷。"王猛、苻融所说晋不可伐的理由,其核心问题主要有两个。一是兵将疲倦,不愿再打仗;二是鲜卑羌羯是心腹之患。从战争的结果看,这两个问题都是存在的。淝水之战,苻坚败了,败就败在这两个问题上。

苻坚灭燕以后,没有杀害燕主慕容暐和燕国王公大臣,仍让他们作官,保持着一定的政治地位。他回答苻融说:"今四海事旷,兆庶未宁,黎元应抚,夷狄应和,方将混六合以一家,同有形于赤子,汝其息之,勿怀耿介"(《晋书·苻坚载记》)。这些话表达了苻坚作为一个政治家的豁达的气度,但这些想法在当时却是不现实的。那时,被征服的各族的贵族是不会满足于现有地位的。对于这一点,苻坚是没有考虑的,后来在战争中他就吃了这个亏。

晋孝武帝太和八年(383)七月,苻坚下诏、大举攻晋。民每十丁抽出一丁当兵。良家子年二十以下有材勇者,皆拜羽林郎。八月,以苻融为前锋都督,指挥慕

魏晋西北墓葬骑兵俑阵

容垂等步骑二十五万先行，符坚随后继发，戎卒六十余万，骑二十七万，旗鼓相望，前后千里。九月，坚至项城，凉州之兵刚到咸阳，蜀汉之兵方顺流而下，冀之兵至于彭城。东西万里，水陆齐进。运粮万艘，自河经石门，汴水、潢荡渠达于汝颍。

符融兵三十万，先到颍口（今安徽颍上东南，颍水入淮处）。

东晋以谢石为征讨大都督，谢玄为前锋都督，与将军谢琰，桓伊等率众八万，北上抗击秦军。晋军的主力，就是北府兵。

十月，秦军渡过淮水，攻陷寿阳（今安徽寿县）。晋朝派去援助寿阳的胡彬水军，闻寿阳失陷，退屯硖石。符融命将军梁成帅大军五万进屯洛涧。截断淮水通路，这样就截断了胡彬的退路，也使晋军不得从淮水水路西进。谢玄大军自东而西推进，在到达洛涧以东二十五里处停止前进。胡彬派人给谢玄送信说："今贼盛，粮尽，恐不复见大军。"（《资治通鉴》卷一〇五晋孝武帝太元八年，下同）送信人被秦军捉去。符融赶快送信给符坚说："贼少

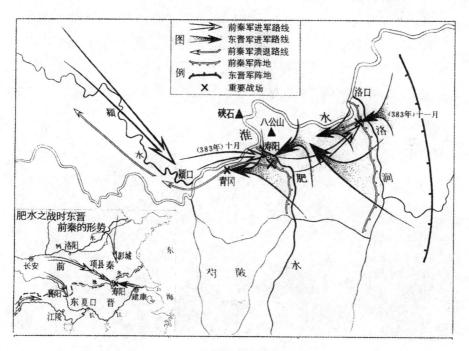

淝水之战示意图

易擒，但恐逃去，宜速击之。"苻坚见信，留大军于项城，带轻骑八千，赶到寿阳。

符坚派朱序去晋军大营，劝说谢石投降。朱序原是东晋襄阳太守。朱序到了晋营，不但不劝说谢石投降，反给谢石划策，说："若秦百万之众尽至，诚难与为敌。今乘诸军未集，宜速击之。若败其前锋，则彼已夺气，可遂破也。"

十一月，谢玄遣刘牢之帅精兵五千人趣洛涧。梁成隔洛涧布阵以待。刘牢之渡水进击，大破梁成军，杀成。秦步骑崩溃，争赴淮水，士卒死者一万五千人。于是谢石大军，水路俱进，迫临淝水。

符坚和苻融登寿阳城东望，见晋军布阵严整，又望八公山上草木，皆以为晋兵。苻坚开始有惧色，回头对苻融说："此亦劲旅，何谓弱也！"

秦军紧靠着淝水西岸布阵，晋军进到淝水东岸，与秦军隔水相峙。谢玄派人对苻融说："君悬军深入，而置阵逼水，此乃持久之计，非欲速战者也。若移阵少却，使晋兵得渡，以决胜负，不亦善乎！"秦的将军们都说："我众彼寡，不如遏之，使不得上，可以万全。"苻坚说："但引兵少却，使之半渡。我以铁骑蹙而杀之，蔑不胜矣。"苻融也同意这个主意。苻融指挥军队稍退。哪知大军一退，便收不住了。谢玄等领晋军渡水，冲杀过来。苻融想拦阻退兵，不想马倒，死在乱兵之中。朱序又乘机在阵后大呼："秦军败

淝水之战画作

矣！"苻融一死，秦军已慌，又听得秦军已败，一发不可收拾。晋军从后追杀，直追出三十多里。秦军自相蹈藉而死者，蔽野塞川。逃奔的兵卒，闻风声鹤唳，皆以为晋兵且至，昼夜不敢息，重以"饥冻，死者什七八"。晋军收复寿阳。苻坚中流矢，只带领少数人退回淮北。

淝水之战，以秦军的大败结束。淝水之败，除了上文所说的原因外，苻坚也有很多失误的地方。

中国军事史上有句成语："骄必败"。苻坚就太骄傲了。出师之前，有人说长江天险，苻坚就说："以吾之众旅，投鞭于江，足断其流。""虽有长江，其能固乎？"（《晋书·苻坚载记下》）这就犯了兵家大忌。而且刘牢之以五千人可以在敌前抢渡洛涧，追杀秦军主将梁成，使秦军步骑奔溃。这不是小事，而苻坚、苻融竟然不能采取紧急的对策，这也暴露秦军在作战素质上的重大缺陷。

淝水之战的后果，在北方是又一次出现了分裂。在东晋是夺回了一些地方而在统治集团内部滋生了权力上的矛盾。

无论是东晋的北伐或前秦的南征，都没有达到预期目的，但这两方面发

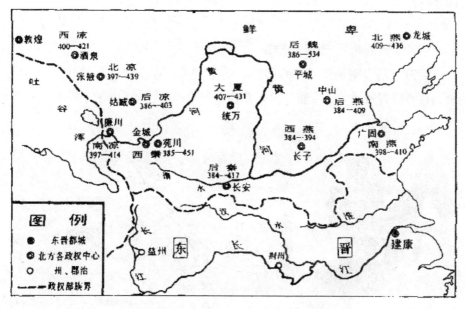

淝水战后北方形势图

动的战争，也都不无表明历史的脉搏在向全国统一的方向跳动，不过前进的道路还相当曲折。

第六节　淝水战后北方的再分裂

淝水之战败后，苻坚带伤北归，一路收集散兵，回到洛阳时只有十多万人。苻坚带着这十多万人回到长安。维持统一的强大的军事力量垮了，统一也维持不住了。原来被秦征服的各族贵族，都乘机起来谋求恢复他们的政治势力。前秦土崩瓦解了。在淝水战后半个世纪里，北方黄河流域又重新分裂成燕、秦、凉三个部分，许多小国互相攻夺。公元384年和385年，在前秦原来控制的土地上出现了羌族人姚苌建立的后秦，鲜卑人慕容垂和乞伏国仁建立的后燕和西秦、氐族人吕光建立的后凉。苻坚在385年为姚苌俘杀。397—409年，从后凉中分裂出北凉、南凉和西凉，从后燕中分裂出南燕和北燕，从后秦中分裂出夏。直到439年北魏统一了北方，中国北方的这种局面才告结束。

后燕（附西燕）、北燕和南燕

后燕　慕容垂始建。淝水败后，秦军溃败，唯慕容垂军三万人保持完整。苻坚带着败兵一千多骑，投奔慕容垂。垂子慕容宝和弟慕容德都劝他杀

凤鸟形金步摇冠饰

画像砖：骑士挑羊

掉苻坚，恢复燕国，慕容垂不肯。他说："我昔为太傅（指慕容评）所不容，置身无所，逃死于秦。秦王以国士遇我，恩礼备至。后复为王猛所卖，无以自明，秦主独能明之，此恩何可忘也。若氏运必穷，吾当怀集关东，以复先业耳，关西会非吾有也。"（《资治通鉴》卷一〇五晋孝武帝太元八年，下同）慕容垂把军队交给苻坚。军行至渑池，慕容垂对苻坚说："北部之民，闻王师不利，轻相扇动。臣请奉诏书以镇慰安集之，因过谒陵庙。"苻坚答应了。苻坚尚书左仆射权翼说："国兵新破，四方皆有离心，宜征集名将，置之京师，以固根本，镇枝叶。垂勇略过人，世豪东夏，顷以避祸而来，其心岂止欲作冠军而已哉！……岂可解纵，任其所欲哉！"苻坚说："卿言是也。然朕已许之。匹夫犹不食言，况万乘乎？若天命有废兴，固非智力所能移也。"而翼说："陛下重小信而轻社稷，臣见其往而不返。关东之乱，自此始矣。"

苻坚子苻丕镇邺。慕容垂到邺后，丕将石越劝苻丕杀垂。苻丕不肯，说："淮南之败，垂侍卫乘舆，此功不可忘也。"石越对人说："公父子好为小仁，不顾大计，终当为人擒耳。"

慕容垂到了河北如鱼得水，辄谋独立发展。公元384年春，慕容垂自称燕王。他围攻邺城一年。最后苻丕放弃邺城，奔往晋阳。慕容垂进入邺城。河北大部分地区，都归于慕容垂统治。公元386年，慕容垂自立为皇帝，定都中山（今河北定县）。

公元392年，慕容垂攻占滑台（今河北滑县），尽取丁零族翟钊所统治七郡三万余户。公元394年，慕容垂取长子和晋阳，杀慕容永，灭西燕，得西燕所统八郡七万余户。后燕全盛时，疆域南到琅邪，东到辽海，西到河

鎏金透雕人龙纹铺首

东汉和林格尔鲜卑墓壁画

汾，北到燕代，是十六国后期中原最强盛的一国。

　　西燕　从慕容泓开始。他是前燕主慕容暐之弟。

　　苻坚灭前燕，曾迁徙鲜卑数万户到关中。这些西迁到关中的鲜卑人生活贫困，就是贵族，有的也沦为贫民。如慕容永，他是慕容廆之弟慕容运的孙子，徙长安后，"夫妻常卖靴于市"（《魏书·徙何慕容廆传》）。淝水战后，前秦的统治力量削弱。慕容泓据华阴起兵，自称使持节、大都督陕西诸军事、大将军、雍州牧、济北王。慕容冲也在河东（今山西南部汾水流域）起兵，响应慕容泓。

　　这时，慕容垂已在关东起兵反秦。但慕容泓这一支起自苻坚的心腹之地，对前秦威胁更大。前秦大臣权翼就对苻坚说："慕容垂正可据山东为乱，不遇近逼，今暐及宗族种类尽在京师，鲜卑之众，布于畿甸，实社稷之元忧。宜遣重将讨之。"（《晋书·苻坚载记下》，下同）苻坚接受权翼的意见，遣子苻睿领重兵讨慕容泓和慕容冲。但却被打败，苻睿战死。

　　这支鲜卑人的希望是回关东，并不愿留在关中，慕容泓遣使者对苻坚说："秦为无道，灭我社稷。今天诱其衰，使秦师倾败。将欲兴复大燕，吴王（指慕容垂）已定关东，可速资备大驾，奉送家兄皇帝并宗室

胡人跳舞俑

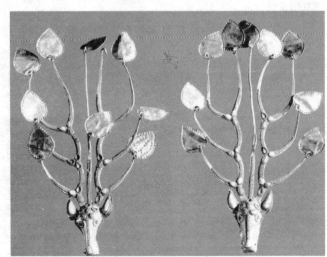

鲜卑鹿角马头金冠饰

功臣之家，泓当率关中燕人翼卫皇帝，还返邺都，与秦以虎牢为界，分王天下，永为邻好，不复为秦之患也。"苻坚大怒，把慕容暐找来，当面责备，并让他给慕容垂、泓、冲三人写信，要他们罢兵还长安，慕容暐却密遣使者对慕容泓说："吾既笼中之人，必无还理。……勉建业，大以兴复为务。"

慕容泓接到密信，遂进兵长安，改元建兴（384）。慕容泓的部众，以泓德望不如慕容冲，持法又严苛，遂杀泓立冲。

慕容冲在长安城郊与苻坚战争经年，互有胜负。这时，"关中士民流散，道路断绝，千里无炊烟。"

公元385年，苻坚离开长安去五将山，以太子宏守长安。宏不能守，慕容冲入据长安。

慕容冲得到长安，便留恋长安，课农筑室，为久安之计。这引起意欲东归的鲜卑人的不满。一些鲜卑贵族遂利用这种不满，杀了慕容冲，率领鲜卑男女三十万人离开长安东归。在东归途中，鲜卑贵族间多次发生权位争夺，最后立了慕容永。公元386年，慕容永进据长子（今山西长子西），即皇帝位，改元中兴。慕容泓以来的这支鲜卑慕容氏，历史上称作西燕。西燕盛时，其疆域南抵轵关（今河南济源西北），北至新兴（郡治九原，今为山西忻县），东依太行，西临黄河。

后燕主慕容垂和西燕主慕容永都要复兴燕国，但慕容垂只许自己复兴燕国，不许慕容永复兴燕国。他认为，不能容许慕容永存在"以累子孙。"393年冬，慕容垂征集了步骑兵七万进攻晋阳。次年春，又增调司、冀、青、兖四州兵，分三路进攻。慕容垂亲率大军，与西燕军合战于台壁（今山西黎城西南）南。西燕军中伏，大败，慕容永逃回长子。后燕军乘机攻下晋阳，进围长子。于八月间，灭西燕，杀死慕容永及其公卿

少数民族生活场景

大将三十余人。西燕从384年慕容泓改元，到394年慕容永被杀，首尾十年。

后燕的衰亡　后燕灭西燕后，乘东晋的衰乱，渡黄河而东，略地青、兖，把后燕疆域向南扩展到今山东临沂、枣庄一带。慕容垂还想征服北魏。但他对北魏用兵的结果，是遭到很大的失败。

这时，鲜卑拓跋氏的势力已经在长城以北发展起来。公元386年，拓跋珪建立了北魏，都盛乐（今内蒙古和林格尔）。后燕和北魏的关系本来是友好的，后因后燕求北魏解决他战马缺乏的困难，没有达成协议，以至两国失和。394年西燕危急时，拓跋珪派骑兵五万，进至今山西忻县附近，遥为西燕声援。394年，后燕即灭西燕。次年五月，后燕太子慕容宝、赵王慕容麟等率兵八万伐魏，范阳王慕容德率步骑一万八千为后继。拓跋珪把所率二十多万大军转移到黄河以南（今内蒙古伊克昭盟）。后燕出兵五个月，一直找不到与北魏军主力决战的机会，士气渐为衰落。加上塞外严寒，后燕军不能坚持，决定撤退。拓跋珪派拓跋遵率骑兵七万，堵塞后燕军南归之路。十一月，暴风冰合。拓跋珪引兵渡河、留辎重，选精锐二万余骑，急迫燕军。十一月九日，燕军宿营参合陂（在今内蒙古凉城县西北五十里石匣子沟），轻敌不设备。当日黄昏，拓跋珪的骑兵追到参合陂西，乘夜布署诸将，使士卒衔枚，束马口，潜进。第二天，日出，魏军登山，下临燕营。燕军将东引，忽见山上敌军，士卒大惊乱。拓跋珪纵兵奋击。燕兵走赴水，人马相腾蹂压溺，死者以万数。拓跋遵在前邀击，燕兵四、五万人纷纷放下武器，敛手就擒，逃脱的只不过几千人。拓跋珪还俘虏了后燕文武将吏数千人，兵甲粮货以万计。拓跋珪坑杀全部俘虏。慕容宝等单骑逃回。

慕容宝不甘心于参合陂失败，要求再次伐魏。396年三月，慕容垂留慕容德守中山，亲自引兵密发，越过险峻的山路，直抵平

双层甲胄骑马俑

城。这时，北魏陈留公拓跋虔，帅部落三万余家镇平城，素不设备。后燕军到了平城，他才发觉，仓促应战，战败而亡。燕军尽收北魏在这里的部落。史称这一战役，拓跋珪"震怖欲走。诸部闻虔死，皆有贰心，珪不知所适"。但后燕军到平城后，慕容垂病重，全军改前进为后退。四月间，在归途中，慕容垂死于沮阳（今河北怀来南），太子宝继位。

慕容宝继位后，"定士族旧籍，分辨清浊，校阅户口，罢军营封荫之户，悉属郡县"。这是跟世家大族和军事组织争夺户口，而国家户籍上的一般民户比荫户的封建负担要重。因此，"士民嗟怨，始有离心"（《资治通鉴》卷一〇八，太元二十一年），出现了严重的政治局面。在慕容垂时曾经制造内乱的征东将军平规，又纠合余党，重行作乱，但历时不久，就平定下来。396年八九月间，拓跋珪率领了步骑四十余万大举攻燕，轻易地攻占晋阳。十一月，兵锋转向河北，攻下常山（郡治真定，今河北正定南）、信都（郡治信都，今河北冀县）。河北许多郡县的守宰，不逃即降。慕容宝在中山有步卒十二万，骑兵三万七千，悉数迎战魏军，被打得大败。魏军进围中山。一直到397年三月，慕容宝率领一万余骑，突围退往龙城。十月，北魏攻下中山，后燕公卿将吏及士卒降者二万余人。

398年，慕容宝在龙城为鲜卑贵族兰汗所杀。慕容宝的儿子慕容盛杀兰汗，慕容盛又为其臣下所杀。后来，鲜卑贵族拥立了慕容垂的少子慕容熙。慕容熙时，后燕据有辽西地区，境域狭隘，民户不多，但他却是个贪图享乐、不理朝政的人。407年，慕容熙为冯跋和高云等所杀，后燕亡。自384年，慕容垂称燕王至407年慕容熙被杀，后燕立国共二十四年。

北燕和南燕 是冯跋和慕容德所分别建立。冯跋，汉人，仕后燕为禁卫

北燕冯跋墓出土鲜卑族生活用具

军将军。冯跋和高云等杀慕容熙，推高云为主；以冯跋为使持节都督中外诸军事、录尚书事、武邑公，掌军国大权。409 年，高云为其宠臣离班所杀，冯跋自立为王，称燕天王，史称北燕，以与后燕相区别。慕容德是前燕主慕容皝的幼子，后燕主慕容垂的幼弟。慕容宝时，北魏进兵中原，攻取中山。慕容德时镇邺城，见魏军乘胜来攻，乃率民户四万，车二万七千乘，从邺城迁往黄河南岸的滑台，称燕王。399 年，迁都广固（今山东益都西北），改称燕皇帝，史称南燕。南燕的建立，较北燕为早，当时后燕尚未灭亡。

冯跋任北燕主后，废除后燕苛政，务从简易。励意农桑，省徭薄赋。下令："桑柘之益，有生之本。此土少桑，人未见其利。可令百姓人殖桑一百根、柘二十根"（《晋书·冯跋载记》）。冯跋对农桑的重视，对当时辽西地区农业生产的恢复和发展，有所促进。430 年，冯跋病死，跋弟冯弘杀冯跋诸子而自立，称燕天王。冯弘时，北魏开始进攻北燕。有一次，掠夺辽西民户三万余家。又一次，掠夺男女六千口。北燕都城龙城也屡次遭到魏军围攻。436 年，冯弘被迫放弃龙城，逃往高丽。北燕亡。北燕建国共二十四年。

慕容德"立冶于商山（今山东桓台西南），置盐官于乌常泽（今山东寿光东北）"，他对于盐铁之利是重视的。他又进

十六国金铜菩萨像

行户口搜括，在原来仅有十余万编户的青州，就搜括出荫户五万八千。405 年，慕容德病死，无子，兄子超继位。超专事畋猎，在政治上毫无作为。410 年，东晋刘裕北伐南燕，攻取广固，斩鲜卑王公以下三千人。南燕亡。南燕建国首尾十二年。

后秦。西秦。大夏

后秦　羌族姚苌所建立。羌族和氐族是关陇地区的两个民族。后赵时期，两族同被迁徙到关东。氐族在苻坚的祖父苻洪率领下住在枋头；羌族在姚苌的父亲姚弋仲的率领下，住在清河。后赵末年内乱，姚弋仲降

晋。弋仲死，其子姚襄和殷浩不和，反晋，北据洛阳，拟以洛阳为基地，开建王业，后为桓温所败，遂西入关。但这时关中已为苻秦所有。苻生派苻坚拒襄，战于三原。襄败，为苻生将邓羌所杀。姚苌向苻坚投降。

淝水战后，慕容垂以扫祭祖坟为借口，回关东去了。姚苌随苻坚回到长安。慕容泓在关中起兵，苻坚派儿子苻睿去征讨，以姚苌为苻睿军司马。苻睿战败被杀，姚苌派他的长史赵都去向苻坚请罪。苻坚在盛怒之下把赵都杀了。姚苌畏罪，逃奔渭北，遂至马牧。西州豪族拥护他，共推姚苌为盟主。姚苌遂于384年自称大将军，大单于、大秦天王，反前秦，独立发展。

在苻坚和慕容泓、慕容冲紧张战斗时，姚苌即移兵岭北，广收资实。他称要"待秦弊燕去，然后兵不血刃，坐定天下"（《晋书·姚苌载记》）。后来，姚苌的设想实现了。慕容冲所率鲜卑人攻入长安，旋又放弃长安走关东。姚苌坐取长安。苻坚在长安失落前，走保五将山，为姚苌俘获缢死。公元386年，姚苌即皇帝位于长安，国号大秦，史称后秦。

苻坚虽死，苻秦氏和氏族的势力还在。苻坚族孙苻登，于苻丕死后即皇帝位，率领氏族势力继续和姚苌作战，公元393年，姚苌死，太子姚兴继位。次年，兴征苻登，登兵败被杀，苻氏的势力才被压下去。西燕灭亡时，姚兴取得了河东。后又乘东晋衰乱，出兵潼关，取得了东晋的洛阳。后秦盛时，它的疆域南到汉川，东过汝、颍，西控西河，北守上郡。

后燕、后秦，是十六国后期东西方的两个强国。后秦在姚兴时期（394—415），学术文化相当兴盛。姚兴作太子时就与臣下"讲论经籍"（《晋书·姚兴载记上》，下同），作皇帝后，更大兴儒学。"天水姜

十六国咸阳伎乐俑

麂，东平淳于岐，冯翊郭高等，皆耆儒硕德，经明行修，各门徒数百，教授长安。诸生自远而至者万数千人。""凉州胡辩，苻坚之末，东徙洛阳，讲授弟子千有余人，关中后进多赴之请业。"姚兴给关尉下令说："诸生咨访道艺，修身厉行，往来出入，勿拘常限。"于是学者咸劝，儒风甚盛。

姚兴提倡佛教。沙门自远而至者五千余人。"州郡化之，事佛者十室而九矣"。姚兴时，还翻译了大批佛教经典。在政治上，姚兴申明律令，严惩贪污，打击豪强。始平太守周班、槐里令李彭，都因贪污伏法。鲜卑族薛勃叛奔岭北。"上郡贰川杂胡皆应之，遂围安远将军姚详于金城。（姚兴）遣姚崇、尹纬讨之。勃自三交趣金城，崇列营掎之。而租运不继，三军大饥。"纬言于崇曰："诸部之豪，位班三品，督运稽留，令三军乏绝。宜明置刑书，以惩不肃。"遂斩之。诸部大震，租入者五十余万。姚兴亲率步骑二万，自往征讨，薛勃惧，弃其众而逃。

姚兴重视农业。灭苻登后，"散其部众，归复农业"。他命郡国"百姓因荒自卖为奴婢者，悉免为良人"。姚兴在长安立律学，调集郡县没有职任的令史来学习。学成后，回原郡县。"论决刑狱"。姚兴自己也常常听断疑狱，"于时号无冤滞"。法律总是为统治阶级服务，但在刑法酷滥的十六国时期，姚兴对法这样的重视，是很难得的。

西秦炳灵寺 196 窟观音像

416 年，姚兴病死，太子泓即位。东晋太尉刘裕乘机进兵，攻下后秦的洛阳。这时，后秦的皇室内部却又出现了争夺权位的尖锐斗争。晋军长驱入关，水陆并进，于 417 年攻破长安。姚泓出降。后秦亡。后秦建国，凡三十二年。

西秦　鲜卑族乞伏国仁所建立。鲜卑族从北方向漠南迁徙时，有一支南出阴山，迁往陇西。这一支里由乞伏、如弗斯、出连、叱卢四个部落组成部落联盟。其中，乞伏部落比较强，其首长被推为统主。这支鲜卑部落在陇西一带辗转迁徙，后来居住在苑川水（今甘肃榆中东北）一带。据《水经·河水注》，这一带地方"为龙马之沃土"。王莽末年，马援曾在这里屯田。这支鲜卑人定居在这里，很快发展起来。

前秦强大时，这支鲜卑人被苻坚征服。淝水战后，这支鲜卑人的首长乞伏国仁招集诸部落，众至十余万。他率众脱离了苻坚，于公元385年自称大都督、大将军、大单于，领秦河二州牧，建元建义，史称西秦。

公元388年，国仁死，弟乾归被推继位，改称河南王，迁都金城（今甘肃兰州西北）。公元400年，又迁回苑川。后秦姚兴强大时，降于后秦。公元412年，乾归死，子乞伏炽磐继位，迁都枹罕（今甘肃临夏）。这时是西秦最强盛的时候。炽磐灭了南凉，又屡败吐谷浑，还掠夺了契汗部落的牛羊五十余万头。西秦的疆域，西越浩亹（今青海乐都），东抵陇坻（陇山），北距河，南有吐谷浑。428年，乞伏炽磐死，子乞伏慕末继位。慕末"刑政酷滥，内外崩离"。430年，连续九个月没有下雨，饥荒严重，民多流亡。乞伏慕末想东趋上邽，归附北魏。他率一万五千户走到南安（郡治在今甘肃陇西东南）的高田谷，遭到夏军的堵击，退保南安城。431年，夏军围攻南安，慕末出降。西秦建国共四十七年。

大夏　匈奴族赫连勃勃所建。赫连勃勃的父亲刘卫辰在前秦时受苻坚任命，为西单于，督摄河西诸部，驻屯代来城（在今内蒙古伊克昭盟东胜西）。淝水战后，刘卫辰势力发展，占有朔方之地，控弦之士有三万八千人。391年，北魏拓跋珪攻取代来城，杀卫辰子弟宗党五千余人，获马三十余万匹，牛羊四百余万头。

赫连勃勃逃奔后秦。姚兴很赏识他，称他有"济世之才"，命他为持节、安北将军、五原

夏石马

公，给以鲜卑部落二万余落，镇朔方。407 年六月，勃勃自称大夏天王、大单于，建元龙升。有人劝他定都高平（今宁夏固原），但他不愿固守一城，而要以云骑风驰，与姚兴争胜，"救前则击其后，救后则击其前，使彼疲于奔命，我则游食自若"。他不断以流动袭击的形式，蚕食后秦的城镇，消灭后秦的有生力量。姚兴遣将齐难伐夏，全军覆没。勃勃俘其将士二万，收其戎马万匹。此后，勃勃多次向后秦进攻，多所斩获。到了后秦灭亡前夕，后秦的岭北（今陕西醴泉九嵕山以北地）镇戍郡县大都为勃勃所占有。418 年，勃勃取关中，在长安灞上即皇帝位。大夏盛时的疆域，"南阻秦岭，东戍蒲津，西收秦、陇，北薄于河"，版图虽不如后秦盛时的广大，但军事力量却超过后秦。

勃勃有统一全中国的愿望。413 年筑都城于今内蒙古乌审旗南白城子。称统万城，意为"统一天下，尹临万邦"。但他极为残忍，任意杀人，使侍从群臣都人人自危。425 年，勃勃死，子赫连昌继位。

426 年，北魏派大将奚斤等率兵五万余，取蒲坂，进据长安，北魏主拓跋焘自率精骑二万，渡河袭统万城，掠得牛马十余万，徙其民一万余家而

夏统万城遗址

还。427 年，赫连昌遣其弟赫连定率军二万攻长安，与魏军相持。魏主拓跋焘征调十万大军，乘虚进攻统万。拓跋焘自率轻骑三万，兼程至统万城下。赫连昌以步骑二万迎战失败，逃往上邽。魏军占领统万城。第二年，魏军进兵上邽，生俘赫连昌。赫连定这时已由长安退到上邽，又由上邽逃平凉，自称夏皇帝。431 年，赫连定灭西秦，欲渡河西击北凉，在半渡黄河时遭到吐谷浑袭击，定被俘，夏亡。夏建国，凡二十六年。

后凉和南凉。北凉和西凉

后凉和南凉　为氐人吕光和鲜卑人秃发乌孤先后建立。

吕光是略阳（郡治在今甘肃天水东北）人。前秦统一中原后，苻坚命吕光率兵七万、骑五千征西域。吕光到达龟兹（今新疆库车），西域三十余国陆续归附。苻坚任命吕光为使持节、都督玉门以西诸军事、安西将军、西域校尉。

淝水战后，吕光以长安危急，全师东归。前秦凉州刺史梁熙发兵五万拒光于酒泉，为光所败。吕光进驻姑臧城。苻坚死，吕光自称使持节、侍中、中外大都督、督陇右河西诸军事、大将军、领护匈奴中郎将、凉州牧、酒泉

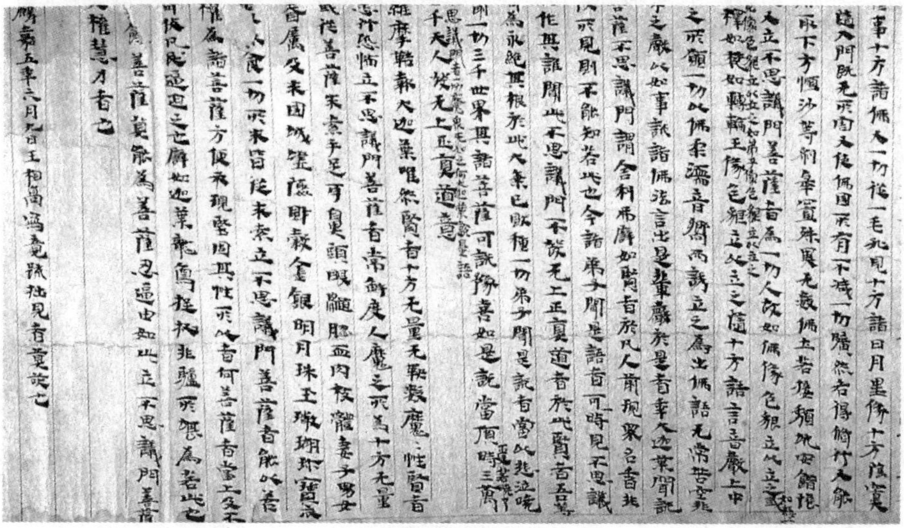

后凉维摩经

公，建元大安。389 年，改称三河王。396 年，称大凉天王。

公元 399 年，吕光死，子绍立。光庶长子吕纂杀绍自立，吕纂"游田无度，荒耽酒色"（《晋书·吕纂载记》）。吕光弟子吕隆又杀纂自立。吕隆"多杀豪望，以立威名，内外嚣然，人不自固"。南凉秃发傉檀和北凉沮渠蒙逊屡来侵伐，"姑臧谷价踊贵，斗直钱五千文，人相食，饿死者十余万口"（《晋书·吕隆载记》）。403 年，吕隆向后秦姚兴投降，后凉亡。

南凉秃发乌孤部，是拓跋鲜卑的一支，其"秃发"两字，是"拓跋"的异译。据传，他们与北魏拓跋氏同源。八世祖秃发匹孤率领这支拓跋鲜卑从塞北迁到河西，被称为河西鲜卑。他们活动的地区，"东至麦田、牵屯，西至湿罗，南至浇河，北接大漠"，其中心地区是今甘肃武威东、兰州西，青海西宁市及乐都地区（《晋书·秃发乌孤载记》）。

秃发乌孤时期，部众稍盛，"务农桑，修邻好"。筑廉川堡（今青海乐都东）以都之。公元 397 年，秃发乌孤称西平王，后又改称武威王，徙于乐都。乌孤时，广收各方人才。史称"四夷之豪隽"，"西州之德望"，"文武之秀杰"，"中州之才令"，"秦雍之世门"，"皆内居显位，外宰郡县，官方授才，咸德其所"。（同上）

乌孤死，弟利鹿孤继位，徙居西平（今青海西宁），改称河西王。秃发利鹿孤有意采用兵农分离制，以汉人为农，鲜卑为兵。《晋书·秃发利鹿孤载记》记载，其将铴勿崘对利鹿孤说："宜置晋人于诸城，劝课农桑，以供军国之用；我则习战法，以诛未宾。"但这种制度似未能实行，或行而未能贯彻。傉檀一次征伐沮渠蒙逊，曾"征集戎夏之兵五万余人，大阅

秃发鲜卑农耕场景

于方亭"（《晋书·秃发傉檀载记》）。这戎夏之兵中的夏，当然是晋人。乞伏炽磐袭乐都时，乐都守军曾拟"聚国人（鲜卑）于内城"，使"晋人距战于外"。可证晋人也是当兵打仗的。

利鹿孤在部族中提倡儒学。建立学校，开庠序，选耆德硕儒，以训胄子，以赵诞等为博士祭酒。

利鹿孤死，弟傉檀继位，改称凉王，又迁回乐都。这时，后秦姚兴强大，傉檀向姚兴称臣，姚兴以傉檀为使持节、都督河右诸军事、车骑大将军、领护匈奴中郎将、凉州刺史，镇姑臧。据有凉州姑臧，是傉檀的宿愿，达到了目的，傉檀随即和姚兴分裂，自称凉王。

这时北凉沮渠蒙逊和夏主赫连勃勃强大，常出兵侵犯南凉北境，南凉曾先后为沮渠蒙逊和赫连勃勃所败。傉檀后又以五万骑伐蒙逊，又大败于穷泉，傉檀只身逃回。傉檀被迫放弃姑臧又迁回乐都，在乐都又三次受到沮渠蒙逊的包围。

南凉连年对外战争，农业失耕，使得"连年不收，上下饥弊"（《晋书·秃发傉檀载记》）。傉檀带兵去掠夺青海乙弗部。战争是胜利了，掠获牛马羊四十余万头，但都城乐都却为乞伏炽磐乘虚袭破。傉檀后退无路，部众离散，遂奔降西秦。时为414年，南凉亡。南凉建国凡十九年。

北凉和西凉　是临松（今甘肃张掖南）卢水胡沮渠蒙逊和陇西狄道（今甘肃临洮）汉族世家李暠所分别建立。《宋书》卷九八《大且渠蒙逊传》载"匈奴有左且渠右且渠之官。蒙逊之先为此职。羌之酋豪曰大。故且渠以位为氏，而以大冠之。世居卢

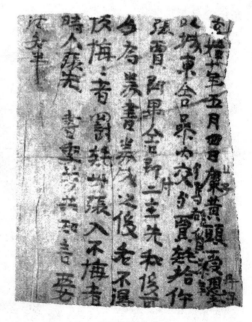

北凉租房文书

水为酋豪。"依此，"卢水胡"，意谓卢水（今黑河）地区的胡人，没有表明这种胡人的族属。而沮渠既以匈奴的官职为氏，又取羌人酋豪之称，似可信其为匈奴人，而所部群众则有相当数量的羌人。

蒙逊的父亲，为前秦中田护军。蒙逊代父领部曲，以有勇略，多计数，为诸胡所推服。吕光建后凉政权后，蒙逊仍统率旧部，而叔父罗仇任西平太守。399年春，吕光遣子镇东将军吕纂率罗仇伐西秦乞伏乾归，前军大败。吕光委罪罗仇，杀罗仇。是年四月，蒙逊求归葬罗仇于临松，宗姻部曲会葬者万余人。因杀吕光在临松所置官吏，与从兄沮渠男成推建康太守段业为使持节、大都督、龙骧大将军、凉州牧、建康公。段业以蒙逊为镇西将军、临池太守，又领张掖太守。蒙逊多次受命征讨，均为段业立了战功。

蒙逊恐以雄武为段业所惮，内不自安，请为西安太守。段业怕他在肘腋之下，会发生重大的变故，也就答应了他。这时，段业以谋叛嫌疑杀了男成。蒙逊就借口为兄报仇，攻下张掖，杀了段业，自称车骑大将军，建号永安。这时是400年五月。敦煌太守李暠也在这一月起兵，自称冠军大将军、西胡校尉、沙州刺史，称庚子元年，与蒙逊相抗。至是，北凉和西凉都先后由后凉分裂出来了①。

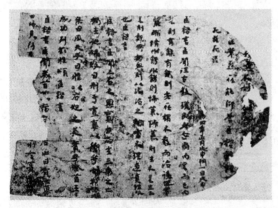

西凉秀才对策文

西凉初建都张掖，后迁都酒泉。西凉的疆域，只有今甘肃的酒泉、玉门、安西、敦煌等县，是十六国中"地狭民稀"的一个国。西凉建国后的第十七年，即417年，李暠病死，子李歆继位。420年，西凉为北凉所灭，首尾二十一年。

---

① 这里所说蒙逊建号永安和李暠称庚子元年，都在公元400年，即晋隆安四年，系据《宋书》卷98《大且渠蒙逊传》。近人著书，多以永安元年为公元401年，当是依据《资治通鉴》卷112和《晋书·沮渠蒙逊载记》。

北凉一直是西凉的一个劲敌，但战争中也互有胜负。420年，沮渠蒙逊声称东伐西秦乞伏炽磐，李歆想乘机偷袭北凉的张掖。实际上，他是上了蒙逊的圈套，在进军途中，西凉军遭到北凉军队的伏击，大败。李歆不肯撤兵，结果是所率步骑三万，全军覆没，李歆战死。跟着就是酒泉失守，西凉亡。

北凉初在张掖建都。经过同南凉多次的战争，夺取了姑臧。412年，北凉迁都姑臧。沮渠蒙逊灭西凉后，取得酒泉、敦煌，河西走廊完全为其所占领。北凉全盛时，拥有武威、张掖、敦煌、酒泉、西海（郡治居延，今内蒙古额济纳旗东南）、金城、西平、乐都等郡地，并且交通西域诸国。433年，蒙逊病死，子牧犍继位。439年，北魏主拓跋焘亲率大军伐北凉，包围姑臧。牧犍出降。北凉亡。北凉立国凡四十年。

北凉、西凉所在河西地区，也像淝水战前的前凉一样，是中原人户逃避战乱的一个地区，也是保持中原文化传统的一个地区。苻坚时，曾徙江汉之人万余户于敦煌，"中州之人有田畴不辟者亦徙七千余人"。后来武威，张掖以东人西奔敦煌、晋昌者，也有数千户。李暠对这些人作了安置，"分南人五千户，置会稽郡；中州人五千户，置广夏郡；余万三千户，分置武威、武兴、张掖三郡"。李暠"少而好学，通涉经史，尤善文义。及长，颇习武艺，诵孙吴兵法"。沮渠蒙逊也是汉化相当深的。他们与东晋和后来的刘宋，都有信使往来，并以藩臣自居，在文化上也有相当密切

吐鲁番出土西凉纸本绘画

的联系。437 年，北凉主沮渠牧犍曾遣使至宋，献书一百五十四卷，其中包含《敦煌实录》十卷，《凉书》等地方性历史地理书和《周髀》、《甲寅元历》等算学、历法等方面著作。牧犍又向宋求晋赵起居注等书。

北凉是十六国中最后灭亡的一个。此后，北魏统一了中国的北方，结束了十六国分裂割据的局面。

第七节　东晋的衰亡

淝水战后东晋的政局

淝水战后，东晋乘机收复了一些北方失地。公元 384 年正月，鹰扬将军刘牢之攻取秦之谯城。后上庸太守郭宝等又攻取秦之魏兴、上庸、新城、成固等地。八月，晋以徐、兖二州刺史谢玄为前锋都督，帅豫州刺史桓石虔伐秦。玄至下邳，秦徐州刺史赵迁弃彭城走，谢玄进据彭城（今江苏徐州）。九月，谢玄使彭城内史刘牢之攻秦兖州刺史张崇。张崇弃鄄城奔燕。牢之据鄄城，河南城堡皆来归附。十月，谢玄遣淮陵太守高素攻秦青州刺史苻朗。军至琅邪，苻朗降。谢玄又遣刘牢之等攻占碻磝（今山东东阿），济阳太守郭满攻占滑台（今河南滑县东南）。晋将军颜肱、刘袭，军于河北，遂克黎阳。谢玄遣晋陵太守滕恬之渡河守黎阳。东晋朝廷以谢玄数月之间连克秦之

东晋陶牛车

东晋颜绗六面铜印。反映了南方人士的巧思

徐、兖、青、司、豫诸州，加玄都督徐、兖、青、司、冀、幽、并七州诸军事。385年正月，刘牢之进驻枋头，并曾一度进至邺城。三月，荥阳人郑燮以郡降晋。四月，蜀郡太守任权攻占成都，斩秦益州刺史李丕，东晋复取益州，以广州刺史罗友为益州刺史，镇守成都。公元386年，以前辅国将军杨亮为雍州刺史，进驻洛阳，保卫晋的祖陵。荆州刺史桓石民遣将军晏谦攻下弘农。这是东晋疆域最大的时候。

淝水战后，谢安功劳大，进位太保。谢安是想尽力协调东晋统治阶级内部关系的。淝水战后一年，公元384年二月，督江、荆、梁、益、宁、交、广七州，扬州之义成，雍州之京兆，司州之河东军事，领护南蛮校尉，荆州刺史桓冲死，东晋朝廷拟以谢玄为荆、江二州刺史。谢安自以父子名位太盛，又怕桓氏会因失官怨望，乃以桓石民为荆州刺史、桓石虔为豫州刺史、桓伊为江州刺史，使桓氏仍掌握长江上游军政大权，保持住荆扬势力的平衡。

谢安这样作，缓解了桓、谢两大家族的矛盾，却未缓解谢家和皇室间的矛盾。谢安功名既盛，孝武帝和他弟弟会稽王司马道子猜忌谢安。为了避开矛盾，谢安自请出镇广陵之步丘，屯驻在新建的新城里。太元十年（385）八月，谢安死，晋朝廷以司徒司马道子领扬州刺史、录尚书、都督中外诸军事。自此，道子继谢安掌权。

谢安执政时期，东晋政治上是安定的，谢安在门阀大族间执行平衡政策，是比较成功的。但在他执政时期，社会凋弊，百姓受侵削而流亡的现象，仍很严重。淝水战后，刘波上疏指出：“今政烦役殷，所在凋弊，仓廪空虚，国用倾竭，下民侵削，流亡相属。略计户口，但咸安（371—372）以来，十分

司马道子形象

去三。"(《晋书·刘隗传附孙波传》)

　　司马道子执政时期，政治更加腐败。前秦瓦解，北方分崩离析，东晋统治者却只是苟安江南，并无统一中国的大志。孝武帝和司马道子，一君一相，酣歌为务，官以贿迁，政刑谬乱。道子又好作长夜之宴，蓬首昏目，政事多阙。腐败的政治，加深了人民的痛苦。道子信佛，用度奢侈，民不堪命。当时有人就曾上疏，指出："时谷贱人饥，流殣不绝，由百姓单贫，役调深刻。"(《晋书·简文三子·会稽王道子传》)对于道子的昏庸腐败和抓权，孝武帝也不满意了，他遂以王恭为兖州刺史、殷仲堪为荆州刺史、王珣为尚书仆射，以张大皇室而潜制道子。公元396年，孝武帝死，子司马德宗继位，司马道子摄政。道子委任王国宝、王绪，以对抗王恭、殷仲堪等。道子先以王国宝为中书令，兼中领军，后又任他为左仆射、领选举、加后将军、丹扬尹，领东宫兵。

东晋男胡陶俑

　　安帝隆安元年（397），兖州刺史王恭联合荆州刺史殷仲堪等，以讨王国宝为名起兵。道子无奈，诛王国宝。王恭退兵还京口。

　　道子诛了王国宝，更任用宗室司马尚之、休之兄弟，企图削弱地方势力。道子为防王恭、殷仲堪再次起兵，就任儿子元显为征虏将军，并帅领卫将军府兵和徐州兵。

　　司马尚之"以藩伯强盛，宰相权弱"，劝道子"宜多树置以自卫"(《晋书·王恭传》)。道子便以王愉为江州刺史，并割豫州四郡使王愉为督。王愉为王国宝之兄，道子的同党。豫州刺史庾楷大怒，派人对王恭说："尚之兄弟，复秉机权，欲假朝威削弱方镇，为祸不测。今及其谋议未成，宜早除之。"王恭以为然，又联合殷仲堪、桓玄共同起兵。桓玄为桓温之子，在荆州有很大潜在势力，复已任命为广州刺史，但未赴任，仍住荆州，欲待机夺取荆州。殷仲堪、桓玄共推王恭为盟主。王恭所依靠的是北府兵，而北府兵将领刘牢之并不同意王恭二次起兵。

道子得悉王恭、殷仲堪、桓玄起兵的消息，忧惧不知所措，儿子元显却颇沉得住气。道子便以元显为征讨都督、假节，领兵讨伐王恭。元显使人劝说刘牢之归顺朝廷，许事成后即以王恭的位号授他。王恭出身于东晋第一流门阀，他虽依靠刘牢之，却又以牢之门第低微而轻视之，因使刘牢之深怀怨恨。刘牢之遂背叛王恭，投附元显。王恭兵败被俘，送建康斩首。

杨佺期、桓玄的兵到建康城外，殷仲堪至芜湖。刘牢之帅北府兵入京师，军于新亭。道子接受桓冲之子桓脩的建议，用计拆散桓、杨、殷的联合。未经战斗，桓、杨、殷便撤军回荆州。三人之间名义上还维持同盟关系，内心已是互相猜疑。

荆州兵退后，元显便谋篡道子之权。道子有病，又每日酗饮，无日不醉。元显使朝廷免除道子司徒、扬州刺史的职务，自为扬州刺史。道子酒醒后才知道，但已无可奈何。

元显性苛刻，生杀任意，刚愎自用，不听别人意见。他想建立一支自己的军队，但兵源不足，于是就"发东土诸郡免奴为客者曰乐属，移置京师，以充兵役"（《晋书·简文三王，会稽王道子传》）。按晋朝制度，"客皆注家籍"，是主人的依附民。奴免为客，身份地位有提高，但仍属于主人，不能离开主人。发奴免为客者号曰乐属，乃是把私家的依附民收归朝廷，却还美其名是

出土东晋金饰件

道教升天图

"乐属"，说他们乐于从属官府。客的主人失掉了客，不满意。客都已成家立业，今要移置京师，当然也不满意。元显此举，损害了以客为主要劳动力的地主们的利益，也失掉了客这一阶层的支持。上游荆、江等州已非元显所有，今又失掉扬州东土的人心。元显的这一措施，加剧了当时的社会矛盾，成为孙恩起义的导火线。

孙恩起义

孙恩，琅邪人，世奉五斗米道。其叔父孙泰，师事钱塘杜子恭。子恭死，孙泰传其术，借传教组织群众。"泰见天下兵起，以为晋祚将终，乃煽集百姓，私集徒众，三吴士庶多从之"（《晋书·孙恩传》）。道子诱斩了孙泰及其六个儿子。泰兄子孙恩逃亡海外。

安帝隆安三年（399）十月，元显征发免奴为客者兵役，引起了三吴的骚乱。孙恩乘机自海上回来，攻上虞，杀县令，因袭会稽，害内史王凝之，有众数万。于是会稽谢鍼、吴郡陆环、吴兴丘尪、义兴许允之、临海周胄、永嘉张永及东阳、新安等八郡，一时俱起，杀长吏以应之。"旬日之中，众数十万"。吴兴太守谢邈、永嘉太守谢逸，嘉兴公顾胤，南康公谢明慧，黄门郎谢冲、张琨，中书郎孔道、太子洗马孔福，乌程令夏侯愔等，皆被杀。吴国内史桓谦、义兴太守魏隐、临海太守新蔡王司马崇等，纷纷弃城出奔。

三吴地区，是门阀地

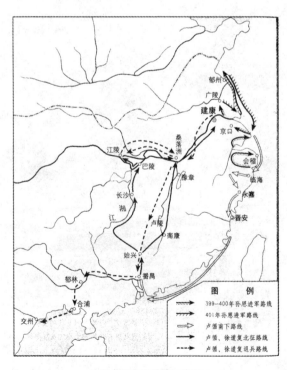

孙恩卢循进军路线示意图

图　例

→ 399—400年孙恩进军路线
⇒ 401年孙恩进军路线
⇨ 卢循南下路线
⇢ 卢循、徐道复北征路线
⇠ 卢循、徐道复退兵路线

主集中的地区。此次那些被杀和逃亡的地方官，大多是谢、顾、张、孔等族的人。

孙恩占有会稽后，自称征东将军。东晋朝廷以元显领中军将军，以徐州刺史谢琰兼督吴兴、义兴军事，领兵镇压孙恩起义。刘牢之也领兵协助谢琰作战。

隆安三年十二月（400年初），谢琰攻杀义兴许允之，破吴兴丘尪。谢琰屯兵乌程（今浙江吴兴南），派司马高素领兵协助刘牢之向浙江（今钱塘江）推进。孙恩战败，率男女二十多万人退入海岛。刘牢之的军队到处掳掠，弄得"郡县城中无复人迹"（《资治通鉴》卷一一一，晋安帝隆安三年）。

隆安四年（400）五月，孙恩再次从浃口（今浙江镇海东南）登陆，入余姚，破上虞。战争互有胜败。后孙恩攻克邢浦，乘胜径进，至会稽。会稽太守谢琰骄傲轻敌，孙恩兵到，他还未吃饭，便夸口说"当灭此贼而后食"。双方一交战，谢琰及二子均被斩杀。

冬十一月，东晋派刘牢之都督会稽等五郡，帅兵击孙恩。孙恩败，撤回海岛。

隆安五年（401）二月，孙恩出浃口，攻句章，为刘牢之所败，复走入海。三月，孙恩北趣海盐，为刘裕所败，转趣沪渎（今上海）。五月，取沪渎，杀吴国内史袁山松。六月，孙恩浮海溯江至丹徒（今江苏镇江东南）。这时，孙恩有战士十余万，战船千余艘。京师建康大震。东晋朝廷赶忙调集各地军队入卫京师。孙恩知建康有备，遂北走郁州（今江苏连云港），遣别将攻入广陵。孙恩军为刘裕所败，死伤甚多，军力大减。至沪渎，又为刘裕所

晋道教丹丸

败，遂又退入海岛。

元兴元年（402）三月，孙恩进攻临海。几年战争，起义军损失惨重，这次进攻，已是强弩之末了。孙恩进攻临海失败，知大势已去，便与部下一起投水而死。

桓玄的篡位

在孙恩农民起义期间，东晋统治阶级内部的斗争也异常激烈，这主要是围绕着桓玄的夺权、篡位活动而展开的。

公元398年，桓玄、殷仲堪、杨佺期以讨司马尚之为名，进兵建康。后因王恭被杀，退回荆州。后来，桓玄火并了殷仲堪和杨佺期。东晋朝廷命他都督荆、江、司、雍、秦、梁、益、宁八州和扬、豫八郡诸军事，兼任荆、江两州刺史。桓玄又以兄桓伟为雍州刺史，从子振为淮南太守，朝廷也只好依他。这样一来，桓玄所控制的地区，以荆州为基础，西起梁（今陕西省南部），益（四川），宁（云南），东抵建康近郊。

但桓玄并不以此为满足，他想作皇帝。他写信给元显，指责朝政日坏，在朝君子不敢说话，致酿成孙恩之祸。元显看了信，非常害怕。谋士对他说，桓玄刚占据荆州，人情未附，应乘此时机，进军讨伐。元显决定发兵征桓玄，以镇北将军刘牢之为前锋都督，自为骠骑大将军，征讨大都督，都督十八州诸军事。

桓玄听得元显发兵，一面发檄文数说元显罪状，一面挥师东下，直指建康。历阳一战，俘豫州刺史司马尚之。司马休之败逃。

元显所依靠的是北府将领刘牢之，但刘牢之率军投降了桓玄。元显不战而溃，被俘。桓玄入建康，杀元显。

南朝鼓吹仪仗画像砖

公元 403 年，桓玄废晋帝，自为皇帝，国号楚。

桓玄对于东晋腐败政治是想加整顿的。据《宋书·武帝纪》记载，晋自中兴以来，治纲大弛，权门并兼，强弱相凌，百姓不得保其产业。桓玄"颇欲厘改，竟不能行。"桓玄作皇帝没有几个月，就失败了。

北府兵是一支较强的军事力量，桓玄代晋后，对北府兵一直心存疑虑。当时北府兵最高的将领是刘牢之。刘牢之先是背叛王恭投降元显，后又背叛元显投降桓玄，桓玄对刘牢之不信任，对北府兵也存有戒心。桓玄开始有计划地消灭北府兵中有影响的人物。他先借故杀了刘牢之，后又杀北府诸将。《晋书·桓玄传》记载："玄又害吴兴太守高素、辅国将军竺谦之、谦之从兄高平相朗之、辅国将军刘袭、袭弟彭城内史季武、冠军将军孙无终等，皆刘牢之之党，北府旧将也。"

桓玄对北府兵的疑惧并非是无端的猜测，北府兵确实足以构成对桓玄的威胁，日后，桓玄果然败于北府兵将领刘裕之手。刘裕在镇压孙恩起义中有勇有谋，已日露头角。桓玄对刘裕的军事才能是很赏识的，评价很高。但，因之也颇有疑忌。桓玄篡位前，他的从兄卫将军桓谦与刘裕密谈，探听刘裕的口气。刘裕说："楚王（桓玄），宣武（桓温）之子，勋德盖世。晋室微弱，民望久移，乘运禅代，有何不可？"（《宋书·武帝纪》）桓谦高兴地说："卿谓可尔，便当是真可尔！"桓玄篡位后，刘裕随徐、兖州刺史桓脩入朝。桓玄对王谧说："刘裕风骨不桓，盖人杰也。"桓玄的皇后刘氏对桓玄说："刘裕龙行虎步，视瞻不凡，恐终不为人下，不如早除之。"桓玄说："我方

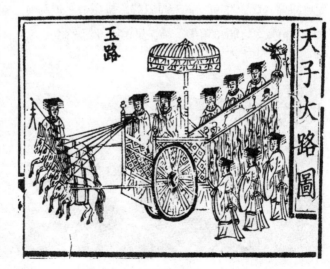

天子的龙辂

平荡中原，非裕莫可用者；俟关河平定，然后别议之耳。"（《资治通鉴》卷一一三晋安帝元兴三年。参看《宋书·武帝纪》）这些都反映桓玄对刘裕又疑忌又赞赏的情绪。刘裕以劝进的手段和伪装的忠心取得桓玄的信任，但同时他却在京口和北府旧人刘道规、刘毅、孟昶、何无忌、诸葛长民等密谋推翻桓玄了。

安帝元兴三年（404）二月，刘裕在京口，刘毅在广陵，同日起兵。刘裕杀徐、兖二州刺史桓脩。刘毅杀青州刺史桓弘，领兵渡江至京口与刘裕军会合。众人共推刘裕为盟主，统众向建康进发。

桓玄听得刘裕等起兵，甚为震惊。如何对付，可以有两条战略安排。一是出兵东下迎战，一是在建康待敌。桓谦等主张前者，桓玄主张后者。桓玄说："彼兵速锐，计出万死。若行遣水军，不足相抗。如有蹉跌，则彼气成而我事败矣。不如屯大众于复舟山（今南京市东北）以待之。彼空行二百里无所措手，锐气已挫。既至忽见大军，必惊惧骇愕。我按兵坚阵，勿与交锋，彼求战不得，自然散走。此策之上也。"（《宋书·武帝纪上》）桓玄虽这样决策，但因桓谦力争，遂一面以侍中、后将军卞范之屯复舟山西，桓谦屯复舟山东北，一面派顿丘太守吴甫之、右卫将军皇甫敷率兵东向迎敌。

刘裕和吴甫之、皇甫敷的军队在江乘（今江苏龙潭）相遇。刘裕手执长刀，大呼冲阵，众皆披靡、裕手起刀落，斩吴甫之于军前。刘裕军进至罗落桥，又大败皇甫敷军，斩皇甫敷。吴、皇甫，皆桓玄之骁将。两将死，桓玄大惧。

东晋奉食图

刘裕军进至复舟山东。桓谦的兵，多北府旧兵，素畏刘裕，闻刘裕到，没有斗志。刘裕与刘毅分兵为数队，进突桓谦阵。刘裕身先士卒，将士皆殊死战，呼声动天地，无不以一当百。

桓谦军大溃。

桓玄知桓谦等大军败绩，遂仓惶离开建康逃回荆州，收集战士，得二万多人，楼船、器械甚盛，遂又帅军东下，与刘裕大战于峥嵘洲（今湖北黄冈附近）。此战桓玄败北，被杀。桓家在上游荆州等地是有基础的，桓玄虽死，桓谦和桓玄从子桓振等在荆州继续抗击刘裕，有一年左右，才最后被消灭，桓玄退回荆州时，是带着东晋安帝一起走的。安帝是个白痴，又被刘裕迎回去，复了皇位。东晋军政大权，遂落入刘裕之手。

刘裕的专权和东晋的灭亡

义熙五年（409），刘裕因南燕对边境的不断骚扰，率军北伐。四月，刘裕自建康出发，率舟师沿淮河、泗水，至下邳（今江苏邳县南），留下船舰辎重，自陆路至琅邪（今山东临沂北）。所过之处，皆筑城，留兵守之，以防南燕人断其后路。

刘裕率大军过了大岘山天险，见燕兵没有防备，大喜过望，说："兵已过险，士有必死之志。余粮栖亩，人无匮乏之忧。敌虏已入吾掌中"（《资治通鉴》卷一一五安帝义熙六年）。刘裕进军与南燕军战于临朐南，这一战役，是两军的主力决战。南燕几乎全军覆没，南燕主慕容超只身逃回广固。次年二月，刘裕攻破广固城，生擒慕容超，斩于建康。南燕王公以下被杀者三千人，家口没入者万余。南燕亡。

正当刘裕进兵南燕、围困广固的时候，孙恩的余部卢循、徐道覆想乘机袭取建康。徐道覆是卢循的姐夫。在孙恩失败后，卢循为了保存实力，接受了东晋任命的广州刺史官职，在广州住了五年零四个月。410年二月，卢循与徐道

出土的东晋陶仓模型

覆分两路出兵。卢循自始兴（今广东韶关市西）攻长沙，走现今湖南一线，这是西线。徐道覆出南康、庐陵、豫章，走今江西一线，这是东线。

东晋江州刺史何无忌自浔阳迎击徐道覆。两军战于豫章。何无忌大败，战死。刘裕闻讯，慌忙班师南归，自己只带几十个人，于四月间赶回建康。

卢、徐合兵，沿江顺流而下，与刘毅的军队遇于桑洛洲（今江西九江东北）。毅军大败，辎重所弃，堆积如山。建康人心惶惶，有人主张过江暂避。卢、徐顿兵建康城下两个月，师老兵疲，给养困难，只好退守浔阳。此后，卢循、徐道覆与刘裕屡战不利，决计退军先取荆州，又为刘裕所败，遂退回广州。徐道覆退保始兴，因险自守。411年二月，晋军攻破始兴，徐道覆被杀。三月，卢循率部到广州，广州城已为刘裕从海路登陆的军队所攻取。卢循转战奔交州，兵败投水而死。自399年孙恩起义至411年四月卢循的失败，这次农民战争前后持续了十一年零五个月。

灭了南燕，又灭了卢循、徐道覆，刘裕开始整顿政治、社会各方面的问题。东晋的政治社会问题，主要是门阀和豪强的土地兼并和对于劳动力的强占，致使广大人民流离失散不得温饱。刘裕的整顿，矛头也必然指向门阀和豪强。《宋书·武帝纪》记载："公既作棘，大示轨则，豪强肃然，远近知禁。

刘裕像

北朝重装骑兵

至是，会稽余姚虞亮复藏匿亡命千余人。公诛亮，免会稽内史司马休之。"诛虞亮，是在义熙七年（411）。虞亮是门阀大族中以身试法之第一人。就在这一年，刘裕恢复了秀才、孝廉策试的制度，这就阻断了门阀士族的仕进之途。"先是，诸州郡所遣秀才、孝廉多非其人。公表天子，申明旧制，依旧策试。"（《宋书·武帝纪》）州郡所送的不经策试的秀才、孝廉多非其人，大约都是以门第关系进来的。刘裕"申明旧制，依旧策试"，一方面把决定权更多地集中在朝廷，一方面限制和打击了门阀和豪强的势力。

义熙八年（412）十一月，刘裕在江陵消灭刘毅的反对势力后，即下书整顿荆州、江州户籍租役和不利于民的一些征敛，规定："凡租税调役，悉宜以见户为正。州郡屯田、池塞，诸非军团所资利入守宰者，今一切除之。州郡县吏，皆依尚书定制，实户置台调，癸卯梓材，庚子皮毛，可悉停省，别量所出。巴陵均折度之，依旧兵运。原五岁刑以下，凡所质录贼家余口，亦悉原放。"（《宋书·武帝纪中》，下同）

东晋以来，山湖川泽多为门阀和豪强霸占。一般老百姓使用，要向他们纳税。公元413年，刘裕下令禁断这些人封固山泽。据《宋书·武帝纪》载："先是，山湖川泽皆为豪强所专，小民薪采渔钓，皆责税直。至是，禁断之。"同年，刘裕规定实行土断法。他对桓温在兴宁二年（364）三月庚戌颁布的土断法是很推崇的。他说："大司马桓温，以民无定本，伤治为深。庚戌土断，以一其业。于时财阜国丰，实由于此。"他请求"准庚戌土断之科"。

东晋以及后来的南朝，实行过多次土断，成效显著的是桓温和刘裕这两

牛耕图

东晋陶牛车复原图

次。刘裕这次土断，只有"徐、兖、青三州居晋陵者，不在断例，诸流寓郡县，多被并省"。

在整顿内政的同时，刘裕继续消灭地方割据政权并收复北方失地。

益州自义熙元年（405），即为谯纵所割据。那年，桓振在荆州作乱，益州刺史毛璩派蜀兵东下讨桓振。蜀人不乐远征，群推谯纵为主，攻陷成都，杀毛璩。谯纵自称成都王。义熙八年十二月（为413年初），刘裕以朱龄石为益州刺史，率众伐蜀。次年（413）五月，朱龄石至成都。谯纵逃出，自缢死。蜀平。

晋恭帝墓谒

公元416年，后秦主姚兴死，子姚泓即位。姚氏兄弟子侄间展开一场争夺王位的斗争。刘裕乘此机会，于八月间自建康发兵，北征姚泓。晋兵分五路出征，龙骧将军王镇恶、冠军将军檀道济将步兵自淮、泗向许、洛；一路趋阳城；一路趋武关；一路将水军出石门自汴入河；一路自巨野入河。

晋军所向皆捷。417年七月，晋军自河入渭攻长安。大破长安守军。后秦主姚泓兵败出降。后秦亡。

九月，刘裕到长安，杀了后秦投降的王公大臣，把姚泓送到建康，斩首示众。

取得了关中，刘裕的声望是树立起来了，这为他的篡位奠定了基础。但保住关中却是不易的。夏和北魏都在那里窥伺着，等待机会夺取关中，而让刘裕先夺取关中，是在他们的意料之中。在刘裕取关中之前，夏主赫连勃勃就说："刘裕伐秦，水陆兼进。且裕有高世之略，姚泓岂能自固。吾验以天时人事，必当克之。又其兄弟内叛，安可以距人？裕既克长安，利在速返，正可留子弟及诸将守关中。待裕发轸，吾取之若拾芥耳。"（《晋书·赫连勃勃载记》）崔浩对北魏主拓跋嗣的话，也持这种看法，他说："关中华戎杂错，风俗劲悍。裕欲以荆扬之化施之函、秦，此无异解衣包火，张罗捕虎。虽留兵守之，人情未洽，趋尚不同，适足为寇敌之资耳。愿陛下按兵息民以观其变，秦地终为国家之有，可坐而守也。"(《资治通鉴》卷一一八安帝义熙十三年)

　　刘裕有一得力大臣叫刘穆之。刘裕领兵北伐，刘穆之留守建康，内总朝政，外供军旅。史称其"决断如流，事无雍滞"(《资治通鉴》卷一一七)。刘穆之病死。刘裕一怕朝中有变，二来他本无久留关中之心，于是便匆匆南返。他以十二岁的儿子义真为都督雍、梁、秦三州诸军事、安西将军、领雍、东秦二州刺史，镇守长安。留下为争功而不和的王镇恶、沈田子等人辅佐义真。沈田子对刘裕说："镇恶家在关中，不可保信。"刘裕说："今留卿文武将士精兵万人，彼若欲为不善，正足自灭耳，勿复多言。"又私对田子说："锺会不得遂其乱者，以有卫瓘故也。语曰：猛兽不如群狐。卿等十余人，何惧王镇恶。"

　　刘裕东返后，夏主赫连勃勃即向长安进兵。沈田子忌恨王镇恶，诬镇恶谋反，把他杀害。义真的长史王脩，以擅杀之罪杀田子。义真年少，用度无节，王脩常加以裁俭。义真不高兴。有人乘机陷害王脩，说王镇恶本是谋反，沈田子把他杀了，王脩杀田子是自己在谋反。义真信以为真，又把王脩杀了。夏主赫连勃勃得知长安政局的混乱，即迅速攻占长安附近的咸阳。义真在长安呆不住了，纵兵掠夺，多载宝货妇女，撤离长安。勃勃派兵追杀。

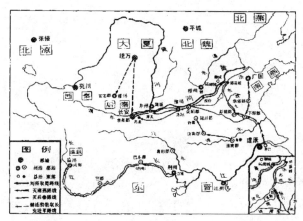

刘裕北伐路线图

名将王镇恶

义真大败，藏匿草中，只身逃回建康。刚刚收复的关中，又失掉了。十二岁的义真，回建康后只是降职处分，作了建威将军、司州刺史。

附：西晋世系表

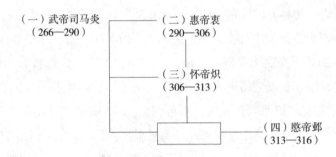

东晋世系表

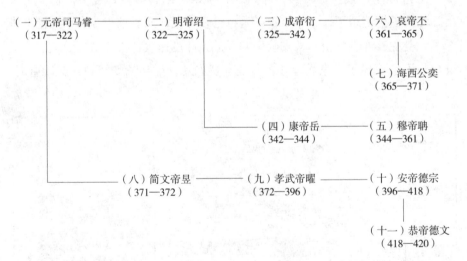

刘裕回建康后，于公元 420 年废晋帝，自立为帝，改国号为宋，改元永初。历史上以这一年为南北朝开始的年代。这时，北魏已不断强大，但北方尚存在西凉、北凉、北燕、西秦和大夏。一直到 439 年，北魏统一北方，南

北朝对峙的局面才在全中国境内正式形成。

十六国简表

	国　名	创建者	建立年代	民族	亡于何国
西晋末年建立的两国	成——汉 汉——前赵	李特——李雄 刘渊——刘曜	304 304	氐巴 匈奴	347年亡于东晋 329年亡于后赵
东晋初年建立的四国	后赵 前燕 前凉 前秦	石勒 慕容皝 张茂 苻健	319 337 320 351	羯 鲜卑 汉 氐	350年亡于冉魏 370年亡于前秦 376年亡于前秦 394年亡于西秦
淝水战后建立的十国	后秦 后燕 西秦 后凉 北凉 南凉 南燕 西凉 夏 北燕	姚苌 慕容垂 乞伏国仁 吕光 沮渠蒙逊 秃发乌孤 慕容德 李暠 赫连勃勃 冯跋	384 384 385 385 401 397 398 400 407 409	羌 鲜卑 鲜卑 氐 匈奴 鲜卑 鲜卑 汉 匈奴 汉	417年亡于东晋 409年亡于北燕 431年亡于夏 403年亡于后秦 439年亡于北魏 414年亡于西秦 410年亡于东晋 421年亡于北凉 431年亡于吐谷浑 436年亡于北魏

第三章　南北朝的对峙

第一节　北魏建国的历程

拓跋氏是鲜卑族部落联盟中的一个构成单位。拓跋氏建立魏国，是经历了长期的发展过程的。

据《魏书·序纪》记载，拓跋氏历史的序幕是从拓跋毛开始的。他为"远近所推，统国三十六，大姓九十九，威振北方，莫不率服"。关于这时期拓跋氏的历史，我们知道的很少，所谓统国三十六，大姓九十九，大约都是一个氏族部落联盟中的氏族部落。

拓跋毛后，五传到了拓跋推寅时候，正值东汉初年，拓跋氏开始从原来的居地向南移动。"南迁大泽，方千余里，厥土昏冥沮洳"。七传到了拓跋邻，以所在地荒遐，又谋南迁，因年老，传位于子拓跋诘汾，帅部南移。"山谷高深，九难八阻，于是欲止。有神兽，其形似马，其声类牛，先行导引，历年乃出，始

拓跋鲜卑桦树皮罐

方形毡帐陶模型

居匈奴之故地。"神兽之说，是拓跋氏早期的神话传说。

拓跋力微和拓跋猗卢。拓跋氏的初步发展

拓跋诘汾死，子拓跋力微立。在《魏书·序纪》里，力微被称为始祖，他在位五十八年，活了一百零四岁。在拓跋氏历史上，力微是有贡献的，因此他被称为始祖。

拓跋力微居匈奴故地之前，拓跋氏的原始居地大约在内蒙古自治区鄂伦春自治旗大兴安岭北部一带。《魏书·礼志一》载："魏先之居幽都也，凿石为祖宗之庙于乌落侯国西北。自后南迁，其地隔远。真君中，乌落侯国遣使朝献，云石室如故，民常祈请，有神验焉。其岁，遣中书侍郎李敞诣石室，告祭天地。"据《礼志》这条记载看，这石室所在之处，就是拓跋氏族最早活动的地区。1980 年 7 月在内蒙古自治区鄂伦春自治旗阿里河镇西北十公里大兴安岭北部东麓，发现了这个石室。石室内还保存着北魏世祖拓跋焘太平真君四年（443）派遣中书侍郎李敞来告祭天地时的石刻祝文。石刻祝文与《魏书·礼志一》所记大体一致，仅个别字句稍有出入[①]。石室的发现，证实了今内蒙古鄂伦春自治旗阿里河镇一带是拓跋氏族的最早居地，正是从这一地区南移居匈奴故地的。

拓跋力微之前，拓跋氏还经历过一次纷乱。《魏书。序纪》记载："先是西部内侵，国民离散，依于没鹿回部。"拓跋氏逐渐发展，力微率领部

草原放牧线描图

---

① 米文平：《大兴安岭北部发现鲜卑石室遗址》，《光明日报》1980年11月25日。

人"北居长川"（内蒙兴和县一带）。"诸旧部民，咸来归附"。他在位的第二十九年（曹魏齐王芳正始九年。公元 248 年），拓跋氏与没鹿回部发生矛盾，力微兼并了没鹿回部。于是"诸部大人悉皆款服，控弦上马二十余万"。十年后（曹魏高贵乡公甘露三年，公元 258 年），迁于定襄之盛乐（今内蒙和林格尔北）。这年四月举行"祭天"大典，"诸部君长，皆来助祭。唯白部大人，观望不至。于是力微征而戮之。远近肃然，莫不震慑"。这说明拓跋力微部落大首长的地位、权力，渐渐突出。

魏晋之际，拓跋力微与汉族朝廷的关系是比较和好的。曹魏末年，他曾派长子沙漠汗去洛阳。沙漠汗在洛阳多年，自然受到汉文化的影响。晋武帝时，卫瓘为征北大将军，都督幽州诸军事、幽州刺史、护乌桓校尉。他一方面挑拨乌桓与拓跋力微间的关系，一方面又挑拨力微与沙漠汗间的关系，致使力微杀了沙漠汗，又使力微与贵族间矛盾，出现"诸部离叛，国内纷扰"的局面。这情况，在《晋书·卫瓘传》里有记载："于时（晋武帝泰始初至太康初）幽并东有乌桓，西有力微，并为边害。瓘离间二房，遂致嫌隙。于是乌桓降，而力微以忧死。"

拓跋力微死后十多年，子录官得立。录官分部落为三部，录官自领一部居东，在上谷北濡源之西（今河北沽原东南），东与宇文部为邻；以沙漠汗之长子猗㐌统一部，居代郡之参合陂北（今山西阳高东北）；以猗㐌之弟猗卢统一部，居定襄之盛乐故城（今内蒙和林格尔北）。后录官和猗㐌先后病

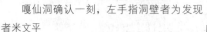

嘎仙洞确认一刻，左手指洞壁者为发现者米文平

东汉鲜卑飞马纹铜牌：文献中引导拓跋鲜卑南迁的神兽

死，猗卢遂总摄三部，拓跋氏强大起来。

这时正是西晋末年中原大乱的时候。西晋并州刺史刘琨请求猗卢援助，以抗击刘渊、石勒。晋怀帝以猗卢为大单于，封代公。并以马邑、阴馆、楼烦、繁畤、崞五县地给猗卢。愍帝以猗卢为代王。

从力微到猗卢，拓跋族的历史发展，大体已到氏族社会的末期。这时期，拓跋族对外战争主要是为了掠夺财富。在这个社会阶段上，掠夺被认为是一种生产形式。

财富的积累，自然促进拓跋部落中交换关系的发展。《水经·河水注》："皇魏桓帝（猗迤十一年（305），西幸榆林，东行代地，洛阳大贾赍金货随皇后行。"《魏书·莫含传》："莫含，雁门繁畤人也，家世货殖，赀累巨万。刘琨为并州，辟含从事。含居近塞下，常往来国中，穆帝（猗卢）爱其才器，善待之……常参军国大谋。"莫含，就是个大商。

对外掠夺，加上交换关系的发展，促进了氏族部落内部贫富差异的扩大，也促进氏族部落内部阶级的分化。

拓跋力微以后，最高首长——王的权力扩大起来，法律开始萌芽。《魏书·刑罚志》载："魏初礼俗纯朴，刑禁疏简。宣帝南迁，复置四部大人，

镇陵胡人俑

盛乐"猗迤金"四兽纹金饰牌

坐王庭，决辞讼，以言语约束。刻契记事，无图圄考讯之法，诸犯罪者皆临时决遣。神元因循，亡所革易。"没有法律，没有牢狱，这正是氏族公社时期的情况。但猗卢时期，情况就不同了。猗卢"乃峻刑法，每以军令从事，民乘宽政，多以违命得罪，死者以万计。国落骚骇"。《魏书·序纪》也说他："明刑峻法，诸部民多以违命得罪。凡后期者，皆举部戮之。"这些材料，显著地表明猗卢作为最高首长的权力的提高，已有超越公社首长的权力向王权发展的趋势。为王服务的刑法已初步形成。

鲜卑拓跋族的历史发展，在猗卢晚年受到一次挫折。

拓跋力微时期，与汉人的接触较多，在拓跋部落联盟里也逐渐掺入了一些晋人。猗卢因为帮助刘琨与刘聪作战，从刘琨得到楼烦、马邑、阴馆、繁时、崞五县，这里的汉人虽然大部迁走，但总留下一部分。加上一些汉人对拓跋氏的投靠依附，猗卢治下的汉人逐渐多起来。《魏书·卫操传》说："始祖（力微）崩后，（操）与从子雄及其宗室乡亲姬澹等十数人同来归国，说桓（猗㐌）、穆（猗卢）两帝招纳晋人，于是晋人附者稍众。"

猗卢以盛乐为北都，在旧大同以南百里，灅水之阳，筑新平城（今山西山阴北），晋人谓之小平城。猗卢使长子六修住小平城，统领南部。南部大约是以晋人为多。这时期，拓跋氏还没有长子继承制，常常是"兄终弟及"和由少子继承。后来，受了汉人长子继承制的影响，猗卢时，在王位继承上发生了一场争夺战。六修是猗卢的长子，六修住新平城，统领南部。猗卢没有立六修为继承人，而是立了少子比延。这就和长子六修发生了矛盾，战争

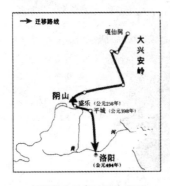

拓跋鲜卑主干迁徙路线图

盛乐故城遗址

在猗卢和六修之间发生了。结果是六修胜利，猗卢为六修所杀。但以南部为基础的六修并没有能够取得北部拓跋部落联盟本族的支持，六修为北部所杀。拓跋族"国内大乱，新旧猜嫌，迭相诛戮"（《魏书·卫操传》附《卫雄·姬澹传》）。南部汉人和非拓跋氏的鲜卑其他族人，在卫雄、姬澹的率领下南投刘琨。

拓跋什翼犍与代国的兴亡

从猗卢七传到什翼犍（338—376）。什翼犍曾为质于石赵，住在邺城，受到汉文化的影响。在什翼犍时期，拓跋族在汉文化的影响下，有了更大的发展。

什翼犍即代王位，称建国元年（338），这是拓跋氏有年号之始。什翼犍建立了百官，分掌众职。《魏书·官氏志》称："昭成（什翼犍）之即王位，已命燕凤为右长史，许谦为郎中令矣。余官杂号，多同于晋朝。建国二年，初置左右近侍之职，无常员，或至百数，侍直禁中，传宣诏命，皆取诸部大人及豪族良家子弟仪貌端严机辩才干者应选。又置内侍长四人，主顾问、拾遗、应对，若今之侍中、散骑常侍也。"不管这些近卫官的名称是否真的已经"多同于晋朝"，但依此记载看，在什翼犍左右已汇集了一批为他服务而又不是氏族部落族长之类的公职人员。这是一批新产生的区别于氏族首长的为"王"服务的新贵。代，至此正式具有国家的规模。

什翼犍时，也正式产生了法律。《魏书·刑罚志》称："昭成建国二年，当死者听其家献金马以赎，犯大逆者亲族男女无少长皆斩；男女不以礼交皆

鲜卑俑

北魏武士俑

死，民相杀者听与死家马牛四十九头及送葬器物以平之。无系讯连逮之坐。坐盗官物，一备五，私则备十。法令明白，百姓晏然。"从这里所记述的刑法的内容来看，其一部分是对氏族传统习惯的肯定，一部分是新法对旧的氏族传统习惯的代替，最重要的是已明确规定对私有财物的保护。

　　什翼犍时的拓跋族社会虽有较大发展，但仍是以氏族部落为单位。外来的人，虽然不是血缘关系，但仍然按氏族部落的方式组织起来。《魏书·官氏志》称："其诸方杂人来附者，总谓之乌丸，各以多少称酋庶长，分为南北部，复置二部大人以统摄之。"正当代国有长足的发展时，前秦迅速强大起来。公元376年，在什翼犍晚年，苻坚灭了拓跋氏的代国。什翼犍的结局，史籍有不同的记载。《晋书·苻坚载记上》称什翼犍被俘至长安，苻坚曾让他到太学学礼；《魏书·序纪》则记载他战败死在云中。看来，《魏书》可能是为尊者讳；《苻坚载记》的记载可能更接近于真实。

道武帝形象。云冈昙曜五窟的主佛是参照北魏早期诸帝形象塑造的，学界只是在具体如何对应尚有争议，今从主流意见

拓跋珪与北魏的壮大

　　淝水之战后，前秦瓦解，以前为苻坚征服的各族纷纷独立，建立自己的王国。什翼犍的孙子拓跋珪也乘机恢复了拓跋族的独立。386年，拓跋珪纠合旧部，在牛川（今内蒙锡拉木林河）召开部落大会，即代王位。

　　鲜卑族所居的地区，原是匈奴故地。匈奴族大部分西迁和南移，但不是所有的匈奴人都西迁和南移了，还有一部分留在原地，鲜卑族来了以后，就与这一部分没有迁移的匈奴人融合起来，建立起部落联盟关系，把匈奴部落编入鲜卑部落联盟内，并以婚姻为纽带加强两族的关系。在氏族部落时代，通过征服是仍然可以建立部落联盟关系的。自然在这个联盟中，征服族和被征服族的地位不一定是完全平等的。

　　苻坚进攻什翼犍时，铁弗部首长刘卫辰曾与苻坚合作，向什翼犍进攻。什翼犍失败后，刘卫辰和另一铁弗族首长刘库仁两部强大起来。苻坚使他们以河为界，分别占有拓跋氏的故地，刘卫辰部居西，刘库仁部居东。

　　刘卫辰、刘库仁都出自南匈奴。因汉与匈奴和亲，以宗女嫁匈奴单于，故匈奴人多冒姓刘。这两部匈奴又都与拓跋鲜卑联姻。刘库仁母是拓跋郁律（平文帝）之女。什翼犍以宗女嫁给刘库仁，把女儿嫁给刘卫辰。《魏书·铁弗刘虎传》称："北人谓胡父鲜卑母为铁弗，因以为号。"《晋书·秃发乌孤载记》也称："秃发乌孤，河西鲜卑人也。其先与后魏同源。八世祖匹孤……卒，子寿阗立。初寿阗之在孕，母胡掖氏因寝而产于被中，鲜卑谓被为秃发，因而氏焉。"秃发是拓跋的异译。王仲荦《魏晋南北朝史》称产于被中之说不可信，但这说明鲜卑父胡母的混血种得称为拓跋。这些材料反映鲜卑拓跋部落联盟中，匈奴族和鲜卑族的婚姻关系。

　　拓跋珪要复兴拓跋氏，首先就要与匈奴族的刘库仁、刘卫辰两个部落争夺部落联盟的领导权。刘库仁接受了拓跋珪的领导，刘卫辰则和拓跋珪展开了斗争。最后卫辰失败被杀，他的儿子勃勃率残部南逃依附后秦姚兴。

　　拓跋珪恢复了鲜卑拓跋氏的部落联盟领导地位后，开始向南北发展。这时期，在拓跋氏北面的是文化上更为落后的高车族和柔然族，在南面的是鲜

北魏牵马陶俑　　　　　　　　　　　　　北朝持盾武士陶俑

卑慕容垂所建立的后燕。

拓跋珪击败了高车族。高车是游牧部落，是善战的骑兵。对高车族的征服，增强了拓跋氏的战斗能力。但拓跋氏与柔然的战争却一直不断。

拓跋氏和后燕的关系原来是好的。拓跋珪复国活动的早期，多得慕容垂的支持和援助。公元386年，刘库仁的儿子刘显派兵护送什翼犍的少子窟咄和拓跋珪争国。拓跋氏原有立少子的习俗，窟咄之来，对拓跋珪构成很大威胁。诸部落都有动摇，引起骚动。拓跋珪的左右也阴谋执珪以应窟咄。拓跋珪惧，北踰阴山，依于贺兰部，派人向慕容垂求救。慕容垂派慕容麟领兵救珪，大败窟咄。公元391年，拓跋珪大破刘卫辰，卫辰死，子屈丐亡奔薛干部，自河以南，诸部皆平，虏获畜产名马三十余万匹，牛羊四百余万头。

拓跋珪强大起来了，与后燕的关系也开始由好转坏。拓跋珪对慕容垂渐渐不那么恭顺。公元394年，慕容垂出兵灭西燕。西燕未败前，曾求救于拓跋珪，珪派兵救西燕。拓跋珪与后燕的矛盾，逐步扩大。

公元395年，拓跋珪与后燕公开决裂。这年五月，慕容垂令太子宝等领兵伐魏。拓跋珪把部众和牲畜都迁到河西躲避。燕军到了五原，只得到拓跋主力以外的一些部落三万余家，收穄田百余万斛，却见不到拓跋珪的主力来决战。十月，塞外严寒，出师五月之久的慕容宝军只得撤兵。十一月间，拓跋珪率领精骑二万余，在参合陂（今内蒙和林格尔东南杀虎口附近），追上燕军，大败燕军。

公元396年，拓跋珪大军伐燕，步骑四十多万，旌旗二千余里鼓行而进。先攻取了并州然后自井陉趋中山，一战攻下常山，常山以东守宰或逃或降，诸郡县皆附于珪，所不降者唯中山、邺、信都三城。拓跋珪围攻信都。公元397年正月，信都降。经过多

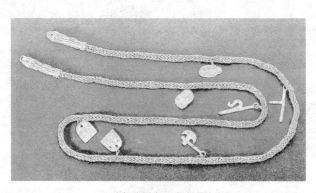

北魏包头鲜卑双金龙项饰

次大战，两军都死伤惨重。最后北魏攻克中山和邺。至是，后燕的名城重镇都落入北魏之手。

公元 398 年，拓跋珪定都平城，始营宫室，建宗庙，立社稷。晋隆安二年十二月（399 年），拓跋珪称帝。

在拓跋珪时期，拓跋氏完成了由氏族部落制向国家和阶级社会的转化。

拓跋氏在什翼犍时期，已经开始有俘虏生口的记载。据《魏书·序记》称：公元 363 年，什翼犍"讨高车，大破之。获生口、马牛羊百余万头。"公元 367 年，征卫辰，"收其部落而还"，"俘获生口及马牛羊数十万头"。生口，就是奴隶。他们是人，但是和马牛羊放在一起，按头数计算了。对外征服的胜利，更刺激起奴隶制的发展、在拓跋珪复国以后，文献记载中关于拓跋族掠夺奴隶的事例，就显著地增加起来。

俘虏的奴隶，国主保有大部分，一部分赐给从征将帅和留守的人员。无论从征还是留守的部落大人和扈从们，通过掳掠和赐与都占有奴隶而成为奴隶主。拓跋族贵族奴隶主，各设有"典师"来管理他们的奴隶。《魏书·官氏志》："诏始赐王公侯子国臣吏，大郡王二百人，次郡王、上郡公百人，次郡公五十人，侯二十五人，子十二人。皆立典师，职比家丞，总统群隶。"

随着对外征服的胜利，疆域的扩大和人口增加，拓跋氏旧的氏族部落联盟组织已不能适应新形势，国王的权力渐而扩大和强化，原来的氏族制的机

北魏虎符

北魏骑兵俑

关逐渐转化为国家权力机关。原为氏族部落联盟军事领袖的拓跋珪和一班氏族贵族也转化成为奴隶主国家的国王和贵族阶级了。

公元 399 年，拓跋珪伐高车，大破高车三十余部，俘获七万余口，马三十余万匹，牛羊百四十余万头。卫王仪别将三万骑绝漠千余里，破高车七部，俘获二万余口，马五万余匹，牛羊二万余头。这是一次对高车的大的战争。

公元 402 年，魏与后秦的关系开始恶化。后秦姚平等将步骑四万攻取魏乾壁（今山西襄陵东南）。拓跋珪发骑六万反击。姚平退守柴壁。姚兴亲率大军来援，但屯驻汾水西岸，不敢渡水而东。姚平粮尽援绝，渡汾水不得，将校四十余人及兵士二万余人皆束手就擒。姚兴隔水坐视不敢救。因为听说柔然有侵魏的打算，拓跋珪引兵还。

北魏道教造像碑

公元 409 年冬十月，拓跋珪死，拓跋绍立。绍是珪的庶子。在这以前，太子拓跋嗣因得罪拓跋珪，逃匿在外。这时，拓跋嗣自外还，得群臣的支持，杀绍，即帝位。拓跋嗣在位十四年（409—423），死，子拓跋焘即位。从拓跋珪到拓跋焘，祖孙三代，是北魏国力发展最快的时期，也是拓跋族由原始社会末期进入阶级社会，建立国家，先有奴隶制的发展但却急速转入封建社会的时期。

拓跋氏是游牧民族，入塞以前主要从事畜牧业生产。从拓跋力微开始，逐步向南扩张，到猗卢时已占有内蒙南部和山西北部一大片汉人居住的地区，境内包括一些农业人口，拓跋氏区域内开始有了农业生产。什翼犍时曾讨论定居问题，这反映农业生产对拓跋氏生活的影响。虽然由于反对者力量大，未能商定，但这说明农业生产在拓跋族经济生活中已占有一定地位了。

拓跋珪以后，农业生产在拓跋地区的经济生活中的比重逐渐提高。公元394年，拓跋珪"使东平公元仪屯田于河北，五原至于稒阳塞（今内蒙古自治区河套北）外"（《魏书·太祖纪》）。公元394年，后燕慕容垂遣子宝攻拓跋珪。"燕军至五原，降魏别部三万余家，收穄田百余万斛。"（《资治通鉴》卷108）这反映拓跋珪时，河套地区已是一大片农业区。

拓跋珪击破后燕的战争中，曾迁徙今河北一带的人民到北魏京师附近去从事农业，当时是按人口"计口授田"的。拓跋嗣时期也有过一次"计口授田"。《魏书·太宗纪》载："永兴五年（公元413年）七月，奚斤等破越勒倍尼部落于跋那山西，获马五万匹，牛二十万头，徙二万余家于大宁，计口授田。"屯田，可能是集体农庄形式的，计口授田则是个体农户了。这些被迁徙的人口，可能已和奴隶有别，他们被称作"新民"，而且还保留着他们的家庭组织，加以他们是计口授田的，他们的身分可能已接近农奴。

推动拓跋氏族奴隶制快速向封建社会转化的更主要的原因，是其对外征服中所遇到的是已进入封建社会的汉族。拓跋氏无法打散汉人的封建社会组织，而以奴隶劳动的方式把汉人组织到自己的社会体内。《魏书·食货志》有一段记载：拓跋焘在开拓领土中，"以五方之民，各有其性，故修其教不改其俗，齐其政不易其宜，纳其方贡以充仓廪，收其货物以实库藏"。所谓各族"各有其性"，因而"不改其俗"，"不易其宜"，就是不改变被

北方农耕图

征服者的社会组织。

公元 420 年，中国历史进入了南北朝时期，北魏作为南北对抗两大力量中的强者出现，与南朝宋相抗争。

第二节　北魏和宋的兴盛时期

拓跋嗣的南征和宋初的政局

刘裕和他的儿子义隆时期，是刘宋的兴盛时期，也可以说是南朝的兴盛时期。刘裕灭了蜀、南燕和后秦，大有统一全国的势头。但刘裕时期，内部多事。孙恩起事的余留势力卢循、徐道覆还在坚持斗争，反对刘裕的政治势力如刘毅和门阀大族势力还很强大。这些势力，阻止了刘裕雄心壮志的进一步实现。宋文帝时期，这些势力都消灭了。他继承了他父亲的勃勃雄心，想

北魏明元帝形象

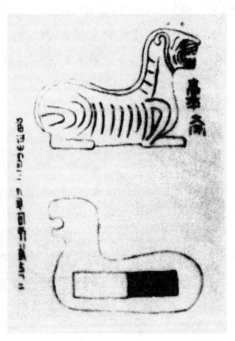

刘宋虎符

对北伐取得更大的成就。

这时期的北魏，正是拓跋珪、拓跋嗣和拓跋焘祖孙三代相继在位时期。拓跋嗣，即明元帝。拓跋焘即太武帝。这一段时期，也正是北魏的兴盛时期；其向外发展的强大势头难以扼止。正是在这样的情势下，南北两种势力在疆场相遇了。

在这期间，北魏和宋一方面在战争中决胜负，一方面也在后方进行自我调整，宋大力消灭权臣，拓跋氏则努力进行统一北方的工作。

宋武帝永初三年（422）五月，刘裕死、子义符即帝位。刘裕遗言，以司空徐羡之、中书令傅亮、领军将军谢晦、镇北将军檀道济共同辅政，并对义符说："檀道济虽有干略而无远志，非如兄韶有难御之气也。徐羡之、傅亮，当无异图。谢晦数从征伐，颇识机变，若有同异，必此人也。"（《资治通鉴》卷一一九）

义符作太子时，接近的多是些小人。谢晦就曾对刘裕说"陛下春秋既高，宜思存万世。神器至重，不可使负荷非才。"刘裕问："庐陵如何？"谢晦回答说："臣请观焉。"他去看庐陵王义真，回来对刘裕说："德轻于才，非人主也。"刘裕于是把庐陵王义真派出去，为都督南豫、豫、雍、司、秦、并六州诸军事、车骑将军、开府仪同三司、南豫州刺史。

北魏拓跋嗣听到刘裕死了，乘机出兵。当时关中已被夏赫连勃勃所占，宋北方的边境线，自西往东，有洛阳、虎牢（今河南荥阳西）、滑台三重镇。公元422年十月，魏派大将奚斤等帅步骑二万过河驻滑台东，拓跋嗣自

北魏八公图局部

六朝四叶铜佛镜

领五万人为奚斤后援。十一月，奚斤攻破滑台，乘胜进迫虎牢。次年正月，魏军攻取洛阳。魏军分兵略取兖州、青州各城邑，大镇只虎牢坚守不动。在魏军多次进攻下，虎牢坚守二百多天后，最后也被攻破。

经过一年多的战争，宋失掉司、豫、兖州等地，洛阳、虎牢、滑台皆为魏占。宋只保有兖州湖陆（今山东鱼台东南）以南和豫州项城（今河南项城东南）以南的地方。拓跋嗣还曾派叔孙建入临淄，所向城邑皆溃，宋青州刺史聚民保东阳城（今山东费县西南）。

公元 423 年十一月，拓跋嗣死，拓跋焘即位。公元 424 年，焘改元始光。边疆战争暂时停下来，宋朝廷的内乱就开始了。

宋义符虽然作了皇帝，大权实在徐羡之、傅亮、谢晦等人手里。他们想废掉义符，先把庐陵王义真废为庶人，徙居新安。义真是刘裕的次子，如果不废掉他，废了义符就该他作皇帝。谢晦曾在刘裕面前说过义真的坏话，害怕他作了皇帝，对自己不利，所以先废掉他。

公元 424 年五月。徐羡之等用皇太后的名义废义符为营阳王，迁居吴。不久，就把他和义真都杀害了。

徐羡之、傅亮等决定迎立刘裕的第三子宜都王义隆。时义隆为荆州刺史，驻江陵。傅亮率行台百官到江陵去迎接。徐羡之等以荆州是长江上游重地，怕义隆作了皇帝任用别人，遂以录尚书事的命令任领军将军谢晦为行都督荆、湘等七州诸军事、荆州刺史，企图一旦有变，可以谢晦为外援。

宋文帝像

义隆听得义符、义真被杀，去不去建康作皇帝很是犹豫。他的司马王华、长史王昙首、南蛮校尉到彦之都劝他去。王华说："先帝有大功于天下，四海所服，虽嗣主不纲，人望未改。徐羡之中才寒士，傅亮布衣诸生，非有晋宣帝、王大将军之心明矣。……畏庐陵严断，将来必不自容。以殿下宽叡慈仁，远近所知，且越次奉迎，冀以见德。悠悠之论，殆必不然。又，羡之等五人，同功并位，孰肯相让。就怀不轨，势必不行。废主若存，虑其将来受祸，致此杀害，盖由贪生过深，宁敢一朝顿怀逆志，不过欲握权自固，以少主仰待耳。殿下但当长驱六辔，以副天人之心。"（《资治通鉴》卷一二〇）

公元424年八月，义隆到建康，即皇帝位，为宋文帝，改元元嘉，宋文帝先对徐羡之、傅亮、谢晦等五人加官进爵，稳住他们。进而就以亲信王昙首、王华为侍中，昙首领右卫将军，华领骁骑将军。然后又任命到彦之为中领军，委以军政，把京城军权都抓在自己亲信手里。

元嘉三年（426）春，文帝下诏，暴徐羡之、傅亮、谢晦杀害营阳王、庐陵王之罪。徐羡之逃出城郭、步走在新林（去建康二十里）避入陶灶中自经死。傅亮逃出城外，被追兵收捕。对王弘、檀道济，文帝认为不是主犯，不予追究。主犯之一谢晦眼看祸将临头，便以"清君侧"为名，举兵反叛，兵败被处死。至此，宋文帝把军政大权收归已有。在消除内患、局势稳定的情况下，公元430年，宋文帝决意北伐。

太武帝形象

崔浩像

拓跋焘统一北方的活动

魏帝拓跋焘继位后，连年兴兵，屡获胜利。当时，北魏的北面，还有柔然这个劲敌。拓跋焘初即位时，公元424年，柔然派六万骑入云中，杀掠吏民，占领了魏建于云中的盛乐宫。拓跋焘亲自率领轻骑，飞驰三天二夜至云中。柔然兵把拓跋焘层层包围了五十余重，拓跋焘镇定自若，指挥作战。魏人射杀柔然可汗的弟弟，柔然惧，遁去。这年年底，拓跋焘又令安集将军长孙翰、安北将军尉眷北击柔然。拓跋焘自己则率军屯驻在柞山。柔然北逃，魏军各路猛追，再次挫败了柔然。公元425年，拓跋焘发五路大军，分别从左、右、东、西、中五个方向汇集到漠南，然后弃去辎重，轻骑越过沙漠进击。柔然毫无准备，惊慌失措，向北边逃去。公元429年，拓跋焘再次领兵出击柔然。柔然西逃，部落四散，窜伏山谷。魏分兵搜讨，东西五千里，南北三千里。柔然族类前后降魏者三十余万落。魏获戎马百余万匹，畜产、车庐，弥漫山泽，有数百万。又击高车，高车诸部降者数十万落。徙柔然、高车降附之民于漠南，东至三军源，西至五原阴山，三千里中，使之耕牧而收其贡赋。魏民间马牛羊及毡皮为之减价。

彩绘陶鞍马

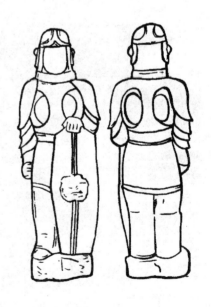

明光铠俑线描图

在西边，拓跋焘又对夏国发动了攻势。夏主赫连勃勃统治十分残酷，人民怨声载道。公元425年，勃勃去世，诸子纷纷争夺王位，政局动荡。拓跋焘想趁此机会击夏，但群臣意见不一。长孙嵩等认为，"乘虚入寇，此危道也。"崔浩却认为"天人相应，不可失也"，主张出战。拓跋焘倾向主战，公元426年，开始击夏。

魏兵分两路攻夏，一路由拓跋焘直接率领攻夏的都城统万（今陕西横山西），一路由奚斤率领攻关中。统万城是赫连勃勃时建筑的。城高十仞，基厚三十步，上广十步。城极坚固。拓跋焘攻城不下，退回。奚斤一路却长驱直入，克蒲阪，取长安，夏兵退，奔安定（今甘肃镇原南）。公元427年，拓跋焘再攻统万。夏兵大败。赫连昌弃统万奔上邽（今甘肃天水西南）。魏拓跋焘取得统万。魏军追昌至上邽，一战擒之。赫连昌的弟弟赫连定在平凉自立为帝，赫连定一度反攻，取得长安。赫连定与魏连战数年。公元431年，赫连定在行军途中受到吐谷浑邀击被擒。夏亡。这样，北魏统一了北方大部分地区，剩下的只有东北的北燕和西北方的北凉了。

公元430年，拓跋焘开始向北燕进攻。公元436年，拓跋焘灭北燕。

公元439年，拓跋焘亲率大军征北凉，包围姑藏，这时统治北凉的是沮渠蒙逊的儿子沮渠牧犍。牧犍出降，北凉亡。至此，北魏统一了全部北中国，结束了十六国分裂割据的局面。

宋文帝的北伐

在拓跋焘已灭夏，正准备灭北燕、北凉时，宋文帝决意北伐，企图收复洛阳、虎牢、滑台等河南土地。

公元430年，宋文帝令右将军到彦之率五万大军，统领安北将军王仲德、兖州刺史竺

檀道济唱筹量沙

灵秀北攻。又派骁骑将军段宏率领精兵八千，直指虎牢，豫州刺史刘德武率兵一万跟在他后面，后将军长沙王义欣则将兵三万作为机动部队。并先派殿中将军田奇使于魏。田奇对拓跋焘说，河南原来是宋的领土，被你们侵占了。今我们要收复河南、河北之地。拓跋焘大怒，说：我生下来，头发还没干时，就听说河南是我们的土地了。你休想得到它！你要发兵来抢，我可暂时回避一下。等冬天天寒地冻时，河水冰合时，再把它夺回来。对宋的这次北伐，拓跋焘采取的是以退为进的作战方针。这个方针是他的得力谋臣汉人崔浩提出来的。崔浩认为对宋宜"待其劳倦，秋凉马肥，因敌取食，徐往击之，此万全之计也"（《魏书·崔浩传》）。

宋到彦之率部从淮水到泗水，由于水流不畅，一日才行军十里。从四月到七月，走了三个多月，才到达须昌（今山东东平境内），然后溯河西上。

拓跋焘以河南四镇（金墉、虎牢、滑台、碻磝）兵少，命诸军悉收众北渡。于是，碻磝、滑台、洛阳、虎牢的戍兵都撤离了，留下了一座座空城。

宋军乘虚而入，到彦之令部将分守诸城，宋军进驻灵昌津（今河南延津县北），前锋直抵潼关。于是，司、兖两州尽为宋军所据。宋军大喜，以为北伐胜利可望。独安北将军王仲德对大家说："诸贤不谙北土情伪，必坠其计。胡虏虽仁义不足，而凶狡有余。今敛戍北归，必并力完聚。若河冰既合，将复南来，岂可不以为忧乎！"（《资治通鉴》卷一二一）王仲德的话没有引起宋军重视，

南北朝邓县画像砖武士形象

果然，八月间，北魏就转退为进，发起反攻。拓跋焘派冠军将军安颉率领诸军，进攻宋军主力到彦之部。到彦之令裨将吴兴姚耸夫渡河攻冶坂。两方交阵，姚耸夫大败，死伤甚重。接着，拓跋焘又遣征西大将军长孙道生与丹阳王太毗屯兵大河北岸，防御到彦之北渡。到彦之、王仲德沿河置守，还保东平。

魏军从委粟津渡河攻金墉。不久，洛阳、虎牢皆转手，宋诸军相继战败。

到彦之想焚舟步行，引军南还。王仲德劝阻说："洛阳即陷，虎牢不守，自然之势也。今虏去我犹千里，滑台尚有强兵，若遽舍舟南走，士卒必散。当引舟入济，至马耳谷口，更详所宜。"（《资治通鉴》卷一二一）这时，军中疾疫流行，无力再战。到彦之引军到历城，焚舟弃甲，步趋彭城。竺灵秀部也丢了须昌，南奔湖陆，又被魏将叔孙建打得大败，死伤五千余人。宋北伐大军全线溃败。

元嘉二十八年铜佛像

到彦之这次北伐，甲兵资实甚盛。及败还，委弃殆尽，"府藏、武库为之空虚"，宋在人力、财力上都遭受了重大损失。北魏北伐柔然，西伐夏，南御宋，虽取得了胜利，但连年作战，国内百姓负担十分沉重，加上水灾，魏国力也有些不支。所以当魏臣上疏请大举伐宋时，拓跋焘没有接受。此后，宋与北魏之间暂时没有大的战事。这种相安对峙的局面，维持了二十多年。

宋元嘉之治

北魏太武帝拓跋焘和宋文帝，都是南北朝时期引人注目的君主。司马光评论拓跋焘时说："魏主为人，壮健鸷勇，临城对阵，亲犯矢石，左右死伤相继，神色自若。由是，将士畏服，咸尽死力。性俭率，服御饮膳，取给而已，群臣请增峻京城及修宫室曰：'易云，王公设险，以守其国。'又萧何

"桃花源"画作

云:'天子以四海为家,不壮不丽,无以重威。'帝曰:'古人有言,在德不在险。屈丐蒸土筑城,而朕灭之,岂在城也!今天下未平,方须民力土功之事,朕所未为。萧何之对,非雅言也。'每以为财者军国之本,不可轻费。至于赏赐,皆死事勋绩之家,亲戚贵宠,未尝横有所及。命将出师,指授节度,违之者,多致负败,明于知人。或拔士于卒伍之中,唯其才用所长,不论本末,所察精敏,下无遁情,赏不违贱,罚不避贵,虽所甚爱之人,终无宽假。常曰:'法者,朕与天下共之,何敢轻也!'然性残忍,果于杀戮,往往已杀而复悔之。"(《资治通鉴》卷一二〇)司马光评论宋文帝时说:"上聪明仁厚,勤于听断,江左之治称元嘉焉。"又称:"文帝勤于为治,子惠庶民,足为承平之良主。而不量其力,横挑强胡,使师徒歼于河南,戎马饮于江津。"(《稽古录》卷十四)。这些评论,可以说,都符合基本情况。《资治通鉴》(卷一二一)中载有宋文帝给他弟弟都督荆、湘等八州诸军事、荆州刺史义恭的书信说:"天下艰难,家国事重,虽曰守成,实亦未易。隆替安危,在吾曹耳。岂可不感寻王业,大惧负荷!汝性褊急,志之所滞,其欲必行,意所不存,从物回改。此最弊事,宜念裁抑。卫青遇士大夫以礼,与小人有恩;西门、安于,矫性齐美;关羽、张飞,任偏同弊。行己举事,深宜鉴此!……汝一月自用钱不可过三十万,若能省此,益美。西楚(荆州)府舍,略所谙究。计当不须改作,日求新异。凡讯狱,多决当时,难可逆虑,此实为难。至讯日,虚怀博尽,慎无以喜怒加人,能择善者而从之,美自归己,不可专意自决,以矜独断之明也!名器,深宜慎惜,不可妄以假人,昵近爵赐,尤应裁量。吾于左右虽为少恩,如闻外论不以为非也。以贵凌物,物不服;以威加人,人不厌。……声乐嬉游,不宜令过;蒲酒渔猎,一切勿为。供用奉身,皆有节度;奇服异器,不宜

刘宋第二次北伐及北魏反击路线图

兴长。又宜数引见佐史，相见不数，则彼我不亲。不亲，无因得尽人情，复何由知众事也。"《资治通鉴》记载这一书信，实际是在叙述宋文帝的政治思想。宋文帝的元嘉之治，在南朝历史上确是难得的。

宋文帝为政，抓了几件大事。他屡次下诏减免租税（《宋书·文帝纪》）。尽管这一减免的范围和程度是有限的，虽然主要是对人民积欠的减轻，但人民却多少可以减轻一些负担。二是鼓励农桑。东晋末年以来，南方经济在政局动乱中受到损害。宋文帝时，"农桑惰业，游食者众，荒莱不开"的状况，依然存在。宋文帝下诏，号召他的臣民"咸使肆力，地无遗利，耕蚕树艺，各尽其力"。并把劝农成绩的好坏与仕途升迁联系起来，"若有力田殊众，岁竟，条名列上"（《宋书·文帝纪》）。宋文帝鼓励农桑的效果是较为显著的，一些废弃田地被辟为良田，农民的积极性也有所提高。

经过刘裕父子的努力，晋末以来"治纲大弛，权门并兼，强弱相凌；百姓流离，不得保其产业"（《宋书·武帝纪》）的状况有所改善。史称其时："三十年间，氓庶蕃息，奉上供徭，止于岁赋。晨出暮归，自事而已。……民有所系，吏无苟得。家给人足，即事虽难，转死沟渠，于时可免。凡百户之多，有市之邑，歌谣舞蹈，触处成群。盖宋世之极盛也。"（《宋书·良吏传序》）这一派歌舞升平，人民安居乐业的太平景象，难免带有封建史家过于渲染的色彩。但不管怎么说，元嘉时期确是南朝最安稳的时期。

宋元嘉之治的小康局面继续维持了二十年之久。在这期间，基本上没有对外用兵，处于守势。但宋文帝仍"欲经略中原"。宋朝廷群臣能认清形势者不多，反而纷纷"争献策以迎合取宠"。彭城太守王玄谟最是跃跃欲试，想建武功。宋文帝高兴地对侍臣说："观玄谟所陈，令人有封狼居胥意。"意思是希望群臣也能仿汉代的名将

麦积山北魏武士图

霍去病，大败匈奴，封狼居胥，做出一番轰轰烈烈的事业。

拓跋焘的南征。瓜步之役

宋还未出击，拓跋焘就抢先一步，于公元450年二月亲自率领十万步骑南征。宋南顿太守郑琨、颍川太守郑道隐弃城逃走。北魏军把宋悬瓠城（今河南汝南）层层包围。城中宋军不满千人，北魏军昼夜攻城，搭起云梯临城而射，矢如雨下。宋守军以一当百，杀伤敌人以万计，城中死者亦过半。双方相持四十二天之久，北魏军始终无法攻入，只好解围而去。

北魏另一路大军由永昌王拓跋仁率领，北屯汝阳。宋文帝令镇守彭城的徐州刺史武陵王刘骏备三日粮，袭击北魏军。刘骏征发境内马，得一千五百多匹，分为五军，直趋汝阳。北魏军只预计到宋的救兵从寿阳来，对彭城方向的守军掉以轻心。宋军突然逼向汝阳，杀北魏军三千余人，烧其辎重。魏军大败，慌忙东走。然魏军探听到宋军后无援军，便引军突然反扑。宋军战败，士卒得生还者仅九百余人，战马只剩下四百多匹。

四月间，北魏拓跋焘率军北还。回到平城后，拓跋焘给宋文帝书声称："彼若欲存刘氏血食者，当割江北输之；摄守南渡，当释江南使彼居之。不然，可善敕方镇、刺史、守宰严供帐之具，来秋当往取扬州。大势已至，终不相纵。彼往日北通蠕蠕，西连赫连、沮渠、吐谷浑，东连冯弘、高丽；凡此数国，我皆灭之。以此而观，彼岂能独立！"（《资治通鉴》卷一二五，下同）魏军虽退，但一场更大的南攻已在酝酿之中。宋文帝对此估计不足，不思如何防御，反而想马上兴师北伐，建立奇功。左军将军刘康祖认为"岁月已晚，请待明年"。宋文帝立

骑马吹号俑

即反驳道："北方苦虏虐政，义徒并起。顿兵一周，沮向义之心，不可。"太子步兵校尉沈庆之也进谏："我步彼骑，其势不敌，檀道济曾二次出师北伐，皆无功而还，到彦之失利而返。今料王玄谟等，未逾两将，六军之盛不过往时，恐重辱王师"。沈庆之所言确是明智之见，当时形势对宋极为不利，宋的当务之急不是出击，而是防守。但宋文帝对敌我力量估计错误，固执己见，对沈庆之的忠言逆耳，反而说："王师再屈，别自有由，道济养寇自资，彦之中途疾动。虏所恃者唯马；今夏水浩汗，河道流通，泛舟北下，碻磝必走，滑台小戍，易可覆拔。克此二城，馆谷吊民，虎牢、洛阳，自然不固，比及冬初，城守相接，虏马过河，即成擒也。"宋文帝盲目自信，低估了对方的力量，而过高估计自己的力量。

七月，宋文帝下诏北伐。由于财力不足，国内上起王公、妃子，下到民间百姓，都要献金帛、杂物以助国用。又因为兵力不足，在青、冀、徐、豫，二兖六州全境征兵。符到之日，十日内就须整装上路，民间丁壮皆被征发，田间劳作就多剩下妇女老人了。

宋军精锐倾国出动，东西并举，一时声势浩大。宋军攻占碻磝，使沈庆之守碻磝，王玄谟进围滑台，柳元景等将兵出弘农，大军进迫虎牢。拓跋焘率兵救滑台。双方展开了激战。

王玄谟所率部"士众甚盛，器械精严"，但他"贪愎好杀"，在实战中也缺乏指挥才能，打得很被动。他派钟离太守垣护之以百舸为前锋，占据了石济（位于滑台西南一百二十里处），这本来可以乘胜进攻，但王玄谟却命令垣部按兵不动。垣护之闻魏兵将至，派人急驰劝王玄谟马上进攻滑台。王玄谟不加理睬。不久，拓跋焘率大军渡河，众号百万，鞞鼓之声，震天动地。王玄谟惧而退走。魏兵追击，宋

南朝鼓吹仪仗画像砖

兵死者万余人，散亡殆尽，委弃军资器械堆积如山。王玄谟撤退之速，竟来不及把消息告垣护之。魏军以缴获王玄谟的战舰，用铁锁连成三层，横在河上，想断绝垣护之的退路。垣军顺流而下，每到铁锁处，就令兵士用长柯斧砍断，终于得以突围。

宋军的其余各部作战，也连连失利。只有柳元景部打得很顽强，连克卢氏、弘农、陕县，占领了潼关，直逼关中。但孤军深入作战，最后不得不撤退。

魏军开始由防御转向进攻。拓跋焘命令诸将分道并进，永昌王仁自洛阳趋寿阳，尚书长孙真趋马头，楚王建趋钟离，高凉王那自青州趋下邳，拓跋焘自己则从东平趋邹山。

宋军弃甲南逃，魏军穷追不舍。魏中书郎鲁秀出广陵，高凉王那出山阳，永昌王仁出横江，所过之处无不残破。宋沿途城邑守军望风披靡，魏军很快就直达淮上。宋京城建康处在危急之中。

宋文帝派辅国将军臧质将万人急救彭城，但行到盱眙时，魏军已过淮。臧质令冗从仆射胡崇之、积弩将军臧澄之建营东山，建威将军毛熙祚据前浦，臧质自己扎营城南。围绕盱眙，形成鼎足之势。在魏军猛攻之下，胡崇之、臧澄之、毛熙祚三营皆败北。臧质按兵不敢动。夜里，质军亦溃。质率七百人去盱眙城。拓跋焘攻盱眙不下，留偏师围攻，自己率大军南下。

魏军长驱直入，几乎没受到什么阻挡。元嘉二十七年（450）十二月，魏军直抵达瓜步（今江苏六合）。魏宋之间进行了著名的瓜步之战。瓜步古时滨临长江，与建康隔江相对。魏军伐苇为筏，坏民庐舍，日夜备战，声言欲渡江直捣建康。建康形势万分危急，内外戒严。百姓纷纷组织护城，王公以下子弟皆被征发。宋领

南北朝邓县画像砖武士形象上衣左衽

军将军刘遵考等将兵分守津口要塞，游逻上接于湖，下至蔡洲，陈舰列营，周亘江滨，自采石（今安徽当涂）至暨阳（今江苏江阴）六七百里。太子劭出镇石头，总统水军。

事与愿违，力主北伐的宋文帝懊悔不及，对臣下自责："北伐之计，同议者少。今日士民劳怨，不得无惭，贻大夫之忧，予之过也。"又曰："檀道济若在，岂使胡马至此！"而能征擅战的大将檀道济几年前却因猜疑而被他杀掉了。檀道济死前曾愤怒地说："乃坏汝万里长城！"（《资治通鉴》卷一二五）

魏军在宋军严密防备之下，一时无法进攻。魏后方也不稳固，加上远路作战，兵师疲敝，第二年（451）春便解围而去。魏军在后撤中，又几乎没有遇到宋军追堵，魏军过彭城时，江夏王义恭畏惧万分，不敢出击。当时魏军俘虏了宋万余人口，军民混杂，驻扎在离彭城不过十里之遥的安王陂，只要宋军出兵袭击，就有可能救下这批被俘人口。但义恭竟眼睁睁地看着魏军不打，等到宋文帝诏书到，命他出击时，魏军已先闻风声，杀尽俘虏人口遁去。

宋军在北伐和瓜步之战中，都打得很被动。这固然是由于双方实力相差较大，宋无论在人力、物力上都不如北魏，但指挥上，也存在着很大失误。宋文帝"每命将出师，常授以成律。交战日时，亦待中诏。是以将帅趑趄，莫敢自决"。将帅不能根据具体情况主动灵活指挥作战，打起仗来，是很吃亏的。

瓜步之战，宋受创惨重。经过战乱，宋土一片残破。元嘉之治自此衰落了。

战争中获得胜利的北魏也没有获得什么好处。魏军在战争中"士马死伤亦过半，国人皆尤之"。但与宋相比，魏的损失就小多了。

这以后，南北两方很少大战，出现南北相对平安的局面。

檀道济像

第三节　宋齐梁初政治权力的攘夺

　　瓜步之战，使宋受到严重的打击，北魏也蒙受重大的损失。公元451年，北魏太武帝为中常侍宗爱所害。宋文帝闻讯，布署北伐，但没有得到胜利的战果。公元453年二月，宋文帝也为太子劭所害。至此，南北朝的历史进入一个南北对峙并同时趋向衰弱的时期。一直到北魏六镇起义（523）的前夜，这一时期延续了七十多年，这期间包含了宋文帝死后的二十多年、南齐二十四年和梁武帝初期的二十年。六镇起义后不久，北魏分裂为东西魏，梁也分裂出后梁，南北朝对峙的形势就发生了巨大的变化，历史又向前发展了。

　　在这七十多年的时间里，南北朝之间有和有战。像淝水之战和瓜步之战那样规模大、影响大的战争是没有了，但也并不是没有相当大的战争，不过这并不足以改变南北对峙的形势。在南朝方面，统治阶级内部的斗争，其中包含皇权与宗室间的斗争和帝王与权臣间的斗争，也包含经济领域的斗争。当然，统治阶级与人民群众间的矛盾和斗争仍然是经常存在的。在北朝方面，民族矛盾是社会矛盾的主要形式，而阶级矛盾往往是以民族矛盾的形式出现。有名的北魏孝文帝的改革，实质上也是民族矛盾的产物。孝文帝想缓解这一矛盾，但又引起了另外的矛盾。

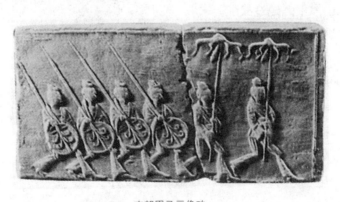

南朝甲马画像砖

　　本节叙述宋、齐、梁初政治权力的攘夺并上溯到东晋初年。以后三节，将分别叙述江南经济的开发和农民起义，北方的民族矛盾和北魏孝文帝的改革，还有北魏与南朝的和与战。

门阀大族和寒门庶族间政治权力的更迭

宋、齐、梁初，实际掌握政治权力的状况，同东晋时期相比，有相当大的变化。

东晋时期，是门阀大族发展的顶峰，他们既掌握政权又掌握兵权。

渡江以后，权力最大的是王家。当时社会上流传着"王与马共天下"（《晋书·王敦传》）的说法。王导居中掌朝中大权，王敦领兵屯驻荆州，居战略要地。甚至，元帝在江东即帝位时，百官皆陪列，却令王导升御床共坐。王导固辞，说："若太阳下同万物，苍生何由仰照。"元帝才不说话。

王氏之后，有庾氏。庾氏也是既掌政权又握兵权。庾亮在朝廷作宰辅，庾翼、庾冰一直领兵。

庾氏之后是桓氏。桓温领兵，桓家子弟都领兵。桓玄在晋末还领兵自上游入建康，废了晋帝作起皇帝来。

桓氏之后是谢氏。谢安掌政，谢玄、谢石、谢晦都领兵。谢氏是门阀大族中最后一家掌握兵权的。他们也代表门阀大族作了最后挣扎。在寒门出身的刘裕兴起以后，谢晦还领兵居上游荆州重地，他与宋文帝之间的斗争，除他们个人间的恩怨和权力的斗争外，多少也反映了门阀大族和寒门的权力争夺。直到谢灵运一个文人，还想用兵夺权。

门阀大族的权力，在刘裕起来后受到挫折。寒门素族在政治上渐强起来。

刘裕集团，从文到武多出自寒门，可以说是个寒门集团。他的手下如刘穆之是"家本贫贱，赡生多阙"（《宋书·刘穆之传》）。徐羡之是"中才寒士"，傅亮是"布衣诸生"（《资治通鉴》卷一二〇）。武将如刘毅"家无担石之储"（《宋书·武帝纪上》）。

门阀大族权力衰落了，并不是说他们的政治地位和

谢鲲墓志

社会地位有什么衰落。门阀大族丢掉了政权和兵权，政治地位却仍然很高，仍然享有高官厚禄，门阀大族还有一定的社会基础和经济基础。门阀大族之所以丢掉权力，一方面是由于新兴的皇家如宋和南齐都是要求加强君权的。要加强君权，他们就乐意用易于指挥的寒人；另一方面也是由于门阀出身的人，轻视世俗事务，脱离实际，逐渐丧失了处理政治事务的能力。这种情况，在东晋时已经出现。《世说新语·简傲篇》载有桓冲、王徽之这样一段故事："王子猷（徽之）作桓车骑（冲）骑兵参军，桓问曰：'卿何署？'答曰：'不知何署，时见骑马来，似是马曹。'桓又问：'官有几马？'答曰：'不问马，何由知其数。'又问：'马比死多少？'答曰：'未知生，焉知死。'"①这个故事，很形象地描述了门阀士人既无行政能力，也不屑于过问行政事务。宋齐时期，寒门庶族逐渐取代门阀士族掌握了朝廷大权。《宋书·恩幸传序》："孝建（宋孝武帝）、泰始（宋明帝），主威独运，官置百司，权不外假，而

主管骑兵事物竟然不知马的数目、生死的门阀士族王徽之

刑政纠杂，理难遍通，耳目所近，事归近习。赏罚之要，是谓国权，出内王命，由其掌握。于是方途结轨，辐凑同奔。人主谓其身卑位薄，以为权不得重。……外无逼主之嫌，内有专用之功，势倾天下，未之或悟。"宋文帝时，中书通事舍人秋当、周纠，出身寒门，并管要务。孝武帝时，巢尚之、戴法兴并为中书通事舍人，参与"选授迁转诛赏大处分"，"凡诏敕施为，悉决于法兴之手，尚书中事无大小，专断之"。民间称戴法兴为"真天子"（《宋书·恩幸·戴法兴传》）。巢尚之出身是"人士之末"，戴法兴"少卖葛于山阴市"。明帝时，阮佃夫、王道隆、杨运长，并为中书通事舍人。阮佃夫出身台小吏，王道隆初为主书书史，杨运长初为宣

① "不问马"，"未知生，焉知死"，都是《论语》中语。

城郡吏。

南齐时，任中书通事舍人的有：纪僧真、刘系宗、吕文显、吕文度、茹法亮、綦珍之，或门户低贱，或起自小吏，但"既总权重"，都"势倾天下"（《南史·恩幸·吕文显传》）。

中书通事舍人是中书省中的低级职位。魏晋时期，中书省权在监、令、侍郎；至南朝，中书省权在中书通事舍人。而监、令、侍郎成了清贵职务，但却无权了。茹法亮任中书通事舍人时，太尉王俭说："我虽有大位，权寄岂及茹公。"（《南史·恩幸·茹法亮传》）

南朝的门阀士族，一般已满足于无权的高官厚禄。虽然他们在经济上仍保有土地、部曲、客、奴隶，在社会地位上，还有"士庶之分，本自天隔"的高贵身份，但较之东晋时期，已大大的衰落了。

典签制，朝廷对宗室和地方的控制

宋、齐时期，有一种典签制度。这是加强皇权，控制宗室和地方权力的制度。

宋、齐都用自己的子弟担任各州刺史。这原是一种保卫朝廷的办法。但从西晋以来，宗室封王，又兼任地方州镇长官，其结果不仅未起到保卫朝廷的作用，反而更多地成为威胁和颠覆朝廷的力量。宋、齐都接受了以宗室诸王任州镇长官的办法，但却指派皇帝的左右亲信去作诸王的典签，代诸王批阅公文。典签的职位虽低，实权却很大。朝廷通过典签控制诸王、控制州镇。典签权力之大，甚至诸王的生活、行动都要受典签的控制。《南史·恩幸·吕文显传》："故事，府州部内论事，皆签前直叙所论之事，后云谨签，月日下又云某官某签，故府州置典签以典之。……宋

持刀俑

世晚运，多以幼少皇子为方镇，时主皆以亲近左右领典签，典签之权稍重。大明（宋孝武帝）、泰始，长王临藩，素族出镇，莫不皆出内教命，刺史不得专其任也。"《齐书·武帝十七王列传论》称："帝王子弟，……龆年稚齿，养器深宫。……朝出闺闱，暮司方岳。帝子临州，亲民尚小，……故辅以上佐，简自帝心；劳旧左右，用为主帅。州国府第，先令后行，饮食游屈，动应启闻。……行事执其权，典签掣其肘，处地虽重，行己莫由。……斯宋氏之余风，在齐而弥弊也。"典签权重，其例甚多。如：武陵王奕在江州，忤典签赵渥，赵渥启其得失，即召还京。宜都王坚，举动每为典帅所判，立意多不得行。南海王子罕欲暂游东堂，典签姜秀不许。还，泣谓其母曰：儿欲移五步不得，与囚何异？邵陵王子贞求熊白，厨人答以无典签命不敢与。西阳王子明欲送书侍读鲍僎，典签吴修之不许，乃止。其有不甘受制而擅杀典签者，则必制以专辄之罪。鱼复侯子响愤杀典签吴修之，遂以抗拒台兵被杀。齐武帝闻之说：子响遂反！戴僧静大声喊：诸王都应反！帝问故。对曰："诸王无罪而一时被囚，取一挺藕、一杯浆，签帅不在则竟日忍渴。诸州但闻有签帅，不闻有刺史。"典签小官，权重如此。

　　典签之设置，即使把诸王、刺史的一举一动都管起来，也不足以解决朝廷与地方间的矛盾。皇帝、诸王，是亲父子兄弟。亲父子兄弟可以互相残杀。典签是皇帝的亲信，他们也可以参与诸王地方集团对朝廷的反抗。权之所在，即利之所在也。权利之所在，父子兄弟不相让。这在历代政治史上已习见，在宋齐时期，君臣、父子、兄弟间的斗争以至屠杀，比前后各朝代表现更为残酷。

南朝武士图

南朝出土陶犀牛

宋文帝兄弟父子之间

宋文帝以弟彭城王义康为都督荆湘等八州诸军事、荆州刺史。荆州和扬州是长江流域经济开发的两个重点地区。《宋书·何尚之传》称："荆、扬二州，户口半天下。江左以来，扬州根本，委荆以阃外。"沈约在传后又发挥了一句："江左以来，树根本于扬越，任推毂于荆楚。……民户境域，过半于天下。"彭城王义康"少而聪察，及居方任，职事修理"（《宋书·彭城王义康传》）。文帝以义康为荆州刺史，都督上游八州诸军事，是对这个弟弟的信任。

元嘉五年（428），左光禄大夫范泰对司徒王弘说："天下事重，权要难居。卿兄弟盛满，当深存降挹。彭城王，帝之次弟，宜征还入朝，共参朝政。"（《资治通鉴》卷一二一）第二年春天，王弘又上表请求解职，让义康入朝主持政务。文帝接受王弘的意见，命义康为侍中、都督扬、南徐、兖三州诸军事，司徒，录尚书事，领南徐州刺史，使义康和王弘共辅朝政。王弘多病，而且有意让义康主政。从此时开始，朝廷内外大权集中在义康手里。前面引录的文帝给义康的信，就是这时写的。

义康与王弘并录尚书事，又渐渐不满意。他想作扬州刺史。他对人说："王公久病不起，神州讵可卧治！"元嘉九年，王弘死。义康改领扬州刺史，达到作扬州刺史的目的，并且独揽朝政。

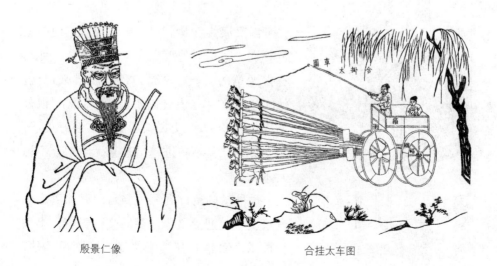

殷景仁像　　　　　　　　　合挂太车图

义康仗恃天子之亲弟，又喜问政事，遇事常自己专断，不请求文帝的诏旨。有的人看见义康权力大，遂来依附。太子詹事刘湛和领军将军殷景仁本是好友，殷景仁还曾把刘湛推引给文帝。殷景仁得幸于文帝，官职比刘湛为高，刘湛便极不高兴。刘湛曾作过义康的长史，有这层旧关系，这时义康专掌朝政，刘湛便委心自结，希望因义康宰臣之力使文帝罢黜殷景仁。可是，义康愈是说殷景仁的坏话，文帝对殷景仁越是信任，加殷景仁官为中书令、中护军。从这里可以看出，文帝对义康的专权已经不高兴了。刘湛初到朝廷来时，文帝对他礼遇甚厚。他善论治道，熟悉前代故事，听者忘倦。后来结党朋比，煽惑义康。文帝对他极不喜欢，但表面上还忍耐着。文帝对亲近人说：往日刘湛来见我，我"常视日早晚，虑其将去；比入，吾亦视日早晚，苦其不去也"（《资治通鉴》卷一二三，下同）。

文帝常常有病，刘湛就对义康等说："天下艰难，讵是幼主所御！"他还常到尚书议曹查看晋成帝末年立康帝的旧事，为文帝死后立义康为帝作准备。刘湛这些事，文帝也微有所闻，虽然为了义康间兄弟关系，还未有所发作，但"自是主、相之势分矣"。

矛盾终于爆发了。元嘉十七年（440），文帝下令收刘湛付廷尉，下诏暴其罪行，在狱中处死，并诛其子及党羽。义康上表逊位，文帝以义康为江州刺史，出镇豫章。他向文帝辞别，文帝对他沉默哭泣，不说话。他动身去豫章的时候，文帝遣沙门慧琳去送他。他问慧琳："弟子有还理不？"慧琳说："恨公不读数百卷书。"史说义康虽然"性好吏职，纠剔文案，莫不精进"，"然素无学术，不识大体"。

员外散骑侍郎孔熙先与丹阳尹徐湛之密谋杀文帝，迎立义康，徐向文帝告密，事败孔被杀。事情自然连及义康，被削爵治罪，

明刻"寿阳艳妆"

义康及其子女皆降为庶人，绝属籍，徙付安成郡（今广西宾阳东）。义康在安成，读书读到汉淮南厉王长事，废书长叹说："自古有此，我乃不知，得罪为宜也，"

义康一再获罪能得不死，是靠了他姐姐会稽长公主的保护。会稽长公主是刘裕的长女，文帝对她很尊敬。她尝对文帝说："车子（义康小字）岁暮，必不为陛下所容。今特请其生命。"说罢恸哭。文帝指蒋山发誓说："必无此虑。若违今誓，便负初宁陵。"（《宋书·彭城王义康传》）初宁陵，指刘裕的陵墓，墓地在蒋山。

元嘉二十四年冬十月，胡藩之子诞世杀豫章太守桓隆之，据郡反，打算推奉义康为主。事败，被杀。

义康不死，对文帝说终究是一块心病。胡诞世反时，江夏王义恭就对文帝说："义康数有怨言，摇动民听，故不逞之族因以生心，请徙义康广州"（《资治通鉴》卷一二六）。义康不愿就徙。文帝犹豫未定。元嘉二十八年（451），拓跋焘大军南征，到瓜步。当时人情汹汹，文帝怕有人奉义康为乱，太子劭、武陵王骏、尚书左仆射何尚之也都要文帝对义康早作处置，文帝遂赐义康死。骨肉关系终究抵不过权力之争，蒋山之誓也就不提了。

宋文帝太子劭，"好读史书，尤爱弓马。……意之所欲，上必从之"（《宋书·元凶劭传》）。看来，劭有文武才具，并且自幼为文帝所喜爱。瓜步之战，太子劭"出镇石头，总统水军，善于抚御。上登石头城有忧色，劭曰：'不斩江湛、徐湛之，无以谢天下'"。文帝欲兴师北伐，太子劭和护军将军萧思话等都表示反对，唯吏部尚书江湛、丹阳尹徐湛之善窥人主意，力主北

南朝飞龙图

诸王之辂

伐。所以劭说不斩此两人，无以谢天下。由此，太子劭与文帝的宠臣徐湛之、江湛结下仇恨。元嘉二十八年以前，文帝对太子劭还很信任，为了防备宗室诸王谋乱，使太子东宫甲士数与羽林兵相等，有一万多人。但自二十八年以后，文帝和太子劭之间渐生嫌隙。二十九年，便发生巫蛊事。文帝宠爱潘淑妃，潘妃生子濬与太子劭一同搞巫蛊。文帝对潘妃说："太子图富贵，更是一理，虎头（濬小字）复如此，非复思虑所及。汝母子岂可一日无我耶？"（《资治通鉴》卷一二六）巫蛊是刻木人，埋地下，诅咒文帝早死，故文帝有这样的话。

　　文帝欲废太子劭，赐濬死。潘妃密告太子劭和濬。劭遂起兵入宫杀了文帝，并杀徐湛之、江湛等人。

南方武士形象

　　江州刺史武陵王骏起兵寻阳讨劭。经过一场战争，劭败被杀。武陵王骏即帝位，就是宋孝武帝。

宋孝武帝与同姓王的矛盾

　　孝武帝刘骏是文帝的第三子。他即位时，他的叔父南郡王义宣任都督荆、雍、梁、益、湘、交、广、宁八州诸军事、荆州刺史。义宣"在镇十年，兵强财富"（《宋书·南郡王义宣传》）。孝武帝想调义宣为丞相、录尚书事。义宣不听调动。一些野心家如臧质、鲁爽等恭维他，劝他称帝。义宣遂举兵反。义宣是个庸才。司州刺史鲁秀听他哥哥鲁弘的话跟随义宣反叛，他到江陵去谒见义宣，出来后捶胸后悔说："吾兄误我，乃与痴人作贼，今年败矣！"（《资治通鉴》卷一二八）鲁秀说他是痴人，其才能可知。

　　宋朝廷以沈庆之、薛安都迎战鲁爽，以柳元景、王玄谟迎战义宣。战争的结果，沈庆之败鲁爽，于军斩之。柳元景大败义宣军。义宣兵溃，单舸逃走，不知所措，闭户而泣。臧质败回寻阳，被杀。义宣败回江陵。雍州刺史朱修之入江陵，杀义宣及其子十六人。

　　孝武帝杀义宣后，更大杀宗室。他在位十年，先后杀了武昌王刘浑、竟陵王刘诞、海陵王刘休茂、南平王刘铄等。

　　扬州刺史、竟陵王诞"宽而有礼，又诛太子劭、丞相义宣，皆有大功，人心窃向之。诞多聚才力之士，蓄精甲利兵"。孝武帝又怕又忌恨，"不欲诞居中，使出镇京口；犹嫌其近，更徙广陵"。并使心腹大臣刘延孙"镇京口以防之"。竟陵王诞也知道孝武帝畏忌他，也暗作准备，借口魏人入侵，修整广陵城池，积聚粮草兵器以自固。

　　有人告刘诞欲反。孝武帝命以始兴公沈庆之为车骑大将军、南兖州刺史，将兵讨诞，围广陵。城破，杀诞，诞母、妻皆自杀。广陵城中士民，无大小悉命杀之。沈庆之请免五尺以下死，其余男口皆死，女子以为军赏，犹杀三千余口。

　　孝武帝听到广陵已破，诞死，高兴极了。他出宣阳门，命左右皆呼万岁。侍中蔡兴宗陪侍，独不呼万岁。孝武问他："卿何独不呼？"蔡兴宗说："陛下今日正应涕泣行诛，岂得皆称万岁！"（《资治通鉴》卷一二九）

　　孝武帝的儿子前废帝子业，是一个更为残忍的人。他自率羽林兵讨杀他的叔祖太宰、江夏王义恭，并杀其四子。杀大臣柳元景并其八子、六弟及诸侄，又杀大臣颜师伯并其六子。又遣使诛杀江夏王义恭的世子湘州刺史伯禽。对大臣说打就打，如对待奴隶。又杀新安王子鸾，杀其母弟南海王子师及其母妹。又要杀徐州刺史义阳王昶，昶逃奔北魏。又杀会稽太守孔灵符、宁朔将军何迈，杀三朝元老大臣沈庆之和领军将军王玄谟。

　　湘东王彧、建安王休仁、山阳王休佑，

《百美新咏·山阴公主像》。山阴公主因向皇帝提出要二十个男面首当性伴侣而闻名于史册

都是前废帝的父辈。前废帝把他们皆聚之建康，拘于殿内，任意折磨。

前废帝作恶多端，朝臣惴惴不安，左右也都终日战栗，各有异志，中外骚然。最后，宫省内外结合把他杀掉。湘东王彧即帝位，是为明帝。前废帝于公元464年五月即位，465年十月被杀，在位一年有半。

宋、齐宗室的灾难

宋、齐宗室，特别是皇帝的近亲有资格继承帝位的人，往往被在位的皇帝及其拥护者视为潜在的威胁，成为猜忌的对象，以至成为斩除的对象。这在宋明帝和南齐明帝时特别显得突出，这时的宗室很难免于身亡家破的灾难。

宋明帝初即位，江州刺史、晋安王子勋起兵反对。荆州刺史临海王子顼，起兵响应子勋。徐州刺史薛安都、冀州刺史崔道固以及许多地方郡守都起兵响应子勋。"朝廷所保，唯丹杨、淮南等数郡，其间诸县或应子勋。"（《资治通鉴》卷一三一）

明帝靠"六军精勇，器甲犀利，以待不习之兵"，经过艰苦的大战，最后战胜子勋和各路敌军，取得胜利，杀晋安王子勋（时年十一岁）。安陆王子绥、临海王子顼、邵陵王子元，并赐死。接着，松滋侯子房、永嘉王子仁、始安王子真、淮南王子孟、南平王子产、庐陵王子舆、子趋、子期、东平王子嗣、子悦，并皆赐死。孝武帝二十八子，至此差不多全杀光了。

明帝后期，身体多病，以太子幼弱，深恐他死之后，他的弟弟们将不利于他的太子，于是又拿他的弟弟开刀。泰始十年（471），先从性情刚狠的南徐刺史晋平王休祐开始，命人把他从马上挤下来加以殴拉致死；继又毒死建安王

袁粲像

休仁。休仁临死，骂道："上得天下，谁之力邪？孝武以诛锄兄弟，子孙灭绝，今复为尔，宋祚其能久乎？"（《资治通鉴》卷一三三）荆州刺史巴陵王休若素胆小谨慎，但这更招明帝之忌，只有桂阳王休范，以人才凡劣，不为明帝所忌，得保全生命。

明帝疑忌宗室，又疑忌功臣、大臣。吴喜在晋安王子勋起兵时，立了大功。但明帝晚年疑忌他在三吴颇得民心，他对亲信刘勔等说："（喜）泰始初东讨，止有三百人，直造三吴，凡再经薄战，而自破冈以东至海十郡，无不清荡。百姓闻吴河东来，便望风自退，若非积取三吴人情，何以得弭伏如此！寻喜心迹，岂可奉守文之主，遭国家可乘之会邪！譬如饵药，当人羸冷，资散石以全身，及热势发动，去坚积以止患。非忘其功，势不获己耳。"（《资治通鉴》卷一三三）因此，功劳卓著的吴喜便不得不死。

泰豫元年（472），明帝病更严重了。时皇后之兄王景文为尚书左仆射、扬州刺史，明帝怕他死之后，皇后临朝，王景文以元舅之尊必为宰相，对儿子不利，便送毒药给他赐死。

明帝死，子苍梧王即位，年十岁。这时，宗室的势力是削弱了，但权臣的势力发展起来。萧道成逐渐掌握政权，杀苍梧王，立顺帝。不两年，萧道成消灭了尚书令袁粲和荆州刺史沈攸之等。串演了一场禅让剧，宋顺帝把皇位让给萧道成。

萧道成杀宗室子孙也是很残酷的。《南史·宋本纪下》记载："宋之王侯，无少长，皆出死矣。"即皆被萧道成杀了。

萧道成曾告诫他的儿子武帝说："宋氏若不骨肉相践，他族岂得秉其衰敝。"因此，当南齐武帝时，宗室尚

萧道成像

得保全。但到了明帝时候，他就大杀齐高帝（萧道成）和齐武帝（萧赜，道成子）子孙。高帝十九子，武帝二十三子，差不多都被杀绝了。

宋、齐大杀宗室，是因为怕这些宗室起来夺取皇位。事实上，宋齐时期也是有不少宗室起兵争夺皇位，其中有的还是成功的，如宋孝武帝就是由江州起兵夺得皇位。但这些起兵的宗室王侯，多很年幼，如宋晋安王子勋起兵时只有十岁，那有几岁的孩子就能指挥大军起兵反叛。这与他们手下的官佐有很大关系，他们是想因起事而得到更大的富贵。

门阀大族离开必争的"权力"，倒是因祸得福了。他们一般满足于高官厚禄的荣誉地位。他们起家都作黄门侍郎、散骑侍郎、秘书丞等官，这些官职品位虽然不高，却极清选。当时有所谓"黄、散之职，故须人地兼美"（《陈书·蔡凝传》）、"秘书丞，天下清官"（《南史·张裕传附曾孙率传》）的说法。他们不须争斗，就能"平流进取，坐至公卿"（《南齐书·褚渊王俭传论》）。他们中有点野心的，也不过如王僧达，"自负才地，三年间便望宰相"（《南史·王弘传附子僧达传》），或如王融，"自恃人地，三十内望为公辅"（《南史·王弘传附曾孙王融传》）。他们优游岁月，无案牍之劳神，不必为政治斗争互相残杀而惊心，也不必为改朝换帝而动容，君统变易，朝代更迭，与己无关。他们像别人结婚时的宾客一样，有时为受禅者授玺而已。有这样一个故事：宋末司空褚渊的儿子褚贲去看望从叔褚炤，炤问：司空今日何在？贲回答说：奉玺绂在齐大司马（萧道成）门。炤不高兴地说："不知汝家司空，将一家物与一家，亦复何谓！"（《南史·褚裕之传附从孙炤传》）对待改朝换代，他们漠然置之，因为改朝换代也不会影响他们的地位和荣誉。《南齐书·褚渊王俭传论》称："自是（指魏晋）君臣之节，徒致虚名。贵

玄学名士形象

仕素资，皆由门庆。平流进取，坐至公卿。则知殉国之感无因，保家之念宜切。市朝亟改，宠贵方来。陵阙虽殊，顾眄如一。"南朝帝室间的杀戮和门阀大族对政治风云的漠不关心，只是当时政治斗争和腐败的不同表现。

梁武帝的协调政策

梁武帝萧衍，是南齐的皇室。其父萧顺之在萧道成代宋的过程中，曾立下汗马功劳。在南齐明帝大杀宗室的过程中，顺之的一家没有被杀。

萧衍是萧顺之的第三子。史称他"博学多通，好筹略，有文武才干"（《南史·梁本纪》）。他与萧子良结交，是"八友"[1]之中的佼佼者，在士人中颇有影响。东昏侯统治时，"内难九兴，外寇三作"（《梁书·武帝纪》上）。萧衍看到齐朝统治已不会很久，已立意取而代之。他在襄阳暗中大作准备，"潜造器械，多伐竹木，沉于檀溪，密为舟装之备"（《南史·梁本纪上》，下同）。永元二年冬（501），萧衍于襄阳举兵，"是日建牙，出檀溪竹木装舸舰，旬日大办"。因当时南齐的统治已腐朽之至，完全丧失了民心，故萧衍起兵后"百姓愿从者，得铁马五千匹，甲士三万人"，一时声势大振。经过二年多时间，终于废齐建梁。

梁武帝统治的时间近半个世纪（502—548），是南朝诸帝中在位时间最长的皇帝。他的统治，可分两大时期。前期的统治较为安定，《梁史·武帝纪赞》称："三四十年，斯为盛矣，自魏晋以降，未或有焉。"只是到

梁武帝像

---

[1]　竟陵王萧子良开西邸，召揽文学之士，萧衍、王融、萧琛、范云、任昉、陆倕、沈约、谢朓聚集于其间，号为"八友"。

了晚年，委事群幸，政治也就不清不明了。

梁武帝在南朝各帝中，算得上一个励精图治的皇帝。他称帝之前，在基层政权机构干过一些年，有一定的从政经验，对齐末的腐朽统治耳闻目睹。故即位后，所实行的政策大都对梁的政治的安定，经济的复苏发展有益。

梁武帝重视统治阶级内部门阀大族与寒门素族之间的矛盾，在用人上采取调和政策。他一方面采取重用门阀中人，维护和扩大他们在政治上的地位，使这部分人成为稳定政权的支持力量。同时，也注重寒门才学之士，起用他们担任机要之职。例如，他十分宠信的朱异，"遍览五经，尤明礼、易"（《南史·朱异传》），就出自寒门。门阀大族和寒门并重，是梁武帝选拔官吏的基本政策。

梁武帝认为宋、齐动乱，是皇帝御下太严所致。他竭力宽厚待人。在皇室内部，他想用骨肉恩爱来代替骨肉相残。他早年无子，将侄儿萧正德作嗣子。后来生了萧统，又将萧正德送还。萧正德从皇帝当然的继承者变成普通王侯，心中忿恨，竟引魏攻梁。后来萧正德又从魏逃回。梁武帝不但不治罪，还毫不责备。梁武帝对待兄弟也很宽容，他的六弟萧宏"性爱钱，百万一聚，黄榜标之。千万一库，悬一紫标。如此，三十余间"（《南史·梁临川王宏传》）。他原以为萧宏在私藏武器，后来看到只是财物，便称赞他会积财。

梁武帝还令蔡法度为尚书删定郎，制定出《梁律》。以后又令尚书令王亮、吏部尚书范云、尚书仆射沈约等加以修订。宋齐只沿用晋律，无所创制，至此开始有了比较完备的刑律。但《梁律》"急于黎庶，缓于权贵"（《隋书·刑法志》），对官吏犯罪几乎没有约束。

梁武帝这些协调统治阶级内部矛盾的措施，对于维系统治集团内

梁观音立像

部团结，不能说没有一点作用。但"急于黎庶"，终于引起人民群众的不满；"缓于权贵"，又使统治集团无法无天，最后终于酿成恶果。但在梁武帝统治的前期，这些矛盾还未激化，在政治上尚能保持一个粗安的局面。

第四节　江南经济的开发、民族间的关系和农民起义

南北朝的战与和

瓜步战后，南朝与北魏之间仍不断有战事，军事上的南弱北强之势越来越显著。刘裕死后不久，北魏攻取了宋的滑台、虎牢、洛阳等地。宋明帝刘彧时，魏又夺去淮水以北青、冀、徐、兖四州及豫州淮水以西九郡，宋的防线逐步南移。虽然南北战争不断，但南北朝之间的聘问并没有断绝。

瓜步战后的数十年间，南北朝廷礼尚往来。国有大事，互派专使。如南齐高帝萧道成之死，魏遣李彪来吊；北魏文明太后之死，齐遣裴昭明来吊。在经常聘问中，南北朝廷也妙选使者，为对方所重。在梁与魏的聘问往来中，"梁使入，邺下为之倾动。贵游子弟盛饰聚观，馆门成市。魏使至梁，亦如是"[1]。这段略见，在南北朝对峙的局势中，双方也有友好往来，不是一味剑拔弩张的。

至于南朝与北魏的战争，梁武帝天监六年（507）的钟离（今安徽凤阳东北）之役，是一次相当大的硬仗。先是天监五年，梁出兵北伐，以帝弟临川王萧宏将兵，"器械精新，军容甚盛，北人以为南数十年所未之有"。大军进驻洛口（今安徽怀远西南洛河镇）。一个夜里，洛口遭

韦睿像

---

[1]　参阅《廿二史札记》，卷十四《南北朝通好以使命为重》。

暴风雨，萧宏以为敌兵将至，吓得与几个骑士逃去。将士求宏不得，皆散归。弃甲投戈，填满水陆，丢弃病员和老弱，死者近五万人。冬十月，魏军进围钟离。第二年正月，魏又发兵数十万攻钟离。城中才三千人，梁将昌义之督帅将士，随方抗御，一日战数十合，前后杀伤万计，魏人死者与城平。豫州刺史韦叡是当时梁的名将，素有韦虎之称，奉命救钟离。三月，淮水暴涨六七尺，韦叡乘机用火攻进击。梁军奋勇，呼声震天，无不以一当百。魏军全线崩溃，丢掉器甲，投水而死的有十余万人，被斩的人数也约略相当，被生擒者五万。缘淮水百余里，尸相枕籍。梁战利所得资粮器械山积，牛马驴骡不计其数。对于梁来说，这是一次很重大的战役，对于阻遏魏军南侵的势头和巩固国内的统治，都有一定的意义。南北之间战争规模不大、和在一定条件下南朝在战争上的胜利，对于南方社会经济的开发都是有利的条件。

西晋末年以来，北方黄河流域不断遭受战争的灾难，社会受到严重破坏，土地荒芜，人口减少。相对而言，长江流域遭受的破坏是比较小的。而且有自北方不断南移的大量人口。在北方城市经济和交换经济因破坏而衰落的时候，南方随着土地垦殖，人口增长，靠着长江水上交通的便利，商业交换也有相应的发展。

江南农业生产技术，原来是比北方落后的。如《史记·货殖列传》所描写，江南地区因为地广人稀，土地垦殖常常采用火耕水耨的办法。这种火耕

南方出土的陶牛车模型

南朝武官形象

水耨的办法，三国两晋南北朝时期，仍在使用。西晋陆云答车茂安书写道"遏长川以为陂，燔茂草以为田"，庾信《归田诗》有"穿渠移水碓，烧棘起山田"之句，徐陵的诗中也有"烧田云色暗"、"野燎村田黑"。这些文字都表明，直到南朝晚期，火耕肥田的办法还在使用。但粪肥似也在推广。宋文帝的功臣到彦之"初以担粪自足"，他的曾孙到溉官至吏部尚书，当时人还讽刺他："到溉尚有余臭，遂学作贵人。"（《南史·到彦之传附溉传》）到彦之由担粪农民作了大官，这是不多见的，但农民担粪肥田可能已是比较普遍的了。江南水乡在前代水利建设的基础上，水利灌溉事业有了更广泛的整理和推广。有了水，有了肥料，农业产量自然会提高。南朝时期，江浙的太湖流域、江西鄱阳湖流域、湖南洞庭湖流域和浙江东部的会稽地区，成为著名的产粮区。沈约在《宋书·孔季恭传》就记载："江南之为国，盛矣！丹阳、会稽……地广野丰，民勤本业，一岁或稔，则数郡忘饥。会土带海傍湖，良畴亦数十万顷。膏腴上地，亩直一金；鄠、杜之间（汉代农业发达地价高昂地区），不能比也。荆城跨南楚之富，扬部有全吴之沃；鱼盐杞梓之利，充仞八方；丝绵布帛之饶，覆衣天下。"可见江南农业经济，有了空前的发展。

在农业发展的基础上，南方的商业交换也发展起来。魏晋开始，金属货币在北方几乎绝迹，谷帛代替了钱币。但在南方，金属货币的使用却是不断扩大。宋时，何尚之说："晋迁江南，疆土未郭，或士习其风，钱不普用。今王略开广，声教远暨，金镪所布，爰逮荒服，昔所不及，悉已流行之矣。"

东吴铜钱

孔觊像

（《宋书·何尚之传》）由于钱币的铸造落后于社会对钱币的需要，因而产生筹码不足和钱币盗铸等问题，这是江南社会经济问题中一个重要问题。

　　长江是东西交通的大动脉，江陵、夏口、建康和京口是沿长江的大都市，又是货物的集散地。建康是南朝的政治经济中心，有数十万人口。这数十万人口的日用品，可能一部分自己生产，部分需要由外地运来，粮食自然绝大部分需要由外地运来。这也促使建康商业的繁荣。东晋安帝元兴二年（404），因发生了一次大风灾，便出现了"贡使商旅，方舟万计，漂败流断，骸胔相望"（《晋书·食货志》）的情况，这可见长江船只之多。建康几十万市民日用百货、粮油杂用，除市内手工业作坊供应外，要靠郊区、三吴地区供应，一部分还要由长江中上游供应，靠长江上下船只运输。也有一部分粮食从长江中上游运到建康来。《宋书·吴喜传》即记载，吴喜自荆州还建康，"大舸小舸，爰及草舫，钱米布绢，无船不满"。而粮食由长江下游往上运的情况却是比较少的。《宋书·孔觊传》称："时（孝武帝大明八年）东土大旱，都邑米贵，一斗将百钱。道存（觊弟）虑觊甚乏，遣吏载五百斛米饷之。觊见吏谓之曰：我在彼三载，去官之日，不办有路粮。二郎至彼未几那能便得此米耶？可载米还彼。吏曰：自古以来，未有载米上水者，都下米贵，乞于此货之。不听，吏乃载米而去。"同书卷还记载："觊弟道存，从弟徽，颇营产业。二弟请假东还，觊出渚迎之。辎重千余船，皆是绵绢纸席之属。觊见之伪喜，谓曰：我比困乏，得此甚要。因命上置岸侧。既而正色谓道存等曰：汝辈添预士流，何至还东作贾客耶！命左右取火烧之。烧尽乃去。"这故事也说明长江上下颇有作贾客的，其中还包含一些士流。南齐初年，三吴地区连年水灾而粮价并不高涨。孔觊说："三吴，国之关阃，

罗马进口的玻璃杯

比岁被水潦而糴不贵，天下钱少，非谷穰贱，此不可不察也。"(《南齐书·刘悛传》)。因钱少而谷价涨不起来，可能有道理。但更实际的原因，可能是由于商业交换发达，粮食可以从别的地方运来，才使得纵有水灾粮食减产，而粮价因之不贵。

因为商业交换发达，"关市之征"成为南朝财政收入的必要构成部分。北魏世宗时，甄琛上疏，曾以南朝关市税比北朝的谷帛之输。他提出："今伪弊相承，仍崇关鄽之税；大魏恢博，唯受谷帛之输。"(《魏书·甄琛传》)北魏世宗的时代，约当南朝齐梁之际，比宋齐时代稍晚，但他既说"相承"又说"仍崇"，这段文字所说是可以包括宋齐的。那就是说，商业及商业有关的税收在南朝税收中占有重要的地位。

中国和南海各地的贸易，在宋齐这一时期也有发展。广州是南海贸易的大港口。南海各地的货物多从这里进入中国，中国各地的货物也多从这里输出国外。历史记载宋齐时期凡在广州作官的，无不发大财。《宋书·褚叔度传》称：叔度任广州刺史，"在任四年，广营贿货，家财丰积。……还至都，凡诸旧及有一面之款，无不厚加赠遗"。当时人有两句话："广州刺史但经城门一过，便得三千万也。"(《南齐书·王琨传》)王琨号称清廉，及罢任还都，还"买宅宇三十万，余物称是"(同上)。

南方的民族关系

江南、广州地区的开发，必然要影响到有关地区原来的居民。在这些居民中，有许多是少数民族。汉族人经济势力的渗入，破坏了他们原来的安静生活。

长江以南，是一个多民族居住的地区。到三国两晋时为止，汉族和汉族

南北朝长簷牛车复原图

文化在南方的发展，也只是沿长江两岸，沿海以广州为重点的一些点，与从荆州南下，通过湖南、江西逾五岭而至广州交通线上疏落的一些点。这以外的广大区域，还多是少数族居住着。

汉末晋末，北方汉人大量南移。东晋南朝时期，汉族文化才逐渐传播开来，沿着原来汉人已到的上述点线地区向外发展。当时南方广大地区居住的民族，主要的是"蛮"、傒、俚和僚等。汉文化传到他们居住的地区，与他们便发生冲突，又通过冲突而逐渐有一定程度的融合。

"蛮"，是南方诸民族中人数最多的，常用作南方各少数民族的通称。蛮族中有两大支：一支是长沙、武陵蛮，一支是巴郡、南郡蛮。长沙、武陵蛮，自称是槃瓠之后。他们的居住地区是长沙、武陵（今湖南省）一带。"分建种落，布在诸郡县"（《宋书·夷蛮传》）。后向西北迁移，发展到今湖北西部。他们原居在武陵一带的，又分为椎豀、樠豀、辰豀、酉豀、舞豀，谓之五豀蛮；一部分居住在宜都、天门、巴东、建平、江北诸郡（今湖北省西部）。蛮人所居多深山重阻，人迹少到的山区。宋时，荆州设南蛮校尉，雍州设宁蛮校尉，用以管理有关蛮族的事务。当时，"蛮民顺附者，一户输谷数斛，其余无杂调。而宋民赋役严苦，贫者不复堪命，多逃亡入蛮。蛮无徭役，强者又不供官税"（《宋书·夷蛮传》）。

巴郡、南郡蛮。是廪君蛮的后裔。传说廪君原出于武落锺离山，廪君乘船从夷水至盐阳（约在今四川、湖北相邻地带，参看《后汉书·南蛮传》巴郡、南郡蛮条注）。后繁殖、生活于巴郡、南郡（今湖北省西部）。东汉

南朝陶独辕车

南朝上层社会女子形象

光武时，徙其种人七千余口到江夏郡界，后称为沔中蛮（今湖北汉水下游一带）。"东晋时，沔中蛮因刘石乱后渐徙于陆浑以南（今河南省南部），遍满山谷。"（《通典·边防典·南蛮传序》）其活动地区还东到庐江郡（今安徽庐江一带）。《宋书》所称豫州蛮，就是指的这一支。他们"种落炽盛"，居住的地区"北接淮汝，南极江汉，地方数千里"（《宋书·夷蛮传·豫州蛮条》）。

汉人在长江流域的发展，首先与"蛮"族接触。汉族统治者需要蛮族人民向他们出租税、出徭役，当兵打仗。为此，他们不断向蛮族人民居住地区展开残酷的进攻。宋时，进攻得很频繁，也很残酷。沈庆之前后数次领兵向蛮族进攻，他们俘获的生口就有几十万人。《宋书·夷蛮传》总论宋廷对蛮族的战争指出："自元嘉将半，寇慝弥广，遂盘结数州，摇乱邦邑。于是命将出师，恣行诛讨。自江汉以北，庐江以南，搜山荡谷，穷兵黩武，系颈囚浮，盖以数百万计。"

对蛮族用兵所得俘虏，一般是送京师作营户，充兵役。征服的地区，即设立郡县称左郡左县，以管领蛮族人民，使其供租赋。如《宋书·荆、雍州蛮传》所称："蛮民顺附者，一户输谷数斛，其余无杂调"，可能就是左郡县的赋税征调。宋孝武帝时，西阳（今湖北黄岗北）蛮附，"以蛮户立宋安、光城二郡"（《宋书·夷蛮传》）。在《宋书·州郡志》中，晋末及宋时以蛮民立的郡县有武宁、宋安、安陆、建宁等数郡，有蕲水、赤亭、东安、阳城等二十多县。

南齐时，据《南齐书·州郡

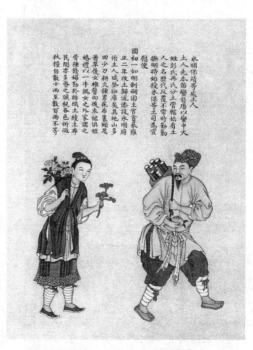

《皇清职贡图·土人》，可能是五溪蛮的后人

志》所载，有更多的以蛮民设立的郡县。在豫州、南豫州、郢州、司州和雍州宁蛮府领下以蛮民设立的郡县，有四十四郡、一百三十九县。这些县所管领的户口，没有记载。如果以晋时所置的武宁郡"领县二、户九百五十八、口四千九百一十四"（《宋书·州郡志》荆州条）为基数来估计，一百三十九县当有四十来万人口。南齐管领的户口总数，照崔祖思对齐武帝所讲的情况，是"今户口不能百万"（《南史·崔祖思传》），则蛮族人口占的户口比数是很高了。

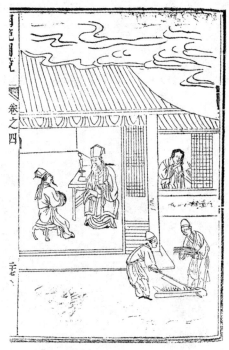

《闺范图说·陶侃母》。太守到陶侃家，家贫无以为膳，侃母割发卖钱而款待太守，太守因感动而着意提携陶侃。侃因此飞黄腾达。侃母以此成为古代妇女的典范

溪，也写作奚或傒。溪族居住的地区，主要在今江西南部和广东北部。溪族人多以渔钓为业，所居多在水边，这大概是溪族得"溪"名的原因。陈寅恪以为溪人之称，当与五溪地名有关系。①

东晋南朝的门阀大族看不起溪族人，常常骂他们是"溪狗"。温峤就曾嘲陶侃为"溪狗"（见《世说新语·容止篇》）。南齐范柏年骂胡谐之为"傒狗"（见《南史·胡谐之传》）。《晋书·陶侃传》称：陶侃本鄱阳，徙家寻阳，早孤贫。刘敬叔《异苑》云，钓磯（周一良疑"磯"当从石，作"禨"）山者，陶侃曾钓于此山下水中。陶侃出身微贱，少年时曾以渔钓为业，温峤又嘲他为"溪狗"。可能陶侃是出

―――――――――――――――――

① 参看陈寅恪《魏书司马睿传江东民族条释证及推论》一文，收入上海古籍出版社出版的《金明馆丛稿初编》。

身溪族的①。

历史文献中，常常谈到溪族人的语音不正的问题。如《初学记·奴婢门》载宋乔道元与天公戗："小婢从成，南方之奚，形如惊麈，言语嵝厉，声音骇人，唯堪驱鸡。"又如《南史·胡谐之传》："齐武帝为江州，以谐之为别驾，委以事任。建元二年，为给事中、骁骑将军。上方欲奖以贵族盛姻，以谐之家人语僇音不正，乃遣宫内四五人往谐之家教子女语。"此两处都提到溪人语不正。溪语音不正，似正好说明溪人之汉化。如溪人纯说溪语，汉人将完全不懂。语音不正，盖正在汉化，说汉语又杂有溪语，故成不正。

晋末宋初，溪人还是强悍善斗的。卢循起兵北上时，殷阐对何无忌说："（卢）循所将之众，皆三吴旧贼，始兴溪子，拳捷善斗，未易轻也。"（《资治通鉴》卷一一五）所谓"始兴溪子"即溪族人。

俚族居住的地区，主要是湘、广两州，即今湖南、广东。汉族势力向广州一线发展，与俚人的接触渐多。如《宋书·羊玄保传附希传》载："泰始三年，出为宁朔将军、广州刺史。希以沛郡刘思道行晋康太守（今广东德庆），领军伐俚。"又《宋书·良吏传·徐豁传》载："元嘉初，为始兴太守（今广东韶关）。三年，遣大使巡行四方，并使郡县各言损益。豁因此表陈三事。其一曰：（郡）既接蛮俚，去就益易。……其三曰：中宿县俚民课银，一子丁输南称半两。"

僚，主要居住地区是长江上游的蜀，即今四

《无双谱·洗夫人》。洗夫人是南朝末期及隋代岭南地区的重要人物

---

① 参看周一良《南朝境内之各族人及政府对待之政策》一文，收入中华书局出版的《魏晋南北朝史论集》。

川境。《华阳国志·李寿志》称："晋康帝建元二年（344），蜀土无僚，至是始从山出。自巴至犍为、梓潼，布满山谷，大为民患。"《魏书·僚传》称："僚者，盖南蛮之别种，自汉中达于邛笮川洞之间，所在多有。种类甚多，散居山谷，略无氏族之别。建国中，李势在蜀，诸僚始出巴西、渠川、广汉、阳安、资中，攻破郡县，为益州大患。势内外受敌，所以亡也。自桓温破蜀之后，力不能制。又蜀人东流，山险之地多空……僚遂挟山傍谷。与夏人参居者，颇输租赋；在深山者，仍不为编户。"由此可见，僚的活动地区主要在蜀，自巴西、犍为一线逐渐向外扩展。

自东晋至陈，南朝常与"僚"族有战争。据《南齐书·州郡志》所载：南齐时益州有东宕渠僚郡、越巂僚郡、沈黎僚郡、甘松僚郡、始平僚郡、齐开僚郡、齐通僚郡，大约都是以降附和征服的僚民建立的。

户籍整理和反却籍斗争

南渡的北方劳动人民，江南汉人和各少数族人民共同开发了江南广大土地，发展了江南经济，但江南统治者剥削惨重却使得人民无法生活下去，反抗斗争遂不断发生。

云南东晋末霍承嗣墓壁画

南朝的租税制度，大体是延续魏晋的制度下来的。人民的负担，主要有租、户调和徭役。此外又有市税、商税、盐税、酒税、鱼池税、丁塘税、口赋、赀赋等杂税。人民的负担是沉重的。宋齐时期，一般农民生活的困苦情况，在齐武帝永明六年（488）顾宪之对武帝的启中所谈山阴一县的情况，可见一斑。他的启写道："山阴一县，课户二万；其民赀不满三千者，殆将居半；刻又刻之，犹且三分余一。凡有赀者，多是士人，复除。其贫极者，悉皆露户。役民三五属官，盖惟分定；百端输调，又则常然。比众局检校，首尾寻续，横相质累者，亦复不少。一人被摄，十人相追；一绪才萌，千孽互起。蚕事弛而农业废，贱取庸而贵举责。应公赡私，日不暇给。欲无为非，岂可得乎？"（《南齐书·陆慧晓传附顾宪之传》）

人民最苦的是兵役和徭役。东晋王羲之致尚书仆射谢安书写道："自军兴以来，征役及充运，死亡叛散，不返者众。虚耗至此，而补代循常；所在凋困，莫知所出。上命所差，上道多叛，则吏及叛者，席卷同去。又有常制，辄令其家及同伍课捕，课捕不擒，家及同伍，寻复亡叛。百姓流亡，户口日减，其源在此"（《晋书·王羲之传》）。又宋武帝永初二年冬十月丁酉诏："兵制峻重，务在得宜。役身死叛，辄考旁亲，流迁弥广，未见其极。遂令冠带之伦，沦陷非所。宜革以弘泰，去其密科。自今犯罪充兵合举户从役者，便付营押领；其有户统及谪止一身者，不得复侵滥服亲，以相染连。"（《宋书·武帝纪》）

人口逃亡，在户籍者日少。在籍日少，则剩下的在籍者租税徭役负担必更重；重则人民逃亡。整理户籍，成为南朝政府的大事。

人民逃亡，主要有几个去处：一投依门阀大族作依附民部曲、客；二投依寺院作僧尼、白徒养女；三藏匿山林作流亡逃户。还有其他，等等。朝廷势力强大时，它搜括逃户是比较全面的。它与大族争人口，也与寺院争人口，更大力搜括藏匿山林、隐瞒户

1345

收租画像石

籍的逃亡户。桓温的庚戌土断和刘裕的土断，都是比较严厉的。一般整理户籍的矛头，多是指向不附籍的侨户和逃亡户。

东晋以来，户籍有黄籍、白籍之分。黄籍，是郡国户口。晋令："郡国诸户口，黄籍；籍用一尺二寸札；已在官役者，载之。"（《太平御览》卷六〇六）齐高祖建元二年（480）的诏书指出："黄籍，民之大纪，国之治端。自倾氓俗巧伪，为日已久，至乃窃注爵位，盗易年月，增损三状，贸袭万端。或户存而文书已绝，或人在而反托死板［叛］；停私而云隶役，身强而称六疾。编户齐家，少不如此。"（《南齐书·虞玩之传》）这两条史料说明，黄籍是郡国编户民的户籍。

白籍似是郡国编户民以外的侨户的籍。白籍最早见于《晋书·成帝纪》。咸康七年（341）："实编户，王公已下皆正土断白籍。"白籍似是土断的对象，即尚未正式编户的侨民。

宋、齐两代都整理过户籍、宋文帝元嘉年间曾整理过一次户籍。文帝元嘉二十七年，曾规定以"八条取人"。"光禄大夫傅隆，年出七十犹手自书籍，躬加隐校"（《南齐书·虞玩之传》）。虞玩之还提出："宜以元嘉二十七年籍为正。"这都说明宋文帝元嘉年间曾进行过一次户籍整理。南齐开国的两代皇帝，都曾积极整理户籍。齐高祖建元二年（480），虞玩之遵照高祖诏书的意图，上表请求整理户籍。他认为当时"户口多少不减元嘉而板籍顿阙"的原因，有几个方面：一、是自孝建已来，入勋者众，其中操干戈卫社稷者三分殆无一焉。二、勋薄所领而诈注辞籍，浮游世要，非官长所拘录，复为不少。如此两条，天下合役之身已据其大半矣。三、又有改注籍状，诈入仕流，苦为人役者今反役人。四、

张僧繇绘"执称图"

又生不长发，便谓为道，填街溢巷，是处皆然。五、或抱子并居，竟不编户，迁徙去来，公违土断，属役无满，流亡不归。宁丧终身，疾病长卧。六、又四镇戍将，有名寡实，随才部曲，无辨勇懦，署位借给，巫媪比肩，弥山满海。他指出，有这六项，是"坊吏之所以尽，百里之所以单也"，户籍之所以顿阙，乃由这些原因。（同上）

齐高祖采纳了虞玩之的建议，随即采取措施整理户籍。"乃别置板籍官，置令史；限人一日得数巧，以防懈怠。"但这办法本身就有问题。限人一日得数巧，必然会出毛病。于是不仅出现"于是货赂因缘，籍注虽正，犹强却以充程限"的情况，还出现"应却而不却，不须却而却"（《通典·食货志》）的情况。

齐武帝初年，继续贯彻执行齐高祖的办法，继续强力整顿户籍。于是，到武帝永明三年正月（485），便激起富阳侨人唐寓之领导的白籍人反却籍的斗争。《南齐书·沈文季传》载："是时，连年检籍，百姓怨望。富阳人唐寓之侨居桐庐，父祖相传图墓为业。寓之自云其家墓有王气，山中得金印，转相诳惑。三年冬，寓之聚党四百人于新城，水断商旅，党羽分布近县。"《南史·茹法亮传》载："（吕文度）又启上籍被却者悉充远戍。百姓嗟怨，或逃亡避咎。富阳人唐寓之，因此聚党为乱，鼓行而东，乃于钱塘县傥

齐武帝墓麒麟

凤凰画像砖

号，以新城成为伪宫。三吴却籍者奔之，众至三万。"起义不久即被镇压下去，唐寓之被杀。

检籍和反检籍的斗争，本来是逃亡户与官府的斗争。逃亡户为了逃避租税徭役负担而设法脱籍，官府为把逃亡户拉回来负担租税徭役而检籍。但检籍，在不同历史条件下可能产生不同的效果。在政治清明的稳定时期，检籍的效果可能相对地减轻人民的负担。在政治混乱或腐败的时期，检籍的结果则往往是增加了统治者的收入，扩大了其剥削面，却丝毫没有减轻人民的负担。原来担负租税徭役者仍要承担着已有的沉重的负担，原来不负担租税徭役的逃亡户现在却也要负担了。而且，尽管朝廷或官府是比较励精图治的，而执行的官吏却是贪污腐败的，好办法通过腐败的官僚机构也会变了质，这是不以人的意志为转移的。南齐初年的这次检籍，恰巧是由一些贪污、腐败的人去执行，结果是"应却而不却，不须却而却"。在这种情形下，唐寓之反检籍、反却籍的斗争，是农民起义的一种具体形式，在南朝的阶级斗争史上，这是一次大规模的起义。

南朝的农民战争，自宋至梁初，陆续不断。其中规模较大的，在宋末，有羲阳（郡治在今湖南安乡）张群为首的农民起义，他们曾攻破羲阳、武陵、天门（郡治在今湖北石门县）、南平（郡治在今湖北公安县西南南平镇）等四郡。在梁天监四年（505），有益州地区以焦僧护为首，众至数万的起义。在梁中大通五年（533），有以齐苟儿为首的众至十万人进围成都的起义。

六朝陶车

第五节 北方的民族关系和北魏孝文帝的改革

孝文帝改革的历史背景

北魏从拓跋珪传到第六代时，又出了一个具有雄才大略的卓越人物，即孝文帝拓跋宏。他与他的前辈不同，武功虽不显赫，政治上却很有作为。在他的一生中，进行了一系列改革活动，史称为孝文帝改革。

孝文帝的改革，有他面临的现实，迫使他不得不寻觅革旧布新的对策。北魏在中原建立以后，所面临的最大问题即如何处理这一广大地区的民族关系，其中包含如何对待汉族的先进生产方式、汉族的文化问题。随着历史的发展和北魏统治者政治野心的增长，这一问题就愈益突出。是继续保存拓跋氏旧的社会制度和旧有的文化习惯，还是捐弃旧俗，接受先进的文化，在新的历史环境中获得新生，北魏的统治者必须作出抉择。马克思在谈到民族问题时，有一段很精彩的论断："野蛮的征服者总是被那些他们所征服的民族的较高文明所征服，这是一条永恒的历史规律。"（《马克思恩格斯选集》第二卷第 70 页）。北魏走汉化的路，可以说是历史发展的必然。孝文帝的改革是历史的产物，其改革思想是顺应历史的发展的。

据史书所载，文成帝时，就已出现了此起彼伏的农民起义。孝文帝即位前后，情况更为严重。据统计，自 471 年到 481 年，仅仅十年间，就爆发了十八次人民反抗斗争，造成人民起义如此繁多的原因大致有以下几点：

其一，统治者不仅本

"帝王礼佛图"中的孝文帝形象

身穷奢极欲，而且还纵容整个官吏集团肆无忌惮地剥夺人民。北魏自建国以来，没有实行过俸禄制度，带有强烈的原始掠夺色彩，一出战就命官兵尽力掠夺，战胜归来，将掠夺之物予以瓜分。北方统一后，与南朝战争暂告平息，官兵无法再从战争中获取财物，就将贪婪的魔爪伸向北方人民。孝文帝在一份诏书中透露："诸州刺史，牧民之官，自顷以来，遂各怠慢。纵奸纳贿，背公缘私。致令贼盗并兴，侵劫滋甚，奸宄之声屡闻。"（《魏书·高祖纪二》）南朝人士也指出："北境自染逆虏，穷苦备罹。徵调赋敛，靡有止已。所求不获，辄致诛殄，身祸家破，阖门比屋。"（《宋书·谢灵运传》）官吏贪赃枉法，成为北魏政治的一大弊病。

其二，北魏统治者带有强烈民族压迫色彩的残暴统治，使人民，尤其是汉族人民无法生存，不得不揭竿而起。北魏"禁令苛刻，动加辗诛"（《南齐书·王融传》）。拓跋珪晚年，视残杀为乐事，"朝臣至前，追其旧恶，皆见杀害。其余或以颜色变动，或以喘息不调，或以行步乖节，或以言辞失措，帝皆以怀恶在心，变见于外，乃手自殴击"（《魏书·太祖纪》）。对北魏政治颇有贡献的几个汉族大臣，如崔逞、崔浩等，最终都逃脱不了被杀的厄运。北魏每次出战，都"驱夏人（汉人）为肉篱"。汉人成了魏统治者残暴驱使、蹂躏的对象。

其三，农民起义与土地问题也颇有关联。北魏连年对外用兵，壮丁征发，田地荒芜，出现了"良畴委而不开，柔桑枯而不采"的凄凉景象。有权势的地主乘机霸占良田山林，实行土地兼并。失去土地的农民四处流离，就连京师附近也"不田者多，游食之口，三分居二"（《魏书·韩麒麟传》）。劳动者与生产资料相分离，造成一系列社会动乱。北魏中期，许多农民起义都与之有直接关联。

北魏大同智家堡版画临摹

北魏镶宝石金戒指线描图

所有这些原因，都具有阶级矛盾和民族矛盾的二重性，同一般的农民起义原因不尽相同。对于国内如火如荼的农民起义，北魏统治者一直采取镇压政策。延兴二年（473）颁布了以镇压人民起义作为官吏升迁标准的诏令，规定："县令能靖劫盗者，兼治二县。即食其禄；能靖二县者，兼治三县，三年迁为郡守。二千石能靖二郡上至三郡亦如之，三年迁为刺史。"（《资治通鉴》卷一三三）但尽管如此，农民起义还是此起彼伏。

严酷的事实不能不引起北魏统治者的苦恼，迫使他们中有见识的人另求统治之策。也就是在这种情况下，孝文帝进行了改革，坚持走汉化的路，一方面既是要改革政治、经济上的落后状态，另一方面也是要缓解与汉族之间的民族矛盾。

孝文帝对吏治的改革

北魏初年规定，地方官不论其治绩如何，任期都是六年，期满离任。因此，许多官吏对治理民事毫不热心，却竭力追求个人财富。如公孙轨当地方官时，"初来单马执鞭，返去从车百辆"（《魏书·公孙长传附公孙轨传》）。这样的事例在北魏官场中屡见不鲜。有一次，孝文帝问臣下高祐：怎样才能使盗贼平息呢？高祐回答：盗贼，也是人。如果地方官很称职，治化有方，就不会再有了。孝文帝听了深以为然。这可见孝文帝对吏治问题的重视。为了整顿吏治，缓和阶级矛盾，北魏统治者采取了两条措施：一是实行俸禄制。公元484年，魏颁布法令，正式规定"户增调帛三匹，谷二斛九斗，以

北魏鎏金刻花银碗

敦煌壁画牛耕图

为官之禄。"俸禄之外，贪污满一匹者处死。二是对地方官任期长短不做硬性规定，而是根据治绩而定，好则留，不好则去。这样一来，官吏治绩好坏与仕途升迁联系起来了，使他们在盘剥人民时不能不有所考虑。

吏治的改革，是北魏政治上的一件大事。如实行得好，就可刷新政治，缓和阶级矛盾；同时也为以后各项改革的进行打下基础，意义是重大的。

迁都洛阳

北魏的汉化是一个曲折而漫长的历史过程。早在建国之初，汉化就已经开始了。但是这一汉化的范围和程度都极其有限，这主要体现在吸收汉族知识分子加入北魏统治集团和参与政治方面。拓跋焘时，建立太学，祀孔子，任用了一大批素有威望的汉人，最典型的就是崔浩。崔浩对汉族文化十分熟悉，尤长于天文历学。拓跋焘在很长一段时期对他委以重任。通过这些汉族知识分子谋士群的努力，北魏统治集团接受了一些汉族文化，汉化的程度逐渐加深。但是，汉化在当时还没有作为一种政策来推行。拓跋统治者的政策常有变化，对于汉族士人，时而信任，时而排斥，对于汉族文化时有抵触。孝文帝时，开始把汉化做为一项国家基本政策加以推行。迁都洛阳是他的汉化政策中一项重大措施。

北魏双龙透雕铜饰

北魏的都城，在进入中原后，开始建于平城（今山西大同境）。平城地处北方，生活习惯，气候条件都与鲜卑故土相近。但随着北魏在中原疆土的开拓和被统治的汉人的增加，平城对于控制整个北方地区，已不适合。平城地区游食者众多，且屡受灾荒，粮食供应常发生危机。早在拓跋嗣统治时期，就有迁都之议。史书记载："永兴中，频有水旱。神瑞二年，又不熟。京畿之内，路有行殣。帝以饥，将迁都于邺，用博士崔浩计乃止。"（《魏书·食货志》）孝文帝太和十一年（487）平城又遭大旱，春天到来，竟然"野无青草"。即使风调雨顺之年，平城一带也常有饥荒现象。而当时中原地区的农业经济已较发达，逐渐成为北魏主要产粮基地。所以从关外贫瘠的平城转移到中原经济中心，已是当时经济发展的客观要求。而且平城长期作为北魏都城，功勋公老多居于此，保守势力十分强大，他们拒不接受先进的汉族文化，因循守旧，给北魏社会发展造成阻碍。因此，从摆脱保守势力的束缚这一点来说，迁都也是当务之急。孝文帝统治时期，北魏军事实力虽然已逐渐衰落，但孝文帝却抱有灭南朝、统一全国的雄心。这可由文帝所说迁都洛阳的理由是"经营天下，期于混一"（《资治通鉴》卷一三八）可证。所以，从军事上说，平城作为国都也已远远不能适应形势了。

当时新都选择地点有二，一是洛阳，一是邺城。洛阳是汉族政治文化中心，汉、魏、西晋都曾建都在此，是所谓"中夏正音"所在之地。邺则是中原最富庶的地区，集中了北方财富，是河北主要的粮食和丝绸产地。单纯从经济意义上说，邺要胜过洛阳一筹；但从吸收汉族文化的角度看，洛阳要比邺优越。孝文帝最后把新都定在洛阳，可见迁都之举主要还是从加速鲜卑族

北朝镇墓兽

北魏鲜卑人舞乐俑

汉化的方面考虑的。

迁都洛阳对于世世代代居住朔方的鲜卑人来说，是一个很大的震动。这意味着，拓跋氏必须放弃过去那种以游牧业为主的生产方式，而使经济生产农业化；同时，还意味着在生活方式上也要来一个变革。这样一个从行动到观念都要为之一变的迁都举动，所遇到的阻力是难免的。

反对派的首要人物是太子元恂和拓跋氏元老元丕、陆叡、穆泰等，他们在朝中的势力很大。孝文帝迁都之心已定，为防止节外生枝，便假称要大举南伐。公元493年六月，孝文帝带领步骑三十万人，离开平城向南进发。大军行至洛阳，连日霖雨不止，但孝文帝仍坚持进军南向。尚书李冲等人就出来反对，说"今者之举，天下所不愿，唯陛下欲之；臣不知陛下独行，竟何之也？……敢以死请！"孝文帝听了大怒，说："吾方经营天下，期于混一，而卿等儒生，屡疑大计；斧钺有常，卿勿复言！"安定王休等趴在地下痛哭失声，苦苦劝谏。孝文帝这才说，如不南伐，便须就此迁都洛阳。并即宣

胡服美人图

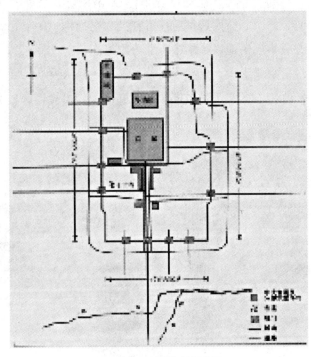

北魏洛阳城平面复原想像图

布："欲迁者左，不欲者右。"（《资治通鉴》卷一三八）群臣又害怕南伐，不敢再言，迁都之计就这样定下来。

　　孝文帝的儿子是一个目光短浅、胸无大志又不上进的人。他体胖怕热，到洛阳以后，"忌河洛暑热，意每追乐北方"。他趁着孝文帝出游嵩山，"轻骑奔代（平城）"。孝文帝闻讯大怒，为了保证汉化顺利进行，毅然将太子贬为庶人，后又用毒酒将其毒死。紧接着，拓跋族元老穆泰、陆叡与镇北大将军乐陵王元思誉、代郡太守元珍等勾结，想据平城起兵，史载其时"代乡旧族，同恶者多"（《魏书·于栗磾传》）。形势十分危急，迁都与反迁都是关系到拓跋氏汉化的关键。孝文帝当机立断，派得力大臣任城王澄率兵镇压叛乱，再次将反对派挫败。

　　洛阳终于成为拓跋氏人心目中真正的都城，成为北魏占据中原，正式接受汉化的象征。

改革风俗的措施

　　太和二十年（496），孝文帝下诏改姓。孝文帝在诏书中把鲜卑氏与汉文化联系起来，宣称："北人谓土为拓，后为跋。魏之先出于黄帝，以土德王，故为拓跋氏。夫土者，黄中之色，万物之元也。宜改姓元氏。"（《资治通鉴》卷一四〇）明帝建武三年，以此为例，改乙旃氏为叔孙氏，丘穆氏为穆氏，独孤氏为刘氏，素和氏为和氏。

北魏洛阳孝子画像石棺沐浴场面

汉化贵族白漆纱冠

改了姓，又下令禁穿胡服，改穿汉服，服装样式与南朝流行样式大抵相同。孝文帝对禁穿胡服下了很大决心，不允许有任何松懈。太和二十三年（499），孝文帝从前线回到洛阳，他坐在车中，留意街上行人的服饰，见仍有人穿鲜卑旧服，大为不满。第二天，他对群臣说："朕昨入城，见车上妇女，冠帽而著小襦袄者，若为如此，尚书何为不察？"任城王澄作解释：穿旧装的少，不穿的多。孝文帝立即反驳：这话说得奇怪，你难道还想满城都穿旧装吗？

孝文帝又下令禁止说鲜卑语。北魏初入中原时，以征服者自居，不仅自己讲鲜卑语，还命令所有任职于魏的汉人官吏也要讲鲜卑语。为了提高鲜卑族的文化水平，便于读汉人书，接受汉文化，孝文帝下令："今欲断诸北语，一从正音（指汉语）。年三十以上，容或不可卒革。三十以下，见在朝廷之人，语音不听仍旧。若有故为，当降爵黜官。"（《北史·咸阳王禧传》）

迁都洛阳之后，孝文帝仿照南朝形式，在郊祀宗庙礼节方面，也实行了汉化，放弃了拓跋氏原来崇拜的天神，改用汉礼。在官制和律令方面也多仿汉制，进行了改革。

均田制和三长制的规定

实行均田制是孝文帝改革中一项重要内容，具有十分重大的意义。

高昌史氏请取永业田词

北魏固原漆棺画

均田制出现的原因，有政治和经济两方面的因素。一方面是为了增加生产，迅速改善农业生产的落后状况；另一方面是与豪族地主争夺人口和土地。

北魏进入中原后，农业成为主要的经济形式。北魏诸帝多能注意劝课农桑，尤其是孝文帝即位后，更是孜孜以求，希望农业不景气的状况有所改善。他一再号召："务尽地利，使农夫外布，桑妇内勤。"（《魏书·高祖纪下》）然而天灾几乎连年发生，粮食问题始终没有解决。因此，发展农业生产，解决粮食问题，成为均田制产生的一个重要原因。

北魏统治中期，北方豪族已遍布全国，势力很大，"时民困饥流散，豪右多有占夺"（《魏书·李孝伯传附李安世传》）。鲜卑贵族对土地的兴趣也愈来愈强烈，他们纷纷"就耕良田，广为产业"（《魏书·和跋传》）。加上拓跋氏入主中原初期，曾把大量良田辟为牧场，或辟为私家园林，民无田业的现象十分突出。农民失去土地，四处飘流，或转投豪族，成为荫护人口，或聚集山泽，成为绿林好汉。人口流亡的情况如此严重，不能不引起北魏统治者的重视。因为政府掌握不了人口，也就无法获得赋税；而且大批浮浪人口也是构成社会不稳定的因素。所以如何使农民固定在土地上，以及把农民从豪族地主的荫护下解脱出来，成为均田制产生的另一个重要原因。

均田制的实施还必须具备两个基本条件。一是必须有大批荒地可供使用，二是官府必须能够掌握、支配这些土地，也就是说皇权必须强大到能够辖制地方豪强。北方自东汉末年以来，由于连年战乱，以致出现"白骨露于野，千里无鸡鸣"的景象。至孝文帝时，情况虽有所变化，然土地抛荒的现象仍很严重。而当时北魏豪族地主势力也还未强大到能与皇权抗衡的地步。

北魏劳作图夫妇燕居图

因此，孝文帝推行均田制的条件已基本具备了。

公元 485 年，孝文帝开始实行均田制。在此之前，北魏初期，政府曾经在京城附近实行过计口授田，均田制就是在这一基础上推广、改进而发展起来的。另外，中国古老的一夫受田百亩的井田制以及西晋占田制，都给了均田制以经验借鉴。

均田制的主要内容如下：

（一）男子十五岁以上，授给露田四十亩，桑田二十亩，妇人授露田二十亩。露田加倍授给，以备休耕。露田不得买卖，身死或年满七十者归还官府。桑田则永为个人所有，不须归官。桑田在一定条件下可以买卖。桑田须种桑五十株、枣五株、榆三株。不宜种桑之地，男子给麻田四十亩，妇女五亩。

（二）奴婢和耕牛参加授田。奴婢依一般农民授田。耕牛每头授田三十亩，限四牛。

（三）田地缺乏地区，允许农民"逐空荒"，迁往他郡。

（四）犯罪流徒户或绝户，其土地归国家所有，作均田授田之用。

（五）地方官吏按官职高低，授以公田。刺史十五顷，郡丞、县令六顷。公田不得买卖。

在均田制颁布的同一年，又宣布实行三长制。五家立一邻长，五邻立一里长，五里立一党长。三长皆由本乡有威望者担任。三长制代替了过去的宗主督护制，改变了"民多隐冒，五十、三十家方为一户"（《魏书·李冲传》）的状况，使趁着管理混乱，荫庇大量人口的汉族大地主受到约束和打击。因此他们群起而攻之。但当时掌握朝政的文明太后很有识见，她认为："立三长，则课有常准，赋有恒分，苞荫之户可出，侥幸之人可止，何为而

北朝女乐俑

不可。"(《魏书·李冲传》)。在她的坚持下，三长制得以推行。

　　与均田制、三长制相辅相成的还有新的租调制。北魏原来实行的租调制很混乱。"天下户以九品混通，户调帛二匹、絮二斤、粟二十石。"由于户籍不清，人民负担重。实行新的租调制后，规定一夫一妻出帛一匹，粟二石；其他人口、耕牛，就按此类推。家庭作为受田纳税单位，人民负担有了一定之规。故"事（指新租调法）施行后，计省昔十有余倍，于是海内安之"（《魏书·食货志》）。

　　孝文帝改革是北魏历史上的突出事件，其影响是值得重视的。单就北魏的统治来说，孝文帝汉化政策的实施，使鲜卑贵族在新的基础上与其统治区内的汉族地主取得一定程度的协调，也使之与一般汉族百姓的矛盾趋向缓和，对于巩固北魏政权，有其有利的一面。

　　孝文帝在社会经济领域内的改革是有成就的。均田制的实施，可使相当一部分农民获得了土地，得与生产资料重新结合；从而刺激了他们的生产积极性。大地主的兼并也受到一定限制。北魏朝廷大为头痛的流民和粮食问题，在均田制实行后，情况有所改善。

　　北魏孝文帝的改革，不可能彻底解决社会的根本问题，而且事出空前，也难免有一定的盲目性，因而也带来很多弊病。这些弊病因改革的成功和北魏社会矛盾的暂时缓和所掩盖，但根源仍在，在改革几十年后便爆发了六镇起义。

北魏汉化后的中原地区各阶层

第四章　从北魏的分裂到隋的统一

第一节　北方各族人民的起义和北魏的东西分裂

大起义的历史背景

孝文帝改革后，北魏社会经济有了发展，新都洛阳繁荣起来。《洛阳伽蓝记》卷四记述洛阳的景象："市东有通商、达货二里。里内之人，尽皆工巧，屠贩为生，资财巨万。有刘宝者，最为富室。……舟车所通，足迹所履，莫不商贩焉。是以海内之货，咸萃其庭。产匹铜山，家藏金穴。宅宇逾制，观楼出云，车马服饰，拟于王者。"到孝文帝的第三代继承者孝明帝时，史称其"魏累世强盛，东夷西域，贡献不绝。又立互市以致南货。至是府库盈溢"（《资治通鉴》卷一四九）。景况仍然可观。

北魏帝王礼佛图。其中褒衣博带的衣饰明显染有华夏之风

然而，经济繁荣的结果并没有使广大劳动人民从中获益。这一时期，人民的生活仍很困苦。相反，汉化的鲜卑贵族很快坠入锦衣玉食之中，迅速走向腐化。

孝文帝时，贪污之风虽很盛行，然由于孝文帝采用严刑峻法，尚能控制局面。史称其时"食禄者踟蹰，赇谒之路殆绝"（《魏书·刑罚志》）。宣武帝即位，形势发生变化。宣武帝对贪污腐化之风睁一只眼，闭一只眼。他本人"好游骋苑囿"，"嬉戏无度"，就很奢侈，无心于朝政。上行下效，"时魏宗室权幸之臣，竞为豪侈"，北魏统治集团生活日趋腐朽。胡太后临朝时，奢侈之风更盛。最典型的是高阳王雍和河间王琛。"高阳王雍，富贵冠一国，宫室园圃，侔于禁苑，僮仆六千，伎女五百，出则仪卫塞道路，归则歌吹连日夜，一食直钱数万。"（《资治通鉴》卷一四九）"河间王琛，每欲与雍争富，骏马十余，皆以银为槽，窗户之上，玉凤衔铃，金龙吐旗。尝会诸王宴饮，酒器有水精锋（锺）、马脑碗、赤玉卮，制作精巧，皆中国所无。又陈女乐、名马及诸奇宝。复引诸王历观府库，金钱，缯布，不可胜计。顾谓章武王融曰'不恨我不见石崇，恨石崇不见我'。"这些惊人的财富，无疑都是劳动人民血汗的结晶。河间王琛，在宣武帝及孝明帝两朝皆作定州刺史，他"在州贪惏"。连胡太后也觉得他贪心无厌，下诏："琛在定州，惟不将中山宫来，自余无所致。"（《北史·河间王若传》）为饱私囊，朝廷甚至卖官鬻爵，"纳货用官，皆有定价，大郡二千匹，次郡一千匹，下郡五百匹"（《北史·魏常山王遂传曾孙晖附传》）。仕人买官花了钱，及到任上，就大肆搜括，加倍贪婪地吮吸人民的血汗。

孝文帝时所行均田法，这时也被破坏。原来规定不得买卖的公田和露田，都可以买卖。露田流动尤为严重，因为"贫户因王课不济，率多货卖田业"（《通典·食货典》）。在均田制下有田可耕的农民，又开始面临失去土

北魏洛阳墓镶宝石金戒指线描图

北魏宁懋石刻宴饮线描图

地的威胁，使北魏经济潜伏着危机。

孝文帝迁都洛阳后，本来就有对南朝用兵的因素。迁都之后就改变了自己一度奉行的与南齐和好的政策，开始大举南伐。尽管每次几乎都以无功告终，仍然不肯罢休。这时因洛阳位于黄河之南，与南朝相接壤，既要保卫洛阳的安全，就必须将南朝长江以北土地据为己有。所以孝文帝每次出击，目标都在义阳、淮上、宛、邓等地。宣武帝、孝明帝时，战事未休，反而有扩大之势。人民要负担兵役和作战物资，苦不堪言。当时，"汝颖之地，率户从戎；河冀之境，连丁转运"（《魏书·卢玄传孙昶附传》），以至"死丧离旷，十室而九"。战争激化了社会矛盾，使人民对北魏政权的敌意更加强烈。

北魏各族人民大起义就是在这样的形势下酝酿和爆发的。起义首先爆发于六镇，接着又爆发了关陇、河北、青州起义。

以六镇起义开始的各族人民大起义

六镇，一般是指沃野、怀朔、武川、抚冥、柔玄、怀荒。六镇之外，又有御夷等镇。大都位于北魏的北方边境，即今内蒙古境内。六镇是北魏的军事要塞，历史上曾一度占有重要地位。因为北魏原来一直以平城为国都，为了防御北边的柔然南下，拓跋焘设此六镇，以拱卫都城。当时，六镇将领，乃至一般士兵，身份都是比较高贵的，在六镇作兵是光荣的。"缘边诸镇，控摄长远。昔时初置，地广人稀。或征发中原强宗子弟，或国之肺腑，寄以爪牙。"（《北齐书·魏兰根传》）他们"不但不废仕宦，至乃偏得复除，当时人物，忻慕为之"（《北史·魏广阳王建传孙深附传》）。然而，在迁都洛阳

北魏石刻中的园林

之后，平城不复为国都，六镇也失去军事上的意义，将兵地位一落千丈。他们远在漠北，少有接触汉文化的可能，与南迁的鲜卑贵族在文化上形成差距，心理上形成隔膜，经济地位上也处于劣势。氏族部落成员当兵是义务也是权利，拓跋氏封建化后，兵户身份低人一等。加上汉化后的北魏政府受到汉制度的影响，常常把犯罪的人发配六镇为兵，更使六镇兵民的处境不佳。六镇将兵中，不满情绪逐渐增长。孝明帝时，有一个叫魏兰根的官吏对此情况深表忧虑。他告诉尚书令李崇说："中年以来，有司乖实，号为府户，役同厮养，官婚班齿，致失清流。而本宗旧类，各各荣显，顾瞻彼此，理当愤怨。"他建议北魏朝廷采取断然措施，"更张琴瑟，今也其时，静境宁边，事之大者。宜改镇立州，分置郡县，凡是府户，悉免为民，入仕次叙，一准其旧，文武兼用，威恩并施。此计若行，国家庶无北顾之虑矣"（《北齐书·魏兰根传》）。李崇亦深以为然，上奏朝廷，朝廷竟不闻不问。

起义终于在六镇首先爆发了。

六镇将士复原图

萨满巫师俑

公元 523 年，柔然入侵六镇，怀荒镇民请求开仓取粮，武卫将军于景无理拒绝，镇民不胜忿恨，遂起兵造反，杀了于景。不久。沃野镇民破六韩（姓）拔陵（名）亦聚众起义，杀镇将，改元真王。其余各镇，"华、夷之民往往响应"（《资治通鉴》卷一四九）。起义队伍迅速扩大。破六韩拔陵引兵南向，派别帅卫可孤包围武川和怀朔两镇。朝廷派临淮王彧都督北讨诸军事。彧为人胆小，顿兵不进，武川、怀朔俱为起义军所陷。不久，破六韩拔陵与彧激战于五原，彧大败，朝廷罢了他的官。这时，魏肃宗改派李崇率兵前往讨伐，双方战于白道，李崇副手崔暹被打得单骑逃命。李崇亲自迎战，也出师不利。起义军声势更大，二夏（夏州、东夏州）幽、凉人民纷纷起来响应。朝廷见此情况，慌忙下诏"改镇为州，诸州镇军贯（军籍），非有罪配隶者，皆免为民"（《资治通鉴》卷一五〇）。并派黄门侍郎郦道元为大使，抚慰六镇，但这些笼络政策根本不起作用，起义之势一发不可收。公元 524 年，在高平镇（今甘肃固原），有赫连恩等人的起义，推敕勒首长胡琛为高平王。在秀容（山西忻县），有乞伏莫于的起义。在关中一带，有被迁徙到关中的蜀人起义。在汾州一带，有胡人起义。几乎整个魏的北境、西境、东北境，都在起义浪潮冲击之下。

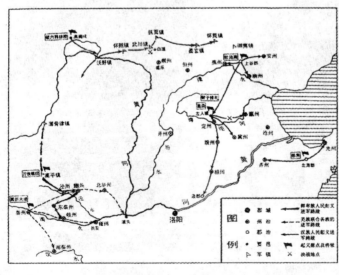

北魏末各族人民起义图

莫折念生天建元年佛造像

公元 524 年夏天，羌人和氐人在秦州（今甘肃天水）和新秦州（今甘肃武都、成县一带）起义，反抗北魏统治，推莫折大提为首领。不久，莫折大提死，他的儿子莫折念生继位，自称天子，设立百官。向东攻下了歧州（陕西凤翔南），杀北魏都督元志。向西攻下了凉州。后来，在黑水（陕西兴平西）为魏将崔延伯、萧宝寅战败，退回陇西。

公元 527 年春，莫折念生率部反攻，大败萧宝寅于泾州（甘肃镇原），攻占了东秦州（陕西陇县）、北华州（陕西黄陵南西），东下潼关，威胁洛阳。北魏统治者一面调集大军防守，一面收买起义军将领，进行分化。这年秋天，莫折念生被叛徒杀害。以后，这支起义队伍大部集合于万俟丑奴领导之下。公元 530 年，万俟丑奴在关陇地区为魏将尔朱天光所灭。

魏无法对付破六韩拔陵起义军，便请柔然王阿那环前来助战。公元 525 年，阿那环率柔然兵十万，自武川西向沃野，进击起义军。破六韩拔陵军

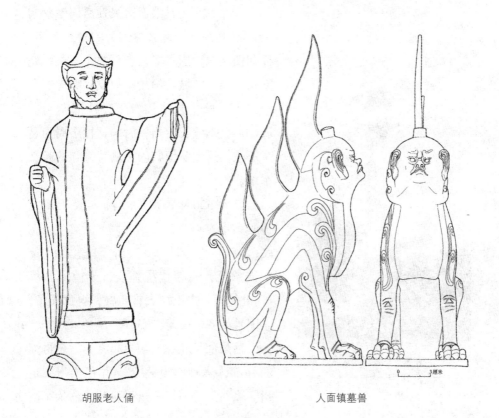

胡服老人俑　　　　　　　　　　　人面镇墓兽

被击败，部众二十万人降魏。魏将起义军分化瓦解，派往内地冀（河北冀县）、定（河北定县）、瀛（河北献县）三州就食，想就此扑灭起义烈火，然起义军分散到三州后，活动并未停止，他们又在三州展开了斗争。

　　胡琛起义军据有高平，声势也很大。胡琛大将万俟丑奴等进攻魏泾州。这时，攻破莫折念生的魏将萧宝寅、崔延伯引兵驻于安定，兵众十二万，铁骑八千，军威甚盛。丑奴先以轻骑扰之，不等交战，就故意避走。崔延伯十分骄傲，派兵出击。将战，有起义军数百骑手持降书，请求缓师。崔延伯未及阅视，起义军从东北杀出，与伪降数百骑汇合，腹背夹击。起义军皆轻骑，而魏兵骑步相杂，战久疲乏，被起义军打得惨败，死伤近二万人。崔延伯再次孤军出击起义军，又被起义军打败。崔中流矢死，士卒死者万余人。这次胜利，意义重大。史称："时大寇未平，复失骁将，朝野为之忧恐。于是贼势愈盛。"（《资治通鉴》卷一五〇）

北齐义慈惠石柱。原为起义军墓葬，上有木制纪念物。北齐时立碑，宣扬镇压功绩

　　公元525年，柔玄镇民杜洛周聚众起义，据上谷（河北怀来县），改元真王，怀朔镇高欢、尉景等人皆从之。不久，魏安州石离、穴城、斛盐三地戍兵响应，合众二万，归于杜洛周旗下。杜部向南发展，连克幽州、定州。后来，杜洛周为葛荣所杀，这支队伍归入了葛荣领导的起义军中。

　　公元526年，沃野镇降人鲜于修礼等起兵据左城（河北唐县境），又攻破定州、燕州（京郊昌平）。鲜于修礼为内部叛徒杀死，葛荣代统部众，于博野县境（河北博野）击杀魏大将元融，自称天子，立国号为齐，改元广安。

　　葛荣部是北魏末众多起义军力量最强的一部，号称百万之众，占有冀州、定州、瀛州、沧州、殷州五州地。葛荣军南下，前锋已过汲郡城（河南汲县），危及洛阳，朝廷大震。公元528年，尔朱荣亲率骑兵七万，以侯景为前锋，东出滏口，在邺城北大破葛荣军。葛荣被俘，被解到洛阳杀害。

在起义高潮近于平息时，又出现了邢杲起义。这次起义，是北方各族人民大起义的一个悲壮的尾声。

邢杲是魏幽州平北府主簿。公元528年，他帅河北流民十万余户在青州起义，自称汉王，改元天统。起义坚持了八个月之久，后在济南被魏上党王天穆及尔朱兆打败。邢杲牺牲。

北方各族人民大起义，是北魏历史上最大的一次起义，这次起义具有鲜明的特色，与中原历次农民起义不同，这是一次鲜卑、羌、氐、汉各族人民共同反抗北魏黑暗统治的联合行动。它沉重地打击了北魏统治，促进了这个日益走向腐朽的政权的瓦解。

北魏的分裂

在北方各族人民大起义的沉重打击下，北魏皇朝徒具形式，实权落到了靠镇压起义起家的尔朱荣手中。

尔朱荣的父亲"家室豪擅，财货丰赢（盈）"，与北魏朝廷关系十分密切。"朝廷每有征讨，辄献私马，兼备资粮，助裨军用。高祖嘉之，除右将军，光禄大夫。"（《魏书·尔朱荣传》）北魏都城迁洛阳后，朝廷亦给他家以特殊照顾，允许"冬朝京师，夏归部落。"北方各族人民大起义爆发后，尔朱荣"遂散畜牧，招合义勇，

怀州刺史印

北魏护面骑马女俑。北方此一风俗至唐五代犹然

给其衣马"，积极镇压人民起义，侯景、贺拔岳、高欢等人都先后投靠了他，成为北魏后期一支主要的军事势力。

当时，朝廷政治昏暗，胡太后权倾天下，与儿子孝明皇帝不合。公元528年，孝明帝密令驻兵在晋阳（山西太原）的尔朱荣来洛阳，胁迫胡太后。尔朱荣令高欢为前锋，行至上党，魏孝明帝又密令尔朱荣不要来洛阳。胡太后用毒药鸩死孝明帝，立临洮王宝晖世子钊为帝，年方三岁。尔朱荣立长乐王子攸为帝（魏孝庄王），以"入匡朝廷"为名向洛阳进兵，杀北魏朝臣二千多人，沉胡太后及幼主于黄河，史称河阴之变。经过这一次大屠杀，北魏朝廷实力几乎全部被消灭。尔朱荣尽掌朝政，视孝庄帝为傀儡，引起孝庄帝及朝臣不满。永安三年（530）九月，孝庄帝设计杀尔朱荣。尔朱荣的侄子尔朱兆闻讯轻骑至洛阳，杀孝庄帝。立献文帝之孙广陵王恭，是为节闵帝。

尔朱兆令部将高欢为冀州刺史，统率六镇流民。这些流民大多是葛荣余众，约二十万余，流入并州，穷困无以为生，多次举行反抗，都遭到尔朱部的残酷镇压。公元531年，高欢率流民到山东，据有冀、殷二州，势力进一步扩大，于公元533年消灭尔朱氏，杀节闵帝，另立元修为帝（魏孝武帝）。元修不愿受高欢的控制，于公元534年逃出洛阳，投奔镇守关中的将领宇文泰。从此，北魏分裂为东西魏两国。高欢立元善见为帝（魏孝静帝），迁都于邺，史称东魏。宇文泰于公元535年杀死元修，另立元宝炬为帝（西魏文帝），都于长安，史称西魏。东、西魏的军政大权，分别掌握在高欢、宇文泰的手里。北方又进入了分裂时期。

东西魏梁鼎峙图

第二节　东、西魏的战争

高欢、宇文泰在东、西魏的掌权

在尔朱荣的势力衰亡之后，北方又出现了两个掌握大权的人物。他们乘机起来，分据关东、关中，各拥一主，彼此之间争战不休。他们就是高欢和宇文泰。

高欢是汉人，因累世在北方边镇生活，"故习其俗，遂同鲜卑"（《北齐书·神武纪上》）。这是一个鲜卑化了的汉人。

响堂山石窟中的高欢形象。原像据其本人形象塑造，民国年间被盗往国外，后重塑

东魏陶甲胄俑

　　孝文帝迁都洛阳后，北边军镇地位一落千丈，加上高家系犯罪的徙户，地位更是低贱。高欢家贫，娶妻之后，因妻家财富较丰，才有了一匹马。他从府户升为队主，后又为函使（信使），往来于洛阳至北镇之间递送公文。有一次，他到洛阳给令史麻祥送信。麻祥让高欢吃肉，高欢便随便地吃起来。麻祥认为高欢无尊卑之分，生性傲慢，打了他四十大板。这一次受辱使高欢十分震动。他返回怀朔后，开始倾家产而结宾客。亲戚朋友不理解，问他缘故。他说：我到洛阳，见宿卫羽林把领军张彝的房子烧了，朝廷怕得罪他们竟然不闻不问。政治昏暗到如此地步。财物岂能守得住？他没有谈自己受辱之事。

　　公元 525 年，柔玄镇民杜洛周在上谷起义，高欢率其心腹好友前往投奔。但不久就对杜洛周心怀不满，想谋杀杜洛周。事情暴露，差一点丧了性命。他又转投葛荣，最后投奔到了尔朱荣的门下。他为取得尔朱荣的信任，向尔朱荣献计，颠覆朝廷取而代之："方今天子愚弱，太后淫乱，孽宠擅命，朝政不行。以明公雄武，乘时奋发，讨郑俨、徐纥而清帝侧，霸业可举鞭而成。"（《北齐书·神武纪上》）尔朱荣听了十分高兴。从此高欢受到重视，"每参军谋"。有一次，尔朱荣向左右说："一日无我，谁可主军？"旁边的人都回答可用其侄儿尔朱兆。尔朱荣不以为然，他认为尔朱兆只可统帅三千骑，而可代他地位的人只有高欢。

　　公元 530 年，尔朱荣为魏孝庄帝所杀。后尔朱兆又杀孝庄帝，另立长广

济南墓主画像

敦煌石窟西魏步骑交战图

王晔为帝，改元建明。高欢被封为平阳郡公。他与尔朱兆之间屡有冲突，但由于势力未丰，故只好忍气吞声与之合作。

当时，葛荣降户二十余万流入并、肆（山西忻县西北一带），为胡人虐待，穷困无以为生，前后进行二十六次反抗，都遭到残酷的镇压，被诛杀者将近半数。尔朱兆深以为患，问计于高欢。高欢乘机要求统帅这支降户队伍。从此，高欢摆脱了尔朱兆的控制，以六镇降户作为自己争夺权位的本钱，与尔朱兆展开了角逐。尔朱兆勇而无谋，远不是高欢的对手。公元532年，高欢以少胜多，在邺城附近的韩陵，大败尔朱氏。不久，高欢进洛阳，废节闵帝元恭而立孝武帝元修。孝武帝封高欢为大丞相、天柱大将军、太师，世袭定州刺史。高欢实际上控制了朝政，他专横拔扈，很快与孝武帝发生矛盾。孝武帝不堪忍受，于公元534年，西奔长安，投依宇文泰。高欢改立元善见为帝，是为孝静帝，迁都于邺。史称东魏。高欢立元善见，不过是找到另一个傀儡而已。他居于晋阳，遥控邺地朝廷。"军国政务，皆归相府"（《北齐书·神武纪下》）。

宇文泰，武川镇人。其祖先是匈奴族宇文部，因长期与鲜卑人相处，混杂而居，也就鲜卑化了。

破六韩拔陵起义时，宇文泰之父宇文肱也曾参加，但不久叛变了，杀破

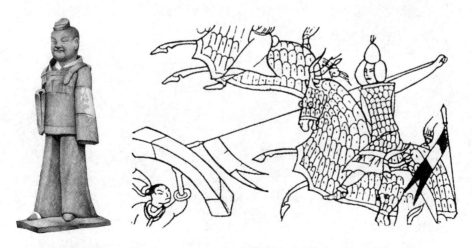

西魏武士俑　　　　　　　　　敦煌石窟西魏步骑交战图局部

六韩拔陵得力将领可孤，降于北魏。后又转而投入鲜于修礼起义军中，在定州被北魏军所败，战死于阵中。宇文泰也曾随父参加过起义，后鲜于修礼被葛荣杀害，他又转投葛荣。宇文泰少有大度，工于心计，虽年仅十八岁，却得到葛荣重视，任以将帅。但他以为葛荣成不了大事，一直想叛逃。不久，尔朱荣镇压了河北起义军，葛荣被俘牺牲，宇文泰也为尔朱荣所俘。尔朱荣杀了他的三兄宇文洛生，又准备杀他。他向尔朱荣讲了自己的身世，叙说被迫加入起义军的经过，才得免一死。

以后，宇文泰跟从尔朱荣，在镇压北方人民大起义中逐渐显赫起来。公元534年，尔朱荣手下大将贺拔岳被侯莫陈悦杀死，贺拔岳部众推宇文泰为主，攻杀侯莫陈悦，关西遂为宇文泰所据有。

公元534年，魏孝武帝逃出洛阳，投奔宇文泰。不久，双方发生矛盾，宇文泰鸩杀孝武帝，于公元535年另立孝文帝之孙元宝炬为帝，即西魏文帝，都长安，史称为西魏。宇文泰为太师、大冢宰，掌握着军政大权。

自此，依靠武力起家的高欢和宇文泰两大势力集团之间，展开了激烈的战争。一度繁荣兴盛的洛阳城，又一次化为灰烬，人民在战争中蒙受了巨大的灾难。

小关之战和沙苑之战

东西魏之间的战争，小的不计，大的战争就有五次。小关之战和沙苑之战，都是其中较大的战争。

公元536年，关中地区天灾严重，人至相食。高欢先发制人，于公元537年正月，乘机发动了对西魏的战争。令前锋窦泰率步骑万余人直趋潼关，令高敖曹率军攻上洛（今陕西商

西魏步兵形象

县)，高欢自己则率军赴蒲坂，造浮桥三座，声言要渡过黄河。蒲坂地于黄河弯曲处，隔河与潼关相对，为河东通往关中的要冲。宇文泰为了迎战东魏军，进抵广阳。面对东魏三路大军夹击的形势，西魏将领都反对舍近袭远，主张分兵迎击。宇文泰则力排众议，主张舍其余两路，集中兵力，先消灭窦泰一路。他认为高欢造浮桥准备渡河，无非是虚张声势，真正的目的是为了牵制我军主力，使窦泰军得以乘虚西入。再者，窦泰常为高欢前锋，屡战屡胜，必有骄心，不如径袭窦泰。泰军一破，高欢就不战自退了。如若先攻蒲坂，高欢扼前，窦泰袭后，那就表里受敌了。宇文泰这一作战方案，得到了他的从子直事郎中深的全力支持。

宇文泰为了迷惑东魏军，扬言欲保陇右，退还长安，暗地里则率军东出，日夜兼程，行抵小关。窦泰闻宇文泰军突至，自恃骁勇，赶忙从风陵渡过黄河前进。宇文泰选择了牧泽这一有利地形，四面埋伏，引诱窦泰进入泽中泥淖地重围。窦泰铁骑不得驰突，西魏军万弩齐发，窦泰军死伤大半，窦泰自己身上也中数箭，料知无法脱围，自刎而死。

高欢在蒲坂，闻窦泰军败，大恸，几乎晕倒，只好撤去浮桥，退回晋阳。只有高敖曹一路进展比较顺利，攻下了西魏上洛城，正欲向蓝田关进发，高欢恐孤军深入，传令招还。这一战役，历史上称为小关之战。

同年，东西魏之间还展开了一次大的战争。

这一次，是新胜的西魏主动出击，宇文泰亲自率领李弼等十二将领，以北雍州刺史于谨为前锋，连克盘豆、恒农两郡，虏俘了东魏陕州刺史李微伯及八千余名将士。黄河之北原来归附东魏的诸城也纷纷反叛，归于西魏。

高欢即发兵二十万，由壶口直趋蒲津（黄河津渡，在山西永济境)，令高敖曹将

西魏骑兵形象

兵三万出河南，迎战西魏军。

宇文泰发动的这次战争，是仓促之举。当时西魏境内大饥，虽然新挫东魏军，国力还是虚弱的。宇文泰率领将士不过万人，攻下恒农后，因粮草不足，竟逗留了五十多天。听说高欢将渡黄河，便匆忙引兵入关。东魏右长史薛琡向高欢建议："西人连年饥馑，故冒死来陕州，欲取仓粟。……但宜置兵诸道，勿与野战，比及麦秋，其民自应饥死。宝炬、黑獭，何忧不降，愿勿渡河。"（《资治通鉴》卷157）。东魏大将侯景也劝高欢不要全军渡河，以免为西魏一举全歼，高欢不听，执意率军从蒲津渡过黄河，直趋西魏腹地。

宇文泰连忙派使者前往华州，命华州刺史王罴抵住东魏的进攻。王罴叫宇文泰放心，说"老罴当道卧，貙子那得过。"果然，高欢见王罴守城坚固，不易攻下，只好转渡洛水，驻扎在许原西边（洛水入渭，许原大概在渭北洛南）。

宇文泰下令征发各州兵，一时未能召集。他想不顾兵力悬殊，与高欢决一死战。但诸将都认为寡不敌众，请等高欢西进再观形势。宇文泰坚持要立即出兵决战，他说："欢若至长安，则人情大扰。今及其远来新至，可击也。"他连夜叫人在渭水河上赶造浮桥，令士兵只携带三日粮，轻骑渡过渭水到达沙苑（今陕西大荔南洛水与渭水之间），距高欢军仅六十里。

宇文泰招集诸将商讨对付高欢的战略方案。开府仪同三司李弼建议：敌多我寡，不可与他们正面相抗。离沙苑东边十里有一个叫渭曲的地方，草深可以藏人，我们可以埋伏在那里等待敌人。宇文泰采纳了这一建议，命西魏军背水而阵，李弼埋伏在右边，赵贵埋伏在左边，将士都把武器藏在苇草中，约定闻击鼓声则一跃而起。快日暮了，东魏兵才到。东魏仗着人多，根

东魏陶马俑　　　　　　　东魏墓出土陶马陶陀线描图

本不把西魏兵放在眼里。高欢一声令下，个个争先恐后，都想速立战功，队伍不复成列。正在这时，宇文泰一声鼓响，士兵纷纷跃起。李弼、赵贵铁骑从左右突入，把东魏军横截成数股，一时杀声震野。此战东魏惨败。

高欢还想收拾残军，再行决战。他派张华原巡视各营，照簿点名，无人答应。张华原急忙回告："众已散尽，各营皆空了！"高欢还不想撤离，阜城侯斛律金在侧提示："众心已经离散，宜速还河东为是！"遂命左右牵马来，敦促高欢上马。高欢上马后，仍据鞍不动，斛律金用鞭猛击马背，才向东驰去。到了河滨，忽闻后面人声马沸，料知有追兵到来，只好匆忙急渡，许多将士情急逃生，跃入河中，尽随水漂去。此役，东魏共丧甲士八万人，弃铠仗十有八万件。

宇文泰回师渭南后，令每个将士植柳一株，以纪念和表彰这次武功。

宇文泰沙苑得胜后，又继续向洛阳、蒲坂等地进军。东魏大将侯景在撤军时焚烧洛阳城内外官府和民居，经此兵燹，洛阳城的建筑存留的不过十之二三。接着，梁州、荥阳、广州（治襄城）都望风归附，河南诸州郡，多半为西魏军所占领。

河桥、邙山之战和玉璧之守

公元538年，东魏大行台侯景治兵虎牢，谋收复河南失地。侯景出兵四路，夺还南汾、颍、豫、广四州。侯景会同高敖曹，围攻金墉城（今洛阳东），高欢也率兵前往声援。西魏文帝元宝炬与宇文泰正准备前往洛阳谒园陵，恰巧洛使告急，遂命尚书左仆射周惠达辅太子钦守长安，令李弼、达奚武为前锋，自与宇文泰督军援救金墉。

八月，宇文泰到达谷城（今河南新安东），军于瀍水（今洛阳南）。侯景见西魏大

东魏步兵俑阵图

军来援，撤围引退。宇文泰率轻骑追至河上。侯景回马布阵，北据河桥，南倚邙山，与宇文泰对仗。两军交锋不久，宇文泰坐骑被侯景射中，狂奔不已。都督李穆紧紧跟护在宇文泰身旁。宇文泰被掀下马，左右皆散，东魏兵马追来。李穆用马鞭抽打宇文泰，骂道："你这个不中用的东西，你的主子跑到哪里去了，你还在此逗留！"东魏兵听得此言，不怀疑是贵人，遂舍之而过。李穆以马授与宇文泰，与宇文泰逃回营中。

侯景初胜，以为西魏军远去，不会再来。不料西魏大军如潮水般涌至，侯景来不及布阵，就被西魏军打败，士卒溃散，侯景自己也拨马遁逃。只有高敖曹自恃勇敢，与宇文泰鏖战，好不容易杀出重围，单骑投河阳南城。河阳南城守将高永乐与高敖曹有隙，闭城不纳。高敖曹躲在桥下，被西魏追兵杀死。高敖曹是东魏军司、大都督，统七十六都督，在东魏武装力量集团中的地位仅次于高欢，是著名的猛将。他是汉人，当时鲜卑人对汉人的态度非常傲慢，但在高敖曹面前却不敢放肆。高欢对部队讲话，总是用鲜卑语；如高敖曹在列，就改用汉语。

河桥之战，东魏士卒死伤数以万计，被俘者一万五千余人。高级将领被杀的除高敖曹以外，还有西兖州刺史宋显。

高欢得知高敖曹被杀的消息，如丧肝胆，亲督大军，前往争洛，双方展开了一场激烈的大战。那天大雾弥漫，阵线很长，首尾远隔，从早上打到下午，战至数十合，双方犬牙交错，已经分辨不清对方了。西魏左右翼独孤信、赵贵战斗不利，又不知主帅所在，茫无头绪，以为打了败仗，弃军逃跑，后军李虎、念贤等也跟着逃跑。西魏阵线已乱，宇文泰只好放火烧了营寨，留下长孙子彦守金

娄睿墓壁画局部

塘，自奉宝炬西归长安。在回撤的途中，宇文泰又攻下了恒农城。

公元543年，东西魏之间又发生了一次较大的战争，史称邙山之战。东魏打胜了的一次。

战争的起因是东魏北豫州刺史高仲密之妻为高欢之子高澄调戏，高仲密怀恨在心，投降西魏。宇文泰率诸将接应，向河桥南城进围。高欢闻高仲密叛变及宇文泰来犯，亲率十万大军至河北抵御。宇文泰军退居瀍上，令军士驾舟，在上流纵火，想烧毁河桥，阻止高欢军渡河。东魏将领斛律金，派行台郎中张亮，用小船百余艘，拦截敌船，用铁链横河，系以长锁，钉在两岸，使敌船不能靠近，保住了河桥的安全。高欢军过河，占据了邙山有利地形，数日不进，以逸待劳。宇文泰将辎重留在瀍曲，乘夜色，率精锐奔四十里偷袭高欢军，被高欢军侦骑探到，高欢整阵迎战。候至黎明，泰军果到。高欢将领彭乐，不等泰军列阵，便率数千精骑，猛冲过去。泰军大败而逃。高欢军穷追不舍，追于瀍上，宇文泰弃营再逃。西魏侍中大都督临洮王元柬、蜀郡王元荣宗、江夏王元升、巨鹿王元阐、谯郡王元亮、詹事赵善等俱被俘，士卒死伤近六万余人。

东魏大将彭乐急追宇文泰，宇文泰对他说："你非大将军彭乐么？痴男子，试想今日无我，明日岂有你么？何不急速回营，收取金宝？"彭乐闻言，也觉有理，遂放宇文泰逃生。

彭乐回营，有人告发他纵宇文泰。高欢大怒，拔出佩剑，按住彭乐的头，三下三举，终未杀他，说今日饶了你，你要自知从前的错误，效力赎罪。彭乐连声遵令。因为宇文泰还活着，高欢不敢轻易杀死军中骁将。

公元546年，冬十月，高欢围攻玉壁（今山西稷山西南）。玉壁城是西魏大统四年（538）所建，专以防御东魏进攻。高欢早就想拿下，昼夜不息地组织攻城，一面

韦孝宽形象

在城南筑起土山，又挖了十条地道。西魏守将韦孝宽坚守不出，并筑起了比土山还高的楼台，居高临下，以防爬城。又挖了长堑，连接东魏的地道，在堑外堆积柴火，在地道上放火，使东魏兵不敢从地道进攻。高欢用攻城车撞城，韦孝宽就用布做成幔子。攻城车驶向何方，布幔就随之张开，风鼓布幔，使攻城车失去效用。高欢命士兵手执竹竿，上缚松麻，灌油加火，一面焚布，一面烧楼。韦孝宽用长钩钩竿，钩上有刃，割了松麻，竿仍无用。高欢再挖二十条地道，中施梁柱，纵火燃烧，柱折城崩，韦孝宽积木以待，见有崩陷，立即竖栅，高欢军仍不得入，苦攻了五十多天，士卒战死及病亡者约计七万人，尸首埋成一座小山。高欢"智力皆困，因而发疾"，只好解围而去。回到晋阳不久，高欢就病故了，时年五十二岁。

玉璧一战，是南北朝历史上最艰苦的攻城战役。高欢用尽当时所拥有的一切攻城技术，却始终不能破城。这一方面是西魏守将韦孝宽在防守上很有谋略，玉璧城中兵民团结一致；另方面是由于高欢选择冬日攻城，气候寒冷。士兵又缺衣少食，给攻城战造成许多客观的困难。

东西魏之间的战争，持续十余年之久。投入兵力之多，持续时间之长，战斗之惨烈，都是历史上不多见的。战争给社会生产造成极大的破坏，给人民生活带来极大的困苦。史称："东西分裂，连年战争，河南诸郡鞠为茂草，公私困竭，民多饿死。"

高欢死后，其子高澄在公元549年，为争夺长社（今河南长葛），又与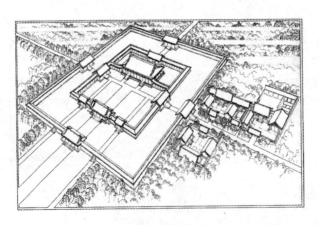西魏发生了大战，但这已是东西魏战争的尾声了。这时，南方梁的小康局面早已破坏，梁朝逐渐走向了衰败，北方对峙中的双方都开始把目光转向南朝。

高欢庙复原示意图

第三节　梁朝的衰亡

梁武帝晚期的腐朽统治

梁朝经过近三十年的小康局面，到梁武帝统治的晚期，各种潜伏的矛盾激化，终于陷入动乱，走向灭亡。

梁武帝在位四十八年（502—549），前期还有所建树，到了晚期，对内对外都执行了一系列荒唐而愚蠢的错误政策，由他亲手造成了一个庞大而腐朽的官吏统治集团，造成了侯景之乱，还有诸王争夺帝位之乱，使整个长江流域遭受到空前的大破坏。

宋、齐两朝，皇帝采用典签制度控制和监视诸王宗室。使皇帝与诸王之间，由亲属血缘关系变成上下级关系，对地方势力是有所压抑的。梁武帝时，鉴于宋、齐朝的典签权重，权力集中于皇帝一身，造成皇室骨肉相残，政权为素族所夺取的情况，为此，梁武帝废除了典签制度。这样一来，诸王不再受制于典签，成为有实权的藩镇。他们在地方上胡作非为，就是抗衡中央，闹出乱子，也不过是受梁武帝一番家教了事。梁武帝的一片苦心，后来竟导致了皇室内乱，这是他所没有料到的。

梁武帝还认为，东晋是凭借世族大家的支持和维系，国运才延续到百余年，所以他特别重视恢复和提高世族大家的权利。对皇室子孙、世族大家和公卿大臣，一律加以优待、宽容，甚至放纵。

南北朝邓县画像砖
武官形象

南朝名士形象

即使他们犯了罪，也不受法律制裁。史书记载梁武帝"疏简刑法，自公卿大臣，咸不以鞫狱为意。奸吏招权弄法，货赂成市，枉滥者多……时王侯子弟，多骄淫"（《资治通鉴》卷一五九）。梁武帝也深知这些弊端，但并未加以禁止。

梁武帝对统治集团宽容，可是对人民就不那么宽容了。人民犯了罪，如该从坐，不论老幼都不得免；一人逃亡，全家都要被囚禁，罚作苦工。对于梁武帝推行的"罔恤民之不存，而忧士之不禄"的政策，普通老百姓是感觉最深切的。有一次，梁武帝到南郊祭天，一个老人挡住御驾，指责皇帝使用的法律，对老百姓太严，对权贵则太宽，这不是长久之计。

梁武帝后期政治腐败，官吏贪污，社会风气浮华奢侈，人民流移逃亡，都极严重。贺琛给武帝上疏指出："天下户口减落，诚今之急务，郡不堪州之控总，县不堪郡之裒削。百姓不能堪命，各事流移，或依于大姓，或聚于屯封。今天下宰守，皆尚贪残，罕有廉美者。"（《梁书·贺琛传》）这些中肯的意见，梁武帝根本听不进去。

梁武帝本人虽然生活简朴，但在另一方面，他又大肆挥霍浪费国家资财而在所不惜。晚年笃信佛法，特建立同泰寺，屡设救苦斋、四部（僧、尼、善男、善女）无遮会、无碍会，讲经说佛，说这是做功德事，替老百姓求福。一次讲经就舍银、绢等物二百零一种，值钱一千零九十六万。他曾四次到寺舍身，表示要出家当和尚，群臣共出钱四万万才把他赎回来。公元547

梁释迦像

北朝邓县画像砖肩舆图

年，他赎身回宫的那天晚上，同泰寺的塔烧毁了，他又大兴土木，建筑了比旧塔还高一倍的十二层的高塔。塔还没有完工，他就被侯景拘禁饿死了。终年八十六岁。

就是这样，梁武帝造就了一个以皇室、世家大族为中心的腐朽没落的统治集团。这个集团，受到皇帝的宽容，享有种种特权。他们"姬妾百室，仆从数千，不耕不织，锦衣玉食"（《资治通鉴》卷一六一）。可是人民却在他们的盘剥下流离失所，以至"人人厌苦，家家思乱。"这就是梁朝末年走向动乱和灭亡的最根本的原因。

侯景降梁与侯景之乱

梁武帝不仅在对内做了许多蠢事，在对外处理与北魏的关系上，特别是在接纳侯景问题上，更是蠢事不少。

公元514年十月间，北魏以司徒高肇为大将军、平蜀大都督，将兵十五万进攻梁益州，另令傅竖眼出巴郡北，羊祉出庾城，奚康生出锦行，甄琛出剑阁，想一举取梁之蜀地，战争互有胜负，魏军无功而还。差不多就在同时，梁武帝听信北魏降人王足的建议，想筑堰，以淮水灌魏寿阳城。梁派去勘测地形的水利工程家都说，淮水附近都是沙土，不坚实，不可筑堰。梁武帝听不进去，在徐、扬两州大发民工及将士二十万人日夜施工，历时二年。公元516年堰成，长九里，下广140丈，上广45丈，高20丈，这样筑起了一条南起浮山（安徽嘉山北淮水边）北至巉石（浮石对岸）的长堰。在筑堰中兵民死亡无数。开始时，北魏颇以堰成而忧，任

侯景像

命任城王澄为大将军、大都督，率众十万准备来攻堰，被尚书右仆射李平阻止。他认为不需要发兵进攻，堰一定会自己倒塌的。果然，九月间，淮水暴涨，堰堤冲决，"其声如雷，闻三百里，缘淮城戍村落十余万口皆漂入海"（《资治通鉴》卷一四八）。以上两件事，都是在北魏爆发六镇人民大起义前的一个时期发生的。北魏分裂为东西魏后，双方连年交战，对南边的进攻趋向平缓；而梁朝也开始走向衰落，大规模对北朝的军事行动停止了。但是梁武帝总想寻找时机，对北朝进行攻击。公元547年，东魏大将侯景为高欢之子高澄所逼，求降于梁。梁武帝欣然接纳，并以为北伐的时机来到了。

侯景，北魏怀朔镇人。北魏人民大起义时，他投奔于尔朱荣部下。后来尔朱荣被魏孝庄帝所杀，他又转投高欢，成为得力将领，受封为濮阳郡公，统兵十万，专制河南。他是在东魏政治舞台上，一个重要的角色。

侯景自恃功高，对高欢还能信服，而对他的儿子高澄，就不同了。他常跟人谈到看不起高澄的话。有人把这些话传到高澄耳里，高澄深为恼火。高欢一死，高澄立即假借高欢之命，招侯景入朝。侯景自知性命难保，遂以河

南朝武士俑

南降西魏。后又派郎中丁和到建康，请以十三州降梁。梁武帝令群臣议论此事，许多人表示反对，认为侯景反复无常，不可置信。但梁武帝认为纳侯景"则塞北可清"，有助于梁收复失地，甚而对进一步北伐都是难得的机会。他任命侯景为大将军，封河南王，都督河南、北诸军事。

梁武帝接纳侯景是出于扩大梁疆域来考虑的。但他缺乏慎重地对待此事，未充分估计到侯景的实际状况，从而造成很严重的失误。

侯景降梁后，梁武帝在公元547年冬，派侄儿萧渊明进攻彭城，想与侯景互相呼应。萧渊明是一个根本不会打仗的人。据历史记载："诸将与渊明议军事，渊明不能对，但云'临时

制宜'。"（《资治通鉴》卷一六〇）结果梁军被东魏打得大败，萧渊明和几个重要将领胡贵孙、赵伯超都被东魏俘虏，梁死亡士卒数万人。

梁武帝本来对敌我力量估计不足，听到前方失败萧渊明被俘的战报，吓得不知所措，只得开始与东魏议和。

侯景在这次梁与东魏交战中，打得很顽强。在涡阳，他只有数千匹马，士卒四万人，而东魏大将慕容绍宗却有士卒十万人，"旗甲耀日，鸣鼓长驱而进"，声势十分浩大。侯景命士卒皆被短甲，执短刀，杀入东魏马阵中，专砍马足。东魏军阵线大乱，纷纷坠马。仪同三司刘丰生被打伤，显州刺史张遵业也被侯景俘虏了。侯景与慕容绍宗相持数月之久，粮食已尽。梁军溃败，不能来救。次年（548）春天，侯景被东魏击败，逃到梁的寿阳。这次战斗，梁的衰弱无能，给了侯景一个很大刺激。

梁武帝频繁地与东魏议和，要求释放萧渊明。东魏见他求和心切，提出以侯景换萧渊明的要求。梁武帝不考虑后果，竟满口答应，早上你们把萧渊明放回，晚上即把侯景的头送去。

侯景知道梁武帝将用他换回萧渊明时，便在寿阳起兵进攻建康，造成梁末一场空前动乱。史称这次动乱为侯景之乱。

侯景知道孤掌难鸣，便与被剥夺太子地位的萧正德暗中勾结，约于事成之后，立萧正德为帝。萧正德对梁武帝一直心怀不满，阴养死士，储米积货，早有图谋。侯景之议，正合他的心意。

公元548年十月，侯景攻下谯州（今安徽滁县），梁武帝命萧正德防守长江。萧正德遣大船数十艘，诈称截获，暗中接济侯景渡江。侯景渡江时，

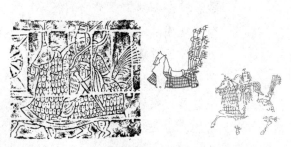

南朝骑兵及具装形象

清刻《采石放渡》。长江自古号称天险，南方守江以采石最为紧要

只有兵八千人，马数百匹。但建康因数十年未见兵甲，一片惊慌。梁武帝命太子萧纲筹划防务，萧纲把防守宣阳门的任务交给萧正德。萧正德率众于张建桥迎接侯景入宣阳门。十一月，萧正德自称帝，以侯景为丞相。侯景军攻台城（宫城），将台城重重包围。尚书令羊侃率众拼死抵抗。侯景久攻不下，军心涣散。侯景令士兵大肆抢掠民间财物和粮食，胁迫数万民众充当士兵，还招募了大批奴隶为士兵。公元549年，侯景攻入台城，将梁武帝禁闭在台城内的文德殿。梁武帝忧愤交加，膳食断绝，被饿死在文德殿。终年八十六岁。

　　侯景在攻入建康城后，告诉诸将，要杀个干净，好让天下人知道他的威名。建康自东晋以来，本是历朝胜地，商业和手工业发达，经济繁荣，城南北各四十里，达二十八万多户。至侯景之乱，金银宝饰财物被抢劫一空，宫阙图书文物多被烧毁。又因为交通阻隔，粮食运不进去，米价高至七、八万钱一升。那些士大夫们，个个饿得鸠形鹄面，穿着罗绮，抱着金玉，伏在床边等死。颜之推曾这样描述："梁世士大夫……及侯景之乱，肤肥骨柔，不能行步，体羸气弱，不耐寒暑，坐死仓卒者，往往而然"（《颜氏家训·涉务篇》）。南朝士大夫受到了一次毁灭性的打击。全城饿死者超过半数。曾经多年繁荣鼎盛的建康，经过这次战乱，几乎荡然无存了。

　　侯景进攻建康时，梁朝王室荆州刺史湘东王绎，河东王誉，岳阳王詧等，发兵讨侯景。梁武帝其他子侄，也表示要前来声援。但他们各拥强兵，相持不战，各自打着自己的小算盘，都觊觎着皇帝的宝座，

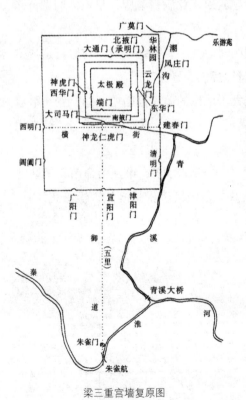

梁三重宫墙复原图

并不真心想救朝廷。

公元549年，侯景与萧正德发生矛盾。萧正德密召鄱阳王范，要他带兵讨侯景。侯景获得消息，杀萧正德，立太子萧纲为帝，是为梁简文帝。公元551年，侯景又废杀简文帝，立豫章王萧栋为帝。不到三个月，又废萧栋，将他锁在密室里面。这次索性自己当起皇帝来，称汉皇帝。

公元549年，侯景军攻破建康以后，一路向三吴地区进军。梁吴郡、吴兴各有精兵数千，会稽郡有精兵数万，都不敢抵抗。三吴最称富庶，是建康经济的主要来源。侯景军据有三吴，烧杀掳掠，无恶不作，并掳掠人口，贩卖到北方去当奴隶，致使当地生产遭到严重破坏，经济凋敝。

公元550年，侯景另一路军破广陵，将被俘的八千人半埋入地，纵兵驰马射杀之。广陵几乎成了一座空城。

公元550年，侯景军一路沿长江西进。551年破江州、郢州（湖北汉口），逼近江陵。萧绎向西魏求援，割汉中给西魏。侯景军被萧绎击败，萧绎夺回江州和郢州。公元551年，萧绎派大将王僧辩率军东下。陈霸先率精兵三万人助王僧辩。王僧辩军从寻阳出发，舳舻数百里。陈霸先从南江（赣水）出湓口，与王僧辩会师于白茅湾（今江西九江北）。

王僧辩军抵芜湖，侯景守将张黑慌忙弃城逃走。侯景闻讯，甚恐，下诏要免萧绎、王僧辩之罪。

侯景部将侯子鉴据守姑孰南州。侯景派兵前往支援，他嘱咐侯子鉴："西人（萧绎兵从西边来）善水战，勿与争锋……汝但结营岸上，引船入浦以待之。"侯子鉴

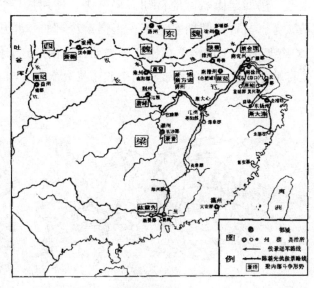

侯景乱梁形势图

乃舍舟上岸，闭营不出。王僧辩在芜湖停留近半月，也不出战。侯子鉴很得意，派人告诉侯景："西师畏吾之强，势将遁矣，不击，且失之。"侯景命侯子鉴准备出击。

王僧辩到了姑孰。侯子鉴率步骑万余人渡南州，在岸上挑战，一面以船载战士在水面进攻。王僧辩命小船全部退走，只留大船停泊于两岸。侯子鉴以为王军要逃跑，争相出击。王僧辩令大船断其归路，击鼓大呼，与侯军战于江中心。侯军大败，士卒赴水死者数千人。侯子鉴仅以身免，只好收集散卒逃回建康。王军乘胜攻占了历阳。这次水战，侯景军受创惨重。侯景听到侯子鉴失败的消息，"大惧，涕下覆面，引衾而卧，良久而起，叹曰：'误杀乃公'。"（《资治通鉴》卷一六四）。

姑孰战后，王僧辩军向前推进到了张公州，乘着涨潮，进入秦淮河，兵临建康城下。侯景忙令将巨石载入船中，沉入水下，挡住秦淮河入口，然后缘淮作工事，"自石头至于朱雀街，十余里中，楼堞相接"。王僧辩进军到招提寺北（招提寺在石头城北）。侯景率众万余人、铁骑八百余，列阵于西州。陈霸先见侯景兵多，便令诸将分处置兵，又派弓弩手二千横截其后。侯景兵交战不利，向后退时，王僧辩又率大军从旁杀出。侯景大败，逃回建康城。他自知大势已去，便用皮口袋装着两个儿子，挂在马鞍旁，与百余骑向东逃窜。王僧辩令部将率精甲五千骑追侯景。公元552年四月，王僧辩军在松江（吴淞江以南）追上侯景。此时侯景仍有船二百艘，众数千人。侯景将两个儿子推入水中，与心腹数十人乘一船企图逃入东海，被部将羊鲲所杀。至此，历时近四年之久的侯景之乱才告结束。

微弱的后梁

侯景死后，梁朝王室子弟之间争夺帝位的内战并未因之而平息，

武士像

反而愈演愈烈，百姓的灾难也更为深重。

公元 552 年，王僧辩攻克建康后，十一月，萧绎自恃灭侯景有功，在江陵称帝，是为梁元帝。益州刺史武陵王纪，也不甘示弱，在蜀称帝。但由于他势力最小，次年，就被梁元帝萧绎灭掉。益州之地也被西魏宇文泰趁机夺走。萧绎的命运也不佳。公元 550 年时，他曾与岳阳王萧詧打了一仗。萧詧被打败，求救于西魏，宁愿作其附庸。公元 554 年十一月，萧詧引西魏兵攻江陵。555 年，攻破江陵。梁元帝把所聚古今图书十四万卷全部烧毁，然后向西魏军投降，后受尽萧詧的侮辱而死。西魏封萧詧为梁主，以江陵附近约三百里土地作为梁国封地。公元 556 年，萧詧在江陵称帝，即后梁。后梁辖地只有江陵一州，受西魏和后来的周、隋节制，不是一个独立的政权，到公元 587 年，为隋文帝所灭。共历三帝，三十三年。这是后话。

萧绎死后，公元 555 年二月，王僧辩、陈霸先将其儿子萧方智迎至建康。但恰好此时，北伐中被俘的萧渊明被北齐送还。王僧辩又改立萧渊明为帝，贬萧方智为太子，自己当大司马，左右朝政。陈霸先在破侯景中，与王僧辩有同等功劳，也想左右政局。他对王僧辩擅作主张不满，遂于同年九月，从京口举兵攻建康，杀王僧辩，迫萧渊明退位，改立萧方智，是为梁敬帝。两年后，陈霸先自立为帝，废梁敬帝为江阴王，建立了陈朝。

梁朝共历四代，五十五年而亡。

侯景之乱中，东西魏、北齐趁机吞并了梁的一些领地。梁的某些将领，也纷纷投降北朝，是以梁"州郡大半入魏"。南朝的疆

陈武帝像

域大大缩小，只有江陵以下的江南，长江以北的土地大都丧失。直到陈朝统治时，一直都是划江而守。

　　梁是南朝时间较长的朝代；相对地说，也是南朝比较拥有实力的朝代。此后的陈朝，无论地域和实力，都大不如梁，北强南弱的形势也更为显著。

第四节　北齐北周间国力的升降和突厥的兴起

东魏、北齐的民族矛盾和错误的民族政策

　　高欢创建的东魏，起初在军事、经济、地域范围上，都远远超过宇文泰的西魏。自公元 534 年，不堪忍受屈辱地位的孝武帝西入关中，高欢事实上失去了"挟天子以令诸侯"的优势。这次政治上的失算使他面临两大敌人，一是南朝，一是西魏。尽管他们之中，有强有弱，但都是堪与之匹敌的独立政权。高欢要想在对峙中保持自己的地位，甚至成为全中国唯一主宰，就必须强化东魏的统治。但因其民族政策上的错误和政治上的腐败，使原来居于优势的国力转为弱势。

　　高欢集团是依靠六镇鲜卑贵族，尤其是以怀朔镇鲜卑贵族的支持起家的。因而他认定自己的政权，应该是鲜卑人的政权，这个政权应该最大限度地保证鲜卑贵族的利益。但与此同时，他也争取汉族的门阀世族参与政权，作为政权的第二种支

北周北齐陈后梁形势图

持力量。为此，他自称是渤海汉族高氏的子孙，又把女儿嫁给华阴门阀世族杨愔，想以此提高自己在汉人中的威信。他所引用并授与要职的官吏，如高敖曹、高乾等人，都是汉族门阀世族中人物。他还企图调和当时相当尖锐、紧张的鲜卑与汉人的关系，下令军中"不得欺汉儿"。他告诫鲜卑人，要懂得怎样使用汉人，说："汉民是汝奴，夫为汝耕，妇为汝织，输汝粟帛，令汝温饱，汝何为凌之？"对饱受鲜卑贵族欺负的汉人，他又换了一副腔调，说："鲜卑是汝作客，得汝一斛粟，一匹绢，为汝击贼，令汝安宁，汝何为疾之？"（《资治通鉴》卷一五七）高欢的这些方法，并不能促进民族关系的融洽，解决当时颇为尖锐的民族矛盾。

高欢的儿子高澄，在政治上有不同于高欢的看法。公元538年，高澄任吏部尚书后，进行过革新，废除了以论资排辈为晋升标准的年劳之制，这是一种"不问士之贤愚，专以停解月日为断，"（《资治通鉴》卷一四九）为庸才大开仕途之门的制度。高澄废除了这一制度，开始选拔贤能，注重官吏的才学。"凡才名之士虽未荐擢，皆引致门下，与之游宴、议论、赋诗，士大夫以是称之。"（《资治通鉴》卷一五八）高澄这样做的目的，显然是想依靠汉族势力，为高氏集团代魏作准备。高澄也知道这样会引起鲜卑亲信的不满，但他决意坚持下去。有一次，他故意在满室鲜卑勋贵的注视下，给汉人崔暹让位作揖，以示敬重，借以抬高汉人世族的政治地位。他把崔暹和崔季舒视为心腹，委以重任。这就更加引起一些鲜卑贵族的不满。高澄一死，崔季舒和崔退就被强加罪名，鞭打受辱，发

北齐骑兵形象

配边鄙之地。

公元550年，高洋称帝，正式取代东魏静帝元善见，建立了北齐。但这时，鲜卑贵族与汉世族之间的矛盾，还是没有缓和。

高洋时，一批汉族官吏，像杨愔（高欢之婿）、郑子默、燕子献等在朝廷中占据着重要地位。虽然不能说高洋对他们不器重，但高洋认为自己的政权是鲜卑人的政权，应该最大限度地保证这部分人的根本利益。尽管他也引用汉人，但是有所提防。汉世族杜弼为人直率，当着高洋的面都敢鄙视鲜卑人，说他们只会骑马坐车。高洋心里就很不痛快，认为这是冲着他来的，终于把杜弼杀了。他立汉人李夫人为后，李夫人是汉世族大地主赵郡李氏之女。立她为后，不能说仅仅是出于宠爱而没有政治上的用意。他立李夫人所生的高殷为太子，后又嫌高殷软弱，有汉家气质，没有鲜卑人横刀立马的英雄气概。高洋要高殷杀人，高殷害怕，连砍几刀，还没有割下头来。高洋气得打颤，认为此儿无用，不堪为帝。但他临死前，还是命尚书令杨愔、侍中燕子献等汉族官吏辅佐高殷继位。

北齐胡腾舞

持盾武士俑

高殷继位，意味着具有汉家血统的人统治北齐，这使北齐鲜卑勋贵大为震动，他们不愿意让这样的事情发生。高洋弟弟高演、高湛联合朝廷鲜卑权势人物，发动宫廷政变，杀了杨愔等人，废了高殷，高演当了皇帝。

这是争夺皇位的斗争，但同时也是汉与鲜卑的矛盾。这一点，高欢妻子娄氏就说得很明白，她是坚决反对高殷为帝的，理由是："岂可使我母子，受汉老妪（指李夫人）斟酌！"（《北齐书·杨愔传》）

北齐统治的晚期，汉世族在朝中地位更加低下。鲜卑贵族韩凤常常当面骂汉人"狗奴，大不可奈，唯须杀却。"（《北齐书·韩凤传》）高欢时，有人说治河役夫多溺死，要想法解决。鲜卑勋贵刘贵听了说："一钱汉（汉人的生命只值一文钱），随他死。"汉世族高敖曹听了十分愤怒，拔刀要杀刘贵。高欢只好劝阻，还没有斥责高敖曹。而此时韩凤辱骂汉人，却再也没有人出来表示愤怒了。

东魏、北齐汉世族与鲜卑贵族的矛盾，以及统治者一直奉行的民族歧视政策，就使东魏、北齐政治上蒙上了阴影，不能像西魏、北周那样争取各方面对自己政权的支持。

东魏、北齐政治的腐败

东魏、北齐的统治者也不敢打击豪强势力（包括鲜卑和汉族豪强），适当地限制他们的经济扩张，而是采取听之任之，甚至鼓励纵容的态度。

东魏时，官吏贪污，盘剥人民的情况就很严重。豪强纷纷庇荫人口，与政府争夺劳动力，政府利益受到很大损失。所谓："是时法网宽弛，百姓多离旧居，阙于徭赋。"（《隋书·食货志》）高欢对此不敢进行制裁。汉世族杜弼不知其中缘故，一个劲地劝高欢采取措施。高欢对他说："天下浊乱，习俗已久。今督将家属多在关西，黑獭（宇文泰）常相招诱，人情去留未定。江东复有一吴儿老翁萧衍者，专事衣冠礼乐，中原士大夫望之，以为正朔所在。我若急作法网，不相饶

供御囚

借，恐督将尽投黑獭，士子悉奔萧衍，则人物流散，何以为国？"（《北齐书·杜弼传》）高欢的顾虑有其客观的原因，但他对这些人的纵容，不但不会使东魏、北齐强盛起来，反而会腐蚀吞没这个政权。对这一点，高欢没有认识到。

北齐后主高纬统治时，北齐政治腐败昏暗到了极点。后主比起高欢、高澄这些前辈来说，无论智力、才能和个人品质都差多了。

齐后主生长深宫，没有统治经验。他宠信乳母陆令萱，陆令萱收养和士开、高阿那肱为养子，与他们结为一伙，权倾朝廷。他们"卖官鬻狱，聚敛无厌，每一赐与，动倾府藏……杀生予夺，唯意所欲。"（《资治通鉴》卷一七二），起初，陆令萱曾推荐汉世族祖珽执政于朝廷。祖珽执政后，政治情况有所好转，史称祖珽"颇收举才望，内外称美，珽复欲增损政务，沙汰人物，官号服章，并依故事；又欲黜诸阉竖及群小辈，为致治之方。"（《资治通鉴》卷一七一）但不久就因触犯鲜卑勋贵的利益而被陷害。北齐后主时昙花一现的振兴气象很快化为乌有。直到北齐灭亡，这种腐败政治才算结束。

北齐河清三年（564），虽然宣布实行新的均田和赋役制度，但北齐朝廷对大土地兼并已束手无策。从《关东风俗传》的描绘可以看得很明显。"其时强弱相凌，恃势侵夺，富有连畛亘陌，贫无立锥之地"，"肥饶之处，悉是豪家"，"编户之民，不得一垄"。又说："露田虽复不听买卖，买卖亦无重

崔芬出行

责。贫户因王课不济，率多货卖田业，至春困急，轻致藏走。""河渚山泽，有司耕垦，肥饶之处，悉是豪势，或借或请。编户之人，不得一垄。"（《通典·食货志·田志》）由此可见，北齐的均田制几乎已名存实亡。这种状况的出现，无疑加速了农民的破产，以致流离失所。这当然是北齐政府所不愿意的，但又是他们无法解决的矛盾。人民只好用起义的形式来争取生存的权利。从东魏初到北齐末，农民起义爆发的次数是较多的，地区也较广，规模虽然没有达到全国范围，但也常常众至万人。农民起义对北齐的灭亡起了催化剂的作用。

东魏、北齐本来国力在当时鼎立三方中，并不居于劣势。从地域上看，它所占据的地区，经过北魏长期经营，经济基础是比较厚实的。当时中原最富庶的农业地区大都在北齐境内，而且还兼有鱼盐之利。仅沧州一地，就有煮盐地一千四百八十四处（见《魏书·食货志》）。它的手工业、制造业，如冶铁、制瓷也很发达。但北齐政府统治下的贪污公行，苛重的赋税，很快摧毁了他的经济实力。东魏、北齐的军事力量是高欢起家的资本，但在后期也已腐败衰弱，失去了在军事上的优势。北齐的灭亡是不可避免的了。

西魏、北周转弱为强

宇文泰操纵下的西魏，本是当时南北鼎立的三方中所辖之地最小、势力

东魏整套酒具

北朝后期中原陶屋

也最弱的一个政权。然而，它最终却由弱变强，灭了北齐。

在宇文泰控制西魏的初期，民穷兵弱，处境十分艰难。魏孝武帝西奔，随从不过左右微臣。北魏朝廷得力之臣多为高欢所用。为了建立巩固的统治集团，宇文泰不得不面对现实，一方面竭力争取关西世族的支持，另方面则缓和阶级矛盾，争取国内形势的好转，走向繁荣和稳定。宇文泰苦心经营，实行了一系列政治、军事、经济上的措施。经过两代人的努力，这才在关西立足，并且越来越强大，到北周武帝时，北方的局势就为之一变了。

在西魏初期宇文泰急欲革易内政的时候，一些有识之士纷纷献策。其中有苏绰提出来的六条措施："一曰清心；二曰敦教化；三曰尽地利；四曰擢贤良；五曰恤狱讼；六曰均赋役。"这六条，宇文泰都"甚重之，常置诸坐右。又令百官习诵之"（《资治通鉴》卷一五八）。不会背诵六条的地方官，甚至有丢官的危险。

宇文泰在魏孝文帝之后，再次规定了均田制和赋役制度。为了保证均田制和赋役制的推行，西魏以及后来的北周朝廷是作了一些努力的。北周法律规定："正长隐五户及十丁以上，及地三顷以上，皆死。"（《隋书·刑法志》）西魏对农业的恢复发展一直较为重视，他们认识到："人生天地之间，以衣食为命。食不足则饥，衣不足则寒。饥寒切体，而欲使兴行礼让者，此犹逆

北周武士形象

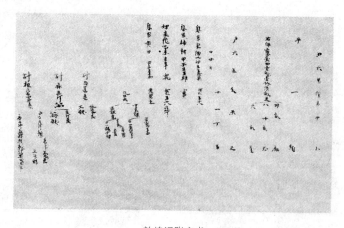

敦煌记账文书

坂走丸，势不可得也，"（《周书·苏绰传》）因此，宇文泰令官吏励行劝农，对那些能执行命令、奉公清廉的官吏大行奖赏。河北太守裴侠，"清慎奉公，为天下最"，宇文泰给他厚赏，并让他进朝谒见时另立一旁，以示尊贵，朝野为之叹服，称之为"独立君"。而对那些贪官污吏则严惩不殆，宇文泰内兄王超世贪污，就被他处以死刑。朝廷着力劝农及吏治的整顿，对均田制和赋役制的推行是有促进作用的。

　　但是尽管如此，均田的实际效果远远达不到规定的数量。根据新发现的敦煌石室资料中《郑延天富等户户籍计帐残卷》（斯坦因汉文书第613号）记载，残卷所涉及的三十三户中，只有六户授田达到规定数字；而其余各户授田数量则远远达不到规定标准。这一文件，经中国学者考订为西魏大统十三年（547）的户籍或计帐。它的出土，说明了两点：其一，证实西魏确实行过均田制。其二，证实西魏时期均田制下农民实际授受的土地，还达不到规定数目。然而从残卷中却可见尽管均田户授田不足，但他们是要依照足额授田数目交纳田租、户调的。而且每年还要服二个月的力役。由此可见，农民的负担还是比较沉重的。但由于西魏朝廷尚能大体上做到"不舍豪强而征贫弱，不纵奸巧而困愚拙"，在赋役上力求均平，规定从守令到正长，都要斟酌得当，以免激化阶级矛盾。所以关陇地区土地兼并要比北齐统治区域速度慢些，程度也小些，均田农民多多少少还能分到一些土地，从事生产。所以西魏北周局势能够平稳下来，使实力逐渐超过北齐。

吐鲁番文书——兵曹文书　　　　　　　吐鲁番文书——某人失耕启

宇文泰在西魏的改革

宇文泰在军事方面，进行了重大的改革，创立了府兵制。府兵制具体的建置年代，说法不一。有认为建于大统三年（537），也有说建于大统八年或大统十六年（542—550），它在中国历史上先后维系了二百多年，直到唐中叶玄宗天宝年间才趋于破坏。这可见府兵制的创立，意义是深远重大的。

初创时的府兵制，是仿效鲜卑拓跋早期部落制的一种兵制。早期部落制时期，拓跋氏部落联盟的每一个成年人都是战斗员，一部落的成年人都统一在部落酋长的帅领下。宇文泰初创建时的府兵制，就是摹仿这种制度的。它以八柱国统领全部军队，一个柱国就相当于一个部落酋长，"所统军人亦改从其姓"（《周书·文帝纪下》）。改从其姓，就是人为的使他们成为一个部落，一个血统。

早期的府兵与农民是分离的。府兵是一个特殊的集团，不属于郡县管辖，即所谓"自相督率，不编户贯"，"十五日上，则门栏陛戟，警昼巡夜。十五日下，则教旗习战，无他赋役。每兵唯办弓刀一具，月简阅之。甲槊戈弩，并资官给。"（《北史》卷六十）。

早期府兵制的优点在于：一、一个军事单位有如一个部落，他们的关系有如同姓兄弟，内部团结好、组织好，因之战斗力是强的。所谓"抚养训导，有如子弟，故能以寡克众"（《玉海》卷一三八引《邺侯家传》）。二、士兵的身分、社会地位提高了。部落成员都是自由人。南北朝时期，兵的身分地位是普遍降落了，无论被称作士家、兵家、兵户、营户、府户等等，他们的身分都是依附民。拓跋氏留在北边六镇的士兵身分，就明显地经过这种变化。北魏末的魏兰根曾说："缘边诸镇，控摄长远。昔时初置，地广人稀。或征中原强宗子弟，或国之肺腑，寄以爪牙。中年以来，有司乖实，号曰府

敦煌壁画——步兵地盾图

户，役同厮养。官婚班齿，致失清流。而本宗旧类，各各荣显。顾瞻彼此，理当愤怨。"因此他建议："宜改镇立州，分置郡县。凡是府户，悉免为民。入仕次序，一准其旧。"(《北齐书·魏兰根传》)役同厮养和悉免为民，说明他们身分的低下。他们心中不满，终于爆发了六镇起义。府兵制摹仿部落制，使军中上下成为同姓一家，"抚养训导，有如子弟"，兵士身分地位大大提高，从厮养成为子弟。三、府兵的生活待遇提高了，他们当兵以外"无他赋役"；训练有素了，"十五日下，则教旗习战"。

西魏的府兵，最初可能以鲜卑人为主，但西魏鲜卑人不多，六镇起义后的鲜卑人大多留在东魏。

宇文泰起家靠的是以武川镇兵户为骨干组成的军事集团。起初，它的人数不过数千人，后来逐渐有所发展。孝武帝入关前，宇文泰又创立了十二军，"简诸将以将之"，赵贵、李弼、独孤信等人就是各军将领。这时，十二军仍带有浓厚的部落兵制的色彩。大统九年（543），西魏军已有十万人左右。但邙山一战，西魏军伤亡近六万人。经此惨败，加上关陇地区鲜卑人兵源本来就有限，宇文泰不得不开始用汉人充兵，于是"广募关陇豪右，以增军旅。"(《周书·文帝纪下》)至此，汉、鲜卑共同组成军事力量，以备防守征讨之事。府兵制的这一演变，使鲜卑骑兵和汉人乡兵结合在一起，也使鲜卑将领和汉族大姓结合在一起。旧六镇军人入关者和当地强宗大族结合组成关陇统治集团。汉人的加入，扩大了府兵制的兵源，改变了府兵主要是鲜卑兵的成分。

府兵制也由原来脱离农业生产的兵农分离制，逐渐走向兵农合一化。但兵农结合的最后完成，是隋唐时才实现的。西魏北周时，只有

西魏乙弗后墓复原图

一点萌芽。由于豪族所领乡兵，实际上也就是农民，他们与早期部落军事组织不同，往往与农业生产结合较密切，但这时的府兵制还没有与均田制结合起来，兵民还是分别治理的。

府兵制的创立，是西魏北周历史上一个转折点，它对增强西魏北周军队的战斗能力，对强化朝廷权力，起了不可忽略的重要作用。如前所述，由于一个军事单位有如一个部落，使兵士之间如同兄弟相处，利于团结，战斗力也就因此而增强。西魏北周的军事力量日益强大起来，逐渐超过东魏。

在政治上，宇文泰也进行了一些改革。他深知，要在关西立足，与东魏、南梁争一日之长，就必须培植起自己的支持力量，而且这个力量必须包括汉族。但汉族与鲜卑贵族之间存在一定的民族界限。宇文泰不愿像孝文帝那样，全盘接受汉族文化的影响，积极汉化。他把魏末六镇起义看作是鲜卑人对汉化的反抗。但是他也看到，不汉化也是没有出路的。他采取的办法是：军事，鲜卑化；政治，汉化。公元554年，宇文泰宣布孝文帝时改姓元的鲜卑人一律改姓拓跋，然后又将汉人改姓鲜卑姓。如赵贵赐姓乙弗氏，苏

北周彩绘重装骑兵陶俑

北周李贤墓哑哒人制品

绰弟苏桩赐姓贺兰氏，杨忠赐姓普六茹氏。府兵制中的汉族士兵，也一并跟其汉将改姓。宇文泰想用这种表面上的鲜卑化来平衡西魏政权日益汉化的现实。

宇文泰不仅在军事上依靠汉人，而且在政治上也积极吸引他们参与政权。府兵高级将领中，汉人占了四分之一。帮助他处理政事的主要文官如苏绰等也是汉人。宇文泰确信汉人制度有值得仿效之处。他令苏绰、卢辩依周礼改定官制。当然，周礼已年代久远。但正因年代久远，他才可以在周礼的旗号下作适合于自己意愿的变动。他所行官制，有许多已是秦汉制度。他打起周礼的旗号，也还有深一层的意义，这样就是想因此而使自己的政权带有几分古老华夏文化的色彩。改革后的官制，加强了朝廷集权，这对朝廷权力的上升是有好处的。在选拔官吏上，西魏"惩魏齐之失，罢门资之制"，因之"其所察举，颇加精慎"（《通典》卷十四《选举典》）。这种唯才是举的方针，对于西魏整个官制的更新，无疑是重要的环节。这比起北齐的佞幸卖官要好得多。由于选官制度的严格，西魏吏治是较为清明的。

励精图治的宇文泰很想给邻近的齐国一点颜色看看。北齐当时虽然弱点已经暴露，但仍处于强盛时期。几次讨伐，西魏都无功而还。而南方的梁朝这时却陷入内乱之中。宇文泰认准时机，对衰败中的梁朝发动了一系列军事行动，比北齐占到了更多的土地。

公元550年，乘梁朝内乱，宇文泰派大将杨忠包围了梁的安陆，安陆附近诸城的梁守将，也纷纷投降西魏。从此，"汉东之地尽入于魏"（《资治通鉴》卷一六三）。同年二月，杨忠乘胜到达石城，准备进攻江陵。湘东王萧绎连忙派使臣同杨忠谈判，缔结了出卖国土，称臣于西魏的盟约，规

一代英雄长眠之地——宇文泰墓外景

定"魏以石城为封，梁以安陆为界，诸同附庸，并送质子"。萧绎之所以如此慷慨，是想借用西魏力量，灭掉与他争夺皇位的哥哥萧纶。西魏乐得从中渔利。不久，西魏果然如约杀了萧纶。到了公元553年，萧绎已经称帝（梁元帝）。这时，他的八弟萧纪也已在蜀称帝，率水军东下，以讨侯景为名，实际上是冲着萧绎而来。萧绎再次求救于西魏。宇文泰高兴地对群臣说："取蜀制梁，在兹一举。"（《资治通鉴》卷一六五）他采纳了大将军尉迟迥的建议，派他率甲士一万二千人，马万匹，从散关兼行袭蜀，西魏轻易地于当年就拿下了蜀。至此，宇文泰的胃口更大了。公元554年十一月，西魏军攻破江陵，引狼入室的萧绎被杀。西魏获得梁朝数万人口，驱入长安，分赏三军作奴婢。对梁朝的侵犯，使宇文泰在军事上获得了巨大的成功，他的统治地位更加巩固了。

公元556年，宇文泰病死，时年五十二岁。《周书·文帝纪》说他"知人善任使，从谏如流，崇尚儒术，明达政事……能驾驭英豪……性好朴素，不尚虚饰"。虽有过誉之嫌，但基本上勾画出了他的政治品质。宇文泰对西魏和以后北周的强大有突出贡献，他制定的缓和阶级矛盾的均田、赋役制和强化中央政权，提高军队战斗力的府兵制，以及注意平衡调节汉和鲜卑两族矛盾的政策都是值得肯定的。这些政策的实行，为北周武帝时期的强盛打下了坚实基础。

侍从俑/踞坐俑

北朝马车线描图

周武帝和北周的强大

宇文泰死后，诸子年幼，不能担当大任，政权落在他的侄子宇文护手中。宇文护见宇文氏家族势力已经强大到可以代魏的地步，就迫使西魏恭帝拓跋廓封宇文泰之子宇文觉为周公。公元 557 年，宇文觉登天子位，废西魏，建立了周朝，史称北周。

同年，宇文护先杀宇文泰的旧臣赵贵、独孤信以及对他独揽北周大权表示不满的人。宇文觉对宇文护专权也越来越反感，便与一些大臣亲信密谋，想除掉宇文护。宇文护察觉后，先发制人，杀宇文觉，另立宇文泰长子宇文毓为天王。公元 559 年，宇文毓改称皇帝，是为北周明帝。公元 560 年，宇文护又杀了周明帝，改立宇文泰另一个儿子宇文邕为帝，这就是历史上有名的北周武帝。

周武帝不同于被杀的两个兄弟，他是一个有雄才大略的杰出人物。宇文泰对他一直很器重，曾对人说："成吾志者，必此儿也。"（《周书·武帝纪上》）周武帝即位之初，不露声色，表面上听凭宇文护摆布，而暗中却积极积蓄实力，终于在公元 572 年，杀宇文护，夺回政权。他在他父亲励精图治的基础上，进一步实行了多方面的改革。首先值得提出的是释放奴婢。

西魏、北周还保留着浓厚的奴隶制残余。宇文泰灭南朝萧绎时，将江陵男

阎立本绘周武帝像

北周"天元皇太后玺"金印

女数万口没为奴婢。周武帝即位后，于公元565年下诏："江陵人年六十五以上为官奴婢者，已令放免。其公私奴婢，有年至七十以外者，所在官司赎为庶人。"公元572年再次下诏，"江陵所获俘虏充官口者，悉免为民"（《周书·武帝纪上》）。公元577年灭齐后，即下诏："自伪武平三年（572）以来，河南诸州之民为齐破掠为奴婢者，不问官私，并宜放免。其住在淮南者，亦即听还；愿住淮北者，可随便安置。"（《周书·武帝纪下》）同年不久又下诏："自永熙三年（534）七月以来去年十月以前，东土之民被抄略在化内为奴婢者，及平江陵之后良人没为奴婢者，并宜放免，所在附籍，一同民伍。若旧主人犹须共居，听留为部曲及客女。"通过这两个诏书，北齐公元572年以来抄略的奴隶、北周自公元554年平江陵自由民被没作的奴隶和北周在576年十月以前抄略北齐民没为奴隶的，都放免了。只有公元576年十月和齐作战新被俘掠的奴隶未被放免。周武帝这一举动，对于一个鲜卑皇帝来说，是颇为不易的。以战俘为奴是鲜卑长期沿袭的旧例。周武帝释放奴婢，是对祖宗以来旧习惯的改变。这一改变，把公私奴隶解放为良人，加强了皇帝的集权力量，削弱了豪强私家势力。同时，也推动了鲜卑族奴隶制残余向封建化的转变。

　　周武帝的第二项值得提到的措施，是他开展的灭佛运动。佛教在南北朝时期，达到全盛阶段。大量人口遁入佛门，朝廷失去劳动人手和士兵来源。因此，周武帝决心灭佛，"求兵于僧众之间，取地于塔庙之下"（《广弘明集》卷二十四，周释昙积《谏周太祖沙汰僧表》，"太祖"当作"高祖"）。

　　周武帝灭佛是经过长期的准备的。他先允许佛教徒申述教义，让佛、道二教自由争辩。公元574年，他召集百官，宣布儒、佛、道三教，以儒为先，道次之，佛教最末。后来才正式下诏灭除佛教，"断佛道二教，经像悉毁，罢沙门、道士，并令还民"（《周书·武帝纪上》），将寺院财产分给臣下，寺观塔庙赐给

西魏北魏侍者形象

王公。灭齐后，周武帝又下令禁齐境内佛教，"现成寺庙，出四十千，并赐王公，充为第宅。五众释门，减三百万，皆复军民，还归编户。融刮佛像，焚烧经教，三宝福财，簿录入官，登即赏赐，分散荡尽"（《广弘明集》卷十《叙释慧远抗周武帝废教事》）。至此，北方佛教几乎湮灭无存。

灭佛的结果，可用周武帝自己的话来概括："自废以来，民役稍稀，租调年增，兵师日盛，东平齐国，西伐妖戎，国安民乐，岂非有益？"（《广弘明集》卷十《叙任道林辩周武帝除佛法诏》）

周武帝对世族和豪族的打击，也很果断。世族大家占有大量的土地和人口，是南北朝时期普遍的现象，也是使历朝统治者大伤脑筋的一个严重问题。统治者和他们在争夺土地和劳动力上有矛盾，所以历代统治者也不断地想打击他们。但打击的程度往往有限，总是缩手缩脚。周武帝规定得很严厉，凡"正长隐五户及十丁以上，隐地三顷以上者，至死"（《周书·武帝纪上》）。这一法令可以说是从北魏孝文帝创置三长以来，对大地主荫护土地人口最严厉的一次法令。

周武帝是主张集权的。他在一次与他的弟弟齐王宪的侍读斐文举的谈话中阐述了他对强化君权、打击地方割据势力的看法。他说："近代以来，又有一弊，暂经隶属，便即礼若君臣，此乃乱世之权宜，非经国之治术。诗云：'夙夜匪懈，以事一人'。一人者，止据天子尔。虽陪侍齐公，不得即同君主。"（《周书·齐王宪传》）他认为东汉末以来的封建依附关系和人口的分割极大地削弱了王权，是造成社会长期混乱不治的原因。他主张积极强化君权。而君权的强大，对于全国统一局面的出现是一个重要的先决条件。

在宇文泰改革府兵制的基础上，周武帝实行了加强军队和君主的关系的措施。建德二年（573）"改

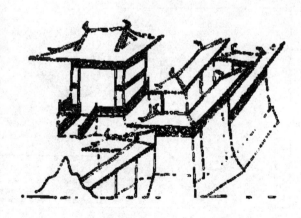

敦煌西魏莫高窟 285 窟壁画中的豪宅

军士为侍官，募百姓充之，除其县籍。是后，夏人半为兵矣"（《隋书·食货志》）。侍官，天子之近臣。改军士为侍官，用以加强军士和皇帝的亲近关系，用以改变过去府兵专属于某一军队统帅的传统，使其直接隶属于君主。这样一来，军队分权的倾向有所改变，皇帝对全国军事劲旅的掌握更为紧密。

周武帝一生戎马倥偬，能与兵士同甘共苦。他"锐情教习，至于校兵阅武，步行山谷，履步勤苦，皆人所不堪。……每宴会将士，必自执杯劝酒或手付赐物。至于征战之处，躬在行阵，"故"能得士卒死力"（《周书·武帝纪下》）。

在宇文泰、周武帝两代人的治理下，北周阶级矛盾较为缓和，朝廷统治较为巩固，国力也日益强大。在这些前提下，具有雄才大略的周武帝开始把目光转向邻国，转向整个鼎峙中的南北双方，欲以完成他梦寐以求的统一大业。

此时，南方已从梁末大乱中复苏。陈朝尽管辖地最小，但国内形势还能维持小康局面。相反，与北周对峙的北齐却日益走下坡路，正处于"阖境嗷然，不胜其弊"的状态中。因此，周武帝决定与陈朝通好，取得陈的支持，首先灭齐。为麻痹北齐君臣，他听从柱国于翼的建议，暗中蓄锐养精，表面上仍制造假象与齐保持友好关系。

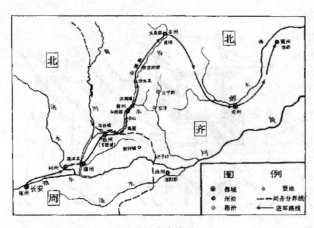

北周灭齐路线图

建德四年（575），北周武帝下诏大举伐齐。他亲率六万大军，直指河阴（今河南洛阳东北），其余几路进展也很顺利。但围攻中滩城（河南孟津东）时，由于城防严密，二十多天都无法攻下。周武帝又转攻金墉，也没有攻下。九月，北齐援军赶到，正好周武帝患了重病，只好全军撤回。

第二年，北周武帝又准备伐齐。他对臣下说：我去年伐齐，因病不得克敌，但却看到了齐军的无能。况且，齐朝廷昏乱，老百姓朝不保夕，生活很苦，这是天给我灭齐的机会。要犹豫不决，就后悔莫及了。他下令，军中有不愿伐齐者，以军法裁处。十月，北周三路大军由周武帝率领，到达晋州，驻扎在汾曲。赵王招率步骑一万人攻打汾州诸城，柱国宇文盛守汾水关，内史王谊攻平阳城。不久，齐后主高纬从晋阳率军奔救晋州，但还未到达，周武帝先从汾曲赶到晋州城下督战，一举攻下了晋州城，俘虏齐军八千人。

十一月，齐后主率军到达平阳（今山西霍县以南），将平阳紧紧包围，昼夜攻打，城墙被毁，仅存数仞。城中周军冲出，两军短兵相接，齐兵稍退。十二月，周武帝率八万人解平阳之围。以后，又经过几次激战，于公元577年，灭了北齐。

周武帝善于指挥，意志很顽强，在灭齐战斗中，几乎每次都亲临阵地指挥。周军纪律也严明。周武帝曾号令全军，进军时不得践踏庄稼，违者斩。这对于北周灭齐，是很重要的原因。

北周灭齐，结束了北方近半个世纪的分裂局面，北方又开始走向统一。

古纸牌上的水彩画——锻奴图

西安北周史君墓商队图像

北方的统一，为以后隋统一全国奠定了基础。

灭齐后，北周国力达到了立国以来的鼎盛时期。从宇文泰苦心经营关西，到北周武帝灭齐，北周一直处于政治较为清明，君臣励精图治的形势下。周武帝死后，情况骤然发生了变化。

突厥的兴起

正当东魏、北齐与西魏、北周对峙时，北方的突厥民族逐渐兴起并趋于强大，这是代替柔然族的新兴民族，对于当时东西对峙的北方两国都有影响，对于此后隋唐时期的历史也有影响。

突厥人原是隶属于柔然人的。五世纪末，柔然逐渐衰落。突厥人大概就在这时开始慢慢地摆脱柔然的束缚，用牲畜和手工业产品（主要是铁制品）与西域各国进行贸易，并开始"至塞上市缯絮，愿通中国"。公元545年，西魏宇文泰派酒泉胡安诺槃陁出使突厥，突厥对此很高兴，皆相庆曰："今大国使至，我国将兴也。"（《周书·突厥传》，下同）公元546年，突厥也开始派使者到中原向西魏赠送礼物。就在这期间，突厥打了一次大胜仗，俘虏了五万多落高车人。经过这次大捷，突厥开始走向强盛。突厥向柔然求婚，柔然主阿那环很生气，说："尔是我锻奴，何敢发是言也。"突厥主也大怒，杀了柔然的使者，正式与之绝交。突厥主转而向西魏宇文泰求婚。没想

突厥墓地杀人石。突厥社会弥漫着尚武杀人精神，墓地前往往立有杀人石

突厥人饮酒器。突厥人嗜酒如命的见证

到，宇文泰倒同意了。公元551年，西魏把长乐公主嫁给了突厥主土门。公元552年，突厥主土门发兵袭击柔然，大败柔然于怀荒之北。"土门遂自号伊利可汗，犹古之单于也。号妻子为可贺敦，犹古之阏氏也。"土门死，他的儿子科罗继位，号称乙息记可汗。科罗死，他的弟弟俟斤即位，是为木杆可汗。从阿史那到科罗，突厥与中原的关系还是友好的，但到了木杆可汗统治时，情况就发生了变化。

木杆可汗是个很有雄心的人，他"勇而多知，务于征伐"。这时突厥国力也日趋强盛，为木杆可汗提供了施展宏图的物质基础。他率兵击邓叔子（柔然主），破之。叔子以其余烬奔西魏。他又西破哒哒，东走契丹，北并契骨，威服塞外诸国。一系列成功的征伐，使突厥的领土大大扩展。"其地东自辽海以西，至西海，万里；南自沙漠以北，至北海，五六千里；皆属焉。"

木杆可汗死后，其弟他钵可汗立。木杆可汗和他钵可汗都有"凌轹中夏之志"。

西魏与突厥通使，起初是有扶植突厥以治柔然想法的。柔然败亡后，西魏与突厥往来更为密切。西魏对突厥"岁给缯絮、锦绦十万段。对突厥在京师者，又待以优礼，衣锦食肉，常以千数"。北齐也争相结好于突厥，"惧其寇掠，亦倾府藏以给之"。他钵恃其强盛，非常傲慢。有一次，竟对他身边的人说："但使我在南两个儿子（北齐、北周）孝顺，何忧无物邪！"当时"周人东虑，恐齐好之深；齐氏西虞，惧周交厚"。突厥摸透了西魏、北齐的心理，趁机从中周旋。

突厥本来不尚佛教，北齐有一个叫惠琳的僧人，被突厥俘虏。惠琳向他钵宣传佛教教义，并告诉他说，齐国富强，就是因为有佛法。

岩画中的突厥武士形象

他钵大感兴趣，也在突厥统治的地方建起寺庙，并派使节到北齐，寻求《净名》、《涅槃》、《华严》等经和《十诵律》。他钵"躬自斋戒，选塔行道，恨不生内地"。建德二年（574），他钵开始与齐通好，派使献马。与北周的交往则越来越少了。

北齐被北周灭后，齐定州刺史范阳王高绍义投奔他钵。他钵便拥立高绍义为齐帝，声称要为齐报仇。

公元578年四月，他钵率突厥军攻打幽州。北周柱国刘雄率兵拒战，兵败身死。北周武帝非常气愤，亲自率领北周主力，准备北伐，但不等出发，他就病死了。这一年冬天，他钵又包围了北周的酒泉，大掠而去。北周对它无可奈何。第二年，他钵又要求和亲。北周同意把赵王招的女儿千金公主嫁给他钵，同时提出要交回高绍义。他钵不同意。北周屡次派人前往交涉，他钵才同意送交高绍义。

赤陶人像，可能是突厥人祭祀用的神像

隋文帝初年，突厥阿波可汗与沙钵略可汗不和。阿波渐强，龟兹、铁勒、伊吾及西域诸国都接受他的号令，因而从突厥分裂出来，号西突厥。隋文帝派上大将军元契使于阿波，进行安抚。对沙钵略，隋文帝也答应给他军事上的援助，阻止阿波可汗对他的侵袭。隋开皇五年（585），沙钵略上表称："天无二日，土无二王。大隋皇帝，真皇帝也。岂敢阻兵恃险，偷窃名号？今感慕淳风，归心有道，屈膝稽颡，永为蕃附。"并派子库合真入朝。文帝赐诏书：

"沙钵略，往虽与和，犹是二国。今作君臣，便成一体。"（《资治通鉴》卷一七六）第二年正月，隋颁历于突厥。按照传统，接受颁历等于接受正朔，意味着臣服的意思，突厥在制度上正式承认为隋的藩属。

突厥的社会习俗，"被发左衽，穹庐毡帐，随逐水草迁徙，以畜牧射猎为事，食肉饮酪，身衣裘褐"，是典型的游牧民族。突厥很崇尚武力，崇尚气力，"贱老贵壮"。

大约到木杆可汗时，突厥已有了"官"，"大官有叶护，次特勒，次俟利发，次吐毛发，及余小官，凡二十八等，皆世为之。""官"实行的是世袭制，大约都是些大大小小的氏族贵族长。突厥社会中也有刑法。"反叛、杀人、及奸人之妇、盗马绊者，皆死；淫者，割势而腰斩之。奸人女者，重责财物，即以其女妻之。斗伤人者，随轻重输物；伤目者偿以女，无女则输妇财。折支体者输马；盗马及杂物者，各十余倍征之。"从这些刑法看，也体现了对私有财产的保护。但突厥这时还"无文字，其征发兵马及诸税杂畜，刻木为数，并一金镞箭，蜡封印之以为信"。

以上所叙为突厥早期历史，史料皆见《北史·突厥传》。木杆可汗是六世纪中叶的人物，从史料中可以看到：到六世纪中叶，突厥族还没有显著发展起来的奴隶制，记载中所说的官，大约还只是些大小氏族贵族首长，他们已是世袭的。所谓刑法，也还只是些氏族部落的习惯。他们已经有了私有财产，习惯法也是保护私有财产的。从这些情况看来，六世纪中叶的突厥，大约还在氏族社会父系家长制阶段，或正跨进阶级社会的门槛。

北周陕西兴平出土石雕刻舞乐图案

第五节　隋代周，灭陈，统一南北

北周的衰落和隋之代周

公元 578 年，一代英主北周武帝病故，儿子宇文赟继位，是为宣帝。北周武帝死时才三十六岁，正当年富力强，施展宏图之年。他的去世对于北周正在进行中的统一事业无疑是一个重大打击。

周宣帝与其父几乎毫无共同之处。他性好奢侈，胸无大志，却极有阴谋。周武帝死时，他毫无悲怆之状，反而抚摸着自己身上被父亲生前教训时留下的伤痕，气愤地说："死晚矣！"（《资治通鉴》卷一七三）

周武帝生前，对太子的品质是极了解的。为此，他采取了一系列严厉措施，想促使之改邪归正。太子喜欢饮酒，常喝得酩酊大醉。周武帝规定不许把酒送进东宫，甚至把跟随他干坏事的太子宫尹郑译等人给撤了。但这一切努力都毫无效果。太子表面上"矫情修饰"，暗地里一如既往。为太子之事，周武帝伤透了脑筋，但是其他诸子不是太小，便是与太子一样不争气。他又不愿意让颇有才干的弟弟宇文宪继承皇位。对太子的昏淫、无能，以及北周未来的命运，连周武帝的心腹之臣也看得一清二楚。有一次，周武帝和群臣开宴会，内史中大夫王轨假借酒后失态，捋着周武帝的胡须说："可爱的好老公，但恨后嗣弱耳。"（《周书·王轨传》）

周武帝最终还是把皇位传给了这个不肖之子，北周衰亡的悲剧也从此开始。

周武帝临终时，曾火速召回宇文孝伯，授以司卫上大夫，总宿卫兵之职。宣帝即位后不久，企图杀掉威望

西魏加彩人面镇墓兽

颇高的宇文宪，就请宇文孝伯助力。孝伯坚决拒绝，说："先帝遗诏，不许滥诛骨肉。齐王，陛下之叔父，功高德茂，社稷重臣，陛下若无故害之，则臣为不忠之臣，陛下为不孝之子矣。"（《资治通鉴》卷一七三）从此，宣帝开始对孝伯不满，另与于智、郑译等人密谋，杀了宇文宪。第二年，又杀了王轨、宇文孝伯。一帮群小都留在宣帝身边，受到重用。宣帝整天纵情酒色，不问政事，群臣请事，都由宦官代奏。有一个叫杨文祐的宿卫下士讽刺说："朝亦醉，暮亦醉，日日恒常醉，政事日无次（无秩序）。"（《隋书·刑法志》）

　　周宣帝害怕自己穷奢极欲，为天下所不容，就制定严刑峻法，用滥施淫威，慑服群下。一面密令左右暗中伺察群臣言行，稍有过失，就加诛杀，弄得人人自危。但是还是有直臣京兆郡丞乐运冒死进谏，数了皇帝八条过失：（一）事多独断，不令宰辅参政。（二）采女实宫，仪同以上诸女，不许擅嫁。（三）至尊入宫，数日不出，所有奏闻，统归阉人出纳。（四）下诏宽刑，未及半年，更严前制。（五）高祖斲雕为朴，崩未逾年，遽违遗训，妄穷奢丽。（六）劳役下民，供奉俳优角觝。（七）上书字误，辄令治罪，杜绝言路。（八）玄象垂诫，荧惑屡现，未能咨诹善道，修布德政。周宣帝听了勃然大怒，将运入狱，欲加死罪。群臣都惧怕，不敢营救。独内史中大夫元岩叹道："臧洪同死，人且称愿；（臧洪事见《三国志》）况同时遇着比干，岩情愿与他同毙。"遂入谏："乐不惜一死，实为了沽名，陛下不如好言遣他回去，借此显示圣上的宽宏大度！"周宣帝这才把乐运放了。

　　周宣帝知道自己不得人心，同时觉得当皇帝总要操心政治，于是即位一年，就将皇位传给了七岁的儿子宇文阐，才二十多岁索性做起太上皇来了。从此，周宣帝更加沉湎于酒色，先后立了五个皇后。命营造

克孜尔石窟舞人线描图

洛阳宫，尽选民间美女，充入宫中。经常外出巡幸，晨出夜还，侍臣皆不堪奔命。因为他恣情享乐无度，不久就得病死了。周宣帝在位只越一年，禅位后又越一年，总算合成三年，死时才二十二岁。

周宣帝的儿子，八岁的周静帝，年幼无知，根本不能处理政事。嗣后，北周的大权就落到了宣帝皇后杨氏之父杨坚的手里。杨坚趁北周主幼臣愚，夺取了北周政权，建立了隋朝，这一年是公元581年。

杨坚是弘农郡华阴人，汉族。父亲杨忠是北周的开国功臣，因功高被封为隋国公。杨坚继承了父亲的爵位，年纪很轻时就显示出过人的才识。宇文泰见到他，曾叹道："此儿风骨，不似代间人！"（《隋书·高祖纪上》）周武帝对杨坚也很重用，武帝弟弟宇文宪一再劝说武帝尽早除掉杨坚，以免后患，武帝都拒绝了。杨坚知道自己易被猜疑，就故意表现出一付胸无大志的样子。

周宣帝死时，郑译、刘昉等人因杨坚为皇后之父，便假造遗诏引杨坚辅政。杨坚一方面将北周诸王骗到京师，予以制服，并以武力平息了北周故臣王谦、尉迟迥的武装反抗。另一方面，他采取了一系列措施，改革周宣帝即位以来的弊政。史称其时"大崇惠政，法令清简，躬履节俭，天下悦之"（《隋书·高祖纪上》）。这样，北方的政治局势就稳定下来，开始出现强盛的形势。

阎立本绘隋文帝像

陈的衰腐

与此同时，南朝却处于日暮途穷之中，自梁末侯景之乱后，始终没有恢复元气。陈朝因循守旧，各种矛盾趋于激化，终于成了杨坚的俎上食。

陈霸先建立陈朝后，梁朝的残

余势力及在梁末大乱中趁机拥兵自重、割据一方的地方豪强，不断起来反抗。陈霸先几乎没有一刻安宁。两年后，他死去时，陈的局势还没有完全稳定下来。

陈文帝继位后，陈的号令仍不出建康四里之处。但文帝还是一个比较有作为的皇帝。他在军事上平定了盘踞湘、郢的王琳，解除了陈的一个大隐患。王琳本是梁元帝任命的湘州刺史，江陵陷落后，他成为长江中游一带萧梁残余势力的盟主，并与北齐相勾结。他立梁元帝年仅七岁的孙子萧庄为帝，准备东下与北齐一同进攻建康。王琳败后，陈收复了江、郢二州，消除了后方隐患。

陈文帝在经济上也较为注意发展农业生产，还实行过土断，他统治时间不过七年，但在陈朝历史上，还算是一个粗安的年代。

公元 569 年，宣帝即位。此时北齐已经走向衰落。陈宣帝很想趁此机会北伐。太建五年（573），他发兵十万北伐。一路乘胜前进，攻下了"襟带淮汝，控引河洛"的军事要地寿阳，又活捉了逃到北齐去的王琳。但宣帝只想划淮自守，苟安江南，故不愿乘胜进攻。

后来，北周准备灭齐，约陈出兵协助，平分天下，陈宣帝立即赞同。公元 577 年，北周乘陈牵制北齐时，自己出兵灭了齐。陈宣帝很气愤，于是派大将吴明彻再次北伐，想夺取徐、兖。

公元 578 年二月，吴明彻包围了彭城，环列舟舰于城下，日夜进攻。北

阎立本绘陈文帝像线描图

阎立本绘陈宣帝像

周王轨引轻兵南据清水（泗水别名，位于山东省东部）入淮之口，用铁锁连接数百个车轮，沉于清水之中，切断了陈军的后路。援救彭城的北周各路大军都到了彭城。陈军攻城无望，水路又被断绝。吴明彻采取了决堰方法，想趁水涨顺水南下。谁知到清口时，水势渐渐小了，舟舰被车轮挡住，无法通过。王轨引兵把吴明彻包围起来，陈兵大败，吴明彻被俘，陈军将士三万，连同器械辎重都被周军俘获，只逃回了数千骑兵。第二年冬，周军乘胜反攻，尽占江北、淮南之地，自是江北之地尽没于周。陈军这次惨败，给了南朝一个很大打击。胡三省也称："彭城丧师，陈人通国上下摇心。"

宣帝时，陈政治上是昏暗的。其时"燋烽未息，役赋兼劳"，百姓很苦，所谓"贫居陋巷，龁食牛马"。史书对宣帝的评价是"德不逮文（文帝），智不及武（武帝）"（《南史·陈本纪下》）。但宣帝总算还有一点进取之心，到他儿子陈叔宝继位时，陈朝政治就彻底腐败了。

陈后主叔宝统治时，赋役苛重。官吏的职责就是"刻削百姓为事"，弄得人民"资产俱竭"，无以自保，而且还要"身充苦役，至死不归"（《文馆词林》卷六六四引隋文帝《安边诏》）。

人民的生活如此痛苦，陈后主却日益昏淫。他在光昭殿前筑起临春、结绮、望仙三个楼阁，各高数十丈，连延数十间，饰以金玉、珠翠，内设宝床、宝帐，史称其中"服玩瑰丽，近古所未用，每微风暂至，香闻数里，其

张丽华像

阎立本绘陈后主像

"玉树新声"图

下积石为山，引水为池，杂植奇花异卉"（《资治通鉴》卷一七六）。

陈后主宠爱贵妃张丽华及孔贵嫔等人，令她们住在三阁之中。宰辅江总与都官尚书孔范、散骑常侍王瑳及文士十余人，与陈后主游宴于后庭，称为"狎客"。他们之间互为唱和，选出其中一些最为艳丽的诗词，令宫女歌唱。陈政治昏暗已到了极点，"宦官近习，内外连结，援引宗戚，纵横不法，卖官鬻狱，货赂公行；赏罚之命，不出于外"（《资治通鉴》卷一七六）。官吏励行搜括，每岁剥削所入，超过以往数十倍以上。

与此同时，北方的隋朝正处于蓬蓬勃勃的上升时期。隋文帝杨坚即位后，在政治、经济、军事上都有革新之举，隋灭陈，已是势之必然了。

隋灭陈，统一南北

隋文帝有灭陈之意。隋开皇七年（587），问高颎取陈之策，高颎出了一条计谋："江北地寒，田收差晚；江南水田早熟。量彼收获之际，微征士马，声言掩袭，彼必屯兵守御，是得废其农时。彼既聚兵，我便解甲。再三若此，彼以为常；后更集兵，彼必不信。犹豫之顷，我乃济师；登陆而战，兵气益倍。又，江南土薄，舍多茅竹，所有储积皆非地窖。若密遣行人因风纵火，待彼修立，复更烧之，不出数年，自可财力俱尽。"（《资治通鉴》卷一七六）隋文帝认为他的话很对，就按此行事。果然，陈朝中计，更加困窘。隋文帝命大作战船，准备进攻陈，杨素在永安（今四川巴东）造的战船，称为"五牙"。船上起楼五层，高百余尺，左右前后设置六个拍竿（用以拍敌船），拍竿高五十尺。战船可容纳八百人。

隋磨刀霍霍，陈还是一派歌舞升平。陈后主除一味昏淫奢侈外，此时又迷信起佛来。他整天疑神疑鬼，忽而自卖佛寺为奴，忽而又在建康造大皇寺，起七级浮图，耗费大量人力物力。一个叫章华的看到陈朝危在旦夕，上书劝陈后主说："今

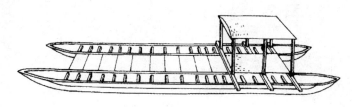

隋双体海船线图

疆场日蹙，隋军压境，陛下如不改弦易张，臣见麋鹿复游于姑苏矣！"（《资治通鉴》卷一七六）陈后主见奏，不但不思改过，反把章华杀了。

　　隋开皇八年（588）三月，文帝下诏伐陈，诏曰："陈叔宝据手掌之地，恣溪壑之欲，劫夺闾阎，资产俱竭。驱逼内外，劳役弗已。穷奢极侈，俾昼作夜。斩直言之客，灭无罪之家。欺天造罪，祭鬼求恩。盛粉黛而执干戈，曳罗绮而呼警跸。自古昏乱，罕或能比。君子潜逃，小人得志。天灾地孽，物怪人妖。衣冠钳口，道路以目。重以背德违言，摇荡疆场，昼伏夜游，鼠窃狗盗。天之所覆，无非朕臣。每关听览，有怀伤恻。可出师授律，应机诛殄。在斯一举，永清吴越。"（同上）并命将诏书写三十万纸，晓谕江南各地。这是史无前例地对敌的大规模宣传攻势。

　　同年十月，隋大举伐陈，命晋王广、秦王俊、清河公杨素，皆为行军元帅。广出六合，俊出襄阳，素出永安，荆州刺史刘仁恩出江陵，蕲州刺史王世积出蕲春，庐州总管韩擒虎出庐江，吴州总管贺若弼出广陵，青州总管弘农燕荣出东海，凡总管九十、兵五十一万八千，皆受晋王节度，东接沧海，西距巴蜀，旌旗舟楫横亘数千里。杨素引舟师，下三峡，乘夜掩袭陈在狼尾滩（在今湖北宜都）的守军，悉俘其众，"劳而遣之，秋毫不犯"。素率水师，顺流东下。陈江滨镇戍相继奏闻，陈后主不以为意，仍旧是奏伎、纵酒、赋诗不辍，不采取相应的措施。

　　开皇九年（589）正月朔，陈后主朝会群臣之后，一直昏睡到黄昏。就在这一天，贺若弼自广陵引兵

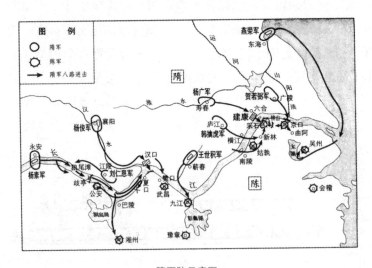

隋灭陈示意图

渡江，陈军居然没有觉察。韩擒虎自横江夜渡抵采石，采石守军都醉了，遂拿下采石。初六日，贺若弼攻拔京口。史称"弼军令严肃，秋毫不犯。有军人于民间酤酒者，弼立斩之。所俘获六千余人，弼皆释之，给粮劳遣。付以敕书，令分道宣谕。于是，所至风靡"。风纪的严整，对宣传的重视及善遇俘虏，都应视作隋军取得胜利的重要条件。初七日，韩擒虎进攻姑孰，半日拔之。江南父老素闻擒虎威信，来谒军门者昼夜不绝。于是贺若弼自京口，韩擒虎自

韩擒虎像

姑孰，并向建康进军。二十日，隋军入建康。陈降将引韩擒虎军直入朱雀门。陈后主投井避兵。隋军窥井，呼之不应。欲下石，乃闻叫声，以绳引之而出。此后，原属陈的一些地方还不断战斗，到二月间全部平定。隋得陈州三十，郡一百，县四百。南北久经分裂之局，至此复归于一统。

附：南朝世系表

一、宋

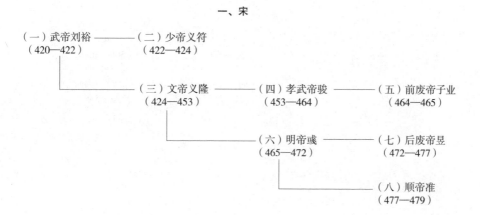

（一）武帝刘裕 ——— （二）少帝义符
（420—422）　　　　（422—424）

（三）文帝义隆 ——— （四）孝武帝骏 ——— （五）前废帝子业
（424—453）　　　　（453—464）　　　　（464—465）

（六）明帝彧 ——— （七）后废帝昱
（465—472）　　　　（472—477）

（八）顺帝准
（477—479）

二、齐

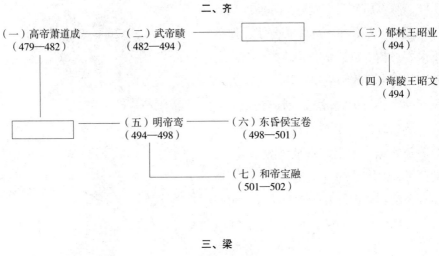

（一）高帝萧道成————（二）武帝赜——————————————（三）郁林王昭业
（479—482）　　　　　（482—494）　　　　　　　　　　　　　（494）

（四）海陵王昭文
（494）

（五）明帝鸾————（六）东昏侯宝卷
（494—498）　　　　（498—501）

（七）和帝宝融
（501—502）

三、梁

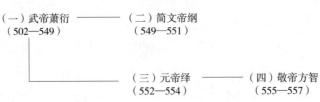

（一）武帝萧衍　————　（二）简文帝纲
（502—549）　　　　　　（549—551）

（三）元帝绎　————　（四）敬帝方智
（552—554）　　　　　　（555—557）

四、陈

（一）武帝陈霸先
（557—559）

（二）文帝蒨————————（三）废帝伯宗
（559—566）　　　　　　　（566—568）

（四）宣帝顼————————（五）后主叔宝
（568—582）　　　　　　　（582—589）

北朝世系表

一、北　魏

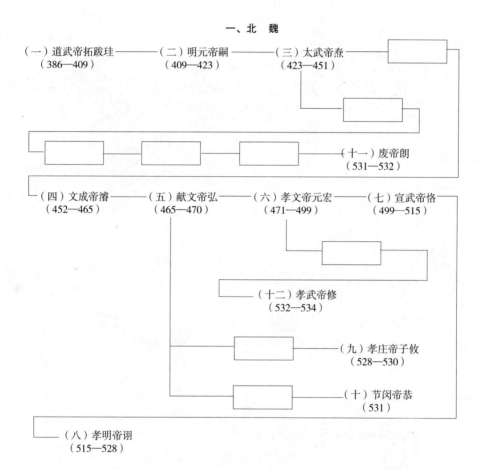

（一）道武帝拓跋珪————（二）明元帝嗣————（三）太武帝焘
　（386—409）　　　　　（409—423）　　　　　（423—451）

（十一）废帝朗
　（531—532）

（四）文成帝濬————（五）献文帝弘————（六）孝文帝元宏————（七）宣武帝恪
　（452—465）　　　　　（465—470）　　　　　（471—499）　　　　　（499—515）

（十二）孝武帝修
　（532—534）

（九）孝庄帝子攸
　（528—530）

（十）节闵帝恭
　（531）

（八）孝明帝诩
　（515—528）

二、东 魏

（一）孝静帝元善见
（534—550）

三、西 魏

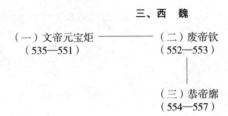

（一）文帝元宝炬 ———————— （二）废帝钦
（535—551）　　　　　　　　　（552—553）

（三）恭帝廓
（554—557）

四、北 齐

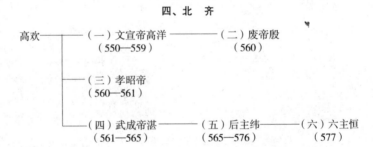

高欢 ———— （一）文宣帝高洋 ———————— （二）废帝殷
　　　　　（550—559）　　　　　　　　　（560）

———— （三）孝昭帝
　　　（560—561）

———— （四）武成帝湛 ———————— （五）后主纬 ———————— （六）六主恒
　　　（561—565）　　　　　　　（565—576）　　　　　　（577）

五、北 周

宇文泰 ———— （一）孝愍帝宇文觉
　　　　　　（557）

———— （二）明帝毓
　　　（557—560）

———— （三）武帝邕 ———————（四）宣帝赟 ———————（五）静帝阐
　　　（561—578）　　　　　　（579）　　　　　　　（579—581）

第五章　社会经济发展的特点

第一节　门阀世族的形成

　　三国两晋南北朝时期，阶级结构有了变化，门阀世族取代了秦汉时期世家地主的地位。门阀世族是世家地主的继承，也是世家地主的发展，在三国两晋南北朝时期地主阶级内部属于占统治地位的等级。在地主阶级内部，还有其他的等级，习惯上往往是混称作"庶族"。其实，"庶族"也包含不同的等级。

　　世家地主主要指有封国封邑的王侯。门阀世族有世袭的社会身份和经济、政治上的特权，这是与世家地主相同的。门阀世族与后者不同的地方：首先，他们有世代传袭的私有土地，而不是国家的封国、封邑。其次，他们掌握的劳动人手大量是荫附于他们的农民，不向国家纳税服役，不是国家户籍上的民户。再次，他们的剥削所得，不是与国税统一起来的地租。而是与国税分离的地租，还有很重要的一点，就是他们在宦途上取得了支配的地位。

东汉豪族"车马出行图"画像石

在近人撰述中，对门阀世族使用多种不同的名称，有世家大族、高门大姓、士族、豪族、豪强、权势等称呼。"高门大姓"、"势族"、"权势"，都是一般性的名称，并无特定的意义。"豪族"、"豪强"，在字面上的含义，与"世族"有别；在具体的使用习惯上，基本上是指地方上有权势而与世族有别的人家，但有时也与"世族"一词混用。相对地说，"门阀世族"这个词，更能表示三国两晋南北朝时期这一地主等级的特点。既能表示其与秦汉时期世家地主的连续性，又能表示前后的差异性。世族和士族是同义语或基本上是同义语，但门阀世族一词用以概括北朝的这一阶层的地主，则比"士族"更为合适。

门阀世族的形成

三国两晋南北朝的门阀世族，是在地主阶级中享有高贵身分的等级。所谓"士庶之际，实自天隔"，最足以反映这时期门阀地主和一般地主在身分上的划分。"士"是指门阀世族，"庶"是非门阀地主。

门阀世族的形成，可以上溯到东汉时期。章帝时有一诏书称："前世举人贡士，或起畎亩，不系阀阅。"(《后汉书·章帝纪》) 李贤的注释："言前代举人，务取贤才，不拘门地"。这说明东汉章帝时阀阅之家在选举上已占有一定的特权地位，这是与汉初以来的世家地主不同的。

东汉后期，出现了一些高门世家。他们之中有的是靠世代居高官，有的是世代儒门，又有具备两种资格的，既是高官，又是名儒。弘农杨家和汝南袁家，四世居三公位，而袁氏门生故吏，遍于天下，这是近代史家所常举的事例。但这种事例，在东汉后

南朝刘岱墓志

期毕竟还不多见。

三国两晋时期，世家大族和地方豪族的势力大为膨胀。曹操采取一些措施打击豪门大族的发展，但仍不能不依靠世家大族中的名士来作他的助手。曹操最得力的辅佐是荀彧，荀彧就是颍川的世家名门。荀彧向曹操引进的人，有荀攸、钟繇、陈群、司马懿、郗虑、杜袭、辛毗等十多人，多半是世家大族的名士。[1]曹操又用"唯才是举"的办法，任用一批有才能而不为乡里清议所取的人，但他仍不能不用那些来自世家名门的才能之士。

曹丕采纳吏部尚书陈群的建议，制定九品官人之法。由各郡现任朝官的高门大姓品第本地人物。这就使高门大姓特别是现任朝官更易于垄断官位。西晋时就出现"上品无寒门，下品无势族"（《晋书·刘毅传》）和"据上品者。非公侯之子孙，即当途之昆弟"的局面。门阀世族逐渐形成。

九品官人之法或九品中正制度，保证了门阀世族的政治特权，有助于门阀世族的形成。但这实际上也是势不得已，当时门阀世族已在逐步形成，九品中正、九品官人之法则是使其在事实上的特权合法化、制度化。

东晋南朝前期，是门阀世族鼎盛的时期。北魏孝文帝采取汉化政策，也引进了南朝的门阀世族制度，在北方豪门大族的基础上，建立了北魏的门阀世族制。

门阀世族的特权身分

东晋南北朝的门阀世族，凭借门资通过九品官人之法，占据了朝廷中的高级官位。《南齐书·褚渊、王俭传》论："贵仕素资，皆由门庆；平流进取，坐至公卿。"门阀世族的子弟一出仕就作秘书郎、著作郎。《初学记》卷十二，"秘书郎"条载："此职与著作郎，自置以来，多起家

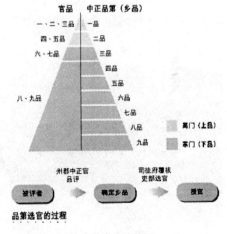

九品官人法简图

---

① 　参唐长孺《东汉末年的大姓名士》，见《魏晋南北朝史论拾遗》。

之选。在中朝或以才授，而江左多仕贵游，而梁世尤甚。当时谚曰：上车不落为著作，体中如何则秘书。"

　　魏晋南北朝时期，门阀世族和庶族在法律上还没有不平等的条文规定，但事实上已是不平等的。南朝宋文帝元嘉年间，宰臣王弘和大臣讨论士庶在法律上的地位时，对在座的八座丞郎说："同伍犯法，无士人不罪之科。然每有诘谪，辄有请诉。若垂恩宥，则法度不可行；依事纠责，则物以为苦怨。宜更为其制，使得忧苦之衷也。"（《宋书·王弘传》）王弘在总结讨论时又说："寻律令既不分别士庶，又士人坐同伍罹谪者无处无之。多为时恩所宥，故不尽亲谪耳。"王弘的话，说明当时法律上是不分士庶的，但事实上世族的特权是存在的。在这次讨论中，就反映出在一些大臣的心目中世族同庶族在法律上是不能平等的；也反映出一些地方在执行法律时，也是不平等的。左丞江奥说："士人犯盗赃不及弃世者，刑竟，自在赃汙淫盗之目，清议终身，经赦不原，当之者足以塞愆，闻之者足以鉴诫。若复雷同群小，谪以兵役，愚谓为苦。符伍虽比屋邻居，至于士庶之际，实自天隔。舍藏之罪，无以相关。奴客与符伍交接，有所藏蔽，可以得知，是以罪及奴客。自是客身犯愆，非代郎主受罪也。如其无奴，则不应坐。"尚书王淮之说："昔为山阴令，士人在伍，谓之押符。同伍有愆，得不及坐；士人有罪，符伍纠之。此非士庶殊制，寔使即刑当罪耳。……于时行此，非唯一处。"（《宋书·王弘传》）。在法律上，同伍犯法无士人不罪之科；但事实上，士庶虽然同伍，士人在伍却谓之押符，同伍庶人有罪，士不及坐；士人有罪，符伍却要连坐。这不是山阴一处如此，其他地方也多如此。

庄园图

　　南齐竟陵王萧子良说："若罚典惟加贱下，辟书必蠲世族，惧非先王立理之本。"(《南齐书·竟陵王子良传》)。他反对罚典惟如贱下辟书必蠲世族，他认为这不是先王立理之本。他的反对说明，这些情况事实上是存在的。

　　士庶之际的界限，像隔着一层天，是非常森严的。两者之间的婚配是不允许的。南齐时，世族王源嫁女于富阳满氏。满氏虽自托高平旧族、曹魏大官满宠之后，然不为世族所承认。沈约就为此上奏，弹劾王源称："王满连姻，寔骇物听，宜寘以明科，黜之流伍，使已污之族，永愧于昔辰。……请以见事，免源所居官，禁锢终身。"(沈休文(约)《奏弹王源》，见《文选》卷四〇)。

　　门阀世族的婚姻，完全依据门第的高低。王谢等世族高门的婚姻，多在他们这几家高门间婚配。(参看王伊同《五朝门第》下编第七章三节，"婚姻")

　　士庶两个等级不但不通婚，而且不相交接。《宋书·张敷传》载："中书舍人秋当、周赳，并管要务，以敷同省名家，欲诣之。赳曰：'彼若不相容，便不如勿往。'当曰：'吾等并已员外郎矣，何忧不得共坐。'敷先设二床，去壁三、四尺。二客就席，酬接甚欢，既而呼左右曰：'移我远客。'赳等失色而去。"《宋书·蔡廓传附子兴宗传》载："中书舍人王弘为太祖所爱遇，上谓曰：卿欲作士人，得就王球坐，乃当判耳。殷、刘并杂，无所知也。若往诣球，可称旨就席。球举扇曰：若不得尔。弘还，依事启闻。帝曰：我便无如此何。"《南史·王球传》："时中书舍人徐爰有宠于上，尝令球及殷景仁与之相知。球辞曰：士庶之别，国之章也。臣不敢奉诏。上改容谢焉。"王弘

清华嵒绘西晋名园——金谷园图

是刘宋开国元勋，未曾任中书舍人，他与王球是同宗弟兄。从《南史·王球传》看，王弘可能是徐爰之误。从这几个故事看，门阀世族同庶族不相交接是很清楚的。

门阀世族、豪门大姓的人口荫附和土地兼并

尽管三国两晋南北朝的世族有这样那样的特殊地位和身分，他们的经济基础还是很重要的，这就是他们的人口荫附和土地兼并。在这一点上，豪门大姓也有共同之处，但他们不具有世族的那些特权，他们同世族的身分就不同了。

门阀世族占有大量人口，也占有广大土地。西晋的王戎，"性好兴利，广收八方田园水碓，周遍天下"（《晋书·王戎传》）。谢家，"谢混，仍世宰相，一门两封，田业十余处，僮仆千人"（《宋书·谢弘徽传》）。宋时的沈庆之，"有园舍在娄湖。沈庆之一夜携子孙徙居之。以宅还官，悉移亲戚中表于娄湖，列门同闬焉。广开田园之业，每指地示人曰：钱尽在此中。身享大国，家素富厚，产业累万金，奴僮千人"（《宋书·沈庆之传》）。常为史家所举的孔灵符，"产业甚广。又于永兴立墅，周回三十里，水陆地二百六十五顷，含带二山，又有果园九处"（《宋书·孔灵符传》）。

田园之外，他们也与东晋的大土地所有者一样，封占山泽。如《宋书·羊玄保传》载："山湖之禁，虽有旧科，民俗相因，替而不奉。炽山封水，保为家利。自顷以来，颓弛日甚。富强者兼岭而占，贫弱者薪苏无托。至渔采之地，亦又如兹。"《宋书·蔡兴宗传》："会稽多诸豪右，不遵王宪。……封略山湖，妨民害治。"这些世族和豪门的大土地所有，常是几代不衰的。东晋时一门两封，田业十余处的谢混家，刘宋时仍然"田畴垦辟，有加于旧"。到谢混之妻晋陵公主死时，仍是"资财巨万，园宅十余所。又

魏晋嘉峪关壁画中的劳动人民形象

会稽、吴兴、琅邪诸处，太傅司空琰时事业，奴僮犹有数百人"（《宋书·谢弘徽传》）。

北朝高门大姓也都占有大量土地。如赵郡李显甫"集诸李数千家于殷州西山，开李鱼川，方五六十里居之，显甫为其宗主"（《北史·李灵甫传》）。一般说来，北方未垦殖的荒地比较多，劳动人手比土地更重要。有了人，土地容易解决。所以争夺人口，在北方比在南方更突出。

当然，这是就南北双方的情况对比而言的，专就北方说，也不是没有土地争夺。北魏孝文帝均田制度实行以前，土地兼并的情况已出现了。《魏书·李安世传》就说在均田制实行前"民困饥流散，豪右多有占夺"。李安世的上疏说的更详细。他说："州郡之民，或因年俭流移，弃卖田宅，漂居异乡，事涉数世，……易生假冒。强宗豪族，肆其侵凌，远认魏晋之家，近引亲旧之验。……争讼迁延，连纪不判。良畴委而不开，柔桑枯而不采。……欲令家丰岁储，人给资用，岂可得乎？愚谓今虽桑井难复，宜更均量，……令细民获资生之利，豪右靡余地之盈。则无私之泽。乃播均于兆庶；如阜如山，可有积于比户矣。"北齐时，土地兼并到了相当严重的程度。《关东风俗传》载："其时强弱相凌，恃势侵夺，富有连畛亘陌，贫无立锥之地"。"富饶之处，悉是豪家"，"编户之民，不得一垄"（《通典》卷二引）。

官府的户口争夺

门阀世族和豪门的依附民是不交纳租税不服徭役的，其结果是多一户依

南昌出土漆盘画饮宴图线描图

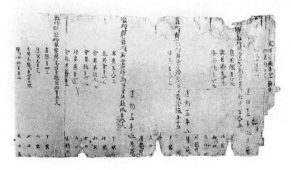

西凉户籍残卷

附民，国家就少一户编户民。当然其时还有既不归国家编户，也不在世族或豪门家籍的流民，有时流民数量还很多，但这并不妨碍世家、豪门与官府间对劳动人手的争夺。从官府的立场上说，把依附民夺回来变为编户，这是对世族和豪门的尖锐斗争。

东晋南渡，流民过江者"多庇大姓以为客"。由于"编户虚耗"的问题异常突出，当时南方地方官的治绩之一就是查出豪族大姓私藏人口。如《晋书·颜含传》载："（含）除吴郡太守。王导问含曰：卿今莅名郡，政将何先？答曰：王师岁动，编户虚耗，南北权豪，竞招游食，国弊家丰，执事之忧。且当征之势门，使反田桑，数年之中，欲令户给人足。"又如山遐为余姚令，当时豪族多挟藏户口以为私附，山遐绳之以法，到县八旬，出口万余。王彪之为会稽内史，在郡八年，豪右敛迹，亡口归者三万余口。这些地方官吏都代表了朝廷的利益，与世族和豪门争夺人口。东晋南朝，实行过几次土断，其中最重要的一次是桓温主政下的晋哀帝兴宁二年三月的庚戌土断。所谓土断，就是把世族和豪门荫庇和挟藏下的依附民户夺回来编入郡县户籍。土断的实质，就是国家向世族和豪门争夺户口。

吐鲁番出土户籍残卷

《钦定授农广训·练染图》

南朝对户口荫附打击得最严厉的是刘裕。《宋书·武帝纪中》："晋自中兴以来，治纲大弛，权门并兼，强弱相凌，百姓流离，不得保其产业。桓玄颇欲厘改，竟不能行。公既作辅，大示轨则，豪强肃然，远近知禁。至是，会稽余姚虞亮复藏匿亡命千余人。公诛亮，免会稽内史司马休之。"晋、宋之际是南朝门阀世族势力升降的一个转折时期。东晋时期，门阀世族政治上有实权，而且还掌握兵权。王、谢、庾、桓四大家族都掌握政权和兵权。王敦以后，王氏已无人掌兵。庾氏在庾翼以后，后继无人。桓氏在荆楚势力最大，桓玄被刘裕消灭后，在荆州还挣扎过一段时间。谢氏顽强地抓住兵权不放，最后也被刘宋打垮。刘宋及以后，南朝的门阀世族在政治上、社会上、经济上都还有地位，但已没有兵权，而且政治上虽有地位，也少实权了。

永嘉乱后，北方陷于混乱，大小坞堡主都拥兵自守。他们对于少数民族的统治，或依附或对抗，只要他们对少数民族统治者承认其领导，少数民族统治者对他们的存在是承认的。因而世族和豪门荫附人口的情况是一直存在而且发展着的。与此同时，官方对世族和豪门的户口争夺，一直是在发展着的。石勒时期，中原地区到处是坞堡组织。石勒在幽冀地区稍能立足之后，就"以幽冀渐平，始下州郡，阅实人户"（《晋书·石勒载记上》）。前燕慕容㒞时，也有一次对荫附户口进行的争夺。《晋书·慕容㒞载记》："仆射悦绾言于㒞曰：太宰（指慕容评）政尚宽和，百姓多有隐附。……今诸军营户三分共贯，风教陵弊，威纲不举。宜悉罢军封，以实天府之饶；肃明法令，以清四海。㒞纳之。绾既定制，朝野震，出户二十余万。"这次斗争是激烈的。慕容评对悦绾怀恨在心，不久就把他暗杀掉。南燕慕容德时，尚书韩𧨏上疏说："百姓因秦晋之弊，迭相荫冒，或百室合户，或千丁共籍，……公避课役。……今宜隐实黎萌，正其编贯，庶上可增皇朝理物之明，下益军国兵资之用。"慕容德采纳了韩𧨏的建议，检查出来荫附户五万八千。当时南燕只有青齐之地，五万八千户这个数字也不算小了。

北魏三长制的建立，也是由"民多荫附"

北齐织机图

引起的。荫附者皆无官役，却要受地主的征敛。三长制正是官方争夺户口的手段。北周武帝对荫附户口的禁令，很严厉。他制定的法律规定："正长隐五户及十丁以上及地三顷以上，皆死。"（《隋书·刑法志》）

北周武帝是南北朝晚期强调君权集中的皇帝。他改府兵的军士为侍官，旨在加强军队和皇帝的关系。他对他弟弟齐王宪的侍读裴文举说："近代以来，又有一弊，暂经隶属，便即礼若君臣。此乃乱世之权宜，非经国之治术。《诗》云：'夙夜匪懈，以事一人。'一人者，只据天子尔！虽陪侍齐公，不得即同君臣。"（《北周书·齐王宪传》）周武帝所说的近代以来暂经隶属便即礼若君臣的一弊，实即魏晋以来发展起来的依附关系和由此而产生的封建依附意识。周武帝解释《诗经》"夙夜匪懈，以事一人"为"一人者止据天子"，正是封建君主对门阀世族分割权力的斗争。这是封建国家统一因素的孕育。从东汉开始形成的封建依附关系及有关的封建特权，经过三百多年的发展，至此开始走上了下坡路。建立在这基础之上的门阀世族也就随着走上了下坡路。

第二节　寺院经济的兴盛

三国两晋南北朝时期，佛教兴盛起来，寺院经济也跟着兴盛起来。由于佛教受到统治者的扶持，寺院经济拥有很大的特权。名寺大刹实际上也是门阀世族的一种特殊形式，不过他们不是世俗门阀，而是僧侣门阀。

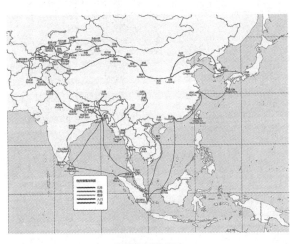

佛教传播路线图

佛教的传入

佛教大约在西汉后期传入中国。汉武帝通西域，张骞曾在大夏看到蜀布、邛仗，说是来自身毒（印度）。这时，佛教是否也由印度传入西域，再由西域东传，史籍无考。汉哀帝时，博士弟子景卢受大月氏王使伊存授浮屠经。此事是可信的。[①]

东汉末年，牟子《理惑论》有汉明帝永平中遣使往西域求法的记载。明帝时楚王英已经信佛，供养僧众。明帝的诏书中已说到"楚王诵黄老之微言，尚浮屠之仁祠"，说到退还楚王英的缣帛"以助伊蒲塞、桑门之盛馔"（《后汉书·楚王英传》），对佛教已不陌生。

东汉末年，笮融在徐州一带修建佛寺。《三国志·吴志·刘繇传》载："笮融者，丹阳人也。初聚众数百，往依徐州牧陶谦。谦使督广陵丹阳运漕。遂放纵擅杀，坐断三郡委输以自入。乃大起浮图祠，以铜为人，黄金涂身，衣以锦采。垂铜槃九重，下为重楼，阁道可容三千余人。悉读佛经，令界内及旁郡人有好佛者听受道，复以他役，以招致之。由此远近前后至者，五千余人户。每浴佛，多设酒饭，布席于路，经数十里。民人来观及就食且万人，费以巨亿计。"这是有关造像、立寺、受道，见于典籍的最早的记载。远近前后至者五千余人户，其中，可能是有出家为僧的。"复以他役"，这是中国僧众免除役调最早的记录。楚王英初在彭城，后徙丹阳；笮融兴立佛寺招人信道，也在彭城下邳广陵。徐州一带是佛教最早传布的地区。

瞿兴祖造像碑局部——撞钟和尚

---

① 参看汤用彤《汉魏两晋南北朝佛教史》第四章《汉代佛法之流布》第一节《开辟西域与佛教》和第二节《伊存授经》。

佛教寺院之盛及其政治原因

三国两晋以后，佛教寺院和寺院经济发展起来。这时期的统治阶级，大多是信奉佛教，推动佛教寺院的建立和发展的。统治阶级信奉佛教提倡佛教的主要原因是：佛教和僧众可以帮助他们麻痹人民，使其驯服地服从统治。《魏书·释老志》记载："太宗践位，遵太祖之业，亦好黄老，又崇佛法。京邑四方，建立图像，仍令沙门敷导居俗。"何尚之对宋文帝说："慧远云，释氏之教，无所不可；适道固是教源，济俗亦为要务。窃味此言，有契至理。何则？百家之乡，十家持五戒，则十人淳谨。千室之邑，百人修十善，则百人和睦。传此风教以周寰区，编户千亿则仁人百万。能行一善则去一恶，去一恶则息一刑。一刑息于家，万刑息于国。刑息于国，此明昭所谓坐致太平者是也。"

北方的统治者，以佛是戎神，对佛教有特殊感情。后赵石虎的一个诏书称："朕出自边戎，忝君诸夏。至于飨祀，应从本俗。佛是戎神，所应兼奉。其夷赵百姓有乐事佛者，特听之。"（《晋书·佛图澄传》）

石勒、石虎，对于来中国的西域僧人佛图澄都很崇敬。石勒称之为大和尚，石虎下书国中称："和尚，国之大宝。……朝会之日，常侍以下悉助举舆，太子诸公挟翼而上，主者唱大和尚，众皆起坐，以彰其尊。"（《高僧传·佛图澄传》）于是"百姓因澄故，多奉佛，皆营造寺院，相竞出家"（《晋书·佛图澄传》）。当时"澄受业追随者常有数百，前后门徒几且一万，所历州郡兴立佛寺八百九十三所。弘法之盛，莫与先矣"（《高僧传·佛图澄传》）。

后秦主姚兴，崇信佛教，尊敬西域名僧鸠摩罗什；亲率群臣听罗什讲道。佛

佛图澄像

教在关中大盛。《晋书·姚兴载记》载："兴既托意于佛道，公卿以下莫不钦附。沙门自远而至者五千余人。……州郡化之，事佛者十室而九矣。"

　　统治者的提倡，对佛教的兴盛当然是有关系的。但三国两晋南北朝时期佛教的兴盛，却不能单从统治者的提倡来解释。这时，人民愿意投身佛教寺院去作僧众或寺院依附民，甚至愿作寺院奴隶，主要是因为寺院有免役调租税的特权。人民受不了国家租税役调的压榨，宁愿抛妻别子远离父母到寺院里去作僧众、依附民和寺奴。徐陵《谏仁山深法师罢道书》列举了十条作僧众的好处，其中第四、五条是："假使棘生王路，桥化长沟，巷吏门儿，何因仰唤？寸绢不输官库，升米不进公仓。库部仓司，岂须求及？其利四也。门前扰扰，我且安眠；巷里云云，余无惊色。家休大小之调，门停强弱之丁。入出随心，往还自在。其利五也"（《广弘明集》卷二四）

　　寸绢不输官库，升米不进公仓，家休大小之调，门停强弱之丁，这就是在棘生王路桥化长沟时，作僧众的好处，也是人民投靠寺院的主要原因。寺院经济发展的初期，就是与人民逃避租税役调分不开的。如上所述，后赵时百姓"相竞出家"，而石虎的一个诏书就指出："今沙门众甚，或有奸宄避役，多非其人。"（《高僧传·佛图澄传》）北魏末年，僧尼二百多万都是为避役调逃到寺院里来的。《魏书·李孝伯传·附孙李瑒传》称："延昌末，……于时民多绝户而为沙门。瑒上言：今南服未静，众役仍烦，百姓之情，方多逃役，若复听之，恐捐弃慈孝，比屋而是沙门。"《魏书·释老志》也记载："正光以后，天下多

嵩岳寺塔

十六国石家庄铜鎏金禅定佛像

虞，王役尤甚，于是所在编户相与入道，假慕沙门，实避调役。"可见慕道是假，避役是真。

梁武帝时，是南朝佛教寺院最盛的时期。建康城有佛寺五百多所，穷极宏丽，僧尼十余万，资产富饶。僧尼和白徒、养女之多，使天下户口几亡其半（参看《南史·郭祖深传》）。魏末和北齐时期，是北朝佛教寺院最盛的时期。洛阳一地，有佛寺一千多处（《洛阳伽蓝记序》）。"寺夺民居，三分且一"（《魏书·释老志》）。国家大寺四十七所，三公等寺八百四十所，百姓所造寺三万余所（《释氏通鉴》卷五）。僧尼大众有二百万人（《魏书·释老志》）。僧祇户（寺院依附民）和佛图户（寺院奴隶），遍于州郡。北齐有佛寺四万余处，僧尼大众三百多万（《广弘明集》卷十）。

寺院大小不等。小寺一般能容僧众五十人。北魏世宗时，沙门统惠深奏请"其有造寺者，限五十人以上启闻听造"（《魏书·释老志》）。限五十人听造，可能当时小寺僧众有不满五十人的。大寺院有数百数千僧众和依附民户的，不在少数。最大的佛寺，可容僧众万人。例如东晋桓冲在荆州所造的佛寺："太元二十年，荆州牧桓冲命县翼法师渡江造西二寺，自晋、宋、齐、梁、陈氏常及万僧。"（《佛祖统记》卷三七）

王公贵族和豪富人家，修建佛寺，竞尚高大华丽。以北魏的造寺为例，《洛阳伽蓝记序》称："皇魏受图，光宅嵩洛，笃信弥繁，法教愈盛。王侯贵臣，弃象马如脱屣；庶士豪家，舍资财若遗迹。于是招提栉比，宝塔骈罗。争写天上之姿，竞摹山中之影；金刹与灵台比高，讲殿共阿房等壮。岂直木衣绨绣，土被朱紫而已哉！"魏孝文帝延兴二年诏书指出："内外之人，兴建福业，造立图寺，高敞

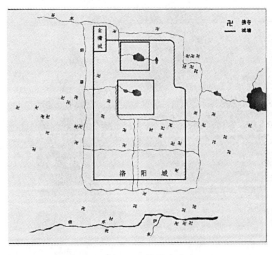

《洛阳伽蓝记》所载佛寺分布图

显博，亦足以辉隆至教矣。然无知之徒，各相高尚，贫富相竞，费竭财产，
务存高广。"(《魏书·释老志》)。北魏末年灵太后胡氏所兴建的永宁寺，中
有九级浮图一所，架木为之，高九十丈，上有金刹复高十丈，合去地一千
尺，去京师百里已遥见之。……刹上有金宝瓶，容二十五石。宝瓶下有承露
金盘一十一重，周匝皆垂金铎。复有铁镶四道，引刹向浮图四角，镶上亦
有金铎。铎大小如一石瓮子。角角皆悬金铎，合上下有一百二十铎。浮图有
四面，面有三户六窗，户皆朱漆。……殚土木之功，穷造形之巧。……浮图
北有佛殿一所，形如太极殿。僧房楼观，一千余间。……时有西域沙门菩提
达摩者，波斯国胡人也。……自云：年一百五十岁，历涉诸国，靡不周遍，
而此寺精丽，阎浮所无也。(《洛阳伽蓝记·永宁寺》)。

　　北朝的统治阶级，还曾使用大量的人力、物力、财力，在今山西省大同
的云岗、洛阳伊阙的龙门山等地，开凿石窟，造了大量佛像。

寺院经济的发展和阶级压迫

　　寺院都占有大量的土地。无论国家兴造寺院，王公贵族兴造寺院，一
般都随之施舍一些土地以供养僧众。魏孝文帝"兴造大中兴寺，置中兴寺
庄，稻田百顷并以给
之"(《释氏通鉴》卷
五)。梁武帝于钟山
造大爱敬寺，以寺侧
良田八十顷施寺(《梁
书·皇后传·太宗简
皇后王氏传》)。隋文
帝曾诏于诸州名山之
下各置僧寺一所，并
赐庄田(《释氏通鉴》
卷六)。立寺赐田，这
大约是当时的通例。

　　土地之外，寺院

梁武帝舍身图

永宁寺出土供养人像

还有其他财产。梁武帝于阿育王寺设无碍大会，所设金银供具等物并留寺供养，并施钱一千万为寺基业（《梁书·诸夷传·扶南国传》）。善男信女都向寺院施舍土地，施舍钱财。有钱的人是"糜费巨亿而不吝"的（《晋书·何充传》）。寺院也使用各种手段，向人民敲诈夺取土地财产。北魏任城王澄上疏，就说"天下州镇僧寺，侵夺细民，广占田宅"（《魏书·释老志》）。

　　三国两晋南北朝时期，寺院是社会福利机关，兼作社会救济事业。北魏设有僧祇粟，它原设立的目的就是为了在歉收年月贷给贫民。《魏书·释老志》称："昙曜奏平齐户及诸民有能岁输谷六十斛入僧曹者，即为僧祇户，粟为僧祇粟。至于俭岁，赈给饥民。……高宗并许之，于是僧祇户粟及寺户遍于州镇矣。"北齐武平六年，大水为灾，人民饥馑。北齐后主特诏寺院救济流亡（《北齐书·后主纪》）。富足的僧人，也出私财救济贫民。如南朝宋时僧人道猛用每月由宋明帝那里得来的三万钱，救济贫民。（《释氏通鉴》卷四）。南北朝后期，寺院救济事业渐渐变成了高利贷剥削。北魏的僧祇粟，就成为高利贷息的资本。宣武帝永平四年诏："僧祇之粟，本期济施，俭年出贷，丰则收入。山林僧尼，随以施给；民有窘弊，亦即赈之。但主司冒利，规取赢息，及其征责，不计水旱。或偿利过本，或翻改券契。侵蠹贫下，莫知纪极，细民嗟毒，岁月滋深。"（《魏书·释老志》）

　　佛法平等，佛寺却是不平等的。僧尼本是按内律不许私蓄财产的，但事实上却是蓄有财产的。僧尼可以接受社会上的供养和施给财物。大和尚往往接受皇帝和贵族官僚的供养。僧侣世界按照世俗世界的面貌来塑造他们自己。寺院中的上层僧

炳灵寺石窟

侣构成寺院中的贵族阶级。他们是寺院财产的掌管者，实际上就是寺院财产的所有者，他们居僧官高位。他们除受寺院内僧众，寺院依附民和寺院奴隶的服役和供养外，有时还接受朝廷赐予的租税和人员。南燕主为太山竺僧朗建神通寺，给二县租税（《释氏通鉴》卷三）。宋明帝对沙门道猛"月给钱三万，令史四人，白簿二十人"（《佛祖统纪》卷三十七）。又以僧瑾为天下僧主，给亲信二十人，月给钱三万及车舆吏力。南齐高帝对沙门玄畅敕蠲百户，用充资给。僧智顗于天台建寺，陈宣帝割始丰县调以充众费，蠲两户用供薪水。

　　一般僧众，按佛教内律是不许掘地耕田的。但事实上僧尼大众，许多是参加寺内田园劳动和其他杂役使的。北周释道安《二教论》说："或垦殖园田，与农夫等流；或估货求财，与商民争利。"（《广弘明集》卷八）僧众是既参加农业劳动，又经商作商贩。

　　寺院依附民户所受的剥削压榨，甚至比俗界农民所受的还要重。仍以北魏僧祇户为例。沙门统昙曜曾于承明元年奏请凉州军户赵苟子等二百家为僧祇户。管事的都维那僧遇等违反成旨，任情迫求役使，致使五十余人自缢或溺死。

　　残酷的压迫剥削，激起了僧众的反抗。北魏后期，从孝文帝时始，接连不断有几次僧人领导的暴动。兹据《北史》本纪列出如下：

　　孝文帝太和五年（481），沙门法秀谋反。

克孜尔石窟佛涅槃线描图

麦积山 123 窟西魏侍者塑像

太和十四年（490），沙门司马御惠自言圣王，谋破平原郡。

宣武帝永平二年（509），泾州沙门刘慧汪聚众反。诏华州刺史奚康生讨之。

永平三年（510），秦州沙门刘光秀谋反。

延昌三年（514），幽州沙门刘僧绍聚众反，自号净居国明法王。

延昌四年（515），沙门法庆聚众反于冀州，杀阜城令，自称大乘。

孝明帝熙平二年（517），大乘余贼复相聚攻瀛州。

从公元481—517年，三十多年间，僧人领导的暴动就有七次之多。魏明帝时，任城王澄上疏，深切地指出佛教教会活动对社会治安的危害。他说："往在北代，有法秀之谋；近日冀州，遭大乘之变。皆初假神教，以惑众心，终设奸诳，用逞私悖。"（《魏书·释老志》）

寺院的特权和北朝的灭佛

僧尼有免役调租税特权，寺院僧祇户、寺户、白徒、养女等，也不向国家纳租税出役调，这已经播下官方和寺院间矛盾的种子。当僧众人数少，依

梁大同铜弥勒像

附户不多，僧众又能劝人为善，服从统治时，这矛盾还不突出。等到僧众人数众多，严重影响官方税收，僧众又在民间不是起劝化的作用，而是煽动人民反抗，甚至领导人民暴动时，官府和寺院间的矛盾就突出了。限制僧尼人数，限制壮年劳动者出家，强制一些僧众还俗，在南北朝时期的南北双方都是不断出现的。严厉取缔佛教寺院，强制全部僧众还俗的所谓"灭佛"于是就发生了。

中国佛教史上有所谓"三武一宗"之祸。这都是灭佛的大事件。三武是指北魏太武帝、北周武帝和唐武宗；一宗是指后周世宗。四次灭佛，就有两次发生在北朝。

北周武帝的灭佛，最足以说明官方与寺院

争夺户口、争夺劳动力的矛盾和斗争。建德三年（574）五月十七日，"初断佛、道两教，沙门、道士并令还俗。三宝财富，散给臣下；寺观塔庙，赐给王公"（《广弘明集》卷八）。当时，"国境僧道反俗者二百余万"（《佛祖统纪》卷三九）。这时的道教，只是配角，武帝格于众论，灭佛不得不灭道。但不到一个月，就又恢复了道观。二百万僧道中，道士是少数，绝大多数是僧尼。

北齐佛教寺院发达，僧众有三百多万，使得北齐政府租税收入大为减少。文宣帝高洋诏："乃有缁衣之众，参半于平俗；黄服之徒，数过于正户。所以国给为此不足，王用因兹取乏。"（《广弘明集》卷二四）

建德六年（576），周灭齐。武帝又尽废齐境佛教。"尔时魏齐东川佛法崇盛，见成寺庙出四十千，并赐王公充为第宅。五众释门减三百万，皆复军民还归编户。融刮佛像，焚烧经教。三宝福财，簿录入官；登即赏赐，分散荡尽。"（《广弘明集》卷十）

北周武帝的灭佛，主要是经济性质的。他说灭佛的好处，"自废以来，民役稍希，租调年增，兵师日盛，东平齐国，西定妖戎，国安民乐，岂非有益？"（《广弘明集》卷十）因为废佛，僧众还俗，出租调服徭役的人数增多了，才能民役稍希，租调年增，兵师日盛。

兴盛数百年的佛教寺院和寺院经济，由北周武帝的灭佛，受到一次毁灭性的打击。但隋朝取代北周、灭了陈朝，统一南北后，佛教又有恢复。中唐以后，随着封建依附关系的变化，寺院组织成为单纯的宗教组织，寺院经济进入另一发展阶段。

《御制耕织诗图·插秧》

第三节　封建依附关系的发展

三国两晋南北朝的社会生产关系，在相当大的范围内属于封建依附关系的性质。这种性质的生产关系，在这三、四百年间不断地有所发展。封建依附关系，有对封建国家的依附关系，有对豪门大族的依附关系，有对一般地主的依附关系。具有这种性质的农民，都可称为依附民或依附农民，他们之中有各种不同的来历，也有各种不同的具体的身份。

客和部曲身分的依附化

东汉时期，客的身分已有所降低。马援在北地牧畜，宾客多归附者，遂役属数百家。他归附刘秀后，以三辅地旷土沃，乃上书求将其宾客屯田上林苑中。马援的宾客既作牧客又作田客，从事生产劳动，这必然会影响到客的身分地位。我们虽然还难以明确他们人身依附关系的程度，但宾客向依附关系上走了一步是无疑的。（参看唐长孺《魏晋南北朝时期的客和部曲》，载《魏晋南北朝史论拾遗》）

三国之始，客和奴隶已联缀起来称为"奴客"、"僮客"，客的身分明显降低了。晋元帝太兴四年（321）诏："昔汉二祖及魏武，皆免良人。武帝时凉州覆败，诸为奴婢，亦皆附籍。此累代成规也。其免中州良人遭难为扬州

三印章依次为曹魏及东晋部曲将印和后赵副部曲将印

诸郡僮客者。"(《晋书·元帝纪》)显然客和奴隶一样,身分都是不自由的,所以皇帝用诏书来放免他们。

魏、吴都有赐客制度。孙权赐潘璋妻田宅,"复客五十家"(《三国志·吴志·潘璋传》)。陈武死,孙权"命以其爱妾殉葬,复客二百家"(《陈武传》注引《江表传》)。曹魏后期,"赐公卿以下租牛客户各有差"(《晋书·王恂传》)。

《晋书·华廙传》:"初表(廙父)有赐客在鬲,使廙因县令袁毅录名三客各代以奴。及毅以货赇致罪,狱辞迷谬,不复显以奴代客,直言送三奴与廙。……遂于丧服中免廙官。"这说明西晋时奴、客的地位已相去不远,可以以客来换取奴隶,说明客的身分的低落。客对主人已是世代隶属,除非经主人放遣或以钱财自赎,子子孙孙没有脱离主人的自由。元帝初年,王敦说元帝听刘隗的话,"复依旧名,普取出客。从来久远,经涉年载。或死亡灭绝,或自赎得免,或见放遣,或父兄时事,身所不及。有所不得,辄罪本主。百姓哀愤,怨声盈道"(《晋书·王敦传》)。王敦的疏,反映了晋时客的社会身分和人身隶属关系。客要脱离主人,必须得到主人同意,经过自赎或放遣。客和主人是有连带关系的。客出了问题,主人也负有责任。

部曲的名称,始见于西汉,是军队的编制称号,东汉时成为军队的代名词,三国时已用于豪门大族的私兵。随着部曲的私兵化,部曲和主人之间产生了人身隶属关系,身分上部曲成为主人的依附民。直到唐代,法律上仍然规定:"奴婢、部曲,身系于主。"(《唐律盗贼律·疏议》)部曲和奴隶虽然都是身系于主,但身分地位仍是不同的。依《唐律疏议》所载,部曲的法律地位比奴隶要高一些。

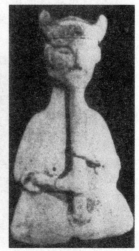

蜀汉女托盘俑、女箫俑

　　魏晋南北朝时期，部曲和客已逐渐混同。如《三国志·魏志·李典传》先说李典合宾客数千家在乘氏，随后又说他宗族部曲数千家在乘氏。大抵私兵性质强时，多称作部曲；生产和劳役性质强的，多称为客。

奴隶也成为依附民

　　三国两晋南北朝时期，有一部分依附民是来自奴隶。唐释道宣解释部曲说："部曲者，谓本是贱品，赐姓从良而未离本主"（《量度轻重仪》卷上）。这就是说，部曲是由奴隶解放来的，虽然赐姓从良了，但还未离开本主。三国两晋南北朝的奴隶解放，往往不是解放为编户民，而是解放为依附民，被称为部曲或客。他们的解放，只可说是半解放。

　　如果追溯奴隶半解放为依附民的渊源，似可以追到王莽的改革。王莽改制中有一条是"更名天下田曰王田，奴婢曰私属，皆不得买卖"（《汉书·王莽传》）。在这里土地由私田变成了王田，奴隶则仍属私人所有，所以称作私属。私属和奴隶不同的是奴隶可以买卖，私属不能买卖。这对奴隶虽然不是全解放，已是半解放。私属，就是魏晋南北朝依附民的先驱。东汉和以后，部曲、僮客、奴客的出现，和王莽改革中的"奴婢曰私属"，不能说是没有关系的。

　　西晋用奴隶屯田。《晋书·食货志》记载晋武帝咸宁元年（275）十二月诏："今以邺奚官奴婢著新城代田兵种稻。奴婢各五十人为一屯，屯置司马，使皆如屯田法。"通过屯田，"皆如屯田法"，奴隶的身分地位提高到和屯田客一样，成为国家的隶属农民。

　　魏晋之际发展起来的世

北齐跽坐俑，女仆陶俑

兵，身分上低于编户民，实际上是国家的依附民。东晋朝廷因兵源需要，常发私家奴隶为兵。晋元帝为了防御王敦，以讨伐胡人为名，"悉发扬州奴为兵"（《晋书·王敦传》）。庾翼"悉发江荆二州编户奴以充兵役"（《晋书·何充传》）。发奴为兵，实含着提高奴隶身分为依附民的社会意义。司马元显曾"发东土诸郡免奴为客者，号曰乐属，移居京师，以充兵役"（《晋书·会稽王道子传附元显传》）。"免奴为客"，是奴隶主人自己放免自己的奴隶为自己的依附民——客。元显发私家的客为乐属以充兵役，只是改换了依附民的主人，并未改变客的身分。

依附关系的发展

依附关系在东汉末期已相当发展。仲长统说："豪人之室，奴婢千群，徒附万计。"（《后汉书·仲长统传》）。东海朐人糜竺，"祖世货殖，僮客万人，资产巨亿"（《三国志·蜀志·糜竺传》）。他曾以奴客二千人资给刘备，这二千人成为刘备的部曲，壮大了刘备的军事力量。

依附关系发展的原因之一，是由于商人兼并农民，农民失去土地不得已而流亡、投靠门阀世族或豪门大族作依附民。

遇到社会不安或战乱时候，大地主有财力有人力的可以筑起堡壁自守。没有能力自守的小农，多投附他们求取保护。东汉末年和西晋末年，这情况非常突出。东汉末年的田畴率宗族及附从数百人，入徐无山中，营深险平敞地而居，百姓归之，数年间至五千余家。西晋末年，匈奴族刘渊父子起事反晋，中原大乱。门阀世族多逃往江南，留在北方的地方豪强多聚坞自守。这

徐显秀墓壁画

些坞堡，成为农民的避难场所。郗鉴率宗族、乡曲千余家避难于鲁之峄山，三年间众至数万。（《晋书·郗鉴传》）李矩，平阳人，刘渊攻平阳，百姓奔走，矩素为乡人所爱，乃被推为坞主，东屯荥阳。矩招怀离散，远近多附之。（《晋书·李矩传》）魏浚，"永嘉末与流人数百家东保河阴之硖石。及洛阳陷，屯于洛北石梁坞，抚养遗众。于是远近咸悦，襁负至者渐众"（《晋书·魏浚传》）。郭默，"河内怀县人。永嘉之乱，率遗众自为坞主，流民依附者渐众"（《晋书·郭默传》）。这些来归依附的人众，最初可能是自愿的投靠，但由于在战争年代以兵法部勒下，渐渐变成私兵部曲和私兵部曲的家属，成为强制性的隶属关系。他们是初为投靠而终成部曲，成为依附民的。

依附民，因主人的荫庇，可以免除国家的役调负担。汉末三国初期，全国性政权瓦解，各地陷于一片混乱，各地门阀世族和豪门大族成为地方主人，他们占有下的依附民不出役调，逐渐形成制度。建安初期，曹操逐步恢复社会秩序和地方政权机构，有些大地主依然不肯使依附民出役调。如胶东人公沙卢，"宗强，自为营堑，不肯应发调"（《三国志·魏志·王脩传》）。曹洪的宾客在长社县的，"征调不肯如法"（《三国志·魏志·贾逵传》注引《魏略》）。济南郡主簿刘节家在菅县，"旧族豪侠，宾客千余家，前后未尝给徭"（《三国志·魏志·司马芝传》）。曹操对此采取了打击的政策，不承认依附民有免役调的特权。

依附民免役调的特权，是在曹魏末期才取得合法地位的。《晋书·王恂传》称："魏氏给公卿以下租牛客户，数各有差。自后小人惮役，多乐为之，贵势之家，动有万数。又太原诸部亦

田畴像

西域少年俑

以匈奴胡人为田客，多者数千。"正式见诸法令成为制度，是在西晋时期。西晋户调式规定，以官品之高低荫庇亲属，并得荫人以为衣食客和佃客。一、二品的官可以荫庇佃客五十户。受荫庇的佃客，就是他们的依附民。实际上受荫庇的佃客，不会在数目上受法律规定的限制的。

依附民免除役调的特权，南北朝时期是一直存在的。东晋时"都下人多为诸王公贵人左右、佃客、典计、衣食客之类，皆无课役"（《隋书·食货志》）。对佃客户数的规定是官品第一、第二佃客无过四十户，以下每一品递减五户。南朝的依附民有时称作"属名"。《南史·齐东昏侯纪》载："先时诸郡役人多依人士为附隶，谓之'属名'。……凡属名多不合役，止避小小假，并是役荫之家。"可见属名是免除役调的依附民。北朝的依附民也无官役。《魏书·食货志》称："魏初不立三长，故民多荫附，荫附者皆无官役。"孝文帝建立三长制和均田制，对依附关系虽然有所限制，但孝文帝实行汉化，尊崇门阀，对依附关系必不能给以多大的削弱。由于战乱，赋役繁重，北魏后期农民向门阀世族的投靠有增无减。

逃避税役的僧尼大众及其依附化

佛教在魏晋南北朝时期大盛。统治者基本上对佛教是保护的。僧尼是出家人，不事生产。对国家，他们是免除役调的。三国时期开始，编户齐民为了逃避国家租税徭役负担而投入寺院为僧尼。北魏末年，全国有僧尼二百万，北齐时有三百万，北周也有二百万。这么多的僧尼大众，绝大部分是为逃避役调而进入佛门的。如《魏书·李瑒传》载李瑒上书："今南土未静，众役仍烦，百姓之情，方多避役。若复听之，恐捐弃慈孝，比屋而是沙

依附民

魏晋画砖扛锹出工

门。"《魏书·释老志》："正光以后，天下多虞，王役尤甚。于是所在编户，相与入道，假慕沙门，实避调役，猥滥之极，自中国之有佛法，未之有也。略而计之，僧尼大众二百万矣。"北齐时，刘昼上书称"佛法诡诳，避役者以为林薮"（《广弘明集》卷七）。文宣帝高洋诏说："乃有缁衣之众，参半于平俗；黄服之徒，数过于正户。所以国给为此不足，王用因兹取乏"（《广弘明集》卷二四）。北周武帝对沙门任道林追述他废佛的好处说："自废以来，民役稍希，租调年增，兵师日盛"（《广弘明集》卷十）。民役稀，租调增，兵师盛，都是因为僧尼还俗了，服役的人多了，纳租税的人多了。这些僧尼都是因避役调而去作僧尼的。

东晋南朝的情况，也是如此。东晋孝武帝时，范宁上疏说，因为徭役繁重，人民"有残形剪发，要求复除"的（《晋书·范宁传》）。残形，是指毁伤身体；剪发，就是入寺院为僧尼。东晋末年，桓玄在与僚属讨论沙汰僧众时说："避役钟于百里，逋逃盈于寺庙，乃至一县数千，猥成屯落。邑聚游食之群，境积不羁之众。"（《弘明集》卷廿二，《与僚属沙汰僧众教》）这些充盈寺庙的僧尼，都是为逃避役调才去作僧尼的。

门阀世族、豪门大族的依附民，能逃脱国家役调负担，却仍不免于豪门大族的剥削。北魏豪门大族的荫附民对国家皆无官役，而"豪强征敛，倍于官赋"（《魏书·食货志》）。东晋南朝，"都下人多为诸王公贵人左右，佃客、典计、衣食客之类，皆无课役。……其佃谷，皆与大家量分"。隋朝高颎定输籍法，"使人为浮客，被强家收大半之赋；为编户，奉公上，蒙减轻之征"，因之"浮客悉自归于编户"《隋书·食货志》）。十六国成汉李雄时，范长生受封为天地太师，封山西侯，"复其部曲，不豫军征，租税一入其家"（《晋

西晋吐鲁番地主生活壁画

书·载记·李雄载记》）。这都说明依附民对其主人有租课负担。为逃避国家课役投入寺院的僧尼，也免不了在寺院担任生产劳动向寺院交纳租课。僧尼在寺院中的地位，实际上是依附关系的宗教形式。

门阀世族及寺院对官府的户口分割

门阀世族、豪门大族的依附民和僧尼大众，都是不在国家户籍中注籍，而是"皆注家籍"（《晋书·食货志》）的，这是三国两晋南北朝时期普遍存在的。这就形成了世族豪门以及寺院对官府的户口分割。被分割的人口数量之多和它对国家户口比数之大，都是相当可观的。一些大家族的依附民、部曲、客等，往往是数百人数千人。曹魏时的李典，有"宗族部曲三千余家"（《三国志·魏志·李典传》）。东晋的刁协，有奴客数千人。桓家是江东大族，部曲遍于荆楚。南齐的刘善明，泰始初年，收集门宗部曲三千人。夜斩关，奔北海。刘怀珍门附殷积，启上门生千人充卫宿，孝武大惊。北魏末年，渤海高乾之弟高慎，有本乡部曲数千人自随，弟昂自领乡人部曲三千人，弟季式自领部曲千余人马八百匹（《北齐书·高乾传》）。高家的部曲跟随主人当兵打仗的私兵性强些，但他们的依附民性质没有改变。

北齐释迦像

魏晋南北朝时期依附民总人口数字不见记载，因而也很难得出依附人口和国家编户人口的比数。但根据材料，可以断言它的比数是相当大的。《晋书·王彪之传》载，彪之作会稽内史，在郡八年，豪右敛迹，亡户归者三万余口。又《山涛传》载，山涛的儿子山遐作余姚令，时东晋初建，法禁宽弛，豪族多挟藏户口以为私附。遒绳以峻法，到县八十天，出口万余。这两事都在东晋初期。我们见不到东晋各郡县的户口记载，《晋书·地理志》记载的，是西晋的郡县和西晋的户口。据《晋书·地理志》，会稽统十县，有三万户，一户以五口计，约十五万口。王彪之作会稽内史，八年出三万余口，约等于会稽人口的五分之一。但这三万余口，大约不会是会稽依附民的总数，依附民的实际数字当大于这个数字。余姚是会稽的一个县。会稽有十县三万户，平均一县应有三千户，以一户五口计，约有一万五千口。山遐作余姚令八十天就括出一万余口，即大约和余姚县的人口数相等了。如前所说，山遐也不会把所有依附民都强夺回来。那么，余姚县的依附民数要大于县领人口了。当然，这不能当作统计数字看，也可见依附民人口之多了。

佛教寺院僧尼大众的急剧膨胀，也构成严重的人口分割。南朝以梁武帝时佛教最盛，寺院僧众和依附民当也最多。郭祖深对梁武帝说："都下佛寺五百余所，穷极宏丽，僧尼十余万，资产丰沃。所在郡县，不可胜言。道人（即僧人）又有白徒、尼则皆畜养女，皆不贯民籍。天下户口，几亡其半。……请精加检括……不然，恐方来处处成寺，家家剃落，尺土一人，非复国有。"（《南史·循吏传·郭祖深传》）

北朝僧尼数和户口数都有记载，人口分割的形势更为明了。北魏末年，僧尼大众有二百万人（《魏书·释老志》）。而北魏盛时人口有五百万户（《通典·食货七》），户以五口计，人口数是二千五百万。僧尼和编户民的比数大略是一比十一。北齐的僧尼有三百万，而编户民只有二千万（《通典·食货七》）。两者的比数是一比七，大约八个人里面就有一

敦煌壁画中的剃度图

个僧尼。北周编户民有九百万（《通典·食货七》），僧尼有二百万，比数是一比五，就更严重了。

僧尼大众之外，北朝寺院也另有依附民，数量很大。《魏书·释老志》载："昙曜奏平齐户及诸民有能岁输粟六十斛于僧曹者即为僧祇户，粟为僧祇粟，至于俭岁，赈给饥民。又请民犯重罪及官奴以为佛图户，以供诸寺扫洒，岁兼营田输课。高宗并许之。于是僧祇户、及寺户遍于州郡矣。"僧祇户以平齐户开始，而后来的僧祇户决不限于平齐户，"及诸民"中的民就是平齐户以外的人。"遍于州郡"的僧祇户和寺户（即佛图户），都是当地人。佛图户既然"兼营田输课"，他们已有点像西晋参与屯田后的奴隶，他们的身分已开始向依附民转化了。

人口分割最严重的时期，在南方是梁朝，在北方是北齐。依郭祖深的说法，梁朝依附民的总数约是天下户口之半。北齐还要严重。《隋书·食货志》称：北齐时"豪党兼并，户口益多隐漏……户口租调十亡六七"。文宣帝高洋的诏书也指出："乃有缁衣之众，参半于平俗；黄服之徒，数过于正户。"（《广弘明集》卷二四）前者是就豪门大族说的，后者是就寺院说的。

依附民的众多，是三国两晋南北朝时期社会经济的一个特点，是区别于秦汉和唐以后的社会的一个标志。

官府占有下的依附人户

三国两晋南北朝的郡县编户民，比起秦汉的编户齐民来，身分也有降低。郡县编户民以外，在官府占有下的户口中还有屯田客、兵户、杂户、营户等，都具有不同程度的依附性质。

曹操在许下屯田，其后又推广到郡县。曹魏时期

各种部曲形象

有很多屯田客。屯田管理是以兵法部勒，屯田官称作典农中郎将、典农校尉、典农都尉，都是军职。所以屯田客是国家隶属性很强的农民。国家可以屯田客赐给臣下。孙权以寻阳屯田六百户赐给吕蒙（《三国志·吴志·吕蒙传》）。曹魏曾"赐公卿以下租牛客户，数各有差"（《晋书·王恂传》）。这些客户不知是在赐人以前就是客户，还是在赐人以后才成为客户。如果是在赐人以前就是客户，这客户就很可能是屯田客。唐长孺似乎就是持这种看法的（参看《魏晋南北朝时期的客和部曲》，载《魏晋南北朝史论拾遗》）。

不但是屯田客，就是郡县编户民，隶属性质也是很强的。《三国志·吴志·陈武传附子表传》："初，表有受赐复人得二百家，在会稽新安县。表简视其人，皆堪好兵。乃上疏陈让，乞以还官，充足精锐。诏曰：先将军有功于国，国家以此报之，卿何得辞焉？表乃称曰：今除国贼，报父之仇，以人为本。空枉此劲锐以为僮仆，非表志也。皆辄料取以充部伍。所在以闻，权甚佳之。下郡县，料正户赢民以补其处。"这里可以看到郡县正户、私家僮仆、兵，三者是可以互调的。兵户是世代为兵的。兵有兵籍，与民籍是分开的。兵，必须要有皇帝的制旨才能放免为民（参看《晋书·王尼传》）。兵，是被视为贱伍的，它和国家的关系是人身隶属关系。孙吴征服山越人后，都是"拣其精健为兵，次为县户"（《三国志·吴志·贺齐传》），"强者为兵，赢者补户"（《陆逊传》）。为兵、补户，只是以身体健壮条件而分，兵和民原无身分差别。

当然也要看到，三国两晋南北朝时期的郡县编户民，虽然在身分上已是国家的隶属民，但法律上仍被称作"良民"，和其他名称的国家隶属民、

吐鲁番出土壁画——地主生活

南朝画砖——女侍男侍

依附民还有区别。晋代方镇去职，有送故的制度，把国家的兵户送给去职的方镇作私属。晋孝武帝时，范宁疏陈时政就说："送兵多者至有千余家，少者数十户。……兵役既竭，枉服良人。"（《晋书·范汪传附子宁传》）良人，就是指的郡县编户民。前面引用过的晋元帝的一个诏书，"免中州良人遭难为扬州诸郡僮客者"，僮客须要通过诏书放免才能恢复为良人。但从北周武帝建德六年一个诏书看，良人和部曲客差别又不太大。诏书称："自永熙三年七月以来，去年十月以前，东土之民被抄略在化内为奴婢者，及平江陵之后良人没为奴婢者，并宜放免，所在附籍一同民伍。若旧主人犹须共居，听留为部曲及客女。"（《周书·武帝纪》）从诏书看来，为民伍良人还是为部曲客女，身分区别在皇帝眼里问题并不大。良人没为奴隶或被抄略为奴隶的，可以放免附籍为民伍，为良人，也可以留与旧主人共居为部曲，为客女。区别在于一是门阀世族、豪门大族的依附民，一是国家的隶农。

　　郡县编户民、屯田客、兵户以外，官府还有其他各种依附民，其中数量比较多的是北朝的杂户、营户。十六国时期，关陇一带的杂户是大量存在的。他们是隶属性很强的官府的依附民。前燕时，有营户，慕容暐时一次检括就出户二十余万（《晋书·慕容暐载记》）。东晋南朝也有营户。这营户，就是兵户。杂户、营户都不属郡县。北魏的营户，多是北方少数民族。拓跋氏统治者一次次的把叛逃的北部民如沃野、统万敕勒、连川敕勒追捕回来，把杀剩下来的遗类迁徙到冀、定、相和青、徐、齐、兖等地作营户，北魏历史上称他们为城人、北人，他们也都是兵户。北魏的杂户、营户，数量是相当多的。《魏书·食货志》："先是禁网疏阔，民多逃隐。天兴中，诏采诸漏户令输纶锦，自后诸逃户占为细茧罗縠者

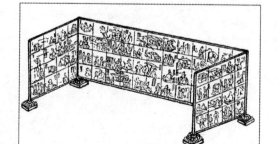

Ⅲ·图九七　北魏司马金龙墓漆屏风想像复原图

司马金龙屏风复原

甚众，于是杂、营户帅遍于天下。不隶守宰，赋役不周，户口错乱。"这可见杂户之多。"户帅遍于天下"，也可见他们不属郡县管辖，而赋役负担也不同于郡县编户民。

　　杂户、营户的身分都是低于郡县编户民的。这从北魏后期和北周、北齐的一些皇帝诏令可以证明。北魏景明二年："免寿春营户为扬州民。"（《魏书·明帝纪》）北齐天保二年诏："免诸伎作、屯、牧、杂色役隶之徒为白户。"（《北齐书·文宣帝纪》）北齐天统三年诏："今可悉蠲杂户，任属郡县，一准平人。"（《北齐书·后主纪》）北周建德六年诏："凡诸杂户，悉改为民。"（《周书·武帝纪》）《隋书·刑法志》说："建德六年齐平后，帝欲施轻典于新国，乃诏凡诸杂户悉放为百姓。自是无复杂户。"但杂户并未绝迹，旧的杂户放免了，新的杂户又产生。隋唐时代仍是有杂户的。《唐六典·刑部尚书·都官郎中》条的规定，明确地显示了杂户的身分等级。这条文说"凡反逆相坐，没其家为官奴婢。一免为番户，再免为杂户，三免为良人。"表明杂户的身分高于番户，低于良人。

　　总之，三国两晋南北朝时期是依附关系突出和盛行的时期。以前有一定自由身分的人大量成为依附民。奴隶解放而为部曲客，也成为依附民。郡县领下的编户民，身分较依附民为高，被称作良人。但朝廷可以把他们赐给达官贵人，使之随时变为依附民。他们的身分比秦汉的编产齐民，显然已降低了。

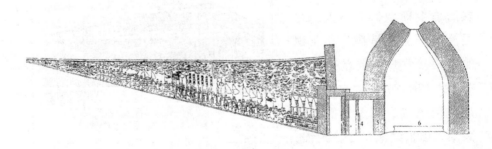

娄睿墓道壁画线图

第四节　民族杂居地区的封建化

三国两晋南北朝时期，由于北方民族的大量内迁，中原地区民族杂居的情况大大地发展了。在南方，由于西晋末年以来的人口流动，民族杂居的情况也有所发展。民族杂居的各个地区，都经历过自己的行程，其中往往是很痛苦的过程。但一旦定居下来，在不同民族之间就可能有互相学习、互相融化的机会。无论是北方民族进入中原，或南方民族受到中原势力的冲击，无论其是否经过武力较量，都不能不在一定程度上接受汉化。接受汉化，实际上就意味着封建化。民族杂居地区的封建化，是中国封建社会在发展阶段上的一个重大标志。

民族杂居和少数民族的汉化、封建化

民族杂居，在中国历史上由来已久。即就春秋时期而论，在内地杂居见于记载者，有戎狄、蛮夷。戎，有犬戎，有骊戎、有山戎、有茅戎、有陆浑之戎，有扬拒、泉皋、伊洛之戎，有赤狄，有白狄，有肥，有鼓，有鲜虞。戎狄与秦、晋等国杂居，主要活动于今陕西、山西及河南西部境内。夷，有莱，有介，有根牟，与齐、鲁等国杂居，主要活动在今山东境内。蛮有百濮，有卢戎，有群蛮，与楚、越等国杂居，活动于今湖南省以南的广大地区①。春秋时期的戎狄蛮夷，随着时间的进展，他们的名号在史册上大量地消失。他们消失的过程已不

前秦《郑能进修太尉祠碑》局部拓片，记录当时关中各民族杂居情况

---

① 　参看顾栋高《春秋大事表》卷三九。

可详考，但他们主要是消化在先进的社会之中，应当是无可置疑的。

秦汉的大一统，大大改变了春秋以来民族关系的面貌。这时，在星罗棋布的郡县中，出现了少数民族的聚居区。聚居区中的某些部分，被列入行政区划，约等于县级，被称为"道"。《汉书·地理志》称，孝平帝年间，有道三十二。《汉志》所载，以道标名者不足三十二之数。而陇西郡所属的大夏、上郡所属的龟兹，虽不称"道"，当也是少数民族聚居所在。在秦汉的行政区划中，还有更高一级的建置，即"郡"，虽无特定的名称，实际上也有少数民族聚居所在。《汉志》称："巴、蜀、广汉，本南夷，秦并以为郡。土地肥美，有江水、沃野、山林、竹木、蔬食、果实之饶。……景武间，文翁为蜀守，教民读书、法令，未能笃信道德，反以好文刺讥，贵慕权势。及司马相如游宦京师诸侯，以文辞显于世。乡党慕循其迹。后有王褒、严尊、扬雄之徒，文章冠天下，繇文翁倡其教，相如为之师。故孔子曰：有教无类。武都地杂氐羌，及犍为、牂柯、越嶲，皆西南外夷，武帝初开置，民俗略与巴蜀同，而武都近天水，俗颇似焉。"《汉志》记载了巴、蜀、广汉、武都等地之设郡，也说出了这些地方同少数民族的关系。所谓"有教无类"，实际上就是指少数民族的汉化、封建化倾向。

在三国两晋南北朝时期，由民族杂居而进入汉化、封建化过程，这在当时民族发展史上可说是一条规律。匈奴、氐、羌、鲜卑是这些民族中的三个

汉画像石山林狩猎

汉云南铜鼓座俑

类型，他们各有自己的封建化的道路。

　　匈奴在西汉末年，五单于争立。呼韩邪单于率众五千余落归汉，居朔方各郡，与汉人杂处，所受待遇，"与编户大同"。东汉建武二十二年（46），因连年旱蝗，匈奴遭到大饥馑，人畜死耗大半。在这严重灾害的打击下的第二年（47），匈奴分裂了。一部分匈奴部落依附东汉，是为南匈奴。大部分部落西迁，离开本土越走越远，是为北匈奴。南匈奴附汉后，逐步内迁。曹操以南匈奴势力渐大，把他们分成五部，以便控制。五部约有三万余落，分布于今山西汾水流域。曹操吸收他们的上层参加荐举，丁壮参加部伍，并把他们中已经任官职和参军的家属数万口，逐渐迁居于邺。曹操控制下的匈奴，是"单于恭顺，名王稽颡，部曲服事供职，同于编户"[1]。这时，内附的匈奴人，无论是上层或群众，都显然进入封建化过程。此后，匈奴人中有大批成为大地主家中的田客的。史载："太原诸部，亦以匈奴胡人为田客，多者数千。"[2]西晋武帝初年，匈奴二万余落内附。武帝使居河西故宜阳城下，"后复与晋人杂居。由是，平阳、西河、太原、新兴、上党、乐平诸郡靡不有焉"[3]。太康五年（公元284），匈奴继续内附者二万九千三百人。七年（287），内附者十万余口。八年，内附者一万一千五百口，并有牛二万二千头，羊十万五千口，车驴什物不可胜数。前后内附者共十九批。十六国时期，匈奴屠各种刘氏和屠各种赫连氏分别建立前赵、大夏政权。由于内附，迁居内地，与汉人及其他民族杂居，从而进入封建化过

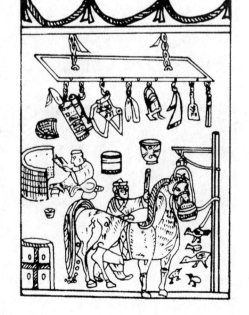

汉画像石马厩

①　《三国志·魏志·梁习传》。

②　《晋书·外戚·王恂传》。

③　《晋书·匈奴传》。

程，这是匈奴人经历的封建化的道路。匈奴人先后多次内附，其封建化的程度或有不同。前赵和大夏政权的封建性质达到什么程度，也有待于探讨。但他们都是处在封建化的过程中，这是没有疑问的。

氐和羌，是两个关系密切的民族，都有悠久的历史。在殷、周开国时期，他们都已参与中原的朝贡和战争。此后，他们跟汉族人民杂处，其历时的长久，在中国少数民族中是罕见的。就这一点而论，氐、羌接受汉化和封建化，是具有比较方便的条件的。三国时期，鱼豢著《魏略》，记述氐族社会："其俗语，不与中国及羌杂胡同。各自有姓，姓如中国之姓矣。其衣服尚青绛，俗能织布，善田种，畜养豕牛马驴骡。妇人嫁时着衽露。其缘边之制，有似羌。衽露，有似中国袍。皆编发。多知中国语，由与中国错居故也。其自还种落间，则自氐语。其嫁娶，有似于羌。"①这一段文字表明氐人的汉化，已发展到一定的水平。其生产结构是耕织和饲养相结合的个体经济，这是可以与封建制生产关系相适应的。晋初，司马骏徙封扶风，"以氐户在国界者增封"。元康六年，氐帅齐万年反晋，潘安仁在《马汧督诔》中记其事："初雍部之内，属羌反，未弭，而编户之氐又肆逆焉"②。这可见，这时关中的氐已是编户之民，成为所在官府统治下有封建身分的普通劳动者了。关中之羌，比氐发展的进程要落后一步。十六国时期，关中的羌大量的还是营户③，营户的身分比编户要差一些，但也是封建性的身分。

配种画像砖

便于移动的帐居方式

---

① 见《三国志·魏志·乌桓鲜卑东夷传》裴松之注引。"不与中国及羌杂胡同"，原作"不与中国同及羌胡同"，前"同"字衍文。今依马长寿《氐与羌》页17校改。马书为上海人民出版社1984年版。
② 见《晋书》卷三八，《宣五王传》及《文选》卷五七。
③ 参看马长寿《氐与羌》21页。

　　氐和羌的封建化，比起匈奴族和鲜卑族来，经历了更为复杂、艰苦的过程。马长寿著《氐与羌》指出，"氐、羌人民在更长的时期内是受其他各族统治阶级的统治。氐、羌受中原汉族统治阶级的统治时候最多，如在周秦时、两汉三国时、西晋和隋唐时，都是如此。在五胡十六国时，氐、羌受苻秦、姚秦、吕凉统治外，又受过前赵匈奴刘氏、后赵羯胡石氏、成汉賨人李氏、西秦鲜卑乞伏氏、南凉鲜卑秃发氏、北凉卢水胡沮渠氏、前凉汉族张氏等的统治。到南北朝时，氐、羌或受北朝拓跋魏或北周宇文氏的统治，或受南朝汉族宋、齐、梁、陈的统治。此时，氐、羌处南北两政权间，忽而事北，忽而事南，跟着各族首领的利害而定。而河湟之羌则又在游牧部落吐谷浑政权的统治下，受其支配，或随牧主游牧、或为国主战争，原来已经有所发展的农业经济至此又变为游牧生活了。"在与汉族和其他民族长期杂居的过程中，一方面受尽了折磨，一方面又曲折地前进，并由此而进入封建化过程，这是氐羌历史的特点。

　　鲜卑族，这里说的是鲜卑拓跋部，是由他们的统治者以君主的身分带领着自己的臣民进入封建化过程的，这是鲜卑历史的特点。关于鲜卑人的封建化，北魏孝文帝的改革是一个重要的标志。但鲜卑的封建化，却不始于孝文帝。《魏书·食货志》称："太祖定中原，接丧乱之敝，兵革并起，民废农业。方事虽殷，然经略之先，以食为本。使东平公仪垦辟河北，自五原至于楲阳塞外，为屯田。初登国六年（391）破卫辰，收其珍宝畜产名马三十余万，牛羊四百余万，渐增国用。既定中山，分徙吏民及徒何种人工伎巧十万余家，以充京都。各给耕牛，计口授田。天兴（398—404）初，制定：京邑东至代郡，西及善无，南极阴馆，北尽参合，为畿内之田。其外，四方四

晋归义氐王印　晋率善羌邑长印

魏晋羌人铜龟器

维，置八部帅以监之。劝课农耕，量校收入，以为殿最。又躬耕籍田，率先百姓。"从屯田到计口授田，再到躬耕籍田，都是封建化制度，其中包括田亩的分配、劳动力的编制和君主亲自出面的躬耕形式。特别是计口授田，这是孝文帝所规定的均田制的先行形式。《魏书·贺讷传》："讷从太祖平中原，拜安远将军。其后，离散诸部，分土定居，不听迁徙。其君长大人，皆同编户。"《高车传》："及平统万（427），薛干种类皆得为编户矣"。又《官氏志》："登国初，太祖散诸部落，始同为编户"。《北史·贺讷传》和《高车传》所记，与《魏书》两传略同，都可以与《魏书·食货志》相证明。[①] 所谓"离散诸部，分土定居，不听迁徙"，是把劳动力同土地相结合，是进行封建化很重要的措施。从登国六年的计口授田，到孝文帝太和九年（485）颁均田令，已有九十多年了。孝文帝的改革也还遇到相当大的阻力，但自此以后，鲜卑人封建化的步子比其他民族要快了。

　　由汉化到封建化，由封建化而促进某些民族间的融合，往往需要相当长的时间。关于这方面的历史任务，三国两晋南北朝时期还不能完成，而有待于隋唐时期的继续进行。

鲜卑早期生活用品

鲜卑早期贵族神器饰品

---

① 　参看陈寅恪《唐代政治史述论稿》19页，三联书店1956年版；王仲荦《魏晋南北朝史》第512—516页，上海人民出版社1980年版。

北朝的门阀制度

三国两晋南北朝时期民族杂居地区的少数民族封建化，北魏的"离散诸部，分土定居"和均田令的颁布是在经济方面的重要标志。同时，北朝在政治方面制定门阀制度，在文化方面提倡中原传统文化的学习，也都具有重要的历史意义。

北朝制定门阀制度最早的文献，至今可见到的，是北魏孝文帝太和十九年（495）的诏书和敕，均载于《魏书·官氏志》。诏书称：

代人诸胄，先无姓族。虽功贤之胤，混然未分。故官达者，位极公卿，其功衰之亲，位居猥任。比欲制定姓族，其事多未就。且宜甄擢，随时渐铨。其穆、陆、贺、刘、楼、于、嵇、尉八姓，皆太祖（拓跋珪）已降，勋著当世，位尽王公。灼然可知者，且下司州吏部，勿充猥官，一同四姓。

敕写道：

原出朔土，旧为部落大人，而自皇始（396—398）以来，有三世官在给事已上及州刺史，镇大将及品登王公者，为姓。若本非大人，而皇始已来职官三世尚书已上及品登王公而中间不降官绪，亦为姓。诸部落大人之后，而皇始已来官不及前列，而有三世为中散、监已上，外为副将、子都、品登子男者，为族。若本非大人，而皇始已来三世有令已上，外为副将，子都、太守，品登侯已上者，亦为族。凡此姓族之支亲，与其身有缌麻已内，微有一二世官者，虽不全充美例，亦入姓族。五世已外，则各自计之，不蒙宗人之荫也。虽缌麻而三世官不至姓班，有族官则入族官，无族官则不入姓族之例也。

据诏书和敕所述，都是定姓族，定姓族就是定门阀等级。定姓族的标准，一是皇始以前是否部落大人，二是皇始以后官的大小，三是皇始以后爵的高低。三者平衡，高者入姓，低者入族。把这三者总起来看，是以家门的历史地位定门阀的等级。是否能列

拓跋鲜卑贵族元显隽墓志

入姓族，要看"三世已上"的家史而定，"五世以外"，就不能享有姓族的特权了。诏书所说"代人诸胄，先无姓族"，及规定八姓之后"勿充猥官，一同四姓"，表明北魏的门阀制度是袭取魏晋以来汉族社会在习惯上实行的制度。诏书所谓"四姓"，即汉族上层社会中习用的甲、乙、丙、丁四姓的提法。太和十九年的诏书和敕关于姓族的决定，有的学者认为，"对于鲜卑人，一方面是在阶级分化完成的基础上完成拓跋族的封建化；另一方面则使门阀化了的鲜卑贵族与汉士族合流，以便消灭矛盾，加强合作。对于汉士族和非士族豪强，又是和鲜卑贵族一起，在新形势下制定新的标准重新编制门阀序列。"[①]这一看法是正确的。新的门阀序列的建立，是孝文帝建立北朝封建秩序的一种战略性措施。

《隋书·经籍志》也有记载：

后魏迁洛，有八氏、十姓，咸出帝族。又有三十六族，则诸国之从魏者。九十二姓，世为部落大人者。并为河南洛阳人。其中国士人，则第其门阀，有四海大姓、郡姓、州姓、县姓。及周太祖入关，诸姓子孙有功者，并令为其宗长，仍撰谱录，纪其所承。又以关内诸州为其本望。

《新唐书·柳冲传》引柳芳论述魏晋以后的姓族：

过江则为"侨姓"，王、谢、袁、萧为大。东南则为"吴姓"，朱、张、顾、陆为大。山东则为"郡姓"，王、崔、卢、李、郑为大。关中亦号"郡

北魏元昭墓发掘现场

---

① 唐长孺《论北魏孝文帝定姓族》，载《魏晋南北朝史论拾遗》，中华书局1988年版。

姓"，韦、裴、柳、薛、杨、杜首之。代北则为"虏姓"，元、长孙、宇文、于、陆、源、窦首之。虏姓者，魏孝文帝迁洛，有八氏十姓，三十六族九十二姓。八氏十姓，出于帝宗属或诸国从魏者。三十六族、九十二姓，世为部落大人。并号河南洛阳人。"郡姓"者，以中国士人差第阀阅为之制。凡三世有三公者曰"膏粱"；有令、仆者曰"华腴"。尚书、领、护而上者为"甲姓"。九卿若方伯者为"乙姓"。散骑常侍、太中大夫者为"丙姓"。吏部正员郎为"丁姓"。凡得入者，谓之"四姓"。

以这两处所记，与诏书及敕所述相校，颇有出入，一时难以究诘。但北魏姓族之制系自汉族引入，而北魏和南方的门阀都有世袭的等级制度，从《隋书·经籍志》及柳芳所论，就更为明白。《隋书·经籍志》称孝文帝迁洛后，以南迁代人"并为河南洛阳人"，柳芳也说代北南迁诸姓"并号河南洛阳人"。这就又提出了一个地望问题。孝文帝迁洛以后，改变了鲜卑贵族的地望，都号称河南洛阳人，这就是通过地望的改变，从而改变他们的北国之思，并削弱他们与汉人间的民族隔阂。《隋书》又称周太祖入关（534）后，对诸姓子孙有功者，"以关内诸州为其本望"。而《周书·明帝纪》记明帝二年（558）三月庚申诏："三十六国九十九姓，自魏氏南徙，咸称河南之民。今周室改都关中，宜改称京兆人。"从这两条记载看，似是从宇文泰入关的有功汉将先改定为京兆郡望，其后在明帝二年又改定了鲜卑贵族的郡望①。至此，在北周的统治阶层中，无论胡汉，都成为同乡共里的人，民族的界限可望更少一些了。这是北周在门阀制度与民族关系上，比北魏孝文帝采取的更进一步的措施。这

阶层陪葬对比

---

① 陈寅恪：《唐代政治史述论稿》页14—17，三联书店1956年版。

些措施对于促进北方民族杂居地区少数民族的封建化，无疑是起了积极作用的。

门阀制度意味着封建等级的划分，并且是带有宗族承袭的性质。在北魏，婚姻关系也同样跟门阀制度相联系。史称孝文帝雅重门族，以范阳卢氏、清河崔氏、荥阳郑氏、太原王氏是世族高门，咸纳其女，以充后宫。又为五个弟弟聘汉族高门的女儿为妻。魏家公主也嫁给汉族名门，如范阳卢氏"一门三主"，卢道裕尚献文帝女乐浪长公主，卢道虔尚孝文帝女济南长公主，卢元聿尚孝文帝女义阳长公主，尤为时人所称道[①]。

贵贱不得通婚，在北魏是见诸法令的。文成帝和平四年（463）诏："夫婚姻者人道之始……尊卑高下，宜令区别。然中代以来，贵族之门多不率法，或贪利财贿，或因缘私好，在于苟合，无所选择，令贵贱不分。……今制，王公师傅侯伯及士民之家，不得与百工技巧卑姓为婚，犯者加罪。"（《魏书·高宗纪》）孝文帝太和二年（478）诏："皇族贵戚及士民之家，不维氏族，下与非类为婚。先帝亲发明诏，为之科禁。而百姓习常，仍不肃改。朕今宪章旧典，只按先制，著之律令，永为定准，犯者以违制论。"（《魏书·高祖纪》）这两代诏书，都在孝文帝改革之前。诏书所限禁的婚配，是贵族、平民和身分低贱的其他阶层间的婚配，还不是他们所说的士庶不通婚。但这种限制拓跋氏族贵族与卑贱之家婚配的法律，在拓跋贵族门阀世族化之后，又正好为新兴门阀贵族作为士庶不通婚的法律依据。北魏末年，博陵崔家生有一女，一目失明，高门大家没有愿来结亲的。家人打算把她

徐显秀墓壁画乐伎

---

① 参见王仲荦：《魏晋南北朝史》下册第549—550页，上海人民出版社1980年版。

下嫁。她有个姑母，嫁在赵郡李家，听到消息后非常伤感，说："吾兄盛德，不幸早世，岂令此女屈事卑族！乃为子翼纳之。"（《魏书·崔辩传》）这一故事说明，北朝的门阀世族也是不和社会身分低的卑族结婚的。

中原传统文化的传习

十六国时期，在内迁的少数民族的君主中，有不少人崇尚中原传统文化，师从名儒，究通经史，并在境内提倡对中原传统文化的传习。[1]

建立汉国的刘渊，幼好学，师事上党崔游，习《毛诗》、《京氏易》、《马氏尚书》，"尤好《春秋左氏传》、《孙吴兵法》，诵读《史》《汉》诸子，无不综览"。他称萧何、陆贾无武，绛卜、灌婴无文，认为"道由人弘"。他的儿子刘和，"好学夙成"，习《毛诗》、《左氏春秋》、《郑氏易》。和弟宣，师事名儒孙炎，"沉精积思，不舍昼夜。好《毛诗》、《左氏传》。每读《汉书)，至萧何、邓禹传，未曾不反复咏之"，说"大丈夫若遭二祖，终不令两公独擅善美于前矣"[2]。刘渊第四子刘聪，"幼而聪悟。年十四，究通经史，兼综百家之言。孙吴兵法，靡不诵之。工草隶，善属文，著《述怀读》百余篇，赋颂五十余篇"[3]。刘渊的族子刘曜，读书"志于广览，不精思章句"。也"善属文，工草隶。尤好兵书、略皆阉诵。常自比乐毅萧曹。既即位，立太学于长乐宫东，立小学于未央宫西，简百姓二十五已下、十三已上，神志可教者千五百人，

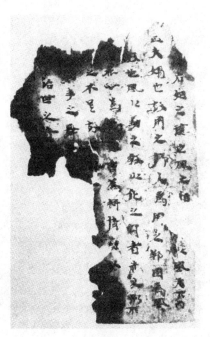

吐鲁番出土古写本《毛诗·关雎序》残卷

---

[1]　赵翼《廿二史札记》卷八，《僭伪诸君有文学》条，比较集中地记述了这方面的材料。

[2]　《晋书》卷一零一，《刘元海载记》。"二祖"，指汉高祖和汉光武帝。

[3]　《晋书》卷一零二，《刘聪载记》。

选朝贤宿儒明经笃学以教之"①。

前燕主慕容儁尚经学，喜天文。即位后，赐其大臣子弟为官学生者，号高门生。立东庠于旧宫，以行乡射之礼。每月临观考试优劣。儁雅好文籍，勤于讲授，学徒甚盛，至千余人。他自造《太上章》以代《急就》。又著《典诚》十五篇，以教胄子。②

前秦主苻坚八岁时，向其祖苻洪请师就学。苻洪说："汝戎狄异类，世知饮酒，今乃求学邪？"但还是答应了他的要求。苻坚即位后，广修学宫，召郡国学生通一经以上充之。公卿已下子孙并遣受业。其有学为通儒，才堪干事、清修廉直，孝悌力田者，皆旌表之。坚又亲临太学，考学生经义优劣，品而第之。问难五经，博士多不能对。史称，自永嘉乱后，庠序无闻。至是，学校渐兴。③

《宣讲图》：描绘前秦弘扬儒学的场面

后秦主姚兴为太子时，与范勖等讲经籍，不以兵难废业。时天水姜龛、东平淳于歧，冯翊郭高等皆耆儒硕德，门徒各数百人，教授长安。诸生自远而至者，万数千人。兴听政之暇，引龛等于东堂讲论道艺，错综名理。凉州胡辩，苻坚之末，东徙洛阳讲授，弟子千有余人。关中后进，多赴之请业。兴敕关尉，给诸生以往来的方便，不拘常限。④姚兴子姚泓，博学善谈论，尤好诗咏。王尚、段章以儒术，胡义周、夏侯稚以文学，皆常游集。泓受经于

---

① 《晋书》卷一零三，《刘曜载记》。
② 《晋书》卷一零九，《慕容儁载记》。
③ 《晋书》卷一一三，《苻坚载记》。
④ 《晋书》卷一一七，《姚兴载记》。

博士淳于岐。岐病，泓亲诣省疾，拜于床下。自是，公侯见师傅，都行拜见礼。①

以上这些事例，都见于《晋书》各载记。所记当有夸张，但略可见刘渊等人对中原传统文化的态度。

后赵主石勒也亲临大小学，考诸学生经义，尤高者赏有差。勒虽在军中，也常令人读史书，并发表意见，论古帝王善恶成败。有一次，他使人读《汉书》，听说郦食其劝立六国后，大惊，说："此法当失，何得遂成天下！"后读到汉高祖听了张良的话，不立六国后了，他就说"赖有此耳。"②又一次，是在酒酣后，勒问徐光："朕方自古开基，何等主也？"光以轩辕相比拟。勒笑说："人岂不自知。卿言亦以太过。朕若逢高皇，当北面而事之，与韩彭竞鞭而争先耳。脱遇光武，当并驱于中原，未知鹿死谁手。大丈夫行事，当磊磊落落，如日月皎然，终不能如曹孟德，司马仲达父子，欺他孤儿寡妇，狐媚以取天下也。朕当在二刘之间耳。轩辕岂所拟乎。"③ 苻坚也曾以古帝王相比。他问博士王寔说："朕一月三临太学，黜陟幽明，躬亲奖励，罔敢勃违。庶几周孔微言，不由朕而坠。汉之二武，其可追乎？"二武，是指汉武帝和汉光武帝。王寔对曰："自刘石扰复华畿，二都鞠为茂草。儒生罕有或存，坟籍灭而莫纪，经沦学废，奄若秦皇。陛下神武拨乱，道隆虞夏，开庠序之美，弘儒教之风，化盛隆周，垂馨千祀，汉之二武焉足论哉。"④ 这两例，可见石勒和苻坚读史的兴趣和他们的历史知

明刊《东西晋演义》——石勒听史

---

① 《晋书》卷一一九，《姚泓载记》。
② 《晋书》卷一零五，《石勒载记下》。
③ 《晋书》卷一零五，《石勒载记下》。
④ 《晋书》卷一一三，《苻坚载记》。

识。史书未记录苻坚对王寔的话作何表示。王寔的话中有不少谀词，但也反映了苻坚对儒家文化的态度。

夏主赫连勃勃还有这样一个故事：南朝刘裕遣使带书信来，请通和好。勃勃命中书侍郎皇甫微为文，命人写下来，自己偷偷地背诵下来。当着来使的面，勃勃以口授的形式，命人写下来，封好，交给来使。刘裕读了答书，很惊奇。这位使者又形容勃勃如何英武，刘裕叹了口气，说"吾所不如也"①。这一故事说明一个割据一方的少数民族君主是如何渲染自己汉化的深度。

赫连勃勃给刘裕的答书是别人代撰的，而北魏孝文帝的作品多是出自本人手笔。史称其"雅好读书，手不释卷。五经之义，览之便讲。学不师受，探其精奥。史传百家，无不该涉。善谈庄老，尤精释义。才藻富赡，好为文章。诗赋铭颂，任兴而作。有大文笔，马上口授。及其成也，不改一字。自太和十年（486）以后诏册，皆帝文也。自写文章，百有余篇。"②尽管史臣所说，多有溢美，但孝文帝对汉学修养之相当深厚，是可信的。冯太后死，为治丧问题，引起朝廷上的大议论。孝文帝依据具体情况，斟酌大礼，不惜独排众议，坚持守孝三年之礼。③这件事，是过去汉族皇帝也往往办不到的，孝文帝却坚持办到了。《隋书·经籍志》著录《后魏孝文帝集》三十九卷，还著录《后周明帝集》九卷，《后周赵王集》八卷，都已早佚。

自十六国以至北朝各代，汉族才智之士多受到重用。如石勒之于张宾，

北齐校书图

---

① 《晋书》卷一三〇，《赫连勃勃载记》。
② 《魏书》卷七《高祖纪》下。
③ 《资治通鉴》卷一三七。

苻坚之于王猛，宇文泰之于苏绰，都信任到言听计从的地步。苏绰为六条诏书，甚为宇文泰所重，"尝置诸座右，又令百官习诵之。其牧守令长，非通六条及计帐者，不得居官"①，汉族才智之士参加有关地区的政治活动，有时还取得重要地位。这对于民族杂居地区少数民族的汉化和封建化，也是有重要意义的。

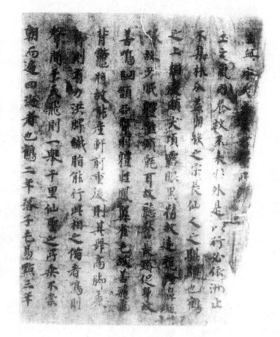

唐写本《修文殿御览》残卷

---

① 《周书》卷二三、《苏绰传》。

第六章　文化发展的总形势

第一节　玄学和儒学

东汉中叶以后，外戚、宦官迭相专政，政治日趋腐败。面对这种社会政治现实，以太学生为代表的一些人对现实政治持批评态度。他们站在外戚、朝官一边反对当政的宦官。宦官制造了两次"党锢之祸"，残酷迫害反对派。在残酷的政治迫害下，许多文人士大夫开始不过问政治，采取消极避世的态度。

东汉末年，曹操掌权，即以法治天下。他在用人上提出唯才是举，曾下令："今天下得无被褐怀玉而钓于渭滨者乎？又得无盗嫂受金而未遇无知者乎！"（《三国志·魏志·武帝纪》），这种只问才能不问德行的思想，是直接与东汉以来儒家的名教相对抗的。曹操杀了对他有大功的荀彧、崔琰、毛玠等人，也使一些人心惊胆战。

东汉末年以来的政治形势的变化，影响了人们的政治态度和意识形态。政治上他们从过问政

汉画像石——讲学

治、砥砺名教和积极的现世态度，转变为不问政治、逃避现实、以求明哲保身；思想上他们接受了消沉的、对事不作反抗的，但又含有思想解放的老、庄思想。以老、庄、易为内容的玄学思想，开始抬头。

魏晋时期洛阳的玄风及其东渡

汉末三国，由儒学到玄学的转化中，马融、郭泰、何晏和王弼四人，起着重要的影响，他们是这个时期的代表人物。

马融，东汉中后期人，是一名儒。邓骘仰其名，召为舍人，马融不就，客居凉州武都汉阳。遇羌人暴动，边境扰乱，米谷踊贵，自关以西，道殣相望。马融后悔未应邓骘之召，对他的朋友说："古人有言，左手据天下之图，右手刿其喉，愚夫不为。所以然者，生贵于天下也。今以曲俗咫尺之羞，灭无资之躯，殆非老庄所谓也"（《后汉书·马融传》）。遂往应邓骘之召。也就是这位大儒，为了保全生命，为大将军外戚梁冀诬害名臣李固，并作大将军《西第颂》。政治上堕落的人，生活上无不堕落。马融就是"居守服器，多有侈饰，常坐高堂，施绛纱帐，前授生徒，后列女乐"（《后汉书·马融传》）。他以老庄哲学作为对自己行为的辩解和灵魂的安慰。他为《老子》

马融像　　　　　　　　　　　郭泰像

作注，竭力捏合儒家和老庄。

郭泰，生于东汉晚年。当时政治极端腐败，知识阶层的人曾激烈地起来反对，要求改良政治，但在残酷迫害下，他们对政治前途失去信心。时身为太学生领袖的郭泰说："吾昼察人事，夜看乾象，天之所废，不可支也。……虽在原陆，犹恐沧海流横，吾其鱼也。……未若岩岫颐神。娱心彭老，优哉游哉，聊以卒岁。"（《抱朴子·正郭篇》）南州高士徐稺使人劝郭泰："大树将颠，非一绳所维，何为栖栖，不遑宁处？"（《后汉书·徐稺传》）郭泰、徐稺的思想，反映汉末知识阶层思想的低沉。低沉的思想潮流，为老庄思想和玄学的发展提供了温床。

何晏、王弼，是玄学的奠基人。《文心雕龙·论说篇》称："迄至正始，务欲守之，何晏之徒，始盛玄论，于是冉（老子）、周（庄子）当路，与尼父（孔子）争涂矣。"《颜氏家训·勉学篇》也指出："何晏、王弼，祖述玄宗。……直取其清谈雅论，剖玄析微，宾主往复，娱心悦耳，非济世成俗之要也。……《庄》、《老》、《周易》，总谓三玄。"

何晏、王弼，都祖述老、庄，大煽玄风。何晏著有《道德论》（此据《三国志·魏志·曹爽传》，张湛注《列子·天瑞篇》引何晏作《道论》）。王弼著有《老子注》、《周易注》、《周易略例》，还著有《老子指略》。

何晏的主要论点是："天地万物，皆以'无为'为本。无也者，开物成务，无往不成者也。阴阳恃以化生，万物恃以成形，贤者恃以成德，不肖恃以免身。故'无'之为用，无爵而贵矣。"（《晋书·王衍传》）这里所谓"皆以'无为'为本"，可能多了一"为"字，应该是"皆以'无'为本"。以下几句话，也都是讲"无"的，不是讲"无为"。"无"和"无为"含义是不同的。

王弼的主要论点，大体与何晏相同，也是

三玄书影

把"无"说成万有的本体。他认为："夫物之所以生，功之所以成，必生乎无形，由乎无名。无形无名者，万物之宗也。"（《老子指略》）

何晏、王弼祖述老、庄，阐扬玄学，但两人都尊崇孔子。何晏著有《论语集解》，此书现尚存。王弼著有《论语释疑》，此书已佚，但部分内容保存在皇侃的《论语义疏》和邢昺的《论语正义》中。他们注释《论语》，与汉儒的解经是完全不同的。他们注重讲《论语》的微言大意，而且多从玄学的角度加以发挥。

宇宙万物（包括人类社会）都是客观存在的，它们的发展变化都是有规律的。这规律是客观规律，是自然规律。合乎这个规律的就是正确的，就是道理，就是"道"。如何看待自然、社会，自然和社会的变化，这是哲学问题；古往今来的认识，是千差万别的。

儒家有儒家的认识。《中庸》称："天命之为性，率性之为道，修道之为教"。性，就是客观自然、客观规律；顺着性走，即顺乎自然走，就是道；把顺乎自然的道加以修饬整齐，就是教。

儒家虽然讲性、道、教的关系，但儒家所重的却是教。儒家是政治家、教育家、人事家，而不是哲学家。至少不怎么太讲宇宙万物的本体这些哲学问题。对"性"、"道"，只是说说而已。

玄学，是哲学。玄学讲世界万事万物的本体。比起儒家来，老、庄和玄学追求解释宇宙万事万物更根源的东西。

在玄学家眼里，宇宙万事万物都生于"无"，无生有，有生一切。前面

何晏《论语集解》书影

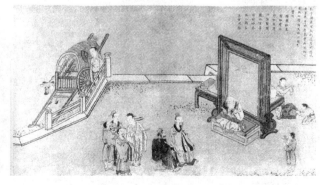

孔子问礼老子图

所引何晏、王弼的言论，都讲的是这个意思。无，要给一个名称的话，就是
"道"。如王弼认为："道者，无之称也。无不通也，无不由也，况之曰道。"
（邢昺《论语正义述而篇》"志于道"句疏引《论语释疑》）

《老子》书中有一句"道常无为"。据王弼注这句话是"顺自然也"。"无
为"就是顺自然。

这里可以看到儒学、玄学的同和异。儒学和玄学都承认自然的存在，自
然有其自己的发展规律，这就是"道"。这是他们的共同处。但如何对待
"道"，两家就不同了。儒学认为应该"教"，即应该"修道"，把自然朴素
的道加以文饰整齐，这就要"有为"。玄学认为要顺乎自然，顺乎道；顺乎
道，顺乎自然，就要"无为"。

认识上虽然有这不同，但在实际问题上，何晏、王弼，都不反对儒家的
名教。名教的"教"，就是"修道之为教"的"教"。他们认为自然就是道，
无为就是顺乎自然；名教不能离开道，名教应当体现自然。顺乎自然和体现
自然没有矛盾。这样，自然和名教就统一起来了。

老庄"自然"和儒家"名教"的统一，不仅是何晏、王弼的思想，而
且是西晋玄学的主流思想。《世说新语·文学篇》记有这样一个故事："桓宣
子（修）有令闻。太尉王夷甫（衍）见而问曰：老庄与圣教同异？对曰：将
无同。太尉善其言，辟之为掾。世谓三语掾。"差不多同样内容的故事又见
之《晋书·阮籍传附瞻传》："阮瞻见司徒王戎，戎问曰：圣人贵名教，老庄
明自然，其旨同异？瞻曰：将无同。戎恣嗟良久，即命辟之。时人谓之三语

南朝"竹林七贤与荣启期"上

掾。"故事出之王衍、桓修还是出自王戎、阮瞻，问题不大。他们都是西晋玄学的正统派人物，代表的都是玄学中的主流思想。在正统派眼里，名教、自然是统一的。

魏晋之际，司马氏为了夺权，对党于曹氏的反对派，采取了残酷的镇压手段。这就使得玄学阵营出现分化。依附司马氏的一派（他们之中也有并非真心依附，只是在恐怖面前不得不低头），一面谈玄一面不离名教。如王衍，就一面谈玄，一面欣赏桓修的老庄和圣教"将无同"的答案。山涛"性好老庄"，是所谓竹林七贤之一，他曾上疏晋武帝，劝他对百姓"崇风尚教以敦之"（《晋书·山涛传》）。所谓"尚教"，自然是儒家名教。党于曹氏的一派，他们不愿意与司马氏合作，但又怕有杀头的危险。于是他们一方面向司马氏低头，一方面又旷达放诞，不务世事。阮籍和向秀就是例子。据《晋书·阮籍传》称：阮籍"本有济世志，属魏晋之际，天下多故，名士少有全者，籍由是不与世事，遂酣饮卧为常。"嵇康被杀后，向秀应本郡计入洛阳。司马昭问他："闻有箕山之志，何以在此？"向秀回答说："以为巢许狷介之士，未达尧心，岂足多慕。"（《晋书·向秀传》）

对于魏晋玄学之盛，也不能过于夸大，好像魏晋时期只有玄学。应该看到的是：玄学只是洛阳之学，而且只是洛阳第一流世族之学。洛阳城外无玄学，洛阳第一流世族之外，无玄学。洛阳以外，仍有儒家的传统地位。洛阳以外的士子，仍是读儒家传习的经书。

永嘉乱后，一部分洛阳世族渡江而东，装在他们头脑里的玄学思想也随

南朝"竹林七贤与荣启期"下

之东渡了。《晋书·卫瓘传》附孙《卫玠传》记载："（玠）好言玄理。……玠以天下大乱，欲移母南行……母泣涕从之。至江夏……遂进豫章。是时，大将军王敦镇豫章，长史谢鲲，先雅重玠，相见欣然，言论弥日。敦谓鲲曰：昔王辅嗣（王弼）吐金声于中朝，此子复玉振于江表。微言之绪，绝而复续。不意永嘉之末，复闻正始之音，何平叔（何晏）若在，当复绝倒。"卫玠，可以说是稍后于阮籍等人的玄学代表人物，他也从洛阳来到江东。东晋初年掌权的人物，如王敦、王导、庾亮，都是玄学中或受玄学影响的人物。

　　东晋一朝，玄风是相当盛的。王、谢等世族子弟，虽然大多没有哲学头脑，不能谈玄说理，阐述老庄，他们的生活情调却是正始遗风。梁朝时期，玄学似又一度小盛。《颜氏家训·勉学篇》称："何晏、王弼，祖述玄宗，递相夸尚，景附草靡。……洎于梁世，兹风复阐，《老》、《庄》、《周易》，总谓三玄。"

儒学传统地位的继续

孝是当时社会崇尚的最高价值，这在忠的价值被频繁的改朝换代破坏了的情况下更是如此，这一时期产生了很多大孝子的典范。图为大孝子王祥像

　　关于魏晋时期地方上仍尚儒学，可从《晋书·儒林传》的人物大多是地方上的人得到启示，也可以此作为一种证明。

　　《晋书·儒林传》中的人物，都是地方上的人。他们来自：吴郡钱塘、巴郡临江、东海襄贲、会稽余姚、济南东平、济北卢县、高密淳于、上党、雁门、庐江潜县、弘农、东莞姑幕、鲁国、陈留、京兆、乐陵等地。他们教授生徒，有的有数千人；有著述，往往都是潜心儒术，家世好学。他们传经授业，在地方上都是很有影响的。范宣家于豫章，范宁为豫章太守。"江州人士，并好经学，化二范之风也。"这些儒家，除少数为地方著姓，多数是"家贫"，能"安贫乐道"、"潜心著述"。《晋书·儒林传》，反映了地方上儒学之盛，是儒学的天下。

洛阳以外，地方人士要读书，都是读儒学经典的。在十六国的君主中，如刘渊的儿子刘聪、石勒、苻坚等及北魏的孝文帝，都是重视儒学的。在本卷有关章节中都有所反映。

五德终始思想在十六国时期又大盛起来。十六国的君主都信奉这一套，定服色，定德性，信灾异祥瑞之说。石勒以赵承金（晋为金德），为水德，旗帜尚黑，牲牡尚玄。发生日蚀，石勒就避正殿三日，令群臣公卿各上封事（《晋书·石勒载记》）。前燕慕容儁，也以自己为水德，承金之后，旗帜尚黑，牲牡尚玄（《晋书·慕容儁载记》）。后秦姚苌，自谓是以火德承秦氏木行（《晋书·姚苌载记》）。姚兴以日月薄蚀，灾青屡见，降号称王，下书令群公卿士将牧守宰各降一等（《晋书·姚兴载记》）。

这是十六国中几个较大的国信奉用五德终始、灾异之说的几个例子。其他小国也都有这方面的记载。这些材料，说明了十六国时期儒学在北方中原地区仍是居有传统的统治地位的。

十六国时期的儒学是上承魏晋、东汉的。玄学在洛阳世族上层盛行起来了，儒家丢了洛阳这块地盘，但在地方上保存下来。

就是西晋玄学极盛时期，玄学也并未迈出洛阳一步，并没有能像《晋书·儒林传》所描述的那样，"摈阙里之经典，使宪章弛废，名教颓坏"。洛阳之外，地方上仍是儒家天下。当然，长期兵荒马乱之后，魏晋十六国时

洛阳元谧石棺大孝子郭巨故事画

儒学不如两汉之盛，也是事实。

《北史·儒林传序》称："大抵南北所为章句好尚，互有不同。……南人约简，得其英华；北人深芜，穷其枝叶。"这种学风的不同，与北方儒学渊源和玄学东渡有关系。北方的儒，来自十六国时期的儒，其渊源可以更上推到东汉。东汉儒是章句之学，传业者寝盛，支叶繁滋，一经说到百余万言。北学深芜，穷其枝叶，来源于此。南方儒学浸润着玄学精神。北魏李业兴作使臣去梁，向梁武帝谈到自己"少为书生，止习五典，素不玄学，何敢仰酬"（《魏书·儒林传》）。这说明北方儒学不受玄学的影响，而南方玄学之盛则会影响儒学。

第二节　佛教、道教和无神论思想

三国两晋南北朝时期，宗教甚为流行。佛经的翻译和佛教思想的传播，都极为兴盛。道教也由形成而发展。同时，反佛教的斗争和无神论思想也都显示了一定的威力。

佛经的翻译和佛教思想的传播

佛教虽在西汉末年已传入中国，但一直到东汉，人们对佛教的理解还是很有限，一般把佛教理解为类似黄老之学，都是主张清静无为的。经过佛经的大量翻译，人们对佛教的理解才逐渐得到提高。

中国最早流传的佛经是《四十二章经》。汤用彤认为：汉明求法事，因年代久远，书史缺失，难断其真相。但东汉时，《四十二章经》之已出世，

现存最早的"佛祖说法"图（隋版）

盖无可疑。经中所言，与汉代流行之道术比较，在在与汉代道术相合。此经为东汉社会中最流行之佛教经典，人们遂取经义与道术相附会，因而把佛教和黄老捏合一起。佛教借黄老而传布。

汉末桓灵之世，佛教经典翻译渐多。其中最有影响的译经人是安世高和支谶。安世高，安息人。支谶，月支人。由于经典的翻译，佛教的教义才逐渐传入中国。魏晋之际，玄学兴起。佛教名僧多与玄学中名士相交往。名僧多能清谈。东晋以后，佛教教义才正式以宗教哲学的独立姿态出现。

这时期翻译过来的佛经内容，可分为两类，一是安世高等所翻译介绍的小乘禅学，一是支谶等所翻译介绍的大乘"般若"学。般若空宗一派的学说接近玄学思想，合乎玄学家的口味，所以"般若"学在东晋得到广泛的传播。从东汉末年到刘宋初年，佛教经典最流行的是般若经。

南北朝时期，佛教经典的翻译更多。据唐智升的《开元释教录》所列，三国两晋南北朝时期译经达一千六百二十一部。

佛经的翻译，实际上就是佛教思想的介绍。南北朝的佛教经典，把佛教思想大量的介绍过来，为隋唐时佛教思想的发扬和中国化准备好了条件，并打下基础。

有重要影响的高僧

在佛经翻译和佛教思想介绍中，作出重要贡献的高僧有释道安、鸠摩罗什、慧远等人。

释道安，晋怀帝永嘉六年（312）生于常山扶柳。十二岁出家，为人天资聪颖，记忆力超人。他先师事佛图澄，随澄在邺。后赵末年，北方大乱，道安在今河北、山西各地避乱传教。晋哀帝兴宁三年（365），道安到襄阳。苻坚克襄阳，道安随赴长安。晋孝武帝太元十年，道安死，年七十四。

道安的贡献是多方面的，主要的是：组织翻译和整理佛教经典，宣传佛教和培养弟子，创立

执麈尾扶几的维摩诘石造像

"本无"学派。

道安一生有很多著作,为经作注,为经作序。他的著作对阐明经义起重大作用。僧佑在《出三藏记集·道安传》中说:"安……序致渊富,妙尽玄旨,条贯既叙,文理会通,经义克明,自安始也。"(《大正藏》55卷第108页)"经义克明,自安始也",说明了道安在阐明经义方面的历史地位。

道安晚年住长安时期,组织并主持译经,共译出众经十部,一百八十七卷,一百多万字。他总结译经经验,提出"五失本,三不易"。道安的总结,对以后的佛经翻译很有指导意义。五失本,谓翻译佛经有五种情况使译文不能符合胡语佛经原本。三不易,指三种不易翻译的情况。(参看方立天《道安评传》,载《魏晋南北朝佛教论丛》,中华书局1982年版)

道安重视亲自讲经,宣扬佛法。他一生收了很多弟子,并分派他的弟子到各地去传教。著名高僧慧远,就是道安的高足。

道安对佛教思想研究有很深的造诣。他在北方时,对禅学进行了比较深入的研究。当时北方正盛行禅学。他到南方后,又钻研般若学,当时南方盛行的是般若。他还热心地翻译小乘一切有部经典。道安对传入的佛教各派思想是兼容并包的。在兼容并包中也有主次,般若思想是道安的主要思想。道安关于般若的著述就有二十种。

般若学的根本思想是"本无"。后来虽分为多种学派,有所谓"六家七宗"之说,而道安则是本无宗。嘉祥吉藏《中论疏·因缘品》叙道安本无说:"什师未至,长安本有三家义。一者释道安明本无义。谓无在万化之前,空为众形之始。夫人之所滞,滞在末(原作未,依汤用彤说,应作末)有。若宅(原作诧,依汤用彤,应作宅)心本无,则异想便息。安公

释道安像

本无者，一切诸法，本性空寂，故云本无。此与《方等》经论，什、肇山门义，无异也。"吉藏这段话，叙述了道安的根本思想。

道安的"本无"思想和何晏、王弼的玄学"天地万物皆以无为本"的思想很接近。东晋时期，玄学随世族过江，当时的执政大臣和士大夫大多是玄学中人或受玄学影响的人物。道安和他们大都有交往或书翰问候。东晋佛教的发展，主要在社会上层。道安的本无和玄学的无为，正相合拍，更有助于佛教在南方的传播发扬。

鸠摩罗什，天竺人，家世国相。罗什生于龟兹，约当晋康帝之世（343—344）。自西晋以来，龟兹即有佛教流行，为小乘学。罗什曾游沙勒、温宿，又归龟兹。广诵大乘经论，洞其奥秘。在西域各国，讲说佛法。吕光破龟兹，获罗什，致之凉州。后秦姚兴弘始三年（401）破后凉。弘始三年十二月二十日，姚兴迎罗什到长安，时已在公元402年初。

当时长安佛教已甚盛。自符坚迎道安到长安后，主持译经，长安已是译经重镇。罗什到长安，姚兴待以国师之礼。罗什在长安住了十三年，弘始

鸠摩罗什塑像

慧远像。慧远结束了佛教同魏晋老庄玄学结合的历史，转向与儒学的紧密联系

十五年（413）去世。在他主持下，译经三百多卷。

　　协助罗什译经的助手，都是当时的名家。如道生、道融、昙影、僧叡、慧观、僧肇等，都是名僧。他们对经义的领悟，常受到罗什的称道。罗什主持下的译经，不仅文字是佳制，而理解精微，也非旧译所能及。

　　罗什对佛教思想的理解，造诣是很深的。可惜他大部分时间都用在译经上，自己很少著述留下来。罗什对佛教思想理解的幽微，未能尽传于世。

　　慧远，俗姓贾，雁门楼烦（今山西崞县东）人，晋成帝咸和九年（334）生。年二十一，随道安出家，时道安正在太行恒山立寺，传布佛教。后随道安南投襄阳。苻丕争襄阳，慧远别师东下，到庐山。时桓伊为江州刺史，为慧远造东林寺。慧远住东林寺三十多年，晋安帝义熙十二年（416）或谓十三年卒，时年八十三或八十四。

　　慧远天资聪颖，早年曾读儒书，博通六经，也接触过老庄。后听了道安讲《般若经》，豁然而悟，说："儒、道九流，皆糠粃耳。"晚年尝致书刘遗民，叙述由儒、道而入于佛说："每寻畴昔，游心世典（儒学经典），以为当年之华苑也。及见《老》、《庄》，便悟名教是应变之虚谈耳。以今而观，则知沉冥之趣，岂得不以佛理为先？"（《广弘明集》卷二七上）

　　道安门下高僧很多，但他特别看重慧远，把传播佛法的希望寄托在慧远身上。道安说："使流东国，其在远乎？"（《高僧传·慧远传》）慧远在庐山

虎溪三笑图

三十多年，是他从事佛教活动最重要的时期。他培养弟子，宣扬佛教，组织佛教经典的翻译，和全国名僧保持联系，并交结南朝朝中公卿，使庐江成为南方佛教中心。

　　慧远传布佛教宣扬佛法，从两方面作了工作。在人民群众中，他宣传因果报应和神不灭论。宣传善恶有报，这是针对广大群众的愚昧迷信而提出来的。因果报应说，帮助佛教在下层人民群众中传布。在佛教教义方面，慧远属于道安的本无派。道安的本无思想，和玄学家以无为本思想是合拍的。慧远早年曾研究过儒学，研究过老庄玄学。他在庐山讲过儒家的经典。他讲《丧服经》，也讲《诗经》。他在讲《般若经》时，为了使听众容易听懂并接受，常引用《庄子》的话来作说明，使听众晓然。慧远讲儒家经典，用玄学比附佛经，解释佛教教义，使得佛教在上层知识界得以广泛传布。

　　概括地说，三国两晋南北朝数百年间，意识形态中的主导思想经过三变，由儒转入玄，又由玄转入佛。儒是继承汉儒传统，玄是洛阳世族之学。晋东渡后，玄学也随之东渡，北方仍以儒学为主。佛学兴起在汉末魏晋，先藉玄学以传播；其后，讲究修练的禅学和因果报应之说在北方比较发展，讲究义理的般若学则仍借助玄学在南方较为发展。

道教的形成和发展

　　当西来的佛教在中国境内广为传播的时候，土生土长的道教也由形成而走向发展。一千多年来，佛教和道教一直是中国的两大宗教。

　　道教和先秦的道家，都以"道"

蓬莱仙岛图

字为名，而道教还推崇老子为"太上老君"。但两者实各不相干。道家大师老子倡导"无为而无不为"，庄子宣扬"齐死生"，而道家却是向往长生不老的神仙，幻想肉体飞升。

神仙长生不死的幻想，起源甚早。史书所记，可以上溯至战国时期。《史记·封禅书》："自威、宣、燕昭使人入海求蓬莱、方丈、瀛州。此三神山者，其传在勃海中，去人不远；患且至，则船风引而去。盖尝有至者，诸仙人及不死之药皆在焉。其物禽兽尽白，而黄金银为宫阙。未至，望之如云。及到，三神山反居水下。临之，风辄引去，终莫能至云。世主莫不甘心焉。"后来"秦始皇并天下，至海上，则方士言之不可胜数。始皇自以为至海上而恐不及矣，使人乃赍童男女入海求之。船交海中，皆以风为解，曰未能至，望见之焉。其明年，始皇复游海上，至琅邪，过恒山，从上党归。后三年，游碣石，考入海方士，从上郡归。后五年，始皇南至湘山，遂登会稽，并海上，冀遇海中三神山之奇药。不得。还至沙丘，崩。"汉武帝也是一个追求仙人想得不死之药的人。他招致的方士李少君，对他说："祠灶则致物，致物而丹沙可化为黄金。黄金成，以为饮食器则益寿，益寿而海中蓬莱仙者乃可见。见之以封禅，则不死。"于是，武帝"遣方士入海求蓬莱安期生之属，而事化丹沙诸药齐为黄金矣。"齐威王、齐宣王、燕昭王和秦皇、汉武以极富极贵而消除不了精神上的空虚，反而增长了贪生怕死的困扰，这是帝王权贵追求神仙的思想根源，带有显著的阶级性。他们追求神仙的手段，从沿海巡行以期偶然的际遇，发展到妄图通过提炼丹砂以创造难得的机会。李少

道教源流图

道教符箓

君的丹砂黄金之术，可说是原始道教金丹派所宣传的主要内容，这些方士就是原始道教的道士。

东汉晚年，在汉中有张修、张鲁宣扬的五斗米道，在青、徐等东方八州有张角宣扬的太平道。太平道，以其流传的经典称作《太平清领书》而得名。据《三国志·张鲁传》及裴注引《典略》，太平道，以巫师"持九节仗为符咒，教病人叩头思过，因以符水饮之。得病或日浅而愈者，则云此人信道。其或不愈，则为不信道"。五斗米道的办法约略与太平道同，而有所增饰。五斗米道设有静室，"使病者处其中思过"。"其来学道者，初皆名鬼卒。受本道已信，号祭酒，各领部众，多者为治道大祭酒。""诸祭酒，皆作义舍，如今之亭传。又置义米肉，悬于义舍，行路者量腹取足。若过多，鬼道辄病之。犯法者，三原然后乃行刑。不置长吏，皆以祭酒为治，民夷便乐之。"对于有病的人家，要"家出五斗米以为常"，因而有五斗米道之称。太平道和五斗米道，近年我国的学者称之为"廉价的符水道教"，以与"高贵的金丹道教"相区别，是相当正确的。符水道教的出现，使原始道教拥有大量的群众和宗教的组织形式，可说是道教的正式形成。张角是黄巾大起义的发动者和领导者，他的太平道就是用作组织农民起义的工具。后来，张角被杀害了，张鲁投降了曹操，但他们所创立的道教仍然继续流传。

葛洪像

葛洪炼丹遗址

东晋初年，葛洪[①]著《抱朴子》，为长生求仙说出一番道理，他可以说是神仙道教的理论家。他认为，玄是天地万物之本。玄，又称作道，称作一，是非物质性的神秘的存在。他提出，人要守一。守一，可以突破肉体的局限，分身有术。只要你想着要分身为三，三个人就出现了，辗转增益，"可至数十人，皆如己身"。同一个主人，可以在同一时间内出现在座位上与客人谈话，在门口迎客，还可以在水边垂钓。守一，还可以突破生命的局限，长生不死，并且"位可以不术而自致，膳可以咀茹华璃，势可以总摄罗邦，威可以叱咤梁柱"，可以享受超人间的富贵。这种"神仙思想，原是封建贵族想延长他的生前享受至生命的极限以外，甚至延长至永远的一种荒唐的想望。在乱离之际，封建贵族的生活被震撼着的时候，神仙思想更帮助他们追求超人间的永远幸福。"葛洪申论这种幸福并不是任何一个人都可以追求得到的，"无神仙之骨，亦不可得见此道也"，神仙也必须具备先天性的条件，这也同样是反映封建地主之贵族意识，他们在求仙的活动中也享有其特权。

守一的办法是服丹，这是求长生的要道。《抱朴子·对俗》："仙经曰，'服丹守一，与天相毕，还精胎息，延寿无极。'此皆至道要言也。"《抱朴子》内篇有二十篇，其中心旨趣就是讲长生之道，而《论仙》、《对俗》、《至理》、《塞难》、《辨问》等篇专论神仙必有，服食可信，《金丹》、《仙药》、《黄白》等篇则专言金丹的作用和制作。葛洪在书里既极言金丹的妙用，又极

道教圣地茅山

---

① 关于葛洪思想的论述，参用侯外庐说，见《中国思想通史》第三卷第七章第三节，人民出版社1957年版。

言炼丹的种种困难，因而既吸引人们的向往，又使他们永远做不到。而且，炼丹也须投下本钱。如炼丸转金丹，须黄金数十斤，约费四十万钱左右，即四万匹绢左右，不要说穷人，即是小康之家也是根本没有条件过问的。《隋书·经籍志》还著录《神仙服食药方》十卷，称"抱朴子撰"，久佚。

葛洪反对符水派道教，并说过去的一些道书，篇幅虽多，用处不大，"徒诵之万遍，殊无可得"，"若金丹一成，则此辈一切不用也"。葛洪对医药学是有贡献的。他著有《金匮药方》一百卷。后因此书卷帙过大，又著《肘后卒救方》三卷，备列急性传染病、内外科、儿科、眼科、皮肤科病症，所载方药也多易得之物，因此，本书流传甚广。从医疗的角度看，葛洪的医药学比起符水教之以符水治病要进步多了，并且也包含一定的科学因素。当然，从神仙道教的传播上看，葛洪在医学上的成就也可增进他在宗教上的神秘性，增长他在宗教上的威望。

南北朝时期，陶弘景和寇谦之分别成为道教在南方和北方的代表人物，南北朝统治者都曾对道教有所尊崇。《隋书·经籍志》："陶弘景者，隐于句容，好阴阳五行、风角、星算、修辟榖导引之法，受道经符箓。（梁）武帝素与之游。及禅代之际，弘景取图谶之文，合成'景梁'字以献之。由是恩遇甚厚。又撰《登真隐诀》，以证古有神仙之事。又言神丹可成，服之则能长生，与天地永毕。帝命弘景试合神丹，竟不能就。乃言中原隔绝，药物不精故也。帝以为然，敬之尤甚。然武

陶弘景形象

寇谦之故事画

帝弱年好事，先受道法。及即位，犹自上章。朝士受道者众。三吴及边海之际，信之逾甚。陈武世居吴兴，故亦奉焉。"这说的是道教在南朝传播的大概情形。《隋书·经籍志》又记："后魏之世，嵩山道士寇谦之自云曾遇真人成公兴，后遇太上老君授谦之为天师，而又赐之《云中音诵科诫》二十卷，又使玉女授其服气导引之法，遂得辟谷、气盛体轻，颜色鲜丽。弟子十余人，皆得其术。其后又遇神人李谱，云是老君玄孙授其图箓真经，劾召百神，六十余卷，及销炼金丹、云英、八石、玉浆之法。太武（拓跋焘）始光之初，奉其书而献之。帝使谒者奉玉帛牲牢祀嵩岳，迎致其余弟子。于代都东南起坛宇，给道士百二十余人，显扬其法，宣布天下。太武亲备法驾而受符箓焉。自是，道业大行。每帝即位，必受符箓，以为故事。刻天尊及诸仙之象而供养焉。迁洛已后，置道场于南郊之傍，方二百步，正月、十月之十五日，并

中岳嵩高灵庙碑传为寇谦之手书

有道士哥人百六人拜而祠焉。后齐武帝迁邺，遂罢之。文襄之世更置馆宇，选其精至者使居焉。后周承魏，崇奉道法。每帝受箓，如魏之旧。寻与佛法俱灭，开皇初，又兴。（隋）高祖雅信佛法，于道士蔑如也。"这说的是道教在北朝传播的大概情形。陶弘景和寇谦之也像葛洪一样，在医药方面做了些工作。陶弘景增订了葛洪的《肘后卒救方》，改称《肘后百一方》，有更广泛的流传。他又著《本草经集注》，对后世药典的编撰有相当大的影响。

　　道教自东汉末年起，到南北朝的结束，有不断的发展，道书的撰写也不断地增加。梁阮孝绪的《七录目录》[1]中，有《仙道录》，列：

　　经戒部二百九十种，三百一十八帙，

①　《广弘明集》卷三。

八百二十八卷。

服饵部四十八种，五十二帙，一百六十七卷。

房中部十三种，十三帙，三十八卷。

符图部七十种，七十六帙，一百零三卷。

《隋书·经籍志》所著道经与此略有出入，而增益不多。然而，与东汉末年只有《太平清领书》相比，则《七录》及《隋书·经籍志》的著录就够多了。

无神论的战斗传统[①]

佛教和道教的广泛传播，有助于封建朝廷对人民的精神统治。但佛、道之间有矛盾，佛、道跟统治者之间也有矛盾，甚至出现了封建朝廷对佛、道进行毁灭性的打击。特别值得注意的是无神论者对于鬼神及成佛成仙的虚构，进行了揭露和批判，这是无神论的战斗的优良传统。

中国佛教史上有所谓"三武"的灭佛活动。第一次是北魏太武帝拓跋焘太平真君七年（446）的灭佛。拓跋焘于太平真君五年（444）曾下诏，禁止王公以至庶人私养沙门、师巫。沙门是佛教中人，师巫应是道教中人，这似

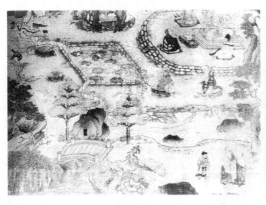

莲社图

残佛雕像

---

① 本节，参用侯外庐和王仲荦说，见《中国思想通史》第三卷第八、九章，《魏晋南北朝史》第十章第四节。

是佛、道并举的。到了太平真君七年，拓跋焘下诏，坑杀全国沙门，烧毁所有佛像。因为事先走露风声，有些僧人得以逃遁，没有全部被杀。第二次是北周武帝宇文邕建德三年（574）的灭佛。这次灭佛，是经过朝廷上的多次议论，最后才决定了的。宇文邕的诏书，是禁断佛、道之教，实际上是针对着佛教，想把三百万僧人收为编户，四万所庙宇收归官府。这对于调整农民的劳役和租税的封建负担，都有一定的好处。在这次灭佛之前，北齐文宣帝高洋天保六年（555）还曾下令禁绝道教，要所有道士削发为僧，不从者立即斩首。如道士自称是神仙，就命他从铜雀台上跳下去，粉身碎骨。以上两次灭佛和一次禁道，都反映统治阶级内部之不同形式的斗争。但无论灭佛或禁道，都是暂时性的，对佛、道的尊崇则是经常性的。后来还有第三次的灭佛，那是在会昌五年（845），是唐武宗时的事了。

北魏北周的灭佛，和北齐的禁道，都是以暴力强迫进行的活动，谈不到无神论对有神论的斗争。这是北朝反佛、道活动的特点。南朝跟北朝不同，从宋到梁，有神无神、神灭不灭的论争不断。这种论争，是中古社会唯物主义和唯心主义之间论争的一种特殊形式。范缜是南朝反对有神论的旗手，他的《神灭论》是震撼当时思想领域的唯物主义的杰作。在他以前，有孙盛、何承天、范晔，与他约略同时的刘峻，都是阐扬无神论的学者，也都是南朝的人物，而孙盛、何承天、范晔又都是历史学家，刘峻也是博通文史的人。

孙盛（302—373），东晋太原中都（今山西平遥西南）人，官至秘书监。著有《魏氏春秋》、《晋阳秋》。《晋阳秋》记晋枋头之败，触怒了桓温，并受到威胁。孙盛坚持照实记载，不肯迎合权

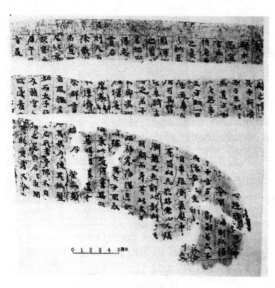

吐鲁番出土《晋阳秋》残卷

势。当时，有罗含著《更生论》，认为"万物有数，而天地无穷"，"万物
不更生，则天地有终矣。天地不为有终，则更生可知矣"。他由此推论，认
为神之不可灭，"聚散隐显，环转于无穷之涂"。孙盛给罗含书信，称"吾
谓形既粉散，知〔神〕亦如之，纷错混淆，化为异物。各失其旧，非复其
旧。"① 这是指明，形体既已不存，精神也随之消散。孙盛是以神灭思想批判
罗含的神不灭思想。

何承天（370—477），宋东海郯（今山东郯城北）人。官至国子博士，
御史中丞。他精于天文历算之学，宋初撰定《元嘉历》。又受诏撰《宋书》，
草立纪传，止于武帝功臣。志，原定十五篇，他写出了一部分，其中包含
《天文》、《律历》。后来沈约修定的《宋书》，对他的旧稿多所因袭②。此外，
他还著有《春秋前传》和《春秋前杂传》，并删定了《礼论》三百卷。③

与何承天同时代，有宗炳者，著《神不灭论》④，宣称"精神不灭，人可成
佛，心作万有，诸法皆空。宿缘绵邈，亿劫乃报。"并称，"夫精神四达，并流
无极，上际于天，下盘于地"，形虽灭而神
不灭。何承天给宗炳写了一信，直接驳斥
宗炳的这种观点。他指出，"形神相资，古
人譬以薪火。薪弊火微，薪尽火灭。虽有
其妙，岂能独传"⑤。并著有《达性论》⑥，驳
斥佛教的轮回之说。他指出："生必有死，
形毙神散，犹春荣秋落，四时代换，奚有
于更受形哉？"他又著《报应问》⑦，以驳斥
佛教因果报应之说。他指出，鹅浮游于池
塘，与人无争，而难免于庖人的刀俎；燕

何承天像

① 罗含：《更生论》；孙盛：《与罗君章书》。
② 《宋书》卷十一，《志序》；又卷一百，《自序》。
③ 《隋书》卷三三《经籍志》，史部杂史类；《宋书》卷六四，《何承天传》。
④ 即《明佛论》，《弘明集》卷二。
⑤ 参看《弘明集》卷三所收何承天、宗炳各书。
⑥ 《弘明集》卷四。
⑦ 《广弘明集》卷二十。

以昆虫为食，却得到人们的爱护，"是知杀生者无恶报，为福者无善应"。何承天以生活中习见的事例进行论战，说理虽简单，却使对方难以辩解。

范晔《后汉书》的作者，与何承天同时代人。他"常谓死者神灭，欲著无鬼论"，但没有写出来。他因事被株连，临刑前还"语人寄语何仆射（何尚之），天下决无佛鬼。若有灵，自当相报。"第二句是讽刺何尚之，意思似是说，如何尚之真是心口如一地相信因果报应之说，就不会诬陷人了。

范晔在《后汉书·西域传·论》里，比较集中地批评了佛教。在一开始，他指出自张骞以来对西域的记载"莫不备写情形，审求根实"，但都没有写什么印度佛教的神话。后来关于佛教"理绝人区"的"神迹诡怪"和"事出天外"的"感验明显"等等，都是张骞、班超没有听见过的。范晔问道："岂其道闭往运、数开来叶乎？不何诬异之甚也！"这是要从历史上指出佛教的种种说法都是后起的，因而与张骞、班超所记的相比，就显得有很厉害的虚构和怪诞了。下文说：

详其清心释累之训、空有兼遣之宗，道书之流也。且好仁恶杀，蠲敝崇善，所以贤达君子多爱其法焉。然好大不经，奇谲无已。虽邹衍谈天之辩，庄周蜗牛之论，尚未足以概其万一。又精灵起灭，因报相寻，若晓而昧者，故通人多惑焉。

《后汉书·西域传论》书影　　　　　　《后汉书·桓帝纪论》书影

范晔在《后汉书·桓帝纪·论》里说："前史称桓帝好音乐，善琴笙，饰芳林而考濯龙之宫，设华盖以祠浮图老子。斯将所谓听于神乎！"他在这里用了《左传》上的一个典故，批评了汉桓帝崇佛的荒谬。他在《襄楷传》收入襄楷上桓帝书："闻宫中立黄老浮图之祠。此道清虚，贵尚无为，好生恶杀，省欲去奢。今陛下嗜欲不去，杀罚过理，既乖其道，岂获其祚哉？或言老子入夷狄为浮屠。浮屠不三宿桑下，不欲久生恩爱，精之至也。天神遗以好女。浮屠曰：此但革囊盛血，遂不眄之。其守一如此，乃能成道。今陛下淫女艳妇，极天下之丽；甘肥饮美，单天下之味。奈何欲如黄老乎？"这篇上书之收入《后汉书》，可看作是范晔对崇佛的"贤达君子"的讽刺。这些人也只是嘴上说说佛法，在实际生活上是不可能遵从佛教戒律的。

刘峻（462—521）。字孝标，原籍平原（今山东平原县南），父亲流寓江南。他经历了大半生极为坎坷的生活，晚年居东阳（今浙江金华县）讲学。他著《辨命论》[1]指出："夫道生万物，则谓之道；生而无主，谓之自然。自然者，物见其然不知所以然，同焉皆得，不知所以得。鼓动陶铸而不为功，庶类混成而非其力，生之无亭毒之心，死之岂虔刘之志，坠之渊泉非其怒，升之霄汉非其悦。荡乎大乎，万宝以之化；确乎纯乎，一化而不易；化而不易，则谓之命。命也者，自天之命也；定于冥兆，终然不变，鬼神莫能预，圣哲不能谋，触山之力无以抗，倒日之诚弗能感，短则不可缓之于寸阴，长则不可急之于箭漏，至德未能逾，上智所不

范缜像

---

① 《梁书》卷五十《刘峻传》。

免。是以放勋之世，浩浩襄陵；天乙之时，焦金流石；文公蹙其尾，宣尼绝其粮，颜回败其丛兰，冉耕歌其苶苵，夷叔毙淑媛之言，子舆困臧仓之诉，圣贤且犹若此，而况庸庸者乎？……咸得之于自然，不假道于才智。故曰：'死生有命，富贵在天。'其斯之谓矣。"刘峻认为，一切都成于自然，所谓"道"、"天"、"命"，都是"自然"的同义语。"自然"的背后，别无主宰，人的才能贤愚在这里一点力量也用不上。这是跟有神论相对立的思想。这说的是一种机械的必然法则，并带有命定论的性质。但比起过去的一些无神论者简单地从个别自然现象或个别社会现象立论，在理论上有了发展。

范缜（约450—515），字子真，祖先原籍顺阳南乡（今河南淅川县），东晋初年流寓江南。他早年从名儒刘瓛学习。史称他"博通经学，尤精三《礼》。"

南齐时，司徒竟陵王萧子良开西邸，延致宾客，范缜也是被延揽的宾客。萧子良信佛教因果报应之说，而范缜不信。子良问："君不信因果，世间何得有富贵，何得有贫贱？"范缜答：人之生，譬如一树花，同发一枝。俱开一蒂，随风而堕，有的是落在茵帘之上，有的是落在粪土之侧，这只是偶然的遭遇，贵贱因而不同，因果究在何处？子良没有能说服他。

范缜著《神灭论》，这是他反佛的杰作。《神灭论》跟佛教信徒的神不灭论的根本分歧，在于范缜坚持"形神相即"，而后者则宣扬形神相异。范缜所说"形神相即"，用他的话说，即"神即形也，形即神也，是以形存则神存，形谢则神灭也。"从事物之总的方面说，形神是统一的，不能分割。从形神的关系说，神的存灭从属于形的存谢。这是旗帜鲜明的唯物的一元论。神不灭论者所宣扬的形神相异，其主旨在于强调神的独立存在，神可独立于形之外，形灭而神不灭。这

《神灭论》画面

是以形从属于神，也是佛家轮回说的理论依据。范缜更申论形神的关系，说："形者，神之质；神者，形之用。"这是以形为神的本质，为神的基础，而神则是形的作用。范缜还以刃与利的关系来说明形神的关系。他说："舍利无刃，舍刃无利。未闻刀没而利存，岂容形亡而神在？"《神灭论》是用问答体，一步深一步地阐述自己的观点，一方面继承了汉王充自然哲学的传统，另一方面也吸收了魏晋以来名理辨析的续余。

《神灭论》出，"朝野喧哗。子良集众僧难之，而不能屈"。子良又派人以高官相诱。范缜大笑，表示不能"卖论求官"。梁武帝即位第三年（504）诏：佛教以外，都是邪道，百官王侯都要"舍邪入正"。后来，梁武帝降敕，不点名地指斥范缜"违经背亲，言语可息，神灭之论，朕所未详"。大僧正法云还在这时鼓动王公朝贵六十二人，以信札的形式对范缜围攻。范缜并不为这些干涉所动摇，仍坚持神灭的理论，显示了一个唯物主义思想家的战斗精神。

第三节　史　学

历史撰述的成就[①]

三国两晋南北朝时期的历史撰述，继司马迁班固之后，有新的成就。它的代表作，有陈寿的《三国志》、袁宏的《后汉纪》和范晔的《后汉书》。成就不如这几部书，而在纪传体史书中还占有一定地位的，有司马彪《续汉书》的志，沈约的《宋书》、萧子显的《南齐

本书作者在书房查阅资料

_____

① 关于本题的论述，参用白寿彝《中国史学史教本》，北京师范大学历史系1964年内部排印本。

书》和魏收的《魏书》。

　　陈寿生当蜀汉和西晋交替之际，见闻当较真切。他的书在当时已受到好评。有人评论陈寿"善叙事，有良史之才"。有人评《三国志》"辞多劝戒，明得失，有益风化"。

　　陈寿的史才，表现在对三国历史有一个总揽全局的看法和处理。他在《三国志》中记述了自184年黄巾起义以后至280年晋灭吴，差不多一百年的历史。他以曹魏的几篇帝纪提絜这一时期历史上的大事，又分立魏、蜀、吴三书以叙三国鼎立的发端、发展及结束。他记述了黄巾的兴亡、董卓和群雄的四起；记述了官渡战后曹操势力的迅速增长，赤壁战后三国鼎立，夷陵战后蜀、吴长期合作和蜀、魏长期对立；记述了魏明帝传位婴儿以至曹爽的失败，是魏晋替兴的转折；记述了诸葛亮之死是蜀政变化的标志；记述了孙权晚年嫌忌好杀已肇败亡的危机。他于《魏书》三十卷中，首列《武帝纪》以记曹操的创业；接着，在记帝、后妃及汉末诸雄之后，就写《诸夏侯曹传》和《荀彧荀攸贾诩传》。诸夏侯曹是魏家宗亲近臣，他们的盛衰是曹魏盛衰的一面镜子。二荀是参与曹魏军国大计的内幕人物。此外，以二十卷分写魏的宗王、谋臣、将帅、循良、文学、清名、叛臣、方技和边族。他于《蜀书》十五卷中，特写刘备和诸葛亮而于亮备极推崇。《诸葛亮传》通过隆中对、说孙破曹、永安托孤、出师表，以概括亮的一生事业。而在关羽、董和、董允、廖立、李严、蒋琬、姜维以及其他各传中随时写出亮的政治威信、政治影响。他于《吴书》二十卷中，特写了吴创业之君孙策和孙权，也写了江东主持军国大计的重臣周瑜、鲁肃、吕蒙和陆逊。蜀、吴

陈寿雕像及万卷楼

两书也都分别写了文臣、武将、忠良、清名、文学和术数。《三国志》外表上有类于传记汇编，实际上却自有一个密针缝制的局度。

陈寿叙事往往作到隐讳而不失实录，扬善而不隐蔽缺点。他在《魏书·武帝纪》，于汉魏关系上有所隐讳，但措词微而不诬，并于别处透露出来一些真实情况。如建安元年汉献帝迁都许昌，本是曹操企图挟天子以令诸侯。陈寿在这里不用明文写曹操的政治企图，是隐讳。但写迁都而不称天子，却说董昭等劝太祖都许，这就是微词了。另外，他在荀彧传、董昭传和《周瑜鲁肃吕蒙传·评》中都揭露了当时的真实情况。《武帝纪》又记杀董承、杀伏后。纪中已委婉地记出了杀伏后的原因，而杀董承的内幕则另见于《蜀书·先主传》。陈寿对魏晋之际的记述，因时代近，政治上的压力大，隐讳更多。但在《三少帝纪》中，记魏晋禅代事，说"如汉魏故事"。这五个字的内容是包含了很多东西的。陈寿对他所称赞的人，如对刘备，在《先主传》中称其弘毅宽厚，但在《周群传》中记其以私怨杀张裕；对诸葛亮，在本传中用司马懿的话称亮是"天下奇才"，但不讳言街亭之败和"将略非其所长"，并在《马良传》中记其任用马谡的错误，在《刘封传》中记其杀刘封不以其罪。陈寿在当时的困难条件下，力图把历史的真相记载下来，这就是所谓"良史之才"的作法。

陈寿叙事简洁。有时能于简洁之中，点化出人物风貌。如《蜀书·先主传》称："曹公从容谓先主曰：'今天下英雄，惟使君与操耳。本初之徒不足数也。'先主方食，失匕箸。"《吴书·周瑜鲁肃吕蒙传》记："后备诣京见权，求都督荆州。惟肃劝权借之，共拒曹公。曹公闻权以土地业备，方作书，落笔于地。"这都使历史人物的情态跃然纸上。

在陈寿以前，关于三国的历史著述，有鱼豢著《魏略》三十八卷，王沈著《魏书》四十八卷，韦昭著《吴书》二十五

晋人《三国志》写本

卷，杨戏著《季汉辅臣赞》，但都限于一个地区。像陈寿这样合三国为一书，还是纪传体史书的一个创举。鱼豢书号称"巨细毕载，芜累甚多"[1]。王沈书，《晋书》本传的评论是："多为时讳，未若陈寿之实录。"韦昭书，从现存佚文看来，颇多人物小传。杨戏书名为"赞"，记史事不多，且已多为陈寿书所采用。后来《三国志》传下来，这在著述质量上的与众不同有重要的关系。

袁宏，史称其"少有逸才，文章绝丽"，"机对辩速"，作文倚马可待。所著《后汉纪》是继荀悦《汉纪》而作，起自公元 17 年琅琊吕母起义至 220 年曹魏代汉，约二百余年的史事。卷数同荀悦书，也是三十卷。字数约二十一万多，比荀悦书要多一些。

当年荀悦著《汉纪》的时候，只有《汉书》是一部完整的西汉史，他剪裁了《汉书》就成为新的著作。此后，在很长的时期内也很少新的西汉史问世。袁宏著《后汉纪》的前后，关于东汉史的著述是有好多种的。在纪传史方面，有三国时谢承《后汉书》一百三十卷，晋薛莹《后汉记》一百卷，司马彪《续汉书》八十三卷，华峤《后汉书》九十七卷，谢沈《后汉书》一百二十二卷，张莹《后汉南纪》五十八卷，袁山松《后汉书》一百卷，宋范晔《后汉书》九十卷，刘义庆《后汉书》五十八卷，梁萧子显《后汉书》一百卷，连同东汉时官府陆续修撰的《汉纪》一百四十三卷，共十一种。在编年史方面有晋张璠《后汉纪》三十卷，习凿齿《汉晋阳秋》四十七卷，孔衍《后汉春秋》六卷，连袁宏自己的《后汉纪》共四种。袁宏依据的资料要比荀悦繁富，遇到的困难和付出

《三国志》书影

---

① 《史通·题目》。

的功力要比荀悦多。另外，在同类著述上，袁宏遇到了不少的对手，这是荀悦著书时所没有的。最后，只有袁宏和范晔的书流传下来了。司马彪书传下了八志。其他关于东汉史纪传、编年的著述都没有流传下来。

袁宏在《后汉纪》里表现了综述史事的才能。他以八卷的份量写光武帝时期约四十年间的历史。这四十年的历史，头绪多，人物多，错综多，在他的笔下写得错落有致。他以六卷多的份量写灵帝中平元年（184）黄巾起义以来，董卓的当权，群雄的混战，曹操的得势和赤壁之败，以至曹魏代汉。这也是全书中写得详细而精彩的部分。

袁宏在《后汉纪·序》里提出了"言行趣舍，各以类书"的撰集方法。从实际运用上看，这比荀悦的连类列举要有些发展。荀悦有时也类举多事，但主要是类举一两事。袁宏总是把时代约略相近的同类人物连续地写好几个。如《后汉纪》卷五写了闵仲叔，又写了王丹、严光、周党、王霸（太原人）、蓬萌，这都是以隐士终身或度过长期隐居生活的人物。卷十一写章帝礼遇江革，因写江革的生平，并写毛义、薛苞，这都是以孝著称的人物。这

《四部丛刊·后汉纪》书影　　　　　　袁宏《后汉纪序》书影

样的写法，扩大了编年史可能容纳的范围，但如使用过多，就不免随时出现了人物小传或轶事的简单连缀，这就把编年的特点削弱了。在《后汉纪》里，这种优点和缺点都是有的。

袁宏在《后汉纪·序》里提出了要达到"观其名迹，想见其人"的要求。这样的要求为《后汉纪》带来了笔下传神的气氛。如卷三十写赤壁之战，写出了周瑜、孙权和诸葛亮三人都反抗曹操而三人又是三种身份、三种见识、三种声口；写出了诸葛亮在赤壁之战中所起的重要作用，他改变了孙权对刘备和曹操的看法，促成了孙刘的合作，有意识地把形势推向三国鼎立的局面。

范晔著《后汉书》，记王莽末年到汉献帝逊位的二百多年间的史事，有纪十、列传八十，共九十卷。志十未写成。还有纪传例，已久佚。

范晔书八十列传，在按照时代先后的编次之下，发展了"言行趣舍，各以类书"的方法。赵翼《廿二史札记》卷六申述范书类次的方法说："例如卓茂本在云台图象内，乃与鲁恭、魏霸、刘宽等同卷、以其皆以治行著也。郭伋、杜诗、孔奋，张堪、廉范皆国初人，王堂、苏章皆安帝时人，羊续、贾琮、陆康皆桓灵时人，而同为卷，亦以其治行卓著也。张纯，国初人；郑康成，汉末人，而亦同卷，以其深于经学也。"此外，他连续举了十例来说明这个问题。应该注意的是：范书的方法不只是简单地以类相从，而是在于类从之中，犹有"细意"，往往是因人见事，反映出来一些历史的问题。

范书列传三十九记王充、王符、仲长统，这都是有进步思想的人物。列传四十三记周燮、黄宪、徐穉等，这都是当时所谓高士。列传五十八记郭太、符融、许邵，这都是以识鉴著名的人物。列传十三记窦融、十四记马援，三十记班彪、固，四十二记崔骃，四十四记杨震，这是几个不同类型的名门的家史。像这样的编写，也是以类从的方法，因人见事，反映了一些特殊的历史现象、历

范晔像

史问题。

范晔以"自得"之学自负，对书中的论赞自视甚高。他自称："吾杂传论，皆有精意深旨，既有裁味，故约其词句。至于《循吏》以下及六夷诸序论，笔势纵放，实天下之奇作。""赞自是吾文之杰思，殆无一字空设。奇变不穷，同合异体，乃自不知所以称之。"尽管范晔的话未免过于自信，他的论赞却也确实写得出色。他的中兴二十八将论，《党锢列传·序》、《宦者列传·序》，都是著名的史论，既突出了当时政治局势的重点，又进行了相当深入的分析，《邓骘传·论》论外戚问题，也是一篇重要的文章。

范晔的论赞，于继承《史记》、《汉书》的传统外，也受到魏晋以来某种史论的影响。正像秦汉之际的一些人关心古今之变的原因一样，魏晋以来的长期动荡曾推动了一些人关心较长时期内的历史，因而梁武帝撰编《通史》六百二十卷，而吴韦昭《洞记》四卷，记庖牺以来至汉魏间事；晋皇甫谧撰《帝王世纪》十卷，记三皇以至汉魏间事。总括一代以至数代兴亡大事

明刻"一支寄赠"，典出与范晔相关的故事

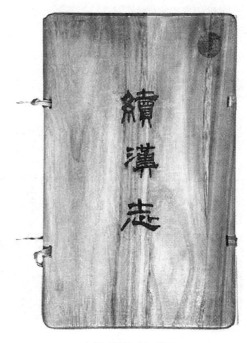

古版《后汉志》封面

的史论，这时也引起一些历史学者的注意。著名的，如魏曹冏著《六代论》，论夏商周秦汉魏的兴亡；晋陆机著《辨亡论》，干宝著《晋纪·总论》，论孙吴、西晋的兴亡；习凿齿临终上疏，论晋宜越魏继汉。《后汉书》的论赞，就是在这样的时代影响下，发挥了作者的历史见解，其显著的特点就在善于从历史形势的发展上论述古今的变异。

　　范晔原来打算作志，没有实现。梁代刘昭取司马彪《续汉志》中的八志以补范书，附纪传以行。司马彪，是西晋高阳王睦的长子，但没有接嗣王位，而专精学习。所著《续汉书》，纪、志、传凡八十篇。司马彪书和华峤《后汉书》，是差不多有同样称誉的书。刘知几说："术同彪峤，才若班荀，怀独见之明，负不刊之业。"刘昭说："二子平业；俱称富丽。"司马续志有律历、礼仪、祭祀，天文、五行、郡国，百官、舆服八种。《律历志》依据蔡邕、刘洪旧作，《五行志》依据应劭、董巴、谯周旧作。《郡国志》录东汉初年以来"郡县改异及《春秋》三史会同征伐地名"，《百官志》"依其官薄，粗注职分"，对于地理历史和官制沿革提供了重要的研究资料，可以上接《汉书》的《地理志》和《百官公卿年表》。但《汉书》的《刑法》、《食货》、《沟洫》、《艺文》四志都有历史文献上的重要价值，在司马彪书里没有续编。这四个部分关系到国计民生和统治职能，司马彪没有这四个方面的志，是很大的缺憾。

　　沈约、萧子显、魏收，先后所撰《宋书》、《齐书》、《魏书》三书，在编撰方法上都受到范晔的影响。第一，范书有史例，沈书有志序，萧书有序录，魏书有三十五例。第二，范书有宦者、文苑、独行、方术、逸民、列女等传，《宋书》有恩幸、孝义、隐逸等传，萧书有幸臣、文学、孝义、高逸等传，魏书有恩幸、阉官、文苑、节义、术艺、逸

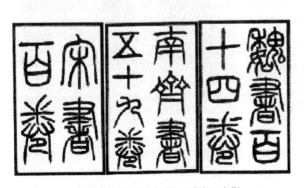

古版《宋书》《南齐书》《魏书》书影

士、列女等传。第三，范晔自赏所作序论"笔势纵放"，并于论外有赞。三书中的论都接近范的作法，不同于陈寿，也不同于马班。萧子显也于论外有赞。

《宋书》、《南齐书》和《魏书》，一向多被讥评。刘知几责沈约"舞文弄札，饰非文过"，"用舍由乎臆说，威福行乎笔端"，而认为魏收的曲笔更是厉害。曾巩慨叹于宋、齐、梁、陈、后魏、后周诸史之作者都不足以言著史之才。"故其事迹暧昧，虽有随世以就功名之君，相与合谋之臣，未有赫然得倾动天下之耳目，播天下之口者也。而一时偷夺倾危悖理反义之人亦幸而不著于世。"他指责："子显之于斯文，喜自驰骋，其更改破析刻雕藻缋之变尤多，而其文益下。"刘昫等评论魏收书："言词质俚，取舍失衷；其文不直，其事不核，终篇累卷皆官爵州郡名号，杂以冗委琐曲之事。"但沈约等的史书毕竟分别写了三个朝代的兴亡大事，也反映了一些社会经济和学术文化的情况，为后人提供了历史资料。沈约的《律历志》详细地记载了杨伟的景初历、何承天的元嘉历、祖冲之所制历法及冲之同戴法兴的论难，这是我国历法史的重要文献。《乐志》记歌舞乐器的源起和演变，并汇集汉魏晋宋的乐章、歌词、舞曲，在各史乐志中有其独创的风格。《州郡志》、《百官志》写出了汉魏以来地理和官制的因革。《魏书》中的《官氏志》和《释老志》，写出了时代的特点，是两篇重要的论述。

常璩《华阳国志》、郦道元《水经注》、杨衒之《洛阳伽蓝

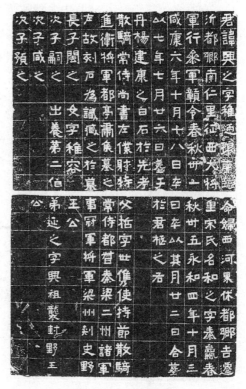

东晋王兴之夫妇墓志拓片

汜》、刘义庆《世说新语》和颜之推《颜氏家训》，也都是三国两晋南北朝时期相当重要的史部撰述。这五部书和《三国志》、《宋书》、《南齐书》、《魏书》，在本卷序说中都另有论述。

历史观点和文献整理

三国两晋南北朝时期，在历史观点方面，重门第，尚名教；在历史文献方面，整理工作有了一定开展。重门第，是当时门阀制度在史学上的反映。尚名教，是对封建主义永恒秩序的辩护，其中包含对门阀制度世代传袭的辩护。文献整理的开展，是史学发展到一定阶段的必然产物。

重门第，这在历史撰述中表现为铺陈谱系的家传形式，同时也表现为对世族与非世族之间的严格区别。在这方面，《魏书》表现得最为显著。《魏书》崔玄伯、穆崇、李顺、裴叔业等人的传，于一卷之中，父子兄弟祖孙连续叙述，有时多达二十余人。《北史·魏收传》："(杨)愔尝谓收曰：'此不刊之书，但恨论及诸家枝叶亲姻，过为繁碎，与旧史体例不同耳。'收曰：'往因中原丧乱，人士谱牒遗逸略尽，是以具书其枝派。望公观过知人，以免尤责。'"魏收写列传，是有意识地要保留谱牒中的材料，也就为的是表述名门世族的门第渊源。[①]

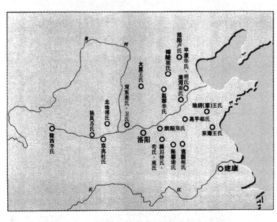

中原大族郡望分布图

《宋书》立《恩幸传》，作者在"传序"中论述了历代任用职官的制度。他说，在殷周之世，传说版筑，可以为相，太公屠钓，为周王师，这是不论出身，唯才是与。到了两汉，因仍旧制，胡广以累世农夫致位公相，黄宪以牛医之子名重京师，而"郡县掾

---

① 参用柴德赓说，见《史籍举要》，页76，北京出版社1985年版。

史并出豪家，负戈宿卫皆由世族"，这也并不以职位的尊卑与门第出身的高下相联系。魏晋以下，"凭藉世资，用相陵驾"，以至"下品无高门，上品无贱族"。他认为："周汉之道，以智役愚，台隶参差，用成等级。魏晋以来，以贵役贱，士庶之科，较然有辨。"世族在政治上的这种传统地位，招致入主的不信任，因而世族以外的人为人主所赏识，得以掌管机要。沈约的这种看法，可以说，在一定程度上是符合历史的。但沈约在感情上总认为这些人不是正途出身，给他们戴上"恩幸"的帽子，并说"《汉书》有《恩泽侯表》，又有《佞幸传》，今采其名，列以为《恩幸篇》云"。实际上，《宋书》的"恩幸"与《汉书》的"恩""幸"并不相同，只是用以区别"士庶"，反映了作者对门第的成见。

伴随着门阀制度和门第观念的发展，关于谱牒的记录和研究，逐渐成为一种专门之学。《新唐书·柳冲传》论述谱学发展的状况，说："晋太元（康）中，散骑常侍河东贾弼撰《姓氏谱状》，十八州百十六郡分七百一十二篇，甄析士庶无所遗。宋王弘、刘湛，好其书。弘每日对千客，可不犯一人讳。湛为选曹，撰百家谱，以助铨序。文伤寡省，王俭又广之。王僧孺演益为十八篇。东南诸族，自为一篇，不入百家数。弼传子匪之。匪之传子希镜。希镜撰《姓氏要状》十五篇，尤所谙究。希镜传子执，执更作《姓氏英贤》一百篇，又著《百家谱》，广两王所记。执传其孙冠，冠撰《梁国亲皇太子序亲簿》四篇。王氏之学本于贾氏。唐兴，言谱者以路敬淳为宗，柳冲、韦述次之。李守素亦明姓氏，时谓肉谱者。后有李公淹、萧颖士、殷寅、孔至，为世所称。初，汉有《邓氏官谱》，应劭有《氏族》一篇，王符《潜夫论》亦有《姓氏》一篇。宋何承天有《姓苑》二篇。谱学大抵具此。"唐中叶以后，门阀制度趋向衰落，谱学也就随之衰落了。

《隋书·经籍志》有谱

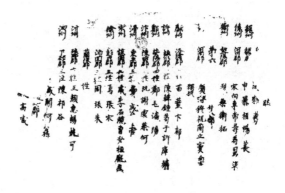

唐写本《新集天下姓望谱》

系类，所著录书，存之合计，有五十二种一千二百八十卷。其中，除《世本》等四种十一卷、《竹谱》等三种三卷外，都属于谱学之作。谱学书中，有《冀州谱》、《洪州诸姓谱》等书，这又表明门阀与地望的关系。对于这一点，柳冲曾说过："善言谱者，系之地望而不惑，质之姓氏而无疑，缀之婚姻而有别。"

三国两晋南北朝时期在历史方面重名教，也就是重礼教，其基本内容不外是君臣、父子、夫妇之间的伦理规范。在门阀制度下，孝是维护世族累代传袭的最高的道德原则。袁宏在阐述这个观点时说："夫君臣、父子，名教之本也。然则名教之作，何为者也？盖准天地之性，求之自然之理，拟议以制其名，因循以弘其教，辩物成器以通天下之务者也。是以高下莫尚于天地，故贵贱拟斯以辩物；尊卑莫大于父子，故君臣象兹以成器。天地，无穷之道；父子，不易之体。夫以无穷之天地，不易之父子，故尊卑永固而不逾，名教大定而不乱，置之六合，充塞宇宙，自今及古，其名不去者也。未有违失天地之性而可以序定人伦矣乎？自然之理而可以彰明治体者也。"① 这是以父子关系为人伦之本，并提高到天地之性的高度。陈寅恪认为："六朝之士大夫号称旷达，而夷考其实，往往笃孝义之行，严家讳之禁。"② 这话说得好，把门阀世族同礼教的关系说得很清楚。

在文献整理方面，三国两晋南北朝时期有三件大事值得注意。一是新的图书分类法的出现，二是有相当多的史籍选编和注释出现，三是汲冢书的发现和整理。

图书分类，这一时期开始从六分法向四分法的转变。自刘向、歆《七

裴注《三国志》书影

---

① 《后汉纪》卷二十六。
② 《冯友兰中国哲学史下册审查报告》，见《金明馆丛稿二编》第59页，上海古籍出版社版。

略》创六分法，班固因之，撰《汉书·艺文志》。三国时，魏秘书郎郑默始制《中经》，秘书监荀勖又因《中经》更著《新簿》，分图书为四部，有甲乙丙丁之名，而四部分类颇为杂乱。宋元嘉八年，秘书监谢灵运造四部目录。元徽元年，秘书监王俭又造四部书目录、别撰《七志》。齐秘书丞王亮、监谢朓，梁秘书监任昉、殷钧，都各撰四部书目录。梁又有《东宫四部目录》、《文德殿四部目录》，而阮孝绪别为《七录》。陈有《寿安殿四部目录》、《德教殿四部目录》。这些目录书的分类不尽一致，而四部分类成为总的趋势。① 此后，隋唐图书的著录都用四分法，以至于今。至于四部书之称经史子集，则北齐颜之推著《观我生赋》，其自注中已经有了，见于《北齐书》本传。四部的分法、命名和次第，在图书分类法上可以说是影响甚为久远。

　　史籍的选编，可以上溯到孔子删定《诗》《书》。史籍之有注释，也可上溯到公羊、谷梁之传《春秋》。三国两晋南北朝时期，这两项工作都有所开展。姑无论《尚书》、《春秋》的注释书有大量的出现，《史记》、《汉书》也是"师法相传，并有解释"。《隋书·经籍志》著录有《晋书钞》三十卷，《汉书钞》三十卷，《正史削繁》九十四卷，又有《史汉要集》二卷，自注称"抄《史记》，入《春秋》者不录"。这些书已不传，当都是选编的书。《昭明文选》、《弘明集》，一般不作为史书看，但从文献的角度看，这是流传下来的经过选编的文史方面的汇集。注释书，在这个时期有裴松之之注《三国志》，刘孝标之注《世说新语》，都以繁富见称，垂名后世。裴松之自述《三国志·注》是："其寿所不载，事宜存录者，则罔不毕取以补其阙。或同说一事，而辞有乖杂，或事出本异，疑不能削，并皆抄纳，以备异闻。若乃纰谬显然，言不附理，则随速矫正，以惩其妄。其时事当否，及寿之小失，颇以愚意，有所论辩。"裴松之的这

《汲冢书考》封面

----

① 见《隋书》卷三十二，《经籍志·序》又卷三十三，《经籍志》下。

些话，可以归结为：补缺遗，备异闻，正纰谬，论当否，共四条。这是裴松之的著述旨趣，也是他注史的体例。这在史注中是很出色的，在这以前的文献注释中似还没有前例。

汲冢书，是晋武帝时在汲郡古墓中所得竹简书。《晋书·束晳传》称："太康二年，汲郡人不准盗发魏襄王墓，或言安釐王冢，得竹书数十车。其纪年十三篇，记夏以来至周幽王为犬戎所灭。以事接之。三家分，仍述魏事，至安釐王之二十年，盖魏国之史书。大略与《春秋》，皆多相应。其中经传大异，则云：夏年多殷。益干启位，启杀之。太甲杀伊尹。文丁杀季历。自周受命至穆王百年，非穆王寿百岁也。幽王既亡，有共伯和者，摄行天子事，非二相共和也。其《易经》二篇，与《周易》上下经同。《易繇阴阳卦》二篇，与《周易》略同，繇辞则异。《卦下易经》一篇，似说卦而异。《公孙段》二篇，公孙段与邵陟论《易》。《国语》三篇，言楚晋事。《名》三篇，似《礼记》，又似《尔雅》《论语》。《师春》一篇，书《左传》诸卜筮。师春似是造书者姓名也。《琐语》十一篇，诸国卜梦妖怪相书也。《梁丘藏》一篇，先叙魏之世数，次言丘藏金玉事。《缴书》二篇，论弋射法。《生封》一篇，帝王所封。《大历》二篇，邹子说天类也。《穆天子传》五篇，言周穆王游行四海，见帝台西王母。《图诗》一篇，画赞之属也。又《杂书》十九篇，周食田法、周书论楚事，周穆王美人盛姬死事，大凡七十五篇。七篇简书折坏，不识名题。初发冢者烧策照取宝物。及官收之，多烬简断札，文既残缺，不复诠次。武帝以其书付秘书校缀次第，寻考指归，而以今文写之。晳在著作，得观《竹书》，随疑分释，皆有义证。"汲冢书的考证工作，于束晳外，尚有荀颛、挚虞、王接、卫恒等人，见《晋书》荀颛、王接等人传。《穆天子传》，流传至今。《纪年》，称《竹书纪年》，早已散佚，今有辑本。《竹书纪年》记古史，与儒家所记经传大不相同，对研究古史有重大史料价值，甚为近代学者所重。

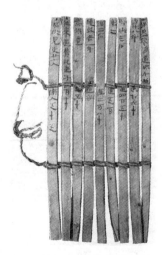

出土汉简册，可窥古书原貌一斑

文献整理，在三国两晋南北朝时期史学中

有相当的地位，是应当予以重视的。

第四节　文　学

三国两晋南北朝时期的社会历史大变动，丰富了文学的内容。这一时期，诗作大为发展，小说和文学评论都有一定的成就。

建安文学

建安时期（196—219），是中国文学史上一个盛世。这时期出现了享有盛名的文学家，其中最有名的是曹操父子和建安七子。他们的诗文，反映了时代的动乱和动乱给人民生活带来的痛苦。他们诗文的风格，慷慨苍凉、意境深沉却又富有生气。《文心雕龙·时序》称："观其时文，雅好慷慨，良由世积乱离，风衰俗怨，并志深而笔长，故梗概而多气也。"

曹操，是政治家、军事家，又是文学家。他的诗歌质朴豪迈。多有悲凉慷慨的特色。如他的《蒿里行》，叙述了董卓之乱、关东义军讨伐董卓之战以及随后的自相攻杀，给人民带来的巨大灾害。诗写道。

关东有义士，兴兵讨群凶。

初期会盟津，乃心在咸阳。

军合力不齐，踌躇而雁行。

势力使人争，嗣还自相戕。

淮南弟称号，刻玺于北方。

铠甲生虮虱，万姓以死亡。

白骨蔽于野，千里无鸡鸣。

生民百遗一，念之断人肠。

他的诗，流传下来的有二十多首，大都具有雄放豪迈的风格。

曹植像

孔融像

曹丕的诗，多是抒情诗，文字流丽，基调比较伤感低沉，没有曹操那种积极乐观风格了。文学造诣比较高的是曹植。曹植字子建，是曹丕的同母弟，得到曹操的宠爱，但也因此遭到曹丕的猜忌。曹丕作了皇帝后，曹植受到百般压制。他虽贵为封王，实情同囚徒，郁郁不得志。他的作品可以公元 220 年曹丕称帝为界，分为前后两期。前期作品，反映他的政治抱负及战乱给人民带来的疾苦。后期作品充满了受压抑的激愤。他的前期作品如《送应氏》诗，写出洛阳经董卓乱后的残破景象，有曹操《蒿里行》的气势。另一首《野田黄雀行》是他后期的诗作。诗中，借黄雀比况自己，恨不得像黄雀一样冲破罗网求得解放。

建安七子是孔融、陈琳、王粲、徐干、阮禹、应场、刘桢。曹丕在《典略·论文》里说："斯七子者，于学无所遗，于辞无所假，咸自以骋骐骥于千里。"（《三国志·魏志·王粲传》注引）就诗而论，王粲的诗是七子中最好的。他的《七哀诗》，反映了战争对人民所造成的浩劫。当时，长安遭受董卓之乱，王粲避乱南依刘表，离开长安时他在郊野里看到战争所造成的人间惨象。诗写得真实而有感情。

建安时期的三曹七子，在辞赋方面也很有成就。曹植的《洛神赋》，用洛水女神宓妃的神话传说为素材，塑造了一位雍容华贵、秀丽多情的洛神。想象丰富，描写细腻，很有艺术魅力。

正始文学

正始时期（240—248），玄学兴起。玄学反映到文学领域里，出现了玄言诗。这时政治斗争残酷，有些玄学中人物如嵇康、阮籍，内心都有苦处，他们的诗还是有感情，有内容的。故刘勰《文心雕龙·明诗篇》说："正始明道，诗杂仙心。何晏之徒，率多浮浅。惟嵇旨清峻，阮旨遥深，故能标焉。"

刘勰的理解是对的，嵇康、阮籍虽然也是玄学中人物，但他们的诗却有感情，有内容，不是空洞无物的谈玄说道。正始年间，是魏晋政权的递嬗时期，曹氏、司马氏政治斗争激烈，司马氏残酷地杀害了党于曹氏的文人志士。阮籍、嵇康都是党于曹氏一方的人。嵇康被杀。阮籍嗜酒放达而内心却是苦痛的。这些思想感情，自然反映到他的诗文里去。阮籍有《咏怀诗》八十二首，其中一首《夜中不能寐》：

夜中不能寐，起坐弹鸣琴。

薄帷鉴明月，清风吹我襟。

孤鸿号外野，翔鸟鸣北林。

徘徊将何见，忧思独伤心。

诗是心声，《咏怀诗》反映了阮籍内心的苦闷。

嵇康的性格是矛盾的。他一方面恬静寡欲崇尚老庄，一方面却又疾恶如

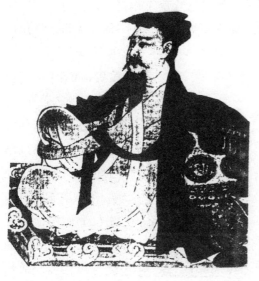

阮籍像

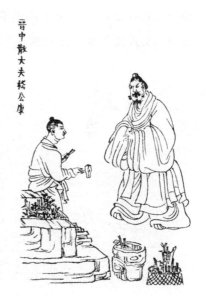

"嵇康锻铁"图

仇，刚强任使。他的性格气质自然会在他的诗里得到反映。有些诗如《酒会诗》表现清逸脱俗的思想，有些诗如《幽愤诗》又表现了愤世疾俗的感情。

西晋文学

正始以后，直到两晋之际，玄言诗是主流。《诗品·总论》说："永嘉贵黄老，祖尚虚谈，于时篇什，理过其辞，淡乎寡味。爰及江表，微波尚传，孙绰、许询，桓、庾诸公，诗皆平典似道德论，建安风力尽矣。"诗作既然理过其辞，淡乎寡味，他们便转而追求形式。《文心雕龙·情采篇》评西晋的作品是："体情之制日疏，逐文之篇愈盛。"情是内容，文指形式。这就是说不注意内容，但追求形式，走向形式主义道路。太康中有所谓三张（张华、张载、张协）、二陆（陆机、陆云）、两潘（潘尼、潘岳）、一左（左思），号为文章中兴。其实除左思外，一般成就都不高。

左思的代表作是《三都赋》，当时名家如皇甫谧、张载、刘逵等为之作序作注，都评价甚高。"于是豪贵之家，竞相传写，洛阳为之纸贵"（《晋书·文苑·左思传》）。其实，左思的诗要比他的赋好。左思出身贫寒。后来左思的妹妹为晋武帝贵嫔，但这似乎并没有抬高左家的社会地位。左思的诗里对社会门第充满了愤恨不平。他写过八首《咏史》诗，对"世胄蹑高位，英俊沈下僚"之愤恨不平，溢于言表。他还说："何世无奇才，遗之在草泽。"他蔑视权贵，说："贵者虽自贵，视之若埃尘。贱者虽自贱，重之若千钧。"他豪气昂然地说："被褐出阊阖，高步追许由。振衣千仞岗，濯足万里流"。左思的豪气和意境，跃然纸上。

陆云像

施大畏《左思造像》画

　　另外还有傅玄，他的诗反映社会实际，在当时是有现实意义的。特别是几首反映妇女问题的诗，如《豫章行·苦相篇》、《秋胡行》和《秦女休行》，或写妇女的受欺凌，或写爱情的坚贞，或写妇女的刚烈，都有较高的艺术成就。

　　被《诗品》称作"善为凄戾之词，自有清拔之气"的刘琨，在西晋末年屯守晋阳（今山西太原市西南）和刘聪等相持，后因失败被害。死前有《重赠卢谌》诗云：

　　　功业未及建，夕阳忽西流。

　　　时哉不我与，去乎若云浮。

　　　朱实陨劲风，繁英落素秋。

　　　狭路倾华盖，骇驷摧双辀。

　　　何意百炼钢，化为绕指柔。

　　这表现了他的效忠国家而又壮志未酬的郁积悲怆的感情。这种悲壮风格是西晋诗中少见的。

东晋南朝的玄言诗和山水诗

　　东晋前期，文学方面比较消沉，没有伟大的作家和作品。正像锺嵘《诗品·总论》所说："爰及江表，微波尚传，孙绰、许询，桓、庾诸公，诗皆平典似道德论，建安风力尽矣。"这里所说"诗皆平典似道德"，指的正是玄言诗。

　　东晋初年的诗人，只有郭璞可述。他的诗富于文采，代表作是《游仙诗》。托名游仙，实是表示对现实不满。李善注解说："凡游仙之篇，皆所以滓秽尘网，锱铢缨绂，飡霞倒景，饵玉玄都。而璞之制，文多自叙，虽志狭中区，而辞无俗累。"（《文选》卷二一郭景纯《游仙诗》七首解题）郭璞的诗，可以看作阮

《列仙全传·郭璞》

籍、嵇康、刘琨、左思一流派。他生在两晋之际玄学盛世，思想里难免受有玄学的影响，但他的诗有内容有感情，语言鲜明生动，不是"平典似道德"的玄言诗。

东晋后期，山水诗兴起。到了南朝宋初，山水诗大盛，玄言诗衰落。《文心雕龙·明诗篇》说："宋初文咏，体有因革，庄老告退，而山水方滋。"山水诗兴起的背景是：过江世族居住东土会稽，境地含山临海，河流纵横。出身名家的公子文学之士，闲暇无事，可以遨游山水。兴之所至，发之为诗，于是山水诗出。最有名的山水诗人是谢灵运。

晋末宋初，文学造诣高的有陶渊明、鲍照、谢灵运、颜延之。鲍照的文学造诣要比谢灵运、颜延之为高。

陶渊明（365—427），字元朗，后改名潜。东晋大司马、荆州牧陶侃的曾孙。但陶渊明这一支，到他父亲时就没落下来。中年时期，陶渊明曾作过几任小官。义熙以后，便不再作官，终老田园。

陶渊明一生，尤其是晚年，生活是相当穷苦的，有时甚至连饭也吃不饱。他的诗句中就有："弱年逢家乏，老来更长饥"，"菽麦实所羡，熟敢慕甘肥"，"岂期过满腹，但愿饱粳粮"。

陶渊明少年时受过儒家教育。他的《饮酒》诗有："少年罕人事，游好在六经"可证。他也曾有一定的政治抱负，他的《赠羊长史》诗有："贤圣留余迹，事事在中都。岂忘游心目，关河不可逾。九域甫已一，逝将理舟舆。闻君当先迈，负痾不获俱。"义熙十三年，刘裕伐后秦，破长安，江州刺史左将军檀韶遣长史羊松龄去关中称贺，渊明作此诗以送之。诗中流露出

《归去来辞》画作，传为陆探微所作

他对收复关中的高兴心情。由于政治形势的动荡，官场的腐败，他才意志消沉，辞官归隐田园。

渊明的诗，以田园生活为题材，也都表现出闲适恬静不慕荣利的意境。这可以他的《归田园居》诗一首为例：

少无适俗韵，性本爱山丘。

误落尘网中，一去三十年。

羁鸟恋归林，池鱼思故渊。

开荒南野际，守拙归田园。

方宅十余亩，草屋八九间。

榆柳荫后簷，桃李罗堂前。

暖暖远人村，依依虚里烟。

狗吠深巷中，鸡鸣桑树巅。

户庭无尘杂，虚室有余闲。

久在樊笼里，复得返自然。

这位田园诗人，不喜欢战争、压迫和剥削。他理想的社会是人们可以过着安居乐业的太平生活的社会。他大约听到过流亡逃户所建立的村社生活的一些传说，他就空想了一个桃花源社会。在这个桃花源社会里，"春蚕收长丝，秋熟靡王税"，"怡然有余乐，于何劳智慧？"（《桃花源》）这首诗反映当时农民的理想。

谢灵运（385—433），是东晋名将谢玄的孙子。王、谢两家是东晋南朝地方上最高的门阀

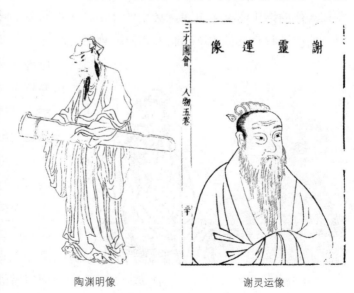

陶渊明像　　　　　　　　谢灵运像

世族。"灵运因父祖之资，生业甚厚，奴僮既众，义故门生数百。"(《宋书·谢灵运传》，下同) 谢灵运喜爱山林生活。他家在始宁县（今浙江上虞县西南）"有故宅及墅"，"傍山带江，尽幽居之美"。他在会稽"凿山浚湖，功役无已。寻山陟岭，必造幽峻。"他"尝自始宁南山，伐木开径，直至临海（今浙江临海县西南），从者数百人。临海太守王绣惊骇谓为山贼，徐知是灵运，乃安。"这种山水生活，孕育了他的山水诗。

谢灵运写诗，注重字句的雕凿。刘勰《文心雕龙·明诗篇》评论宋初的文风说："宋初文咏，体有因革，老庄告退，而山林方滋。俪采百字之偶，争价一句之奇。情必极貌以写物，辞必穷力而追新。"另一评论家钟嵘在《诗品》里评论说："元嘉中，有谢灵运，才高词胜，富艳难纵。"两人对谢灵运的诗都是推崇的。但他们所说的，都是谢灵运在文字上下工夫，不是诗的内容。谢灵运、陶渊明都写五言诗。陶渊明写田园生活。透过田园生活吐露出自己的真实感情，他的诗可以说文情并茂。谢灵运写山水，太注意文字技巧，伤害了内容。这是同他的优裕生活分不开的。

颜延之（384—456），是和谢灵运同时的人。祖籍琅邪临沂，移居建康。少孤贫，好读书，"文章之美，冠绝当时"(《宋书·颜延之传》)。颜延之诗的缺点，一是喜用典故"弥见拘束"(《诗品》卷中)，二是太注意文字雕饰。他的诗比谢灵运更注意文字的雕凿，更加局促于绮语浮词。他问鲍照，他的诗和谢灵运的诗比起来如何，鲍照说："谢五言如初发芙蓉，自然可爱。君诗如铺锦列绣，亦雕缋满眼。""铺锦列绣"、"雕缋满眼"，形象化地指出了颜诗形式上的优点，也就涵蓄地指出了内容上的缺点。

宋初的作家，能够一扫只注意形式之风，不在文字词藻方面苦求雕琢，而以矫健之笔抒写自己感

颜延之雕像

鲍照像

情的，只有鲍照。

鲍照，因为出身门第低微，总是被看不起而受压抑。文学上也不为当时所重视。锺嵘《诗品》感叹地说："嗟其才秀人微，故取淹当代。"他的诗总反映出一种怀才不遇和对现实不满的愤懑情绪。

无论从文学技巧还是内容来看，鲍照的诗确是高出他同代的一些诗人。唐代伟大诗人杜甫曾称赞他是"俊逸鲍参军"（《春日忆李白》），把他与李白、庾信并称。他的诗对唐代诗人如李白、高适、杜甫等都有很大影响。

鲍照的作品，以乐府诗为多。他的诗现存的约二百首，其中八十多首是乐府诗。

永明体

南齐时，出现了"永明体"的诗。齐竟陵王子良周围聚集了许多文人，其中沈约、谢朓等八人尤为竟陵王子良所重，号为竟陵八友。谢朓最长于诗。谢朓的诗，与谢灵运一样也写山水。但他的诗风清新流丽，与谢灵运精雕细刻不同。

南齐文人极讲究音韵声律。他们把五言诗推向律诗。他们的诗称为"永明体"。《南齐书·陆厥传》："永明末，盛为文章。吴兴沈约、陈郡谢朓、琅邪王融，以气类相推毂。汝南周颙，善识声韵，约等文皆用宫商，以平上去入为四声，以此制韵，不可增减，世呼为永明体。"四声是沈约首先提出来的。他和谢朓又把它应用到诗里去。

永明体开创了六朝诗的新风格，被称为新体诗。

宫体诗

宋齐诗人讲究文字技巧，描写山水，而内容感情却是空虚的。梁武帝时期，南方长期粗安，门阀贵族生活由安逸更趋腐朽堕落，华侈颓靡。反映到他们的文学作品中去，于是产生了宫体诗。

谢朓像

宫体诗的创制者是梁武帝的儿子萧纲（即简文帝）和他周围的文人徐陵、庾信之徒等。萧纲先是太子，后是天子，所以由他和他周围的文人兴起的诗体就被称作宫体诗了。宫体诗比永明体诗更加辞藻绮丽，而内容更加颓废，以描写色情为主。《北史·文苑传序》载："梁自大同之后，雅道沦缺，渐乖典则，争驰新巧。简文、湘东，启其淫放；徐陵、庾信，分路扬镳，其意浅而繁，其文匿而彩。词尚清险，情多哀思。格以延陵之听，盖亦亡国之音也。"

陈时，宫体诗仍在继续发展。徐陵入陈以后，仍是宫体诗的主将。他们的诗，都是冶艳的，充满了色情的刻画。陈后主也好为艳体。亡国之音，直唱到亡国。侯景乱时，庾信奔江陵，依梁元帝萧绎。出使西魏。梁亡，留仕西魏、北周，官至骠骑大将军、开府仪同三司，所以世称庾信为庾开府。他的诗以出使西魏分前后两期。前期诗，是宫体诗靡靡之音；滞留北方以后，怀念江南故国，诗多伤感、沉痛、悲观之作。

南北朝时期的民歌

南北朝时期，起自民间的新的乐府诗歌即民歌发展起来。无论南方或北方，民歌都很发展，成为南北朝时期突出的文学表现。

南北方民歌的色彩和情调有鲜明的不同。南方的民歌，以缠绵婉转为特色；北方的民歌，以激昂慷慨为特色。南方民歌的内容，多是描写爱情；北方民歌的内容，恋歌之外，又有牧歌、战歌等等。

南方的民歌，主要分为吴声和西曲。吴声是长江下游吴地的民歌，西曲是长江中游荆湘一带的民歌。《宋书·乐志》称"吴歌杂曲，并出江东，

庾信像

徐陵像

晋宋以来，稍有增广。"《乐府诗集》卷四四："盖自永嘉渡江之后，下及梁陈，咸都建业，吴声歌曲，起于此也。"又卷四七，"西曲歌，出于荆、襄、樊、邓之间。"建业是六朝都邑，商业繁华；荆、襄、樊、邓也都是长江中游的都市，商业也比较发达。荆、扬二州，风土人情不同，吴歌、西歌的情调不一样。但它们所反映的都是都市生活，没有农村或农家生活。

吴声歌至今保存在《乐府诗集》里的有三百多首。西曲歌保存在《乐府诗集》里的有一百四十多首。吴声歌有《子夜歌》、《子夜四时歌》、《华山畿》等。西曲歌有《石头乐》、《乌夜啼》、《襄阳乐》等。它们的歌辞，多数是恋歌，有的控诉恋爱不自由，有的表诉失恋或被遗弃的悲伤。而情调都是婉转缠绵的。今举《子夜歌》一首为例：

> 落日出前门，瞻瞩见子都。
> 冶容多姿鬓，芳香已盈路。
> 芳是香所为，冶容不敢当。
> 天不夺人愿，故使侬见郎。

北朝文人的诗，既少，又不好。就是北魏末年的温子升、邢邵、魏收号称"三才"者，其诗也只是模拟南朝，毫无特色。但北朝的民歌，却大放异彩。

北朝民歌，保存在《乐府诗集》里，约有七十来首，以《梁鼓角横吹曲》为主。这些北朝民歌，作者有汉人，但更多的是少数民族。这些民歌的情调，和南方民歌的

东汉成都男欢女爱石雕。象征南方民间文学多绯恻缠绵及床第之欢的内容

《无双谱·花木兰》。反映了北方刚健、豪迈、质朴、率真的性格

婉转缠绵不同，就是写男女关系的也是直来直去，没有忸怩神态，既不羞怯，也无含蓄。如《折杨柳歌》：

门前一株枣，岁岁不知老。

阿婆不嫁女，那得孙儿抱。

《地驱歌》：

侧侧力力，念君无极。

枕郎左臂，随郎转侧。

男女情歌外，也有写迁徙给人民带来的痛苦的。如《陇西流水歌》：

陇头流水，流离西下。

念我一人，飘然旷野。

朝发欣城，暮宿陇头。

寒不能语，吞卷入喉。

陇头流水，鸣声幽咽。

遥望秦川，心肝绝断。

也有写战争给人民带来的死伤的。如《企喻歌》：

男儿可怜虫，出门怀死忧。

尸丧狭谷中，白骨无人收。

著名的《木兰诗》，最初可能是北朝晚年的作品。历经加工改造，到唐初才写定的。先是人民的集体艺术创作，又经过文人的艺术加工。内容是写木兰代父从军的故事。这首诗塑造了一个为人民所喜爱的女扮男装去抵抗外族入侵的英武女性，一千多年来，为人民传诵不已。

文与笔、骈文的发展

魏晋以来，散文的发展，向两方

《新刊出像增补搜神记·东岳》

面走。一是出现"文"与"笔"的对立。文以抒情，笔以应世。文是有韵的文字，笔是无韵的文字。刘勰《文心雕龙·总述篇》："今之常言，有文有笔，以为无韵者笔也，有韵者文也。"梁元帝《金楼子·立言篇》："至如不便为诗如阎纂，善为章奏如伯松，若此之流，泛谓之笔。吟咏风谣，流连哀思者，谓之文。"二是出现骈体文。东汉以前，辞、赋、诔、赞以外，一般文体都用散文。东汉末，散文也渐有对仗的倾向。西晋时，潘岳、陆机的文章，开始追求辞藻的华丽和对偶的工整。这一趋势，到了南朝更加发展。辞藻愈来愈绮丽，对仗也愈来愈工整，连辞赋也都骈偶化了。骈体文也传到北方，北朝后期的文章辞赋也都骈偶化了。

小说

三国两晋南北朝时期，记述鬼神怪异和人物轶文轶事的小说发展起来。这和佛教的传入，道教的兴起以及门阀世族的盛兴是有关系的。鲁迅在《中国小说史略》中指出："中国本信巫，秦汉以来神仙之说盛行，汉末又大畅巫风，而鬼道愈炽，会小乘佛教亦入中土，渐见流传，凡此皆张皇鬼神，称道灵异，故自晋迄隋，特多鬼神志怪之书。"鲁迅对魏晋南北朝鬼神志怪一类小说兴起的时代原因的说明是正确的。

三国两晋时期是神鬼志怪小说的兴起时期，现存所谓汉人小说，大概皆为晋以来文人方士之伪作。鲁迅在《中国小说史略》中称："现存之汉人小说，盖无一真出于汉人。晋以来文人方士，皆有伪作，至宋明尚不绝。文人好逞狡狯，或欲夸示异书，方士则意在自神其教，故往往托古籍以衒人。晋以后人之托汉，亦犹汉人之依托黄帝、伊尹矣。"（第四章《今所见汉人小说》）

三国两晋南北朝的鬼神志怪小说，

《搜神记》书影

保存下来或部分保存下来的，还不少。其中晋人干宝的《搜神记》，成就是最高的。《搜神记》二十卷，原书已佚，今本为后人所辑录。《搜神记》一书，保存了一些民间故事，借助神怪反映人民群众的思想愿望。如《韩凭夫妇》条：

　　宋康王（战国宋君偃）舍人韩凭，娶妻何氏，美。康王夺之。凭怒，王囚之，沦为城旦。……俄而凭乃自杀。其妻乃阴腐其衣。王与之登台，妻遂自投台，左右揽之，衣不中手而死。遗书于带曰：……愿以尸骨赐凭合葬。王怒，弗听，使里人埋之，冢相望也。王曰：尔夫妇相爱不已，若能使冢合，则吾弗阻也。宿昔之间，便有大梓木生于两冢之端，旬日而大盈抱，屈体相就，根交于下，枝错于上。又有鸳鸯雌雄各一，恒栖树上，晨夕不去，交颈悲鸣，音声感人。宋人哀之，遂号其木为相思树。

　　这一故事，揭露了统治者的荒淫无道，歌颂了韩凭夫妇生死不渝的爱情，并通过幻想，表达了人民的美好愿望。

《有像列仙全传·王质》：一个著名的神仙故事

鬼神志怪小说之外，记述人物轶闻琐事的小说也颇为盛行。鲁迅说：“汉末士流，已重品目，声名成毁，决于片言。魏晋以来，乃弥以标格语言相尚，惟吐属则流于玄虚，举止则故为疏放。……世之所尚，因有撰集，或者掇拾旧闻，或者记述近事，虽不过丛残小语，而具为人间言动，遂脱志怪之牢笼也。”（《中国小说史略》第七篇《世说新语与其前后》）

这类小说，最早的是托名汉刘歆著的《西京杂记》。《旧唐书·经籍志上》称：“《西京杂记》一卷，葛洪撰。”《新唐书·艺文志》也作“葛洪《西京杂记》二卷”。但此书内容庞杂，人物轶闻轶事只是其中的一部分。

专门记载人物轶事的小说故事最早

的，大约是东晋裴启的《语林》。此书收集了汉魏以来一直到东晋穆帝时的门阀世族，名士显宦的言行轶事。所记故事新颖，文笔清新，当时曾风行一时。东晋末年，又有郭澄之仿裴启《语林》的风格体例，著《郭子》三卷。

这类书中，最负盛名而至今尚存的是南朝刘宋宗室临川王义庆的《世说新语》。《宋书·宗室·临川烈武王道规传》附《义庆传》对他编纂《世说新语》没有记载，只载他在徐州时"撰《徐州先贤传》十卷，奏之"，"爱好文义，才词虽不多，然足为宗室之表。……招聚文学之士，近远必至。太尉袁淑，文冠当时，义庆在江州，请为卫军谘议参军，其余吴郡陆展、东海何长瑜、鲍照等并为辞章之美，引为佐史国臣。"大约《世说新语》就是陆展、何长瑜、鲍照这些人集体为他编纂的。

梁武帝时，刘孝标又为《世说新语》作注，征引广博，用书四百余种。原作有误，则加以纠正；事有不详，则详加引释。其考证之详确，征引之繁富，可与裴松之的《三国志注》媲美。

《世说新语》的语言特色，是简明而有风致。它保存了当时一些口语。文字简练，往往通过三言两句就能把一个人物性格面貌勾划出来。

文学评论

文学评论的专著也在这时期出现了。鲁迅说："曹丕的一个时代可说是文学的自觉时代，或如近代所说，是艺术为艺术的一派。"（《魏晋风度及文章与药及酒之关系》，见《而已集》）。文学的自觉包含着对文学的反思，也包含着文学批评。

先秦典籍和两汉著作中，多有一些片段文字评论文学作品，但没有文学批评

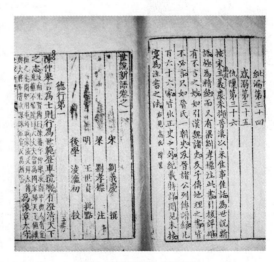

明版《世说新语》刘孝标注

的专门著作。三国两晋南北朝时期，先后出现了曹丕《典论·论文》、陆机《文赋》、刘勰《文心雕龙》和锺嵘的《诗品》等专门批评文学作品的著作。

建安时期人的觉醒和文学创作的活跃及自觉精神，是文学批评的社会基础。汉末评论人物的清议，由人到物，对文学评论的出现也有影响。

曹丕《论文》对文学作品所以出现体裁的不同和作品优劣差异，都提出了看法。《论文》说："夫文本同而末异，盖奏议宜雅，书论宜理，铭诔尚实，诗赋宜丽。此四科不同。"又说："文以气为主，气之清浊有体，不可力强而致。譬如音乐，曲度虽均，节奏同检，至于引气不齐，巧拙有素，虽在父兄，不能以移子弟。"他已看到各体作品，有不同的要求，奏议要求雅，论说要求说理透，铭诔要求实，诗赋要求华丽。气，是各人所具的聪明才智，各人聪明才智有高低，作品自然有高低。这是不可强求的。曹丕对文学作品的这些认识，对文学创作和文学批评都产生了积极的影响。

《论文》提高了文学家和文学作品的地位。汉朝统治者把作家当作"倡优"，把辞赋比作"博奕"，而《论文》却说，"文章，经国之大业，不朽之盛事。年寿有时而尽，荣乐止乎其身，二者必至之常期，未若文章之无穷"。文学作品的价值，比寿命、荣乐还高，这就高度评价文学作品的功能和价值，抬高了文学家和作品的社会地位。

西晋陆机作《文赋》。《文赋》探讨文体的风格特征，提出了十种文体，比曹丕的文体分四科要细密。《文赋》提出"诗缘情而绮靡"，"赋体物而浏亮"，"论精微而朗畅"，于作品的形式之外提出对作品内容的要求，比《论

陆机像

文》只讲形式的提法更进了一步，陆机《文赋》还对创作过程、方法、形式、技巧等问题，作了比较细致的论述。但从总的方面看，《文赋》仍是重视文字技巧，对作品内容要求不够。刘勰《文心雕龙》批评陆机的《文赋》是："昔陆氏文赋，号为曲尽，然泛论纤悉，而实体未该。"就指出了《文赋》的缺点。

《文心雕龙》的作者刘勰是南朝齐梁时期东莞莒（今山东莒县）人。家贫，一生未婚娶。晚年出家当了和尚。

《文心雕龙》是一部系统的文学批评著作。刘勰针对当时文学创作过分强调对仗、用典、辞藻、声律、只重文字形式、不重内容的风气，中肯地提出了批判。对于声律，他主张"音律所始，本于人声"，反对勉强。关于对偶，他主张"自然成对"，"不劳经营"。对于重形式轻内容，他批评是"繁采寡情，味之必厌"。他系统地论证了文学理论方面的重要问题，讨论了文学创作艺术技巧各方面的问题。刘勰已接触到文学发展规律问题，认识了文学要反映现实。他认识到现实是在不断变易中，文学也在跟着现实的变易而不断发展变化，

锺嵘的《诗品》是专门评论诗的。他把汉魏以来的五言诗的诗人，分为上、中、下三品。自汉至梁 122 位诗人中，列入上品的十一人，中品三十九人，下品七十二人。他认为诗是"吟咏情性"的。他反对写诗用典。他批评颜延之的诗"喜用古事，弥见拘束"。他说刘宋中叶以后的诗作像"书钞"一样，没有创造性。他说好的诗句，都是

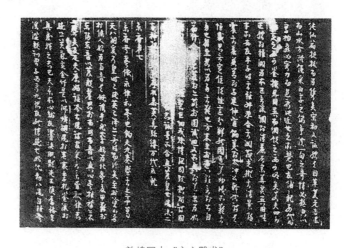

敦煌写本《文心雕龙》

"直寻"（创造）出来的，多不用什么典故。他反对玄言诗，说它"理过其辞，淡乎寡味"、"平典似道德"。他最推崇建安文学，说建安风格有创造精神。他也反对过于讲究声律，认为过于讲究声律会损伤诗的自然美，所谓"使人多拘忌，伤其真美。"

　　锺嵘《诗品》把诗人分为三品的作法，大约是受班固《汉书·古今人表》的影响。它和《古今人表》一样，流于主观。而且见解也不高明，如它把曹操列为下品，陶渊明、鲍照列为中品，却把潘岳、陆机列为上品了。这反映锺嵘仍没有摆脱当时流行的形式主义文风的影响。

　　这里还要提到的梁昭明太子萧统编纂的《文选》。这是自周秦以来文章的总集。全书三十卷，李善加注时析为六十卷，以类（文体）分卷，共分为赋、诗、表、启、赞、论、碑文、墓志、行状、祭文等三十九类。萧统选录作品是比较严格的，略古详今，对晋宋以来的作品选收的比较多，选的也比较精。

　　《文选》的出世，本身就是对古今作品的评价，它对后世也有很大影响。

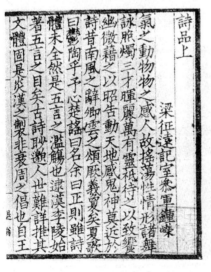

明版《诗品》书影

萧统像

第五节　艺　术

三国两晋南北朝时期，艺术方面也有发展。无论是绘画、雕塑、书法、乐舞，都有成就。

绘画

三国时的大画家，有曹不兴，善画大幅人像。他是画中国佛像画的始祖。曹不兴弟子出名的有卫协和张墨，他们在晋时被称为"画圣"。他们也擅画人物，所画人物画不仅相貌逼真，而且富有神采。

中国历史上杰出的大画家东晋顾恺之，就是卫协的大弟子。顾恺之善画人物，他画的人物，传神致妙、栩栩如生。谢安称顾恺之的画是"有苍生以来，未之有也"（《晋书·顾恺之传》）。他每画成人物，常数年不点睛。人问其故，他说："四体妍媸，本无关于妙处。传神写照，正在阿堵中。"（《世说新语·巧艺篇》）他画人物很注意描写人物的特点。他"曾图裴楷像，颊上加三毫。观者觉神气殊胜"（《晋书·顾恺之传》）。他为谢鲲作像，把他

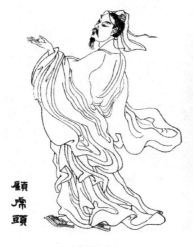

顾恺之形象

《列女仁智图》局部

画在岩石里。人问所以，他说："谢云，一丘一壑，自谓过之。此子宜置丘壑中。"（《世说新语·巧艺篇》，下同）他要为殷仲堪画像。"殷曰：我形恶，不烦耳。顾曰：明府正谓眼尔！但明点童子，飞白拂其上，使如轻云之蔽日。"顾恺之的人物画，传世的只有唐初人临摹的《女史箴》图卷。这是世界名画中杰出的作品之一。

顾恺之画人物，也画山水。他的《雪霁望五峰》图，能于人物背景中扩大和强调山水的气氛。后世称顾恺之为"山水画的祖师"。

南朝前期，在绘画艺术方面，是人物画和佛教艺术的继续发展。人物画仍是盛行的，尤其是佛教人物画。山水画已有独立发展的趋势。

宋齐时期，绘画方面出了很多名家，其中最有名的，在宋有陆探微和宗炳等，在齐有谢赫等，梁有张僧繇等。宗炳画山水画，其他都是画人物的。

陆探微，吴（今江苏苏州市）人。善画人物。张怀瓘说他画的人物肖像，"参灵酌妙，动与神会。笔迹劲利，如锥刀焉。秀骨清像，似觉生动，令人懔懔，若对神明"（《历代名画记》引）。谢赫《古画品录》把他的画列为上品，极为推崇。

谢赫也善于画人物。据说他"写貌人物，不俟对看，所须一览便归，操笔目想，毫发皆无遗失。丽服靓妆，随时改变，直眉曲鬓，与时竞新"（《历代名画记》引姚最《续画品》）。这可见他写生的意境和技巧都很高明。

谢赫把绘画中的六法，归纳为一定的规律。六法是：（一）气韵生动，（二）骨法用笔，（三）应物象形，（四）随类赋彩，（五）经营位置，（六）传移模写。他富于写实精神，根据自己绘画实践对绘画理论有所发展，对后代绘画也有很大的影响。谢赫所著《古画品录》，

传张僧繇画作

把魏晋以来的名画家二十七人分为六品，对于每人都详加评语，可以说是绘画批评的开山祖。绘画评论和文学评论都在三国两晋南北朝特别是南朝产生的。

张僧繇是梁武帝时著名的画家。梁武帝时是南朝佛教的极盛时期，佛教寺院壁画也以梁时为最盛。建康更是佛教寺院壁画最集中的地区。僧郝骞的西行求法，释迦佛陀、摩罗菩提等来中国，都将印度的壁画画法传入中国。印度的画法是晕染法。前此的中国画，是线条法，即高古琴弦画法。张僧繇吸取印度的画法，以彩色在画面上现示凹凸，为中国画法开辟了新天地。有这样一个故事：建康一乘寺门上有扁额画，为张僧繇笔迹。其花形称天竺遗法、以朱及青绿成之，远望眼晕如有凹凸，故人称该寺为凹凸寺。（《建康实录》）这种画法，是于线条以外，别施彩色，微分深浅，其凸出者施色较浅，凹入之处，傅彩较深，于是高下分明，有立体之势。这和中国原来的线条画法——高古琴弦画法，大不相同，是画法上的一大变。

张僧繇和顾恺之、陆探微被称为六朝画家中的三大家，他们的画各有特点。《画断》喻三人之画："张得其肉（丰润），陆得其骨（清秀），顾得其神。神妙无方，以顾为最。"

晋宋之际，随着门阀世族喜欢游山玩水，喜欢山水诗，山水画也开始受到重视。刘宋时的宗炳就以画山水画出名。宗炳很喜欢游山涉水的，"每游山水，往辄忘归"，"好山水，爱远游。西陟荆巫，南登衡岳"，晚年住在江陵，"凡所游履，皆图之于室，谓人曰：抚琴动操，欲令众山皆响"（《宋书·隐逸·宗炳传》）。

宗炳著有《画山水序》，序曰："今张绡素以远

东魏柔然公主墓山水图

映，则昆、阆之形可围于方寸之内。竖划三寸，当千仞之高；横墨数尺，体百里之迥。……如是则松华之秀，玄牝之灵，皆可得之于一图矣。"（《历代名画记》引）

宗炳同代人王微和梁时萧贲，也是山水画的名家。萧贲"尝画团扇上为山水。咫尺之内，而瞻万里之遥；方寸之中，乃辨千里之峻"（《续画品》）。

南北朝时期，北方也涌现出很多杰出的画家。北齐时有杨子华，当时称为"画圣"。北周时有田僧亮，他画"野服柴车，称为绝笔"（《历代名画记》）。

从绘画发展史来看，三国两晋南北朝时期还是以人物画为主。山水画还在开始发展的阶段。

书法

汉字书法，也是一门艺术。三国两晋南北朝时期，书法家辈出。三国时有锺繇、蔡邕、刘德升、胡昭。西晋时有索靖、卫瓘、卫铄（世称卫夫人）。东晋时有王羲之、王献之父子。南朝有羊欣、孔琳之、萧思话、范晔、薄绍之、释智永等。这是魏晋南朝系统。

锺繇，曹魏时作过太傅。他的书法，兼善各体，尤精于隶、楷和行书。唐代张怀瓘称他的书法"秦汉以来，一人而已"（《书断》）。

书法造诣最高的是王羲之、王献之父子。王羲之（321—379），字逸少，东晋琅邪临沂人，官至右军将军，人称王右军。他早年曾从卫夫人受笔

锺繇像　　　　　　卫夫人像　　　　　　王羲之像　　　　　　王献之像

法，后博采众长，创造了新体。他的书法为历代学书者所宗尚，对后世影响很大，被尊称为"书圣"。

王羲之的代表作有《兰亭序》，《黄庭经》等。现在所流传的《兰亭序》，大约是齐梁间人或唐初人所摹临的。

王羲之几个儿子都善书，而以献之的成就最大。父子二人书法齐名，世称二王。王僧虔评献之的字"骨势不及父，而媚趣过之"（《法书要录》）。

东晋南朝的书法宗二王，十六国、北朝则重钟繇、卫瓘。西晋末年，范阳卢谌、清河崔悦，都以书法著名，卢法锺繇，崔师卫瓘。卢、崔两家，世代以书法称显。北魏的书法，传自卢、崔两门。它们的特点是发展了汉魏这一系统的风格，笔力雄劲骏放，结体端庄古雅，有别于南朝二王的"流风迴雪"的韵情。在流传下来的敦煌写经和现在出土的北朝墓志中，我们还可看到北朝书法风格。

雕塑

三国两晋南北朝时期，雕塑艺术空前发展。这和佛教盛行、寺院林立、广开石窟是有密切关系的。这时期主要的雕塑艺术成就都集中在寺庙和石窟里。它受到印度艺术很深的影响。

东晋末年的戴逵，是著名的画家，画人物也画山水，同时也是著名的雕塑家，善于雕塑佛像。他曾为会稽山阴（今浙江绍兴市）灵宝寺雕无量寿佛一尊，前后费时三年，艺术上妙绝当时。

他儿子戴颙，也在雕塑方面有很大成就。时"宋世子铸丈六铜像于瓦

天下第一行书：王羲之《兰亭序》

官寺。既成，面恨瘦。工人不能治，乃迎颙看之。颙曰：非面瘦，乃臂胛肥耳。既错减臂胛，瘦患即除。无不叹服焉"（《宋·隐逸·戴颙传》）。

乐舞

在音乐方面，这个时期对边区各族的音乐兼收并蓄。这是这一时期的特色。这些音乐是十六国至北朝后期自西域逐渐传来的，中间又经过几次演变。按其传入的顺序，先有天竺、龟兹、西凉等乐。天竺乐，是前凉张重华时自天竺传入的。龟兹乐，是前秦末吕光自龟兹传入的。西凉乐，是后凉、北凉时在龟兹乐的基础上，结合"胡、戎"音乐形成的。西凉乐，当时号为秦汉伎，而其所用"曲项琵琶、竖头箜篌之徒，并出自西域，非华夏旧器"。"其乐器声调，悉与书史不同"。在舞曲当中有于阗乐曲，其"杨泽新声、神白马之类，生于胡戎"。其来源杂有于阗、羌胡，不以龟兹为限，但与华夏却关系不多。北魏平定河西之后，把秦汉伎改称为西凉乐。龟兹乐的声调也有很多变化。北魏平定北燕和通西域之后，又输入了疏勒、安国、高丽等

戴逵像　　　　　　　　　　　乐舞陶罐

国的音乐。北齐时，龟兹乐盛极一时，乐工曹妙达、安未弱、安马驹之徒至有封王开府者，魏、周之际，西凉乐地位提高，取得国技的称号。北周武帝纳柔然皇后，输入了康国乐。周武帝时，有龟兹人苏祇婆，长于弹琵琶，传来七调和五旦。七调相当于中国宫、商、角、征、羽、变征、变宫，五旦相当于十二律中的黄锺、太簇、林锺、南吕、姑洗等五均。隋代郑译在苏祇婆的基础上，测定了其他七律的调声，更立七均，与十二律完全配合。律有七音，音立一调，故成七调十二律，合八十四调，纠正了多年以来太乐所奏乐律中的错误。这是中国音乐史上的一件大事。

舞蹈和音乐是密切联系的。三国两晋南北朝的舞蹈也有两个体系，一个是三国两晋南朝的体系，一个是十六国北朝的体系。

南北朝后期，有南北之分的音乐舞蹈趋于融合。这种融合，促进了音乐舞蹈的进一步发展[①]。

克孜尔石窟伎乐线描图

太原虞弘墓歌舞饮宴图

① 以上关于文艺部分，大量采用王仲荦《魏晋南北朝史》。仲荦在世时，本卷主编曾请其撰写这一部分。未能实现，而仲荦去世，曷胜悼念。

第七章 中外文化的交流

　　三国两晋南北朝时中外文化的交流盛况空前，有着鲜明的时代特色，具体表现在空间的拓展、时间的持久，交流渠道和途径逐渐增加、交流项目和内容更为丰富多彩，取得了壮硕的成果，佛教的全面、深入传播和蓬勃发展的本土化及由此导致的三教结构的最终确立是这一时期最重要的历史成就，汉字文化圈的基本形成也是值得瞩目的成就。

中外与华夷　华夷秩序的崩溃与重构

北宋石刻《禹迹图》（墨线），现存最早的全国地图

　　一般来讲，现代学术研究中所谓中外自然都是指中国和外国，但古代中国的历史实际并非如此简单，而这段纷纭多变历史时期的"中"与"外"更是难以界定。从历史主义的观点出发，它们明显与华夏传统的华夷观及华夷秩序有密切的联系。这一传统大略认为：华夏居中国，聪明仁智，是天下的领导者；蛮夷戎狄居于其外，落后蒙昧野蛮，是参与者和被领导者。华夏强调可以夏变夷，提高蛮夷的文化水准。形成由王朝都畿开始，而后中原、内蛮夷、

外蛮夷逐步向外推展的层次秩序。但这一时期每个王朝体认的中外之间和今人界定的中外之间差异颇大，西晋崩溃、灭亡前，上述模式中的华夏蛮夷可等同对应，当五胡在神州禹域之内崛起、逐鹿时，华夷则并立争雄，这是华夷秩序成立之后的首次重大变局，进入了变态，华夷杂居，戎夏交织。应该引起重视而久为学界忽视的是，在中原主导政权的夷狄族并未否定华夷秩序的内在里路和本质，他们建立的仍然是华夷秩序，当然，它有着鲜明的时代特色和特殊内容，存在华夷之辨与变，有时转化有时对立。只有在族群认同完成后，华夷秩序便回归常态，隋唐帝国就成为华夏的伟大复兴。

　　本章的"中"，基本上以当时主要王朝控制的疆域为基础，而忽略了神州禹迹之内不同族裔政权间的交流与影响；而"外"则又可区分为"近外"和"远外"两个层面，"近外"指在"中"的周边而又发生过统治隶属关系但长时间自主性较强的地区和部族，"远外"指距离中国较远、联系时断时续的地区。

　　文化指人类的全部创造，学界最认可的是将其分为物质、精神和制度三个界域。交流是广义上的，包括了中外交往中的经贸往来、文化传播、宗教宣传、外交关系、军事干预等，发生在人与人、族群与族群之间，文化的交流，必须凭借一定的途径。就中外文化交流的历史进程看，它包括游牧民族、移民、传教僧侣、商贾、使节等几种主要途径。

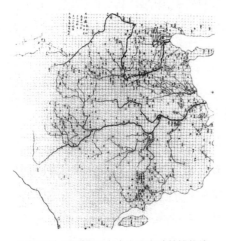

北宋石刻《华夷图》，今存西安碑林博物馆

新疆库车出土的各种古代货币

在物资和器物领域，中国无疑是出超者，最具标志意义的是丝绸、铁器及铸铁技术的外传，遗憾的是，在精神乃至制度层面，中国只是对日韩及后来形成的越南等产生重要影响，对其他国家的影响相对较小，而对于印度而言，还呈入超状态。

三国两晋南北朝时期的中国社会具有鲜明的大分裂、大动荡的历史特征，但中外文化交流的深度、广度和程度无论对中国还是有关各国却具有不同凡响的重要性，其要因肇始于不同族群的大迁徙、大碰撞而产生的大融合以及小规模移民流动所伴生的小融合，不少政权从保存和拓展实力的动机着眼，对域外世界采取了更为积极的态度，这就有力推动了当时的中外文化交流。据近人研究，三国两晋南北朝时期，中国同东域、西域和南海诸国的关系，普遍都加强了。而活跃于亚欧大草原地区的游牧民族如匈奴、鲜卑、柔然、敕勒的大范围迁徙更加速了当时的中外文化交流。域外文化——中亚游牧文化（也包括大月氏贵霜王朝和昭武九姓诸国）、南亚的印度文化（五天竺、师子国）、波斯文化（萨珊王朝）乃至欧洲基督教文化（大秦——罗马帝国和拜占廷帝国）由近及远对中国本土文化产生了全面而深刻的影响，他们的使者、商贾、僧侣络绎于途，这都使异地物资得到交换，艺术宗教和科学技术得以交流乃至融合。尤其值得大书特书的是佛教高僧的东来译经和中土的西行求法者，他们使佛教在中国社会得到普遍传播，与之伴生的艺术、医学和天文历算等也传入中土，这深刻影响到中国的本土文化，极大的丰富了华夏文化的内涵和精神世界，使其实现了文化自我的再生和创新，而后东传、南下，进而形成了中华文化为主体的汉字文化圈。

交通的拓展

这一时期中外交通有所拓展，北朝中后期，骆驼佣在墓葬中大量增加的现象表明了中西陆路交通的深化；而只占有南方的政权，因其立国环境的关系，都十分重视长江天险，必然积极发展水军建设，这就促进造船技术的发展，从而也为海外交通的发展提供了坚实基础。

　　自三国至隋，敦煌通往西域（又称西海）的交通有了拓展，《魏略·西戎传》曰："从敦煌玉门关入西域，前有二道，今有三道。"从玉门关西出，经婼羌转西，越葱岭，经悬度，入大月氏，为南道。从玉门关西出，发都护井，回三陇沙北头，经居卢仓，从沙西井转西北，过龙堆，到故楼兰，转西诣龟兹，至葱岭，为中道。从玉门关西北出，经横坑，辟三陇沙及龙堆，出五船北，到车师界戊己校尉治所高昌，转西与中道合龟兹，为新道。新道也可从高昌、交河城北行至车师后王廷，折而西行赴天山北麓诸国。到隋代裴矩著《西域图记》总结，称之为北、中、南三道。伊吾路是北道咽喉，高昌路代替魏晋时楼兰故址成为中道枢纽，南道仍以鄯善为襟代。北道（"北新路"）伊吾路自 6 世纪开通，由玉门关西北向西，经星星峡到伊吾（今哈密西南），沿天山北麓，渡伊犁河后穿越中亚草原，最后到达黑海之滨的拜占庭帝国。中道高昌路，沿天山南麓的绿洲通往伊朗高原，尔后沿幼发拉底河、底格里斯河南下波斯湾。南道鄯善路，沿塔里木沙漠南缘，经阿富汗进入印度河流域，抵达印度次大陆西部海港或向东南抵达阿拉伯海，这是中印交通的主干道，也是中国和阿拉伯国家交通的重要通道。

　　在中国南北分治时期，吐谷浑路（又称河南路，即古代的羌中道）是南方政权通往西域的重要干道。它始自南方首都健康，溯江而上，由巴蜀入吐谷浑境，沿青海湖西行穿越柴达木盆地进入西域。蜀汉即接由此路而来的月氏等国使者，如建兴五年（227），"月氏、康居胡侯支富、康值等二十余人诣受节度。"（《三国志》卷三十三《蜀书·后主传》引《诸葛亮集》）东晋南朝和西域通使大都通过此路来往。据《梁书》和萧绎《职贡图》记载，仅梁代就有龟兹、于阗、滑、北天竺、波斯、盘陀陀、周古柯、呵跋檀、胡密丹、白题和末国来使。

商旅陀运图

西南陆上通道：3世纪前后（东吴时期），佛像从中印度的秣菟罗，沿西南陆上丝绸之路，经缅甸、云南、四川、湖北、安徽而传入江苏地区，然后经海上东传日本，开辟佛教造像的"南传系统"，从而形成既重义理，又集建寺、译经、造像和绘制壁画于一体的六朝建康佛教文化特色。在与东南亚佛教国家的直接接触中发展了佛教。

这一时期中国与东方和南方的海外交通路线在汉代基础上有了变化和发展，海上交通胜过两汉。汉代中日、中朝间的海上联系渠道是存在的。从汉代开始，勃兴起以中国为中心，从东北亚的朝鲜、日本，经黄海、东海、南海到印度洋，形成一个西太平洋半环形贸易网，交换各种奇珍物品。利用日本海左旋回流的便利，日本倭奴国的使节度过对马海峡，水路兼程到达中国东汉都城洛阳。

曹魏开始也加强与朝鲜半岛上的三韩部落联系，并和日本列岛的邪马台女国有了通使关系。"景初中，明帝密遣带方太守刘昕、乐浪太守鲜于嗣越海定二郡，诸韩国臣智加赐邑君印绶，其次与邑长。其俗好衣帻，下户诣郡朝谒，皆假衣帻，自服印绶衣帻千有余人。"从曹魏在朝鲜半岛的属郡到倭国的路线，"循海岸水行，历韩国，乍南乍东，到其北岸狗邪韩国"，"度一海"，至对马国。又南渡一海至一大国，又渡一海至末卢国，东南陆行到伊都国，东南至奴国，东行至不弥国，南至投马国，南至邪马台国。（《三国志》卷三十《东夷传》）考古发现了魏青龙三年的铭文铜镜，证实了这一历史联系。南方与朝鲜半岛及日本列岛的往来，自中国政治文化中心南移建康之

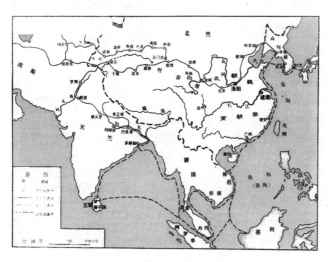

南北朝时期中外交通示意图

后，航路发生了明显变化，改变了沿朝鲜半岛并经辽东半岛陆行的路线，而是直接由半岛横渡黄海到山东半岛，再沿海岸南行至长江口，溯江到建康。倭国则从难波津（今大阪地区）始发，经濑户内海向西，过穴门到筑紫（今福冈），途径壹岐岛、对马岛至百济国，尔后横渡黄海。这条新航路促进了南朝与朝鲜、日本的文化、政治和经济交流，加速了汉字文化圈的形成。

东吴立国继承了汉帝国在南方海外交通的遗产，孙权对于拓展海外十分重视，海上交通相当发达。海船北达辽东，南通交广及东南亚诸国。商船大的长达60.6米。战船有的可载战士3000人，有的上下5层，雕镂彩画，非常华丽。"黄武五年，有大秦贾人秦论至交趾，交趾太守吴邈遣送诣权，权问方土谣俗，论具以事对。时诸葛恪讨丹阳，获黝、歙短人，论见之曰：'大秦希见此人。'权以男女各十人，差吏会稽刘咸送论，咸于道物故，论乃径还本国。"（《梁书》卷五十四《诸夷传》）二年春正月，遣将军卫温、诸葛直将甲士万人浮海求夷洲及亶洲。亶洲在海中，长老传言秦始皇帝遣方士徐福将童男童女数千人入海，求蓬莱神山及仙药，止此洲不还。世相承有数万家，其上人民，时有至会稽货布，会稽东县人海行，亦有遭风流移至亶洲者。所在绝远，卒不可得至，但得夷洲数千人还。（《三国志·吴书·孙权传》）不久，孙权于黄武五年（226）又派朱应、康泰出使南海诸国，深化了中国与南海的交通。"所经及传闻则有百数十国，因立记传"（《梁书·诸夷传》），朱应写有《扶南异物志》、康泰写有《吴时外国传》，可惜的是，这两本书久已散佚。朱应、康泰出使后，南海各国纷纷与孙吴通使。扶南、占城诸王于黄武中各遣使奉贡。（《三国志·孙权传》）康泰诸人的足迹大约已到了马来半岛的南端，

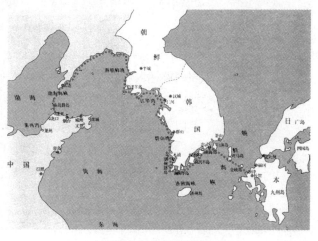

中韩日海上交通示意图

对于印度支那半岛、爪哇、苏门答腊乃至天竺都有一定的了解。

与南海诸国及远西往来的主要路线仍是分段航行。第一段，从"日南寿灵浦口（今越南岘港）由海正南行"，"昼夜不住十余日乃到扶南"；"调风昼夜不解帆十五日，乃到顿逊（另作典逊，通常认为即今泰国南部的 Tung Song）"。向西陆行穿越地峡抵达句雅（通常认为即今马来西亚吉打）。二地时为扶南蜀国，是当时重要的贸易港口。"顿逊之东界通交州，其西接天竺、安息徼外诸国，往还互市。"第二段，从句雅西行一月至歌营国（通常认为即今印度东南岸的 Colya）或狮子国（又称斯调国，今斯里兰卡），狮子国是一个交通贸易中心。第三段，由印度姑奴（又称古奴司调）西南行至扈

昆仑奴陶俑。史籍中常有黑昆仑奴的记载，应该就是这个样子

利，"乘大船载五六百人，张七帆，时风一月余，乃到大秦（指今巴格达）"；也可从"斯调国西行三四十日至隐章（今沙特汉志地区）。"[1] 另据《佛国记》载法显回国路线是从扈利乘船至狮子国，途径耶婆提国（在今苏门答腊），穿越马六甲海峡至广州。航路上的情况基本上是外国船来的多、中国船去的少。进口货物主要是香药，出口货物主要是丝绸。自汉代肇端的以丝绸换取香药，一直成为其后历代南海航路贸易的主要内容。

南朝的海外交通区域明显扩大，据《宋书》、《梁书》、《南史》、《册府元龟》等书记载，交往的东南亚国家有林邑、扶南、诃罗陁、呵罗单（在今苏门答腊岛）、婆皇（在今马来西亚彭亨地区）、婆达（在今苏门答腊北部）、阇婆婆达（在今爪哇岛）、盘盘（在今泰国南部万伦湾地区）、丹丹（在今马来西亚吉兰丹地区）、于陀利（在今苏门答腊巨港地区）、狼牙修（在今马来西亚洛坤地区）、婆利（在今巴厘岛）和南亚的师子国、中天竺、天竺迦毗黎（在今印度南部）。扶南的船很有名，对中国造船产生

---

① 据《艺文类聚》、《初学记》、《太平御览》等书及《道藏·太清金液神丹经》所引《南州异物志》。地名考释多据韩振华《魏晋南北朝时期海上丝绸之路的航线研究》，见《中国与海上丝绸之路》（福建人民出版社1991）

了影响。

东南沿海港口城市既是中国文化向东亚和东南亚地区传播的主要途径，也是海外文明的汇聚地，并且是向内地扩散的基地，尤其是作为海外交通的主要港口—广州。番禺（广州）从西汉起就成了中国对

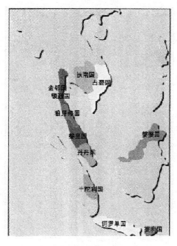

南海各国位置示意图

《职贡图·狼牙修国使》

外贸易的一个重要港口和商业都会，是中外联系的前沿，贸易旺，信息灵，人气盛，发展快。《三国志·吴志·士燮传》称燮兄弟在交州"并为列郡，雄长一州"，每出行时，"车骑满道，胡人夹道焚烧香者常有数十。"不但有南方商贾，还有不少西域贾胡。从番禺来建康，有的"海舶每岁数至"，甚至"岁十数至"。元兴三年（404年），"涛水入石头，商旅方舟万计，漂败流断"。这反映对外海路交往的繁荣和中外贸易的兴旺。

中外人员的往来

大规模的族群流动及其伴生的战争是古代中外文化交流一个十分重要的途径。尽管战争往往给社会经济和文化带来巨大的破坏，但它也能促进文化的传播。在这一进程中，游牧民族更经常扮演重要角色，他们逐水草而居，迁徙不定，他们的向南迁徙促进了与华夏族群的大融合。而由于一些特定原因，游牧民族可以向西进行一些超大范围的流动，从而在客观上有利于东西方的文化交流。从蒙古高原逾阿尔泰山脉、准噶尔盆地，经哈萨克草原而入南俄草原以至多瑙河流域，一直是古代游牧民族迁徙往来的必经之地。正是

通过他们，这条草原之路也就成了文化交流之路。匈奴、柔然的西迁和突厥的扩张促成这一时期欧亚大草原游牧民族大迁徙的三大浪潮，成为中西交通和文化交流的三次巨大动力源。

北匈奴西迁后，鲜卑逐渐占据其旧地，成为蒙古草原的新主人。有学者提出，西文中西伯利亚（Siberia）一词就是鲜卑这次称霸事件的历史后果。鲜卑流动、影响的主向是南方，他们最终融合到中原的汉族中去。

鲜卑大量内迁后，柔然（史书又称蠕蠕、芮芮、茹茹等）迅速崛起，成为大草原的新主人。始祖木骨闾（意为首秃）本是鲜卑奴隶，因罪逃往漠北，收集散亡。其子车鹿会陆续兼并草原部落，自号柔然。到十六国末期社仑可汗时，盛极漠北草原，东临朝鲜半岛，西越阿尔泰山，北抵贝加尔湖，南接的拓拔魏是其主要的敌人。柔然曾结好后秦、北燕侵扰，并经西域走吐谷浑道与南朝政权通使，约夹攻北魏。北魏视之为大敌，历代皇帝不断亲征，屡屡重挫柔然，造成柔然内部分裂。一些柔然部落向西迁徙。6世纪中叶突厥强大后大败柔然，致其余部再次西迁。他们以阿瓦尔人的名字大肆入侵欧洲，迫使当地的斯拉夫人向南、向西迁徙占据了日耳曼人迁徙后的土地，斯拉夫人的小国开始遍布东欧。

哒哒是盘踞中亚细亚的一支强大的游牧民族，中国史称白匈奴（与白种月氏人混血之故），与柔然相接。柔然的崛起迫使曾在阿尔泰山区域游牧的匈奴余部哒哒在4世纪70年代南迁至葱岭的泽拉夫善河流域。5世纪上半叶，开始强大，攻灭大月氏人的贵霜帝国，建都拔底延；484年，大败萨珊波斯，迫其称臣纳贡。6世纪初，哒哒臻于极盛，建立起一个幅员空前辽阔的中亚国家，控制东起和阗一带，南达阿富汗中部及印度西北的犍陀罗，西至东南呼罗珊及里海地区，北过天山北麓。据到

东魏柔然公主墓出土女官俑

过该国的北魏使者宋云称，"南至牒罗，北尽敕勒，东被于阗，西及波斯，四十余国皆来朝贺。"（《洛阳伽蓝记》卷五引《行记》）哒哒与北魏、西魏北周多次通使，还出使过南朝梁（称之为滑国），其下辖小国不少派商使到东方来，反映哒哒强盛后东西交通仍然畅通，567 年哒哒被突厥和波斯所灭。丝绸之路进入了突厥时代。

　　各种小规模的移民群体在这个时代无时无之，不烦赘述。

　　法国学者谢和耐指出："中国人学会畜牧、骑术、使用马具和某些战术是应该感谢游牧者的。有些食谱和变成了中国人日常服装的长袍、裤子也学自游牧民。事实上，双方通过对峙线上的只供使臣、商人出入的'口岸'而转输的不仅仅是各方各自需求于对方的产品（丝织品、茶、盐、中国金银、马、驼、牛、羊）。正和欧亚旧大陆所有的农牧交界地区的情况一样，各种宗教、工艺也无不循着贸易商路而传播。"①

　　就中外文化交流的发展进程看，域外宗教文化如佛教、祆教等在中国的传播是个突出的现象，高级宗教是一种文化形态，本身是一个文化丛，宗教徒尤其是高僧、长老在传播相关教义时也会传播相关的哲学伦理、美学艺术、习俗科技等各类各层文化。虔诚的宗教徒总会把传教作为神圣事业，使宗教事实上成为文化传播的一个重要途径。

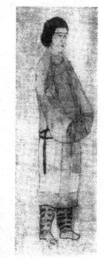

　　祆教，公元前 6 世纪由波斯贵族创立，宣称世间存在善恶两种神灵进行斗争，善最终胜利，火是善神之子，教徒须建火坛祭火，后流行于波斯全境。在中国也称拜火教、火祆教。该教在先秦传入中国新疆，魏晋时高昌、焉耆、龟兹等国广为流行，北朝吐鲁番文书中有不少资料可以证明。十六国时进入内地，后赵禁军中就有不少祆教徒。

　　北魏与萨珊波斯常有来往，且有波斯大量商人寓居中国，都增强了祆教的影响力。北朝境内有不少祆教徒活动，

《职贡图·滑国使》

---

① 谢和耐等：《长城》，引自张广达：《古代欧亚的内陆交通》（载《西域史地丛稿初编》第380～1页。）

甚或影响到统治阶级最高层，北魏灵太后、北齐后主、北周皇帝都有祭祀祆教神灵的记载，说明祆教在北朝是有较大影响的。南朝民间也有不少祆教流传的痕迹，南齐时建康就有祆教徒活动，梁朝宣城、安成、豫章等地祆教徒还举兵起事，这与祆教未得到合法地位受到压抑有关。

外来宗教在中国境内的传播与兴旺是这一时期十分鲜明的特点，信奉祆教、景教等宗教的人多半是住在那里的外国商贾及其后裔，他们住在沿着主要商路的商业城市中的聚居区中，他们不表达什么，也不改变什么，只是在原有的东西上加上一点点。他们带来的宗教只是把中外交通线上与自己有关的团体联系起来，而不与当地已有的政治形态或佛教争衡。

而佛教僧侣的东来西往发挥了特别重要的作用，这将在下文论述。

商贾在中外文化交流中也发挥了无可替代的重要作用。商贾跨国贸易贩运的商品凝聚了各地不同民族的文化成分，同时，商贾往往也传播本民族的宗教文化。异域物品的输入不仅丰富各地人民的物质与精神生活，而且促使人们去思考、模仿和学习，从而引起文化的相互传播。当时中国的通都大邑，洛阳、长安、邺城、敦煌、建康、成都、交州、广州等地，都有外国人居住。北朝到北魏末年达于极盛，洛阳城"有百国沙门，西域远者，乃至大秦国"，"西夷来附者，处崦峨馆，赐宅慕义里。自葱岭以西，至于大秦，百国千城，莫不款附，商胡贩客，日奔塞下"，城里的外国人竟有一万余家。（《洛阳伽蓝记》）该时期的外来商贾特别重要的是粟特人，贵霜王朝解体后，昭武诸国在粟特地区陆续形成，康、安、何、曹等国商贾十分活跃，粟特商贾甚至操纵了南北朝时期的丝绸之路，他们在沿途和中国的一些大城市里建立了许多侨居社区，将其宗教信仰和习俗带入中国尤其是西北地区。他们在印度诸国和中南半岛也都有经商的据点。他们在汉代开始来到中国经商，三国两晋时深入内地；孙

吐鲁番出土的祆经

吴访问扶南的康泰、十六国时建立后赵的石勒家族都是属于粟特系统的人。五六世纪时，粟特聚落整批东移到七河地区，在都赖水流域和楚河左岸大力发展农业，并建起城镇；六世纪上半叶，粟特人在罗布泊以西建起四个聚落。他们在鲜卑、柔然和突厥统治的地区始终活跃，安同在北魏建国时就作为拓跋珪的特使到处活动。考古发现的粟特文书所见的内地地名有北方的蓟城、南阳、淮阳、邺、洛阳等，南方的建康、广州、江陵、成都等；在蒙古草原发现的突厥早期碑文就是用粟特文书写的。

　　令人遗憾的是，传统的华夏民族安土重迁，帝国有着重农抑商的传统，这导致进来的商贾多，出去的商贾少。

　　使节指不同政治集团间官方的来往人员，他们不仅仅在政治关系的发展上发挥了重要作用，而且也会成为文化传播的一个媒介。三国两晋南北朝是一个分裂动荡的时代，很多政权尤其是孙吴、十六国中的五凉、北魏等都特别增加了对外部的关注，不同时期不同政治集团间的通使明显增加，交往频繁，历史记载不绝于书。魏明帝太和三年（229），大月氏王波调遣使通魏，魏以波调为亲魏大月氏王。（见《三国志·魏明帝纪》）大月氏王波调即贵霜王朝国王韦苏特婆二（Vasudeva Ⅱ）。《三国志》对大月氏无专传，《南州异物志》称："在天竺北可七千里，地高燥而远，国王称天子，国中骑乘

安阳石棺床上的粟特人形象

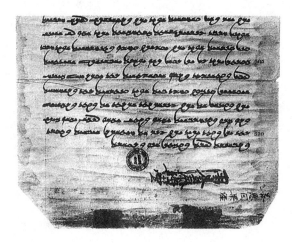

粟特文《佛说善恶因果经》

数十万匹，城郭宫室与大秦国同。人民赤白，便习弓马，土地所出及奇玮珍物，被服鲜好，天竺不及也。"（《史记·大宛列传正义》引）这可补《三国志》的不足。齐王芳景初三年（239）二月，西域重译献火浣布。（见《三国志·齐王芳纪》）北朝和昭武诸国、天竺笈多王朝及许多小国有直接或间接的来往。北魏在平城时代已与粟特、普岚（即拂菻）及昭武等国人来往，迁都洛阳后和葱岭西的萨珊波斯和五天竺各国都发生经常性的通使，与称霸中亚的嚈哒关系尤为密切。南朝通过今四川青海一线也和西域各国取得了联系，更从海上与扶南、阇婆、师子国、中天竺通使。

东晋、北魏与东罗马帝国的联系值得特别指出。晋穆帝（345—361）年间蒲林和东晋曾有过来往，哀帝兴宁元年令使者报聘，见《晋起居注》（《太平御览》卷七八七引）。北魏太安二年（456）和和平六年（465），皇兴元年（467），普岚的使者三次到达平城，见《魏书》卷五、卷六。《晋起居注》所称蒲林、《魏书》所称普岚指谁？就是指东罗马！君士坦丁皇帝时另建新都，定名君士坦丁堡，国人对其首都的通称。中国南方译为蒲林，北方译作普岚，前凉时译其为拂菻。古无轻唇音，蒲、普、拂读音相近，林、岚、菻尾音都收 m，从声韵学很容易解释。西方史学家不明所以，误以为双方联系中断了四个世纪。而三国时期，魏鱼豢所著《魏略》就有《西域传》，相当详细地介绍了大秦的情况，反映了当时人对大秦的了解。

阎立本《职贡图》

东罗马鎏金葡萄纹铜杯线图

　　由于使节们在他国客居的时间不可能太长，所以无法承担文化输出者的重要角色，而异域文化的新颖性常常吸引使节们给以特别关注，他们回国后往往要根据异域见闻提交浮光掠影的出使报告，如北魏《宋云行纪》，从而也介绍了异域文化的很多信息，这自然会影响本国人民对于异域文化的态度。《魏书》卷一〇二《西域传》转载了使节出使的情况，"始琬等使还京师，具言凡所经见及传闻傍国，云：西域自汉武时五十余国，后稍相并。至太延中，为十六国，分其地为四域。自葱岭以东，流沙以西为一域；葱岭以西，海曲以东为一域；者舌以南，月氏以北为一域；两海之间，水泽以南为一域。内诸小渠长盖以百数。"

　　当时有不少来往中外的人士还写了旅行记、风土记，介绍亲身见闻及西域、南海的地方志和物产志等具体情况，可惜的是绝大多数已经散佚，目前尚够辑出佚文的约有旅行记二十多种，风土记二十多种。如东吴康泰的《扶南传》、万震的《南州异物志》、佚名的《交阯外域记》、晋释道安的《西域记》、支僧载的《外国事》、竺法维的《佛国记》、魏完的《南中志》、佚名的《凉州异物志》、郭义恭的《广志》、法显的《法显传》，南朝刘宋佚名的《林邑记》、梁元帝的《职贡图》，北魏宋云的《宋云行记》等等，都是比较重要的撰述；此外，《水经注》、《洛阳伽蓝记》和三国两晋南北朝相关的史书中也有一些记载。它们成为研究西域、南海最原始的材料。

佛国记书影

中外物资的交流

物质交流是人类社会最容易发生、展开，也是最常见的一种方式，而且占有较大的比重，长途交换而来的稀少难得之物、昂贵的奢侈品成为统治阶级固化等级贵贱的标志。伴随着丝绸之路和海上运输的开通，不少欧洲、亚洲、非洲的物品输入中国。在物品的重要性和总量上，中国是出超者。在品种上，中国是入超者。很多古代外来的商品丰富了中国的物质文化生活，也对中国的进步有一定的影响。三国两晋南北朝时期，中外的物资交流超过两汉。

首先谈军事装备的交流。

中国马镫的西传　三、四世纪之交，中国人发明了金属制作或用金属皮包裹的马镫。马镫最早的形态是系于左侧的单镫，尔后慢慢发展为两侧的双镫。马镫的发明意义极其重大，它使骑士在马上可以更加稳定、精准地射箭，有效地增强了杀伤力，它增强了游牧民族本来就有的军事优势。

最早的考古实物是在长沙公元 302 年西晋墓中一个骑马俑的鞍下和安阳孝民屯 154 号西晋墓中发现的。马镫大约由游牧民族迅速西传至欧洲，最早

最早出现的西晋单马镫形象和东晋双马镫

西方发现的马镫，由游牧民族传播的

的考古实物发现在 6 世纪的匈牙利遗址。传统旧说认为是在 7 世纪由中亚细亚开始的。

波斯甲骑具装的东传　波斯骑兵是很早使用铠甲的国家，公元前 5 世纪就有了用铁片编缀的鱼鳞甲，后来又发明了锁子甲和萨珊式开胸铁甲。魏晋时经过新疆传入内地，成为十六国时期骑兵常见的装备。使用铠马最初见于三国时袁绍的军队，仅有三百具。曹植《先帝赐臣铠表》提到过环锁铠（即锁子甲），极为名贵。十六国北朝军队已大量使用，《晋书》记后秦姚兴打败乞伏乾归时，"收铠马六万匹"。后来传入南朝军队，成为遍及全国的骑兵装备。最早的图像见于平壤安岳 3 号墓 357 年壁画和东晋太元年间云南昭通霍承嗣墓壁画。辽西三燕墓出土了第一副甲骑实物装备。382 年前秦吕光征西域时，发现当地军队"铠如连锁，射不可入"，就是指波斯传来的锁子甲。6 世纪，西域军队风行萨珊式开胸铠甲，高立领左右分开，铠甲由前胸正中开合，下摆到膝，外展如裙。新疆库车克孜喀拉罕石窟壁画有身披铠甲、佩剑、脚蹬长靴的武士形象。

养蚕和丝织技术的西传　丝绸成为西方各国顶层阶级的标志后，因其不仅是值得炫耀的装饰品，也可成为各阶层的日常衣料，必然产生渐次下移的趋势，而极其广大的市场需求当然不能完全靠外来输入，势必产生本地化的巨大动力。

北朝具装铠 1、面帘，2、鸡颈，3、当胸，4 身甲，5、搭后，6、寄生，7、具装铠

隋具装铠画像砖

　　养蚕技术先是传到于阗，藏文《于阗国授记》中记载一个中国蚕公主将养蚕缫丝术传入的神奇故事，有学者推断约在公元220年前后。5世纪时，高昌、疏勒、龟兹和焉耆等地相继掌握了技术。考古学者在于阗、吐鲁番等地发现过该时期的丝绸，在吐鲁番出土的十六国时期衣物疏中大量出现丝绸制品名称，并提到高昌丝织业的情况。仅靠这些绿洲地区的产品当然远远满足不了西方各国的需求。斯坦因曾在罗布泊附近找到4世纪前的桑树，在楼兰发现的佉卢文书有好几处谈到丝绸，有一处说"目前没有由中国来的商贾，因此丝债现在不必调查。"在敦煌发现的粟特文书中谈到向其本国（指萨马尔干）发去绢帛若干捆。这两件三国两晋时的文书说明其需要丝绸的大部分仍靠内地供应。中国南方和西域来往当然应包括输出丝绸。

　　养蚕缫丝术既然传入于阗，那么就很容易为与其关系十分密切的印度知晓。印度人对蚕和丝的认识比远西清楚，知道丝是虫子生的，由茧抽成的，这一点就比古希腊人和罗马人高明。输入的时代也比较早。成书于公元前二世纪至二世纪的《摩奴法典》有好几处讲到丝。侨低厘那著《治国安邦术》（Arthasatra）中谈到"侨奢那（KauSeya，野蚕丝）和产生在脂那（即中国）的成捆的丝"。它既有从中国输入的蚕丝，又有本地的野蚕丝。法显于东晋

西晋西北画像砖采桑图

富且昌宜侯王夫延命长织成履

纺织画像石

末年在师子国曾看到晋的白绢扇，这可能是从海路或经过四川的西南陆路运去的。可能由于热带环境造成需求不旺，丝绸到唐代在印度还没有普及。[①]

此后，养蚕缫丝术由近西传入远西的波斯和费尔干那。波斯以墨桑养蚕获得成功，尔后纺锦织绮，拥有了民族丝织业，据《魏书》和《隋书》记载，波斯锦在五六世纪就已相当有名，并东传中亚许多地区，六七世纪更是风行葱岭内外，后来中国织造的丝绸也采用了波斯的许多织法与花样。

罗马（或拜占庭）在没有掌握养蚕技术前是通过波斯买来生丝等原料进行纺织的，这种方式成本高昂，加之萨珊波斯兴起后，前往地中海地区的丝路受阻，北路的新辟很大程度就是为了摆脱波斯的垄断。拜占庭帝国当然更希望发展自己的丝织业。这时，景教僧侣就把蚕种带到了拜占廷，依法孵出幼虫，用桑叶喂养，从此发展出了自己的丝织业。（普罗科庇斯《哥特战记》）拜占庭贵族流行的斯卡尔曼琴长袍还是仿中国的织锦缎而来。其提花技术最初也是在长达数个世纪中国丝织技术的熏陶中慢慢成长起来的。

这就造成丝绸的输出渐渐减少，而瓷器慢慢成为中国主要的输出物品，英文瓷器（China）一词竟成为中国的国名。

纸的西传和造纸术的南传与东传　这都是大事。纸作为书写材料早就通过贸易渠道传向远方、国外，尤其是东边邻国。从考古发现看，斯坦因曾在敦煌找到三张可能是汉代的纸；他定为东汉末年的粟特文书，应该写于永嘉

后秦白雀元年施胶纸

斯文赫定发现的楼兰残纸

①　以上参考《中印文化关系史论丛》第163—166页。

之乱以后；他在罗布泊附近发现有泰始六年（270）、永嘉六年（312）年号的纸。斯文赫定在楼兰发现有嘉平四年（252）、咸熙二年（265）、永嘉四年（310）等年号的纸。日本桔瑞超等人发现有元康六年（296）《诸佛要乐经》的写本和著名的前凉西域长史李柏文书等。中国内乱结束后，考古学者在吐鲁番发现大量上起前凉、前秦、北凉、西凉乃至高昌，下至唐中叶的文书；在焉耆、库车、和阗等地发现有古焉耆文、龟兹文和梵文残卷。从上述文物看，其时代大都不早于魏晋，纸到十六国时进入普及期。有学者指出，纸在萨珊王朝时传到波斯，但发现的数量还不多，价钱很贵。

公元 3 世纪，造纸术已传至交州。当地人已能利用土产的密香木生产密香纸。西晋嵇含《南方草木状》称："密香纸，以密香树皮叶作之，微褐色，有纹，如鱼子，极香而坚韧，水渍之不溃烂。"

造纸术的境外传播先是到了朝鲜半岛。印证的材料来自于确凿的考古材料，在半岛北部、时间约 4 世纪上半叶或更早时期的高句丽遗址中发现了用麻纤维制造的纸，这一方法来自于东汉蔡伦的发明。造纸术也于稍后进入半岛南部，公元 384 年，东晋胡僧摩罗难陀率一队和尚渡海到半岛西南的百济国，将船上装着的各种汉籍送给了百济国王，并说他懂得怎样造出制这些书的纸张。国王十分高兴，将他留下当做贵宾，请他在当地传授造纸术。

日本人在公元 3 世纪就接触到了中国纸。百济汉学家王仁博士曾带《论语》和《千字文》于公元 285 年（西晋武帝太康六年）到日本。日本于公元400 年左右统一后，全国开始通用汉字。公元 610 年，朝鲜国王派僧人昙征把造纸法和造墨法传往日本。日本摄政王圣德太子下令造出了和纸，日本至

古代造纸流程

今还保留着当年造纸作
坊里挂着的蔡伦画像。

辽宁北燕冯素弗墓出土的鸭形水注

　　中国外传的物品和
技术还有很多，冶铁术
也是一例。梵文"钢"
一称是"Cinaja"，意
为"中国产"；古波
斯语称为"中国铁
(fulad-I khitayi,ahen-I tchinik)"；普林尼《自然史》也有"中国的铁"备受
赞誉之载，并指出罗马是大量输入的。中国的漆器、铜器、玉器和水果如
桃、杏等，药材如肉桂、大黄、黄连等，以及茶叶等。英文称茶叶为 tea，
这是由闽南话传译的，波斯文、印度文、俄文称之为 cai，这是由北方话传
译的，这反映输出路线的不同。

　　从外国输入中国的技术和各种物产也很多。三国两晋南北朝时，输入的
商品大体上逐渐定型，传统的狮子、驯象、鸵鸟、犀、鹦鹉、孔雀等珍禽异
兽和珊瑚、真珠、玳瑁、瑟瑟等珍宝之类，仍在继续输入。汉武帝追求的大
宛天马已变成了波斯马，一直到南北朝后期马仍在不断第大批输入。北魏秦
州刺史元琛遣使西域搜求名马，得千里马就号曰追风赤骥，一次得七百里者
十余匹。（见《洛阳伽蓝记》卷四）梁武陵王萧纪西通资陵（今伊朗东部）、
吐谷浑，得马八千匹。舞马，牦牛时有所见。骆驼在北朝后期甚至成为驮运
或代步的工具。

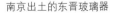

南京出土的东晋玻璃器

北魏玻璃瓶

汉代输入的葡萄，这时仍为豪贵所艳称。曹丕说"道之，固已流涎咽唾，况亲食之邪！"（《艺文类聚》卷八七）槟榔成为不少南方人的嗜好。白叠（棉布）、波斯锦、金缕织成的火浣布等纺织品，石蜜（冰糖）、千年枣（即椰枣）等食品，多数是初次输入。

近百年来，在我国境内尤其是北方地区发现了大量萨珊波斯的银币和东罗马帝国的金币，充分证明南北朝时期中外贸易往来与文化交流的频繁。

外国史家喜欢谈论玻璃（中国古称琉璃）制造术的输入。实际上，中国本来也是较早制造玻璃的国家，考古发现西周早期墓就有不少本土制造的玻璃器，后来的南方楚地长期生产玻璃。外国玻璃的制造本来以高卢南部和莱茵河沿岸区最盛，后来才转移到中东，尤其是埃及亚历山大里亚生产的白色透明玻璃（国人称之为玉晶）最富盛名。三国两晋时期输入中国的玻璃器不断增多，为上层社会所喜爱。辽宁北燕冯素弗墓出土了五件罕见的透明玻璃器，其中一鸭形水注就很可能来自埃及。这自然刺激了中国人自己的玻璃生产。北魏太武帝时，大月氏"国人商贩京师，自云能铸石为五色琉璃，于是采矿山中，于京师铸之。既成，光泽乃美于西方来者。乃诏为行殿，容百余人，光色映彻，观者见之，莫不惊骇，以为神明所作。自此中国琉璃遂贱，人不复珍之。"西方人对有色玻璃的垄断到这时被打破，史家将此与蚕种输

新疆魏晋墓出土的香囊

东晋飞鸟纽陶香薰

出一事相提并论，足见其重要性。可惜的是，不久后该工艺却失传了。到隋初，匠人仍然"无敢厝意，稠以绿瓷为之，与真不异。"（《隋书》卷68《何稠传》）

琉璃瓦的使用如北魏宫殿及南朝齐武帝的兴光楼可视为建筑材料史的一大突破。

古中国人从印度、波斯等国人那里得到许多药用、调味、焚熏、化妆香料的知识，玉屑、金屑、人参、五味子、昆布、芜荑、戎盐、胡麻等传入中国。《大智度论》认为用香料涂身是一种功德，可充满活力、洁净身心、增进健康乃至延长寿命。曹操临终令妻妾分香的故事，其心理原因有可能就在于此。印度波斯等地的香料、香药在此期开始大量进入中国，如阿魏（吐火罗词 ANKWA 的译音）、苏合香、豆蔻、薰陆香（即乳香）、龙脑、郁金香、丁香、青木香、桂皮、安息香、龙涎香、青木、鸡舌香、沉香、藿香、胡椒、香附子、诃梨勒、无食子等，有的成为中药的一部分，香料、香药在数量上虽不如后代多，但在种类上已经相当齐备。这些东西先是反映在时人的著作中，后登录于正史的外国传中，到一定时候就在有关《本草》一类的书中加以总结，使原有的药学内容更加丰富，梁以前输入的物品在陶弘景《别录》中多有记载，梁以后的可查苏敬的《新修本草》。[①] 而产出于中国青藏高原的麝香等香药也被带到印度及远西各国。

文化的汇集与交融

人员的来往、物资的交流同时带来了不同类型、不同层次间文化、观念的汇聚与碰撞，结果会产生交融、或征服、或升华，出现了稳定的交流枢纽——西域五凉，发挥了主要窗口的作用。曹魏在西域设立戊己校尉和西域长史进行管理，上世纪初，斯文·赫定曾在楼兰遗址发现有曹魏纪年的文

---

① 　参考《梁书·中天竺传》，《周书·波斯传》及《汉晋之际输入中国的香料》，载《史学集刊》1986年第2期。

书，证明了曹魏对西域进行过有效的行政管理。西晋也设立了专门的行政机构加以管理。西域是中国的边陲，但它也是欧亚大陆中央，从西域方面看，它既是域外文化沿陆路向中国内地传播的一个主要途径，也是中国文化沿陆路向西传播的一个桥梁。波斯文化、希腊罗马文化、印度文化，首先正是通过西域传播到中国的。而中国内地的掘井、冶铁、造纸、印刷等科学技术也是通过西域传入中亚、西亚等地的。

新疆境内，沿南北两道的中西交通的主干道上形成了以于阗和高昌为代表的文化和经济中心，并成为中国和印度、波斯以及希腊罗马诸种文化相互接触、渗透、交融的大熔炉。这一时期大量输入中国的犍陀罗艺术长期盛行。北朝时期，波斯萨珊艺术又成为新疆境内尤其是天山南路各地盛行的艺术风格。

西域古画遗存是 3 世纪以来中外文化交流的宝贵遗产。希腊罗马风格的绘画和技术不但因早期基督教的传播进入葱岭以东，并随着犍陀罗艺术的导传而加强。天山南路发现的古画遗存大多是依附于建筑的壁画、木版画和藻井画，单幅的则有纸本、麻本、绢本和棉本等材质，木版画、壁画多属希腊罗马风格的水粉画，藻井画、单幅画作却主要属于印度、波斯以及中亚系统。6、7 世纪之际又因吐火罗人积极传播波斯艺术而出现、流行民俗画。约略与此同时，出现了混合犍陀罗艺术和波斯艺术的古突厥式绘画，其后还融入了中国式画法。

米兰壁画是典型的罗马式绘画，发现于米兰废址中两座圆形小砖塔的内壁，涉及到的题材多是佛教故事，但壁画印度色彩极弱，应属大夏的

新疆区域图

希腊风格与安息艺术的产物，其中的神像和人物容貌大都富有闪族风度，甚至有纯粹罗马式的。一副水粉画上善牙太子与王妃所驾马车是罗马式的驷马车。黑色板壁波纹花饰中画有闪族人物的男女天使。壁画色彩鲜艳明朗，技法已采用透视学的渲染法，和埃及法雍的罗马绘画属于一个体系。壁画留有三行佉卢文"蒂特作画值三千包马卡"，蒂特是印度化的希腊名字，但从画风及所绘人物看，画师很可能在罗马叙利亚派的安提阿克或埃及希腊化的亚历山大里亚受过专门训练。

库车克孜尔千佛洞画师洞有一副画师自画像，画师左手执颜料杯，右手持中国式毛笔，长发披肩，腰佩短剑，身穿镶边骑士式短装。铭文题为米特拉旦达（Mitradatta），属于波斯名字。从名字、发式和服饰推断，其人是5、6世纪的拜占庭人。

萨珊波斯艺术是此期另一个具有重大影响的外来因素，主要体现在绘画、雕刻、金银器和织锦图案方面。萨珊式绘画与希腊罗马式绘画同时传入天山南路，波斯格调既见于人物的容貌与装束，又见于图形与线条。古代龟兹艺术直接处于波斯艺术的熏陶下，前述画师洞就富有典型的萨珊波斯格调。萨珊波斯还有两种壁画图案成为西域流行的艺术。一是6、7世纪千佛洞穹窿天井的菱形鳞状壁画，鳞形画法起源于古代迦勒底艺术，由萨珊波斯传入葱岭以东，在中国流传不广，时间仅持续两个世纪；其人像肌肉丰满，晕染浓厚，具有明显的希腊罗马式格调。一是6～8世纪的联珠纹鸟兽图

米兰有翼天使画：佛教中的乐神，在印度本土其翅膀并不明显，这种背生双翅的原型来自希腊罗马古典艺术的天使，演化为敦煌莫高窟中的飞天

菱格型因缘故事画

样，是萨珊波斯常用的一种图形，见于萨珊朝的银盘花纹、灰泥雕塑和织锦中；由波斯经中亚传入葱岭以东；成为中国北方6、7世纪最流行的一种图式，见于壁画、雕塑、陶瓷工艺、金银器和丝织品中。

萨珊波斯雕塑艺术影响最大的是有翼兽的石雕，起源于亚述，盛行于古波斯。后经波斯传入北印度和中国。印度是中国输入有翼兽的另一个途径，主要由南方海路随佛教进入中国东南沿海。成为南北朝非常流行的镇墓兽像。

最著名的是南朝皇陵前的希腊式石柱和有翼兽的立体雕像。石柱是梁武帝父亲萧顺之、弟萧秀、侄萧景三人墓前特有。石柱类似希腊多利克式，柱顶则是中国式的承露盘，直径约两米，边缘刻有莲花瓣，盘上有小型立体石兽雕像，柱前有刻墓主名字的一方石板。有翼兽约有35处，宋武帝陵前石麒麟、梁武帝陵前石麒麟、萧秀墓前石狮、陈文帝陵前石麒麟天禄是为数极少的南朝石雕中的上乘之作。其飞翼形态不一而与纯粹波斯式有所区别，雕刻精美，姿态生动、气魄雄伟、刀法娴熟。石柱的外来影响，还有希腊的爱奥尼式、科林斯式以及印度式的。

萨珊波斯的工艺美术以金银器和纺织品最为著名。1970年在北魏平城5世纪末的窖藏遗址中，出土了一件来自萨珊波斯的、

红地簇四云珠太阳神赫利奥思狩猎纹锦纹样，青海都兰出土。含有希腊、印度、波斯和中国等文化元素，是希腊的神和题材，造型具有印度佛教意味，连珠圈等装饰纹样和构图是波斯风格，产地属于中国，并有大量中国文化元素如汉字"吉"、"昌"及龙首等

萧景墓希腊风格神道柱

椭圆形的兽纹八曲银洗；同时还发现了具有强烈希腊化风格的3件高足鎏金铜杯和1件鎏金银碗，据研究，它们可能是在阿富汗制造的。

　　经十六国大乱，汉魏相传的传统乐舞慢慢散失了，西域乐舞正可填补这个空隙。公元348年，天竺送给前凉音乐1部，乐器有凤首箜篌、琵琶、五弦、笛、铜鼓、毛员鼓、都昙鼓、铜钹、贝等9种，乐工12人，乐曲有《沙石疆舞曲》、《天曲》等。后凉吕光通西域，获得更多的乐器（其中有觱篥、答腊鼓、羯鼓、鸡娄鼓等）和乐曲。五凉时代的河西，是乐舞艺术的保存地和传播地。西凉乐是融合天竺乐舞、龟兹乐舞和中国传统乐舞而成的西凉地方乐舞。吕氏覆灭后分散传入中原，并一跃成为热门，从南北朝至隋唐，盛行不衰。盛极一时的龟兹乐舞为最，以龟兹乐舞为代表的西城乐舞东渐，分两次进行。第一次，始于4世纪。新创的西凉乐，实际上使龟兹乐得以风行于河西。第二次，始于5世纪，公元439年。即北魏太武帝，得西凉乐，使西凉乐在中原广为流传。其它还有悦般国鼓舞、力士舞等。丰富了中国的表演内容。赤乌六年（243年）"十二月，扶南王范旃遣使献乐人及方物"。吴赤乌七年（244年），孙权命下属在京城建业北郊1公里处，"置舍以教宫人"。（《三国志·孙权传》）在南北朝初期，高句丽和百济的歌舞已传入内地。南朝各代也流行"胡乐胡舞"。宋、齐、梁三代宫廷大宴时，胡舞引人注目地出现，说明各族乐舞大交流已涌入汉族政权的中心地带。新罗的伽倻琴等乐器也传入中国，增加了中国的乐器品种。

北魏鎏金雕人高足铜杯

太原虞弘墓石棺异族风情画像

　　表演方面外来值得介绍的还有百戏，大致分为幻术和非幻术两种类型，幻术多由西域诸国和传教僧侣传入。非幻术种类繁多，来源广泛，包含杂技、戏剧、竞技和游戏等，如握槊、缘竿、钵头、乞寒、走索，影响很大，北齐的和士开擅长握槊竟和喜欢此道的皇后通奸。

佛教的深入、全面传播及其中国化

　　从中外文化交流及华夏文化所受的影响看，印度文化比其他域外文化更为深入的影响到了中国文化的发展进程。

　　自东汉安世高等佛教高僧东来宣教开始，三国两晋南北朝来华的各国僧侣更是络绎于途、为数众多。见于慧皎《高僧传》和道宣《续高僧传》的沙门，有天竺 22 人，罽宾 10 人，康国 9 人，安国 2 人，扶南 2 人，西域 13 人。此外，还有师子国的比丘尼和婆罗门。书载有名有姓可考的有 74 人，按时间划分的话，三国 10 人，西晋 5 人，东晋 27 人，南朝 20 人，北朝 12 人，慧皎曾按性质将其分为译经、义解、神异、习禅、明律等等。从来华路线上看，经由西北陆上丝绸之路进入中原传法译经最多的外国僧人是罽宾僧人。经由南海海路进入中国内地的西僧有罽宾求那跋摩、中天竺的求那跋陀罗、南天竺的菩提跋陀、西天竺的拘那罗陀（真谛）等。还有来自扶南的僧伽婆罗、曼陀罗仙等。南海北陆，两晋之际已经贯通，形成一个佛教文化循环遨游的大圆圈。这个大圆圈到南北朝时，流转的速度骤然加快，往来的僧众明显增多。

　　他们主要的活动就是传教，把印度佛教的各宗各派搬到中国来，他们

　　佛教传播与胡床（椅子）的发展 1、东汉新疆；2、3，十六国敦煌；4、5，北魏敦煌；6、西魏敦煌绳床，7 敦煌西魏；8、陕西长武北周。胡床的传入使中国自古席地而坐或跪坐的坐姿改变成垂脚高坐。绳床在僧侣间更为常用

对佛教经典的汉译起了相当积极的作用；对印度佛教文化的传入贡献更为巨大。是这一时期中外文化交流的一个重要途径。禅宗达摩的来华成为中国禅宗之祖，在中国争取建立寺院的佛图澄、大规模翻译佛经的竺法护、鸠摩罗什、佛驮跋陀罗、真谛等人尤为重要，其中又以鸠摩罗什贡献最大。

鸠摩罗什主持译出的共有74部佛经，384卷，所译的《金刚经》、《法华经》、《维摩诘经》等包含许多富有戏剧性的故事，成为中国文学家、画家、雕塑家的作品常用的典故和题材。

据《续高僧传》卷一《菩提流支传》载：北周时，攘那跋陀罗、阇那耶舍共译《五明论》，参与翻译的还有阇那崛多，由沙门智仙笔受。《大唐内典录》卷五上称五明为：一声论、二医方论、三工巧论、四咒术论、五符印论。《五明论》的汉译说明印度文化已相当广泛地被介绍到中国。

从曹魏朱士行开始走出去，到北齐的僧律，由中国僧侣赴西域及天竺求法巡礼的更是大有人在，据统计，晋宋之际曾掀起一个高潮，两朝有名可考的僧侣就至少有120人。他们或为搜寻佛典，或为从天竺高僧受学，或为礼巡佛迹，或为请名师来华。其中以法显最为著名，宋云、惠生带有官方性质

法显像

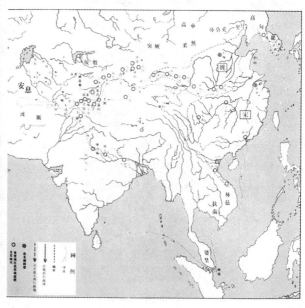

法显、宋云出国往返路线示意图

比较特别。

在西行求法的中国人中，东晋法显九死一生的艰难经历、实际取得的卓越成就都不在因小说《西游记》而家喻户晓的唐僧玄奘之下，而其穿越亚洲大陆、横渡印度洋和太平洋旅行路线所涉的地理空间却远远超过玄奘，是值得大书特书的。法显，俗姓龚，平阳（今山西临汾南）人。3 岁度为沙弥，20 岁受大戒。后秦弘治元年（399），法显以 60 余岁高龄启程，从长安出发，西渡流沙，经敦煌、鄯善、龟兹、越城岭，历时三年到达天竺。尔后游历，巡礼佛迹，寻求律藏，获得重要收获。411 年，从狮子国乘海船返国，途中多历磨难，义熙八年（412）在山东崂山登岸，辗转到建康译经时已是 413 年，经 34 国历 14 载。此后，法显笔耕不辍，历时七八年之久，译出经典 6 部，共 63 卷，计 100 多万言。译经对佛教产生重大影响，当时传入中土的佛经，几乎都是西域各族语比对的译本，即所谓"梵书胡本"，经过辗转翻译，比对梵文原著有不少讹误和增减。法显将梵文正本的经典携归中国，转梵为汉，这是中国把梵文经典直接译成汉本的开始。转梵为汉，在中国佛教发展史和中外文化交流史上，都是一个创举。法显以后，中国佛教徒不再重视胡文经典，而开始尊信梵文正本经典了。此外还将经历写成《佛国记》（又名《法显传》），她既是一部传记文字的杰作，又是一部重要的历史文献。它是研究中国西域地区和南亚各国中古史以及东西交通史、佛教史、中外文化交流史的重要史料。该书现已引起各方面的高度关注，出现了各种文字的译本

克孜尔石窟裸佛　麦积山 133 窟北魏佛像
线描图

和注释。法显为中印文化交流做出了巨大贡献，其虔敬奉献的精神也成为后人的楷模。

以佛教为主体的印度文化自从汉代开始传入，在初传阶段时影响不大，对普通百姓尚处在实用性传教如治病救人，甚至以巫术为手段的阶段，对士大夫阶层处在比附格义的低级阶段。但从两晋开始，日渐勃兴。作为外来文化的佛教，既有与中国传统政治、社会伦理观念差异较大乃至难以调和的一面，同时又有与其相互补充的一面，佛教大规模的深入中国社会内部传播，自然会与中国传统发生摩擦乃至冲突，本土的传统观念也影响到对外来宗教教义的取舍。最知名的例子就是陈寅恪先生发现鸠摩罗什在翻译佛经关于莲花色尼的故事时，有意删去其乱伦恶报之事[①]，特别指出汉译佛经"独至男女性交诸要义，则此土自来佛教著述大抵默不置一语。"[②]大多数译经者就将这方面内容忽略不译，以避免给宗教传播增加困难。这方面的例子还有，玉门关以西的佛像和雕塑中的天人、伎乐和菩萨，全裸和半裸的比例非常高，但一入关，绝大多数就穿上了衣服。中国文化第一次受到外来文化的深刻洗礼。

到南北朝隋代步入大盛之期。寺院由城镇深入到乡村，僧尼数量迅速增加。佛教由汉代断续、模

达摩面壁图。达摩是华夏禅宗一祖，他开创的宗派对于唐以后的中国文化影响巨大

---

① 一女屡嫁，所生子女皆离母而互不相识，最后竟与其女共嫁其所生之子，发觉后羞愧出家，是为莲花色尼。

② 《莲花色尼出家因缘跋》，《清华学报》7卷1期，1932年1月。

糊、缺少教理乃至方士式的输入，转变为严肃的大规模译经，教理和艺术的输入。佛学著作也大量出现——影响中国的各门派的重要经典基本上翻译完备，是汉译佛经最多的时期。

佛教有小乘大乘之别，其产生也有先后。简单区分就是小乘追求自我、个人的完善和解脱，是"独善"的立场，属于自利主义性质的；而大乘追求普渡众生和促进社会全体净化，是"兼济"的立场，属于利他主义性质的。先传入中国的是小乘体系，但影响甚微；中国传统社会的基本单位和层面是家与国，具有集体性，统治阶级强调推行仁政。随着大乘体系的传入，由于其相对契合了华夏族群的心理状态，故得到广泛传播并在中国社会深深扎下根来，大乘佛教在中国的确立，也是因为士大夫的儒教。南北朝的佛教信奉者之中，出身贵族和士大夫阶层者众多，即便出家也还保持着儒生的"兼济"精神，他们选择接受了大乘佛教。

在两种异质文化参差交汇与震荡冲撞的过程中，佛教中国化迈出了决定性的一步，本土僧侣及相关学者也写出不少经论、杂论及注疏，为佛教的本土化奠定了坚实基础。有关的佛典编纂、目录考订及史传撰著蔚然成风。佛教染上强烈的中国色彩，形成八大宗派，即三论宗、天台宗、华严宗、法相宗、律宗、净土宗、密宗和禅宗。其中禅宗的发展对后来的中国影响巨大。南北方佛教也有区别：南方重义理探索，北方重宗教实践，这与学风不同有关，这也影响到其它方面，比如，丰富多彩的佛教给雕刻艺术也注入了活力，转而以表现佛与诸神为主，使风格变得庄严富丽、精巧圆熟，南朝的佛教雕塑多以金玉等昂贵的质地材料，体形小但细致精巧，而北朝则以石刻为主，场面壮观工程浩大。从而对中国文化产生了相当广泛的影响，渗透入中国社会，并对中国人的思想观念、天文地理、科学技术、医药卫生、因明学（逻辑学）、语言音韵学、民俗、文学艺术、雕刻绘画

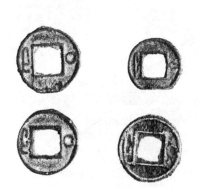

汉龟双文同体钱：新疆轮台出土，魏晋时龟兹国通行货币，一面汉文，一面龟兹文，形制与中原五铢钱相同

及寺院、石窟等建筑艺术等许多方面都产生了显著的影响。

先从语言文字看，随着佛教的传播，印度的梵文佛经写本和贝叶经以及相关的语言文字及其变体（如悉多字、兰札字、悉昙字等）也随着而来，焉耆、龟兹等地民众采用了一种婆罗谜梵文（现称焉耆—龟兹文）书写自己的语言，由左向右书写。考古发现了不少材料，以佛经为主。在今天的新疆地区发现不少佉卢文资料。佉卢文是在古代波斯阿拉美文的基础上形成的，自右向左横写，兴起于印度西北地区，2 到 4 世纪东传于新疆于阗、鄯善、疏勒龟兹及敦煌等地。于阗铸造有一面是汉文一面是佉卢文的钱币，上铸马和骆驼纹样。熔希腊铸币传统、佉卢铭文、汉文和汉人衡制于一炉，是中外文化汇聚的结晶。后逐渐消亡，于阗人在 5 世纪开始用婆罗谜文笈多直体字（现称于阗塞文）书写。

随着佛教在汉地的传播，大量梵文词汇进入了中文包括日常生活中的许多用语里面，如世界、实际、习气、无量、方便、现行、入流、平等、因缘、刹那、神通、觉悟、解脱、清规戒律、相对、绝对等词汇，等等等等。汉字传统的注音方式采用直音和声训，随佛经及其拼音文字的输入，国人知道了分析字音的新门径，开始采用了反切的注音方式，即用双字（第一个取其声母，第二个取其韵母和声调）拼注另一个字的发音。这显然教旧的方式要精确的多。汉语音韵字母的创立也受了梵语的启示。据《高僧传》记载：南朝谢灵运曾以梵语整理过汉语语音，著有《十四音训叙》。南齐时，大学者沈约等人受僧侣读经声调高低的影响发现了汉语中本来就有的平上去入四声，从此，别四声、分韵类、逐字注音的韵书应运而生。为中国的文学发展注入了新的活力，沈约还将四声相互调节的方法用于诗词格律，创造出"永明体"，蔚然风行。诗词格律的确定，为唐诗的繁荣，奠定了基础。同时，佛教的观人生苦空无常、观宇宙

于阗文

变化莫测，为中国文学注入了超越时空、富于幻想的浪漫主义因素，为文学创作带来了新题材、新意境、新思维、新内容，小说方面比较明显，志怪小说侈谈鬼神、称道灵异大为盛行，改变了简单拘谨的风格，诗歌和散文也大为获益，谢灵运的诗将对玄佛之理的探索与描绘自然结合起来，被看成从玄言诗向禅诗的过渡环节。反过来，这些新内容也推动了佛教的传播、宣扬。

再从精神层面看，佛教以其独特的思辨方式影响了此后中国理论、逻辑和哲学的发展，为中国带入了因明学等相当细致的分析方法和说理方式。因，指推理的理由、根据；明，指智慧、知识；通过宗、因、喻的组成进行推理和证明。因明包括逻辑学和认识论两部分。逻辑学的部分研究逻辑规则和逻辑错误；认识论的部分研究现量（直觉知识）和比量（推理知识）。南朝梁时，印度高僧真谛翻译《唯识论》、《反质论》等论著就刺激了本土逻辑学和说理文的发展。有些学者甚至认为：两晋南北朝隋唐时代的哲学史基本上就是佛学在中国的发展史。[①]佛教世界"三界论"（即天上、人间、地狱）的说法，虽然充满了鬼神迷信，但已成为中国各阶层的一种社会心理。梁武帝亲撰《断酒肉文》，通令照行，一举改变了汉代以来佛教徒食肉的习惯，并发布废除牺牲的命令，宗庙贡品从此仅用蔬果。

生死观是精神层面的一个重要内容，佛教主张生命的"灵魂传递"、"六道轮回"、"生生死死，永远不会完结"的循环式生命观，迎合了生命永恒的心理。至于"三生说"（今生、前生、来生）更成为一种

魏晋铜菩萨

① 赵朴初：《佛教与中国文化关系》，《文史知识》1986年第10期。

习惯说法，"三生有幸"也成为大众语言。佛教实际是用无法知道的"前生"来解释今生的不幸和痛苦，用根本没有的"来生"去寄托将来的希望和幸福，从而承认今生的合理性，认定"命运"的不可抗争，以取得心理的平衡和激起生活下去的勇气。

佛教还以世俗的形式宣扬佛的神通和法威，宣扬佛、菩萨等具有仁慈心怀和无穷威力，只要祈祷致敬，他们就会下凡来解救世人的苦难，接引众生往生极乐世界。这虽然是虚幻的，但可以使苦难无望的心灵得到慰藉，在普通民众中影响更大。佛祖外，观世音菩萨、弥勒和阿弥陀佛信仰等都深深影响到中国的民间信仰。葬礼时请僧侣念经祈祷，也成为较流行的风俗。浴佛节（佛诞日）成为很多民众的节日，盂兰盆会的节日习俗实际上就是一个中国的"孝亲节"，是南朝梁武帝根据竺法护所译《佛说盂兰盆经》设立盂兰盆斋而来的。中国传统节日腊日也带有外来文化的影响。这一时期，还传入不少医药卫生知识和习惯，以杨枝保持口腔卫生、重视洗浴和洗手、引进了浴室的设置、禁止僧徒随地吐痰和排便，丰富了中国相关的知识领域，改进或养成了中国的卫生习惯和相关观念，增进了国人的健康。

与佛教僧侣伴之而来的有不少印度天文历算学著作，《隋书·经籍志》对其情况作了一次汇总：天文有《婆罗门天文经》二十一卷，《婆罗门竭伽仙人天文说》三十卷，《婆罗门天文》一卷，《摩登伽经说星图》一卷；历算有《婆罗门算法》三卷，《婆罗门阴阳算历》一卷，《婆罗门算经》三卷。另据《续高僧传》卷二《阇那崛多传》云："隋高祖又敕崛多共西域沙门若那竭多、开府高恭、恭息都督天奴、和仁、及婆罗门毗舍达等，于内史

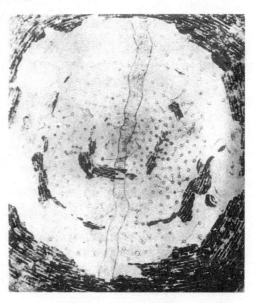

河南孟津发现的北魏星象图

内省翻梵古书及乾文，开皇十二年（592）书度翻讫，合二百余卷。"乾文当是天文；而《达摩发多传》称隋"翻经学士泾阳刘冯，撰《内外旁通比校数法》一卷。"冯兼通中印之学，并擅长历算，因中印不同，"以大千称为百亿，言一由旬为四十里。依诸算计，悉不相符"，故撰此书。南北朝一些著名学者都与佛教有着密切关系或本身就是佛教徒，如精通天文历算的何承天、释道安等，精通算学的释昙影、北周著有《五曹算经》、《五经算术》和《七曜术算》的甄鸾。印度天文学体系包括宇宙形成学说、天体观测方式、运行周期等纷纷传入，七曜的概念及七曜历对后代中国历法影响犹大。

　　宗教流行的最初阶段往往伴随着治病救人的医学手段，佛教的传播也不例外，两晋传入的《龙树眼论》、《龙木论》就是印度医学的眼科专书，龙树是佛教高僧，兼善医学，印度眼科书多假其名。《隋书经籍志》另有《西域诸仙所说药方》二十三卷，目一卷，本二十五卷；《香山仙人药方》十卷；《西录波罗仙人方》三卷；《西域名医所集要方》四卷，本二十卷；《婆罗门诸仙药方》二十卷；《婆罗门药方》五卷；《乾陀利治鬼方》十卷；《新录乾陀利治鬼方》四卷，本五卷，阙。这些医书内容现已不可考。来华僧人往往兼具医药学知识，撰著医书者往往有之。如沙门行智撰《诸药异名》、慧义撰《寒食解杂论》和《解散方》、昙鸾撰《疗百病杂丸方》和《论气治疗方》等等。中国人受其影响在所难免，华佗要给曹操施行开脑术以治疗其头疼病可能就是受印度医术的影响，陶弘景《肘后百一方》自序也引佛经佐证。据《日本国见在书目》有《耆婆茯苓散方》一卷，《耆婆脉诀》十二卷，释罗什注。知道这些祖述印度医学的书由中国翻译后，还流传到了日本，足见其影响不小。

　　最能体现文化交融成果的就是物质遗存，建筑、音乐、绘画、雕刻塑像等也纷至沓来，

0　　　　50北魏尺
0　5　10m

北魏洛阳永宁寺塔立面复原图

令人目不暇接。

　　佛教寺院建筑，中原以东汉洛阳白马寺为最早，吴地以孙权所立建初寺为最早。西晋时在洛阳、建康盛极一时。寺院建筑布局基本上还是中国世俗建筑的院落式，东晋基本定型，引进了佛塔。北魏末年，洛阳的寺院增至一千三百六十七所，各州郡已增至三万余所。北齐时，仅邺城的大寺已约计四千所，齐境之内竟达四万余所。北魏的永宁寺和梁朝的同泰寺是当时的具有代表性的寺院。《水经注》和杨衒之的《洛阳伽蓝记》，对永宁寺都有具体描述。据说当时的西域沙门菩提达摩，来到洛阳，"见金盘炫日，光照云表，宝铎含风，响出天外"，对它歌咏赞叹，自称走过好多国家，从未看到过这样的寺院。在洛阳的寺院里，多建有浮图，佛殿僧房也模仿天竺的形制。至于佛像的雕塑，更富于异国的色彩。"摹写真容，似丈天之见厢苑；神光壮丽，若金刚之见双林"。为了便于创建寺塔，求法人往往在巡礼之际，按照天竺的佛教寺塔形式制造模型，北魏使者宋云，在乾陀罗国（即提陀罗）访问了著名的雀离浮图。特意妙选工匠，用铜制造了雀离浮图和释迦四塔的模型。当年的寺院建筑因是土木构成，经受不了时间的考验，已大量毁灭。佛塔之属，还有存者。河南登封嵩岳寺塔，是高十五层的密檐式砖塔，建于北魏正光四年（523），是我国现存最早的佛塔。

　　最早的佛教音乐是公元2世纪西域或天竺僧人来华夏传授的梵呗，是用印度的声调演唱汉语的偈颂，唱腔富艳逸音韵，旋律感和感染力较强强。但梵语唱词与汉语唱词在音节上难以对应，曲调、意义也难以协调一致，需要汉化。根据《瑞应本起经》，运用中国民间曲调，借鉴印度梵呗的节奏，用法器和简单的管乐器伴奏，配唱汉译经文，制成中国佛教音乐史上第一支法曲《鱼

北魏佛传故事浮雕

山呗》，它可视为魏晋间中国佛教音乐的萌芽。南北朝时，佛教音乐逐渐与宫廷音乐、民间音乐等融于一炉，广泛流传。

宗教绘画对于引发教徒的宗教情感有重要作用，把佛教绘画挂在寺院殿堂或信徒家中敬奉礼拜，既可以加深感情，又可以形象传播教义，是佛教传播的一个重要手段。它大致可分为像、图两类。像主要指佛、菩萨、明王、罗汉和高僧像。图则分佛传图（单独或系统地描绘释迦牟尼一生教化故事）、本生图（依据释迦牟尼在过去世教化众生故事的绘图）、经变图（根据某部佛经全部或部分，描绘信仰中心及其侍从的活动）和水陆图（悬挂在水陆法会殿堂的画）等，这也叫作"变现"、"变相"，一般简称为"变"。古代著名画家曹不兴、张僧繇都善画佛画，张僧繇所谓能"没骨皴"的独特手法可能是吸收印度画法而来；他曾在建康一寺庙以朱、青绿绘的匾额，近看平常，远望则现凸凹，应是施用了欧洲的阴影法。北齐杰出画家曹仲达，本是西域曹国人，"长于丹青，妙尽梵迹"，（《大正新修大藏经》卷五四第421页）"能画梵象……亡竞于时"。（《历代名画记》卷八）宋郭若虚将其与吴道子相提并论。

艺术上，最具时代特色的，先是犍陀罗佛教艺术，简单说，就是用希腊、罗马式装饰手法雕刻佛像、表现佛经故事，主要特点，佛像一般都身着希腊罗马式披袍，衣褶厚重，富于毛料质感；人物表情沉静，面部结构带有明显的西方人：高鼻深目，长耳薄唇，颐部丰满，头发自然卷曲。而佛像的手势和坐姿则遵循印度传统，立像的手

犍陀罗出土 3 世纪佛头

北魏洛阳永宁寺供养人像

势多做施无畏印，坐像的手势多做禅定印或转法轮印，坐姿多为莲花座。后来，印度笈多式佛教艺术也颇为流行，笈多艺术是纯印度的佛像艺术，是按照古印度人的审美原则制作的，面部属印度人相貌，头部为排列整齐的右螺旋发，眼帘低垂，带有沉思冥想的神情，直鼻厚唇，矩形长耳，颈部有三道折痕，肩头浑圆，胸呈扇形，小腹坚实，两腿修长，装饰有复杂的背光；通肩式僧衣单薄帖体，配合纤细的衣褶，宛如被水湿过，更能显示肉体的美感。

犍陀罗地区原为印度古国之一，是印度与中亚、西亚的交通枢纽，1世纪时成为贵霜帝国中心，文化艺术相当兴盛，希腊文化影响较大。公元前3世纪佛教传入，至迦腻色迦王大崇佛教，犍陀罗佛教艺术产生，它较多地吸收了希腊式雕像和浮雕的风格，融合了印度和希腊等风格，故又有"希腊式佛教艺术"之称，主要贡献在于佛像的创造，最初的佛像同阿波罗神像一样，无论头发、面貌还是服装，都完全是希腊风韵。犍陀罗艺术形成后，对次大陆本土及周边地区佛教艺术的发展均产生了重大影响。3世纪后，犍陀罗艺术逐渐向贵霜统治下的阿富汗东部发展，到5世纪，犍陀罗本部因贵霜帝国的瓦解而衰微，但阿富汗的佛教艺术却一直繁荣到7世纪，是为后期犍陀罗艺术，除继承固有风格外，还较多吸收了印度本土的传统，佛像脸形趋圆，衣衫变薄，以灰泥表现衣褶，并将印度的石窟建筑和巨型造像结合起来创立石窟佛像综合体，对中国佛教的石窟艺术产生重大影响。

犍陀罗艺术在3世纪开始影响我国，六七世纪达到鼎盛，不仅为我国的绘画、雕刻、建筑、工艺美术带来了希腊罗马风韵，而且保留了许多佛教题材和反映当时风俗的绘画和雕塑。犍陀罗艺术在中

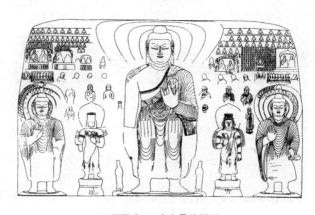

云冈石窟 18 窟全景线描图

亚和天山南路曾形成为艺术主流，在东入河西走廊并挺进中原地区后，就立即被中国民族传统艺术吸收、融化，使犍陀罗艺术在中原的传播受到遏制，但也还是在中国佛教艺术创作中起到了借鉴和启示的作用，在河西走廊和晋陕北部，犍陀罗雕刻艺术传播的印迹比较明显，在麦积山石窟早期洞窟70、71、74、78、165等窟，造像仍保持着雄健高大风格，且鼻高耳垂、眉细眼大、宽肩细腰，服饰多内着僧祇支、外着半披肩袈裟，衣纹呈凸起均衡密褶的犍陀罗式。到5世纪，若干表现出犍陀罗形象的作品大多偏重于装饰艺术，从一开始就并非简单纯粹的模仿。北魏艺术流行的莲花拱、袴腰拱均由犍陀罗装饰艺术演变而来。在5世纪中叶北魏前期雕刻艺术中，感染的犍陀罗艺术作风仍很浓重，雕像的犍式构图风格、装饰手法已与中国式衣冠逐渐融合为一个整体。到了5世纪下半叶的麦积山100号窟，其雕像除具有宽肩细腰、面部挺秀等犍式特点外，主要特点已表现为瘦身而具飘带。尽管如此，希腊式雕刻艺术对中原地区的影响一直保持到6世纪初，河北磁县南北响堂山石窟就是典型例子。佛像佛光仍取圆形，尚存犍式余风，但雕刻技术已是中国风格。值得注意的是装饰纹样上采用了希腊式构图中的抱琴式花纹。

　　犍陀罗式佛塔也经中亚传入中国，和中国本土的楼阁形式相结合形成常见的多层宝塔。另外，佛龛中尖拱龛（葱花形）、楣拱龛也属于犍陀罗风格。

　　石窟的渊源、演变及其在中国的传播：当我们站在祖先留下的那些艺术

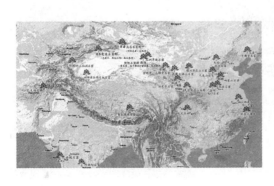

中国石窟分布图

南朝齐栖霞山释迦多宝窟

宝库的石窟前时，一方面会为祖先的创造折服、自豪，另一方面也会产生祖先们为什么要对这些冰冷坚硬的石头下手的困惑？石窟是僧侣们因佛教提倡遁世隐修而选择幽僻的崇山峻岭加以开凿而供修行、交流之用的。它原是印度佛教的建筑形式，渊源于巽加和安达罗王朝时代的"支提窟"和"毗诃罗窟"。

　　所谓支提窟是作为聚会和礼佛的佛殿，相当于礼拜堂。一般形制，建筑窟顶有一个或数个不等的卷式装饰，正面是窟门楣框，上有拱窗，有两下列柱，半圆形空间，多建有石雕佛塔。5世纪后，开始雕凿佛像。所谓毗诃罗则是佛教僧侣的住处，常与迦兰（即讲堂及精舍）混称，最常见的设计是中央设方形的广堂，周围是一圈柱子，在堂的正、左、右三面造多间方方的修行小禅室，有出入口和中堂相连，房内各设石坛供坐禅用。中堂正后壁面刻有佛塔。堂背后另造小的别室安置佛塔，有的则单设一坛。这两种形制传人中国后，起初是仿印度之制开凿，而后就渐渐中国化。支提窟的前端常常出现中国屋顶形的"人字坡"，毗诃卢窟的顶部也常常有中国式的藻井。敦煌和龙门的北朝石窟都出现了这种情况。中国石窟的功能更多是为功德与宣传之用而修建，与印度情况大为不同。

　　这一时期的石窟遗存十分丰富，它西起新疆，东到辽西及朝鲜半岛，西南至四川（包括6世纪至12世纪的金川各地石窟），东南到长江下游的江苏、浙江（包括五六世纪的栖霞山和新昌石窟）。

　　中国最早的佛教石窟是始凿于3世纪的新疆龟兹石窟。4世纪在焉耆、吐鲁番一带凿窟造像，并渐次入关。4世纪中后期，敦煌就有开窟的早期记录，凉州一带竟蔚然成风。河西地区石窟，主要有5世纪至14世纪的敦煌莫高窟和5世纪至6世纪的凉州石窟遗址；甘肃宁夏黄河以东地区的石窟，主要有5世纪至6世纪的麦积

克孜尔乐神善爱图画

山、炳灵寺和须弥山石窟；山西、河南以及以东地区石窟，主要有5世纪后半期的北魏云冈石窟，继其开凿的龙门、巩县石窟和6世纪至7世纪东魏、北齐的响堂山、天龙山石窟。北魏至隋唐是凿窟的鼎盛时期，唐代以后逐渐减少。就石窟演变历程来说，可概括为龟兹模式，凉州模式、平城模式等诸种类型，逐步实现了佛教的中国化，具有鲜明的时代、民族和地区特色。其中以敦煌莫高窟、天水麦积山石窟、大同云冈石窟和洛阳龙门石窟最有名。造像碑记最早的出现在太和七年（483）。

　　新疆地区石窟又可分为古龟兹区、古焉耆区和古高昌区。古龟兹区，即今库车、拜城一带。古焉耆区，即今焉耆回族自治县一带，主要有七格星石窟，开凿时间在5世纪之后。古高昌区，在今吐鲁番附近。主要有吐峪沟石窟和柏孜克里克石窟，开凿时间为5世纪至13世纪。新疆石窟多禅窟与僧房，多中心塔窟和大像窟，题材内容从反映小乘佛教过渡到反映大乘佛教，是国内硕果仅存的小乘佛教石窟集中地。

　　克孜尔石窟，东西长达2公里，仅次于敦煌石窟。是龟兹佛教艺术的典型代表。编号洞窟236个，其中洞窟形制较完备、壁画遗存较多者占1/3，主要有礼拜窟、讲堂与僧堂，题材内容多属小乘佛教，崇拜释迦牟尼及弥勒佛，其风格受巴米扬石窟艺术的影响；晚期则受大乘佛教的影响，并吸取了敦煌石窟艺术的成分。

敦煌莫高窟　莫高窟位于中国西北的荒漠之中，当时这里却是中西交流要冲，古丝绸之路必经之地。香火之盛，客商、僧侣之多实可想见。通常认为是乐樽和尚始凿于前秦建元二年（366），近有学者推测为西晋。它是中国规模

库木吐喇石窟谷口21窟窟顶壁画

最大、内容最丰富的石窟群，石窟共 600 余，已编号洞窟 492 个。

莫高窟以壁画、泥彩塑著称。有壁画的达 468 窟，面积达 4.5 万多平方米；画风多样，早期壁画的衣冠服饰多是印度式的，带有犍陀罗和笈多艺术风格。后有萨珊波斯式的，于阗、龟兹系统式的和完全华夏传统式的。内容、题材多以佛教故事为主。是中国泥塑造像最多的石窟，泥塑造像 7000 多尊，其中彩塑 3000 多尊，多为释迦、弥勒、多宝佛像，其次是观音、文殊、大势至、普贤像，再次是比丘像、天王、力士像。属于十六国、北朝的有 300 多。浮塑以飞天、伎乐最多。人物的面部造形，不少含有西域人的形象特点，衣着纹饰细密、贴体，或袒肩或通肩，菩萨或披肩长裙或裸上体，均有曹衣出水之趣和犍陀罗风韵。

此外，还有大量描绘人类耕作、渔猎、制陶等生活场景，当时的农具、织机、车船等生产交通工具和大量的亭台楼阁、塔寺店铺、桥梁水榭等古建筑形象。莫高窟第 17 窟（藏经洞）中发现的经文也有着举世闻名的价值，它使国内外学者研究敦煌有了丰富的依据，并形成了专门学科——敦煌学。敦煌莫高窟有 5 座唐宋木结构窟檐建筑，是中国现存建筑中的珍贵标本。

麦积山石窟　位于甘肃省天水市东南，石窟建在一座中间粗大、底部细

敦煌 432 窟中心柱龛　　　　　　　　　敦煌 257 窟交脚弥勒菩萨

小的圆锥体山上，共有 180 多个龛和窟。始凿于十六国末期。有两大特色：一是地势险峻，从最低处的 51 号龛到高 142 米的岗顶，矗立在青翠之群山间，突出奇特，从正面看麦积山，很像当地农家的麦垛，其风景秀丽，云雾飘绕，素以"麦积烟雨"著称，在中国现存石窟中绝无仅有；二是其泥塑艺术出类拔萃，历史学家范文澜誉其为"陈列塑像的大展览馆"。著名雕塑家刘开渠说："敦煌如果是一个历代壁画的大画馆，麦积山则是我国历代的一大雕塑馆。"这里保存了北魏以来数以千计的精美塑像，大的高达十五六米，小的仅二十多厘米，体现了千余年来各个时代塑像的特点，系统地反映了中国泥塑艺术的发展和演变过程。

其洞窟多开凿在二三十米至七八十米高的悬崖峭壁上，窟间全靠凌空栈道通达，很是刺激、很有寻古况味之事。规模最大的是 133 号碑洞，高 5.97 米，宽 14.91 米，进深最大的 11.5 米。小的石龛小到连人都进不去，其它几个崖阁，以"上七佛阁"（004 号）为最大，它的"散花楼"长廊在七个大石龛之外，高 16.7 米，长 30.5 米。

石窟、崖阁和龛中的塑像、石刻、壁画、石碑仍保存不少。有许多模制的小佛象，其它大小佛像尚有约 1000 尊，佛像大多数是泥塑的，多为北魏后期、西魏北周和隋唐的作品，一小部分是后代重塑、重妆的。完整的大石佛两尊，是北魏的杰作。石碑 18 块，上有简朴、优美的浮雕。其中北魏时期的泥塑佛像和中亚或印度的风格不同，和同期其他地区的佛像也不完全相同。龙门古阳洞的著名佛像的外形如果说尚显清癯的话，那么麦积山"碑洞"左侧的小佛像就具备柔和、圆润、丰满的特色。从面部来说，其面型和眉眼修长，基本上属北魏末

麦积山 123 窟西魏维摩诘像

期流行的风格，却显得更加婉美动人，呈现出向隋唐风格过渡的端绪。123号窟内的佛像之一，它那矜持，温婉和愉快的神态，自然、生动、感人。

云冈石窟 位于山西大同，始凿于大约北魏文成帝兴安二年（453），是国内第一处由皇室主持开凿的皇家石窟，以石刻造像著称于世，是中国最大的石刻艺术宝库。其石刻之所以有名，在于它精湛的雕刻技艺和丰富多彩的内容。受到犍陀罗艺术的影响，故它又被视为中西文化艺术交流的结晶。前期犍陀罗风格尚存，佛像形体高大、高鼻深目、袈裟斜披、右肩裸露等特点犹存。中期宏大造像减少，形象多样化，装饰多种花纹，带有含蓄、细腻的笈多艺术风格。而褒衣博带式的华夏风格也逐渐取代了通肩右袒，华夏的白虎朱雀与波斯风格的金翅鸟在石柱上和谐相处。创造了石窟开凿的"平城模式"（大同古称平城）。现存洞窟53个，东西绵延一公里，大小佛像5.1万多尊，最大的高17米，单是脚上就可容12人站立；小的只有几厘米，形态、神采都很动人。大佛的周围有小佛围绕，十分壮观。有些石佛，透过其薄薄的罗纱显现其优美身段；有些飞天、乐伎则明显流露出波斯风韵。在最早的昙曜五窟中，五尊大佛雕饰奇伟，冠于一世。各窟大佛以北魏的皇帝为模特儿，即：太武帝、明元帝、道武帝、景穆帝、孝文帝。颜面和服饰多有西域的影响，犍陀罗风格表现在雕像的鼻梁高直，薄唇阔肩，衣服短窄露出足部，衣纹作平行的褶皱；但由于以帝身为佛体原型，中国人的气质明显增加，开始摆脱犍陀罗模式的约束。即便如此，第8窟中三头八臂骑牛的摩醯首罗天、五头六臂乘金翅鸟的鸠摩罗天，第13窟中的供养人像也都是外来的东西，不少佛传与佛本生故事如维摩诘变相等浮雕仍反映的是异国情调，但在表现手法上也显露出中国之风。

云冈石窟第20窟大佛像

龙门石窟　位于河南洛阳，始凿于北魏孝文帝太和年间（493），历经东西魏、北齐，隋唐北宋续有开凿，是北朝隋唐长达 400 多年皇室显贵发愿造像最集中的地方。现存窟龛 2100 多个，北魏约占 1/3，佛塔近 40 个，造像十万多尊，造像题记和碑碣 3600 多块。石窟艺术表现出中国化、世俗化的趋势，无论是造像的神态气质、衣着装饰，还是雕刻手法，与上述三大石窟相比，面貌风格均为之一新。龙门石窟的佛像，无论是站式还是坐式，都是宽袍大袖，面相浑圆，丰满，鼻翼肥大，嘴角上翘，显得敦厚慈祥。这表明中国佛像艺术在吸收犍陀罗艺术和笈多艺术的基础上，已形成了民族风格。而这种风格，又向西回传到云冈、麦积山、敦煌、吐鲁番等地，形成为秀骨清相、长脸细颈，衣褶繁复而飘动的中国佛像艺术。

其中的北朝石窟以古阳洞和宾阳中洞最为著名。古阳洞的主尊是释迦牟尼，傍有两菩萨，南北两壁各有三列大龛，小龛百计。其佛造像另有浮雕佛传及佛本生故事。各种雕像丰富多采，精美异常，龛楣、龛额的设计堪称变化多端、诡形奇制，为石窟之冠。其南壁近地面处有一佛传图，上面的释迦多宝龛楣刻有佛传浮雕，它完整刻画了释迦牟尼从入胎、诞生、立为太子到苦修成佛的全过程。精心选择情节和巧妙设计构图，把成佛置于最中心的位置，极为醒目。著名的帝后礼佛图所在的宾阳中洞的佛像，中国化的特点、色彩更加明显，表现出由云冈向隋唐过渡的风格。

龙门宾阳洞主佛

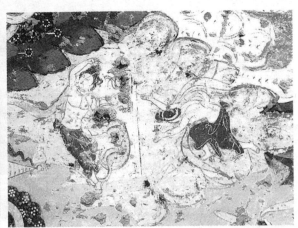

克孜尔石窟舍身饲虎图

　　佛教何以会在两晋南北朝时期对中国社会产生如此巨大的效能并得陡然勃兴呢？仁者见仁，智者见智，宗教的神秘性更增加了解释难度。

　　从较为普遍的思维方式来分析，其原因大体应该包括：

　　（1）发展到汉代的中国本土文化虽然相当发达和完备，但中国传统认识世界的主要收获在于对社会和政治生活的经验认识和实践探讨，形而上的理论思维和彼岸世界的论述并不成熟、完善。这给异域文化的着根提供了的机缘，为佛教的发展创造了条件和提供了足够的发展空间。而佛教不仅带有虔诚信仰的宗教内容如教理教义，同时包含了广博的社会内涵和深奥的哲学理性、宗教阐释功底以及精妙的佛教哲学。魏晋盛行玄学的一些观念与佛教的相似之处同时为佛教提供了适宜的思想土壤，互为补充，导致佛教乘虚而入，从而促进了佛教的全面传播。

　　（2）东汉末到隋朝几百年间连绵不断的各种战争，统治阶级内部的惨烈杀戮、社会动乱等，尤以西晋天下分崩对华夏心理打击沉重，这摧毁了既有的社会秩序和道德规范，也造成了普通百姓民不聊生，统治阶层乃至帝王贵族的苦难，但可能也提高了时人对新事物、新文化的接受程度，都使人们期盼安宁，渴求精神上的安慰和心理上的平衡。东晋明帝时，汉人一些士大夫无法从儒家和老庄思想中得到蔚藉，转而向佛教寻求心灵解脱，出现了出家人，之后，佛教广泛渗透到士大夫阶层。即便是北方民族以及统治者，乍生乍灭生死无常的境况，内心实际上是怯弱的，也要寻求精神安慰，大肆杀人后期盼死后进入天堂。佛教流行就自然而然。佛教的宗旨特别是其寻求解脱、与世无争的人生观，使其在痛苦的黑暗中追求虚

敦煌石窟五百强盗成佛图

西魏飞天线描图

幻的幸福和解脱，生死轮回和因果报应等倡导可以成为精神安慰的良药，来世的虚幻承诺可以抚慰现实中哀苦无告的灵魂。这恰好送给那时心灵快要干枯的中国人一剂"良药"。同时，佛教还使民众获悉其祖先在阴间地狱里存在受折磨的可能性，也导致民众虔诚祈祷。这是佛教迅速发展的社会条件和心理诱因。给中国传统文化带来了崭新的世界观和人生观。

（3）东晋十六国南北朝统治阶级的大力提倡和多方面扶植是其迅速发展的直接原因，北朝虽然发生过两武灭佛事件，但统治者对佛教总体而言是大力扶持的。十六国北朝的北方少数民族统治者也知道佛教更容易消弭民族矛盾，可以更好地维持统治。佛教作为普世宗教，事实上跨越了不同文化和社会的鸿沟，佛教渐渐成为社会各阶层的精神寄托，使分裂的天下渐渐有了统一的信仰。

（4）佛教组织渗透到各阶层、各地域，佛教具有一套行之有效的传播方式，一是利用佛经来阐发教理教义，二是利用各种艺术方式，用形象化、视听化的实物来系统宣传，既简明易懂又直观客观，从而吸引人，佛塔和佛像即为突出代表，全面营造出一种宗教氛围。

这些因素的交织运转，使佛教像着了魔力一样在中国广泛传播。随着佛教的传播流行，佛教的各种层面和因素全面进入中国，并与中国本土文化发生交流、冲突乃至融合，最后成为一个新的中华文化结构。

三教结构的形成、功能与相互关系

从独尊儒术到三教结构

这个新结构就是今人常说的儒佛道三教，"自晋至今，言中国之思想，可以儒释道三教代表之。"这一时期，儒释道间的关系及其发展、演变是一个重大问题。儒释道三教这个名目到南北朝末期最终得到确认。"至李唐之世，遂成固定之制度。"[①]

儒学自从汉武帝"独尊儒术"后，一直作为支撑国家和社会的意识形态而存在，孔子是其象征。当时，道教尚未成熟，只是存在诸多神仙方术等流派，东汉末民间兴起的太平道、五斗米道等虽有组织，也并不完善；而佛教传入中原至晚在汉明帝时，在汉代始终未能以她的繁琐思辨思想取胜，只是依赖于种种方术迷信得以流传，被国人视为神仙方术的一种。

古代中国的政治和社会危机使得国家宗教的权威发生了问题，但儒学的统治地位并未从根本上动摇。魏晋时期，老庄玄学的兴起只是在思想界引起了波澜，佛教遂借助于玄学的思辨进入了士大夫阶层。佛教与道派在宗教观上开始分家。西晋灭亡，玄学受到重挫，东晋

孔子全身像

---

① 陈寅恪：《冯友兰中国哲学史下册审查报告》，见《金明馆丛稿二编》，上海古籍出版社1980年。

南朝的玄学并没有什么值得称道的发展；佛学却从玄学思想的附庸地位挣脱出来，玄学最后反而成为佛学思想的附庸。佛教在两晋时期扎根到中国社会，其迅猛发展引起了正统儒学以及兴起中的道教的不满，导致了冲突，主张抑制佛教的发展，而理论上主要是围绕外来文化的佛教在中国存在的合理性展开的。

儒学讲求入世、治世之道，与佛教的出世主义本来格格不入，反对佛教最初主要从中国传统的纲常伦理入手，"沙门敬不敬王者"和是否为父母尽孝成为焦点。在东晋末，慧远结束了同老庄玄学结合的历史，转而接近儒学，还精通《丧服经》。而佛教僧侣在南朝宋孝武帝时、在北朝初期就礼敬王者，向中国既有的政治、社会结构屈服，最终成为没有什么政治作用的宗教。后来出现把孝道当成佛门善行的孝僧，如智顗。儒佛之争的另一个问题围绕神灭神不灭问题展开，南朝齐梁之际展开了纯理论的激烈争论。除了佛教以外，其他诸种外来宗教并没有真正被中国社会所接受。外来宗教文化能否为中国社会所接受，不仅取决于它是否能利用中国固有文化的某些成分对自身进行创造性的改造，从而与中国固有文化形成一种互补关系的新文化，而且还取决于它与中国政权的关系。佛教之所以能与中国社会、文化融为一体而祆教、景教等却未能如此，除了佛教大量融合中国固有文化的因素外，还在于佛教并没有自身确定的权威中心，而其他外来宗教却一直存在自身的

孝僧智顗像　　　　　　　玄学名士形象

权威中心，使中国中央集权政治感到难以进行有效的控制，因此，它们也就难以得到认同和支持。

佛教作为一种成熟的外来宗教，其完整深奥的教义、严整的教规和完善的教团组织以及形象生动的大众传播术，禁欲的僧侣还放弃所有的世俗生活把身心全部奉献给他们的宗教，这些都是中国从未有过的宗教形式和组织方式。其优势和蓬勃发展虽令中国本土宗教颇为尴尬，但对本土道派的成熟、完善自然也也具有相当的催化和激发作用，提供了不少重要的启示和借鉴。

魏晋南北朝始终不存在一个统一的道教及教会，只是存在诸多道派，其中以天师道、上清派最为重要。东晋南朝，诸多道派在民间传播的同时，也不断向上层发展，产生一些信奉天师道的世家如琅邪王氏、高平郄氏、吴郡杜氏、义兴周氏等，而首领多是东南大族人士（葛、许、陆、顾、陶和孙），他们常常以婚姻与血缘关系联系在一起。诸多本土道派开始仿造佛经编撰自己的经典，道经造作风行一时。他们既延续以往的宗教信仰，同时也吸收一些佛教的教理、教义以使道经看起来更加新颖。《上清经》是杨羲、许谧所造，以后便发展为上清派。《灵宝经》是葛巢甫所造，以后发展为灵宝派。

到南北朝初期，南北方不同的道派渐渐地分别形成为一种更高级别的宗教——本土宗教，创造出"道教"这个宗教名，对佛教这个宗教名进行抗衡，各个派别都反对佛教所提倡的诸多教义。"道教"还组织了可以比肩佛教的教理、教义和教团，确立了老子作为教主的地位，有的南方道派还吸收了庄子等古代哲人以壮声威。

道教四大天师张道陵、葛玄、许旌阳、萨守坚像

道教茅山派祖师三茅真君

　　宋明帝为陆修静设崇虚馆，广集道经，加以整理，编制道教史第一部道经目录《三洞经书目录》（洞神洞玄洞真），恢复和健全"编户著籍"和"三会"制度，吸取佛教修持仪式和儒家礼制，建立和健全道官祭酒依功受箓和按级晋升之制，禁止道官自行属职，为道教广制斋醮仪范，把服饰礼制引入道教建立等级之制。孟智周大概是在宋末或齐初提出四辅（太玄、太平、太清和正一）的概念，道教形成了完整的理论体系。

　　从刘宋末期开始，天师道的教团制度逐渐由治和祭酒之制转变为道馆（后称道观）和出家道士之制。它模仿了佛教的寺院制度，道士们的生活受到戒律的严格限制，其伦理规范得到较大提高。在南朝帝王庇护下，大量道馆得以建造，作为道士们的活动中心。梁初设置"大小道正"，监督道士。陶弘景长期隐居茅山时，广招徒众，弘传上清经法，建立了道教的神仙体系，编著的《真诰》对道教的传授历史进行了清理，并发展了养生修炼理论。陶弘景晚年宣称自己的前身是佛教中的胜力菩萨，甚至企图融合佛道两教于一身，其随侍中也有僧侣，死后"道人（指僧侣）左，道士右。"此后，佛道在"三教调和"、"三教融通"思想影响下，斗争程度大为降低，两教间互相的吸取与融合实际上得到加强。

戴敦邦绘陆修静故事画

北周西岳华山神庙碑

　　在北方，出身高门士族的寇谦之声称415年和423年时在嵩山得到老子的神启和神授，造作出许多道经，并模仿了佛教的戒律仪轨、吸收儒家礼制制定了一套道教戒律，开始整顿旧的道教流派，同时还吸收许多天算医学辅助传教。为扩大道教影响，寇谦之向北魏最高统治者太武帝、司徒崔浩推介新道教。而鲜卑本身的萨满崇拜与道教的法术颇多相通之处，也易接受道教。寇谦之的神启道教让贵为帝王的天子在道教中扮演沟通天人的中介，远远超越了儒家经典中的天地人概念，这比儒家所构想的理想帝制更让人兴奋，太武帝信奉了道教，亲至道坛受箓，成为制度。北周也继承了皇帝即位登道坛受箓之制。关中地区兴起了楼观道派，在经典、教义、方术、戒规等方面颇融合南北道教之所长，影响深远。

道教世界观的形成，根本上受到了佛教轮回思想的强烈影响，道教的发展过程吸纳了印度人关于时空、宇宙循环以及大千世界的宏观思想体系，拓展了中国人对于物质世界，尤其是神州大地以及位于其上的神山圣河的基础认识。道教还从佛教提倡的慈善、宗教生活等概念中获益颇丰，也吸纳了全职的甚至是禁欲的僧侣组织模式。《无上秘要》中的科仪部分则吸纳了大量天师道以及佛教的传统。道教也从祆教经典中引用，如成书于5世纪的道教经典《元始无量度人上品妙经四注》中就有不少直接抄袭祆教经典《阿维斯陀》的内容。[①]

总体上，本土道派，南方经陆修静、北方经寇谦之整合之后，道教理论体系基本完成，仪式轨则基本完善，道教组织开始严密，道教向成熟阶段迈进了一大步，无论从组织还是从教义都能与佛教比肩，从此并列为中国的两大宗教，存续至今。对南方来说，更具代表性的是同追求个人自我完善相结合的精英人物的道教；而在北方，得到发展的是试图对社会政治领域施加积

唐代石刻老子像

敦煌写本《老子化胡经》残卷

① 柳存仁：《唐前火祆教和摩尼教在中国之痕迹》，《世界宗教研究》1981年第3期。

极影响的社团形式的道教。有一点很清楚，就是到五世纪末，南北道教虽发端各异，却都形成了一定程度的自我意识去取代佛教。

陈寅恪说："道教对输入之思想，如佛教摩尼教等，无不尽量吸收，然仍不忘其本来民族之地位。既融成一家之说以后，则坚持夷夏之论，以排斥外来之教义。此种思想上之态度……虽似相反，而实足以相成。……其真能于思想上自成系统，有所创获者，必须一方面吸收输入外来之学说，一方面不忘本来民族之地位。此二种相反而适相成之态度，乃道教之真精神，新儒家之旧途径，而二千年吾民族与他民族思想接触史之所昭示者也。"①《老子化胡经》（一般认为是西晋王浮）就是明显的例子，它利用上古故事，说老子西出函谷关后到了印度，创立并传播了佛教。这是为了彰显华夏民族的自信心。

很明显，道教在与朝廷打交道时有一个优势，那就是它是本土宗教，华夏正统是他自我标榜的主要资本，在反佛中，道教徒甚至比儒家学者更片面、更尖锐。南朝宋末，顾欢出于对佛教的反抗心理著《夷夏论》，使佛道之争出现一个高潮，称"佛教文而博，道教质而精"，论述"道教"比"佛教"优越，佛教不适合华夏。道教指斥佛教是"修死之道"，"夷狄之教"，主张排斥。这遭到佛教徒的强烈反驳，反攻道教实行"三张伪法"，造反闹事。南齐末某道士假托张融之名撰写《三破论》，指责佛教入国破国，入家破家，入身破身，这是以儒家的纲常

南朝齐顾欢像

---

① 陈寅恪：《冯友兰中国哲学史下册审查报告》，《金明馆丛稿二编》，上海古籍出版社1980年。

名教为依据，并非道教的观点。南方的佛道之争主要表现是理论上的学术批判以及国家限制佛教发展的行政命令，而在北朝则是诉诸于赤裸裸的暴力。

第一次灭佛事件发生在太平真君七年（446年），灭佛令称要"荡除胡神，灭其踪迹"（《魏书·释老志》）。这与太武帝要塑造华夏正统有关，经济的原因并不直接、主要。不到十年，灭佛的主要人物太武帝、崔浩、寇谦之相继辞世，新皇帝废止了灭佛令重兴佛教，云冈石窟就是兴佛运动的一个纪念品。

第二次灭佛在北周之时，从酝酿到灭佛长达6年，武帝即位后就让佛道之间开始辩论，"辨释三教先后，以儒教为先，道教次之，佛教为后。"（《周书·武帝纪》）道士张宾和生于益州成都的还俗僧人卫元嵩鼓励周武帝灭佛，但来自佛教的阻力较大，因而灭佛的同时也命令禁道，而次月即设立通道观，选取著名道士、僧人任学士，令其研究《老》、《庄》、《周易》等经典，武帝此后还多次使用道教醮的祈祷仪式，说明其实际意思是废止佛教，保存道教并使之改造佛教。武帝灭佛，经济上是一个重要原因，也许还有政治角度的慎重考虑，欲使三教归一，灭佛的主要参与者卫元嵩就撰有《齐三教论》七卷（见《旧唐书·经籍志下》）。但这个大胆、极富想象力的政策在武帝死后并没有继续下去。

北齐天保六年，高洋下令禁绝道教，令道士剃发为僧，不从者斩首。这也使道教受到一次沉重打击。（《资治通鉴》）但他本人对道教思想并不排斥，道士升天丹炼成，他并不立即服用，而是要临死服用。

从总体上看，三教的斗争是暂时的，冲突的过程也是三教融合的过程，融合的理论主要有三种，一是本末内外论，即有自我中心的倾向，但也承认他教的辅翼作用。二是均善均圣论，承认三教各有利弊，可以互补，都有存在之必要，有更强的调和三教关系的倾向。三是殊途同归论，

道教中天蓬元帅的本来面目

借用《周易》"天下同归而殊途，一致而百虑"之说，论证可以三教兼容，并调和三教，甚至有人信奉三教。尽管理论斗争激烈，但完全否认其它二教存在价值的毕竟是少数。大多数人还是为自己信奉的教派争名次，三教并行不悖的观念逐渐深入人心，帝王、官僚士大夫和僧侣道士中，两教兼修或三教兼修的越来越多。晋以来的名流，许多人就既有《论语》和《孝经》，也有《老子》，同时还有《维摩诘经》。谢灵运既精通儒学也笃信佛法。张融兼信三教，葬时，"左手执《孝经》、《老子》，右手执《法华经》。"梁武帝虽身为帝王，但精通三教，大煽三教会同之风。三教兼宗的实践在上层社会蔚然成风，推动了三教理论的相互调适与融合。

结果是相互吸收、相互渗透，在碰撞中改变着自己的形态，达致相互配合、协调一致才是历史发展的大趋势。结果导致三教融合，道教依傍儒教而壮大，吸收佛教而发展，提高了理论修养；儒学获得了更为开阔的文化视野；佛教作为外来文化，找到了中国化的形式，与儒道融合就是自身中国化的过程。

三教结构的功能分析

历史表明，无论多么强势的帝王、多么惨烈的暴力，废道和灭佛都不会长久，政权终究要向文化低头。儒释道各自的功能已经组成为一个谐适的、自主运转的结构，不以任何个人的意志为转移。

悬空寺：始建于北魏，是罕见的儒释道三教合一的建筑

儒教是一种俗称，它并非真正意义上的宗教，可说只是一种准宗教，称之为儒学更为恰当。它是构成中国社会秩序的组织原则、根本纲领，是统治者维护社会秩序的工具，魏晋南北朝各政权统治者是以儒学为治国之本的，儒

学实际上仍然处于官学地位，它始终居于首位，它的信仰者主要是士大夫阶层，决定了他们的基本道德和行为标准，各级官僚不管个人信仰如何，首先必须是一名儒者。即陈寅恪所说"儒者在古代本为典章学术所寄托之专家。……二千年来华夏民族所受儒家学说之影响，最深最巨者，实在制度、法律、公私生活之方面……如六朝士大夫号称旷达，而夷考其实，往往笃孝义之行，严家讳之禁，此皆儒家之教训，固无预于佛老之玄风者也。""关于学说思想之方面，或转有不如佛道二教者。"① 儒学以伦理道德、经世致用见长，却拙于哲学思辨，对于解决其精神和心理问题并不擅长，更未遑解决普罗大众的。这就为真正宗教的发展提供了足够的空间。

　　佛教和道教的地位在这一时期并不固定。无论佛教还是道教，都必须一面向儒家妥协，强调自己与儒家不存在对立关系，甚至还可以辅助国家，一面进行宗教活动。由于社会各阶层对统治者的忠诚具有不确定性，而统治者对宗教的支持则可换来对社会的有力控制，因此朝廷有充足的理由对佛、道两教都提供支持。

　　佛教作为一种外来新文化，曾在中国几次占据了重要的地位，也出现过各种各样反对佛教的抗争，也有过政府"灭佛"的酷烈举动，但都没有影响佛学在中国的发展。就在于三教中，佛教在理论体系和哲学思辨上占有明显的优势，它历经数百年后，彻底融入禹域文化，成为不可或缺的一部分，对中国人的思维方式、价值取向以及世界的整体认识等方面产生了重大影响。有些功能前文已述，本处不再重复，它的独特功能在于为中国人提供了对生命短暂以及苦难特性的一种分析，同时提供了一条解脱之路。对士大夫而言，入世时，可以"修身齐家，治国平天下"，但在失意后则可认定人生是

明丁云鹏绘《三教图》

---

①　陈寅恪：《冯友兰中国哲学史下册审查报告》，见《金明馆丛稿二编》，上海古籍出版社1980年。

要远离现实，到遥远的彼岸世界，寻觅心灵安宁的归宿，将人的情欲转化成一种自我的内在修养，最终进入"无我"之境。这样，佛教就为国人心理的平衡增加一条新的出路。当然，由于佛教提倡供养宗教的价值观念使得寺院常常获得大量的捐赠财富，而这总是遭朝廷嫉羡。

与佛教相比，道教的存在要容易得多，可以不需要道观就能很好发展，发展过程中至始至终都采取本土的思维模式和行为方式。道教主要有三种功能：可以让帝王期盼国家安泰、安宁以及肉身不死乃至成仙升天，这是独特之处；可以将众人的父母祖先从三涂罪恶而恐怖的世界中救济出来升达天仙之界，这是独有的，迎合了中国人祖先崇拜以及追求孝道的情感；可以除却教徒的苦痛灾厄，上者可使升仙。炼丹成仙的教义投合了统治者永享荣华富贵的心理，符水治病满足了缺医少药的普通劳动者的心理，养生健身符合绝大多数人健康长寿的共同愿望。这是儒释两教无法取代的。

儒家人生观则以肯定、乐观的态度看待人生，偏重于人在社会生活中自我价值的实现，使人潜藏在心灵深处的欲望通过社会实践而转化、升华；将不幸作为命运而接受，具备忍让、顺从的精神。佛教宣扬人生是苦，对待现世总难免有悲观厌世之态，它通过否定现实社会价值而把人们的精神引向虚幻的彼岸世界以排遣生存的苦闷和对死亡的恐惧，期盼往生极乐净土。道教徒认为人生是快乐的，弘扬人类的生存意志，迎合人们追求生命永恒的心理，希望尽可能延长寿命，最好是实现长生不老。道教人生观将中国人原本就有的乐观精神发挥到了极致。道教和儒教共同或类似点更多，比较容易协调，道德观方面，二者基本相同。佛教虽然已经尽可能适应了中国的各种环境，但它仍然保留了明显的世界宗教的特质，因果报应观念提倡个人为其所

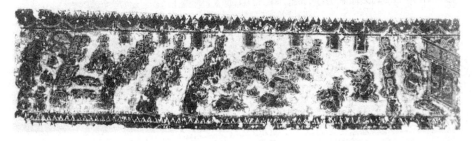

祭祀画像石。祭祀祖先是中国文化的一个基本特征

作所为负责，与道教经典表达的祖先会赐福保佑整个家族的观念形成了鲜明的对照。

道教世家的大族人士改信佛教的不少，如琅琊王氏王羲之一房、高平郗超都成为佞佛之人，兰陵萧氏更出现梁武帝这样极端佞佛的人物。而多位还俗沙门对佛教的反攻如慧琳撰《白黑论》、卫元嵩劝周武帝灭佛也是一个值得关注的现象。

至于个人选择儒释道的那一种，完全基于个体人生观的选择，三教从整体上看，在中国社会中是相互协调存在的，虽然佛道两教不时发生摩擦乃至斗争，并不影响其结构，三教大致处于良好稳定的关系。

汉字文化圈的基本形成

汉字文化圈（或称之为中华文化圈）的基本形成是这一时期最重要的历史成就之一，大陆之外，她还包括朝鲜半岛、日本列岛和东南亚部分地区。这种文化共同体的出现，经历了长期的发展演变过程，大体从公元前3世纪即中国的战国时期开始涌动，至公元7世纪左右基本形成，其最终形成大体在唐代，对世界文化格局产生了较大的影响。汉字文化圈成立的前提在于汉字教育成为圈内各国的基础教育，即通过汉文去吸收中国文化，而儒学成为上述地区社会和政治的指导思想时，该圈即告成立。儒学指以孔子学说为中心的儒家思想，包括国家的政治思想及社会伦理思想。自儒家思想传入上述地区之后，其学说便逐渐

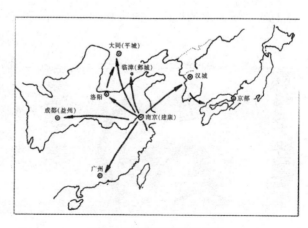

南朝建康莲花瓦当传播示意图

在各地生根、传播、发展乃至壮大，此后各地均奉行不坠，并成为起统治大法及社会生活的行为准则。

其共同特点是：（1）以儒学为核心的中国文化为基础，形成一种独特的文化取向和思维方式；朝鲜、越南属汉时期，儒学就可能已逐渐传入；百济博士王仁 3 世纪末携《论语》等抵日是儒学传入日本之始。随着儒家经典源源不断地传到各地，随着不同形式的教学（包括宗教机构）的发展，儒家经典与中国式官立学校（含圣庙）的存在成为最有形的标志和象征。（2）以中国的政治制度和社会控制模式为社会运行的基本机制；（3）接受或吸收汉文字范式，汉文是东亚世界得以长久维持而不坠亡的主要因素。就时代而言，五世纪的东亚各地贵族阶层已能熟练地运用汉文，直到近代，汉文都一直是圈内唯一的通用文字，并成为各地内部唯一的公文文字。汉语成为国际的通用语言，后来创造出在地的语言文字。（4）努力接受和传播中国式的佛教文化；东亚诸国的佛教均经中国传入，据《三国史记》记载，高句丽在372年，百济在 384 年，新罗在 528 年，日本是在 552 年由百济传入。

从中国与东亚近邻间文化交流的具体内容看，主要表现为中国文化对于东亚邻国的传播和影响，是单向性辐射状的传播，而上述各地文化对中国的传播和影响并不显著，像新罗的伽倻琴等乐器传入中国就只是充实了她的乐苑。这是由于当时东亚各地区在文化发展水平上与中国存在巨大势差，所以他们利用邻近的地理条件积极的吸收中国文化。中国文化东传南播的内容十分丰富，举凡精神、物质和制度层面，所在皆有，影响至深且巨，它

们发源于中国，也传播于东亚，成为其文化要素的重要构成。值得特别指出的是中国式的宇宙观（指阴阳五行、天文历算等方面的系统知识，不能仅仅视之为科学技术），阴阳五行说笼罩在其它学术之上，君王逢天灾地变常需引咎自责，而天文学与政治

玄武画像砖。中国式宇宙观是汉字文化圈的重要内容

关系密切，各地均禁止民间学习。这都成为东亚世界特有的文化现象。

中国在物质方面的输出以丝绢绫棉和陶瓷为大宗，还有养蚕、纺织、缝纫、制陶、烹饪等技术以及五经等书籍、佛像、腰弩等，其他如卜巫占相以及投壶、摴蒲等，涉及领域十分广泛。过去生活用品中的漆器、陶器和铜器大都为青瓷器所取代。陶瓷，就类别和用途来说，大约可分为两类：一为实用类的生活器皿，二是丧葬类的明器。

汉隋时期，中国和朝鲜交流频繁，至唐代达到高潮。中国文化在那里潜移默化，生根开花，逐步变成朝鲜民族文化发展的根基。概括来说，朝鲜的意识形态、社会制度、语言文字、生活习俗等都以中国文化为本位。

高句丽　兴起于中国东北，在公元 427 年迁都平壤。高句丽在东晋安帝义熙九年（413 年）与东晋建立了联系，中经宋、齐、梁三代，从未间断。据统计，高句丽曾向北朝派遣使节 102 次，向南朝派遣使节 42 次。与南北各朝维持友好关系，积极吸取中原的先进文化，并加以发展，给南方新罗、百济以影响。高句丽曾派人从内地取去《论语》、《史记》、《汉书》、《东观汉记》、《晋阳秋》等儒家经典和史学著作。《三国史记》卷 18 记载：高句丽小兽林王二年（372）在首都设立太学，毫无疑问是其以儒家经典为基本教材的。公元 373 年，高句丽公布"律令"，建立起儒学所主张的社会秩序。梁武帝时，高句丽文人学士十分喜爱中国的《玉篇》、《字林》、《字统》等训诂书以及梁太子萧统编撰的《昭明文选》等书。陈天嘉二年（561年），苏州人知聪携医书 164 卷到高句丽居留，传授包括《内外典》、《草本经》、《脉经》、《明堂图》等医

高句丽羲和日、常羲月图画

典一年多。高句丽也有卓越针师入中国内地行医，表演针术。

　　373年，前秦苻坚遣使护送僧人顺道携带佛经和佛像至高句丽弘扬佛法，这是中国佛教传入朝鲜半岛的最早记载。两年后（375年），僧人阿道又奉命前往高句丽传法。特建萧门寺和依弗兰寺两座寺院，这是朝鲜佛教寺庙建筑的最早记载。南朝宋末齐初，高句丽高僧道朗到敦煌学习《三论》，后游学江南。512年，梁武帝派遣学僧10人专门从道朗受学三论大义，这是高句丽高僧对中土佛教文化的最早贡献。公元576年前后，高句丽名僧义渊到北齐学习佛法。

　　百济　早在公元277年就曾与西晋政权通交，东晋时也不断派使前来，向南朝宋、齐、梁、陈政权共派遣27次使节，向北朝派遣5次使节。据《宋书·百济传》：刘宋元嘉二十七年（450年），百济王派人从海路至建康赠送礼物，并请求《易林》、《式占》等书籍和腰弩等物品，刘宋文帝如数送给。梁大同七年（541年），百济王又遣使见梁武帝，请求《涅槃》等佛经，并请派遣讲授《三礼》、《毛诗》的博士，梁武帝派《三礼》学者陆诩前往。梁朝的工匠画师也在这时受邀前往百济。梁朝的制砖技术也在这时传入百济。考古发现证明，百济时代的砖和萧梁的砖的花纹图案十分相似。到了北朝末年，百济"俗重骑射，兼爱坟史。其秀异者，颇解属文。又解阴阳五行。用《宋元嘉历》，以建寅月为岁首。亦解医药卜筮占相之术。"（《周书·百济传》）百济古尔王模仿中国的"六典"制度，在中央设置"六佐平"，确立中央集权的国家体制。还根据中国的

萧绎《职贡图·百济使》

三国时期百济的铜造如来及两胁
侍立像

官品服饰制度制定出尊卑有别的紫、绯、青三等官服。百济还对东部的新罗和远方的倭人以一定的影响。西晋太康年间（280—289），百济的阿直歧和王仁等人已是有名的汉学家，并前往日本传播儒学。从《日本书记》的记载看，百济后来有易、历及医博士，并有足够人才派往日本。

新罗　奈勿王在公元377年派使随高句丽使团前往前秦，是为新罗对华外交之始。后向梁朝派使1次，向陈朝派使8次。相传新罗为中国前期逃亡避役之地，其文字、甲兵同于中国。新罗智证王在公元503年正式用汉文称新罗。后来，又仿照中国陆续颁行丧服法、谥法、纪元、律令等制度，并在地方上实行州、郡、县三级体制。新罗对儒学思想十分重视，逐渐形成"事君以忠，事亲以孝，交友以信，临阵勿退，慎于杀生"的传统精神。新罗接受华化佛教较晚，比高句丽约晚50年。佛教传入的途径有二：一由高句丽传入，多在民间进行；二由中国传入，受到政府承认和保护。新罗也仿照梁制设置寺典、僧房典等机构。一时名僧辈出。由于受南朝梁武帝多次舍身入寺之影响，新罗也有几个国王和王妃一度落发为僧尼。著名的皇龙寺和兴隆寺也都是按照南朝寺院样式建造。陈天嘉元年（560年），来中国求法的新罗僧人明朗回国时就带走1700多卷佛教经典。

日本　据《汉书·地理志》，西汉时倭人分立为百余小国，经常向汉朝进贡；汉朝也回赐许多礼物。日本九州及本州近畿地区出土的大量西汉铜镜、铜剑、铜矛、勾玉等贵重物品充分证实了这一点。西汉的铜镜、铜剑等物品是权威和富有的象征，勾玉的发现更证明日本早期的众多小国与西汉之间存在着册封关系。《后汉书·倭传》云："建武中元二年，倭奴国奉贡朝贺，使人自称大夫，倭国之极南界也，光武赐以印绶。""汉倭奴国王"金印在日本九州福冈县志贺岛已被考古发现。

新罗铜佛像

日本列岛国家在这一时期曾多次遣使献贡，中国有时也派使节赴日，互派使者成为这个时期中日文化交流的重要形式。自魏景初二年（238年）至正始九年（248年）的11年间，两国使者往返竟达6次之多。

日本接受中国文化的渠道最初是通过百济，倭王先是从百济招聘制陶、织锦、制鞍等类工匠赴日。据日本《应神记》和《日本书纪》等书载，应神天皇十五年（284年，西晋太康五年。日本学者丸山二郎认为应是404年），百济国王派精通汉学的阿直歧入日本，受聘为天皇的儒学博士。翌年，天皇特派使臣前往百济迎接王仁替代。王仁赴日时，携带《论语》十卷、魏钟繇《千字文》一卷。这是中国儒学著作传入之始。儒家经典《诗》、《书》、《易》、《礼》、《春秋》等也相继传入，这对日本文化的发展有相当大的影响。在而后的继体朝，日本还建立起定期轮番制度。钦明十四年，别敕云："（百济）医博士、易博士、历博士等易依番上下。今上件色人正当相代年月，易付还使相代。又卜书、历本种种禁物，可付送。"此时的倭国连卜书、历书等均感匮乏。次年，百济派历博士固德等专家携带历书赴日。这是中国历法入日之始。

至于汉字传入日本，有中国学者认为在公元前后，并有个别人知道使用。无论何时，日本历史上出现最早的文字材料，写的是汉字，读的是汉语的发音，句子结构也是按当时的汉语语法，文字的使用者开始时恐怕主要是入籍日本的中国人或朝鲜人。汉字对日本文化的发展具有划时代的意义，它标志着日本走进了文明的大门。

其后陆续通过移民。大陆和朝鲜半岛陷入大乱，发生了一次移民日本的高潮，主要包括秦人、汉人和百济三大集团，日本取得了铁器及冶制技术。5、6世纪之交，大和朝廷招聘百济境内原带

曹魏使人为日本造的铜镜

方、乐浪地技艺超群的汉人工匠赴日，形成又一次移民高潮。也有直接从南朝移民日本的。据日本学者估计总共超过 100 万人。

后来也直接从中国南朝输入，3 世纪后期到 4 世纪上半叶，日本本州的大和国统一了列岛，进入了大和时代，有了新特点。中日文化交流主要发生在大和与南朝各政权之间，倭国五王八十多年间曾十几次向南朝遣使，随着政府交往的日益频繁，物质技术层面继续拓展、深入，精神和制度文化层面日趋重要，中国的文物典章制度，或经双方使节的往返而传入日本。

据《日本书纪·雄略纪》等载，雄略天皇于中国南朝刘宋明帝泰始年间（465—471）曾派身狭青和桧畏博德二人到建康奉献。他们曾携带一批"汉织"、"吴织"和织缝女工返回日本。公元 427 年，日本大和朝下令在日本栽植桑树，日本的丝织业开始发展。据《北史》、《隋书》等载，其国王"始制冠，以棉采为之，以金银镂花为饰"；"富贵者以锦绣杂采为帽"；男女皆"衣裙襦"，妇人则"束发于后"，与晋时的妇女发饰相同。日本人"每至正月一日，必射戏饮酒，其余节，略与华同"。在儒家思想的影响下，日本开始以仁、文、礼、智、信"五常"作为德治的最高标准，并且用以定出内官的各级名称。外官亦如魏晋制度。公元 602 年，百济僧侣观勒又带去天文、历书、遁甲、方术、地理等类书籍，推古天皇派人学习，皆"学以成业"。公元 604 年，圣德太子撰"十七条"（《日本书记》卷二十二），杂糅儒法道佛多家，但显然是以儒家思想为治国的基本原理和社会伦理的充分反映。

南朝梁人司马达等到达大和高市坂结庵奉佛，司马岛首先出家为尼，达等之子也出家为僧，是为日本佛教及有僧尼之始。虽具体年代尚有争论，但说华化佛教最晚在 6 世纪前期传入则无可置疑。552 年，百济国圣明王遣使将佛像和汉译佛经奉送日本。当

萧绎《职贡图·倭国使》

时大臣苏马氏舍宅为寺，另又建寺塔像，而司马达等的孙子鞍部鸟即为其时佛像制作技术第一的名匠。日本学者道端良秀认为是在百济圣明王 16 年（538）入日。[1] 各种与佛教有关的经典和艺术，陆续由中国直接或通过朝鲜半岛上的高句丽、百济间接传入日本。

可以说，日本古代的精英文化是中国文化的支脉传承。

东南亚　远在东汉末年和魏晋南北朝时期，中国和东南亚各国就有了较频繁的交往。东南亚国家比较多，各国和中国文化的联系不完全相同。越南北部是最密切的，这一地区直到唐末还在中国版图之内。其传统文化的核心也是儒释道，但又具有本民族特色。汉末孙吴时，刺史士燮创学校，开交趾学术风气之先，使交趾成为"通诗书，习礼乐"的文明之邦，使其成为汉末南方的一块学术园地。中国第一部自著的佛教典籍《牟子理惑论》的作者牟博曾举家居此。士燮堪称"南交学祖"。其他国家则相对弱一点。诸葛亮南

日本法隆寺。学者现在研究中国南北朝建筑的依据

① 《日中佛教友好二千年史》，商务印书馆1992年

征创立的分兵以配大姓和世袭的土司制度，不仅对西南兄弟民族产生了深远的政治影响，而且也把汉族先进的文化传播到中缅边境，进而传播到缅甸。但从总体上去观察，中国文化作为这个地区的一种主要的文化源流，是历史所奠定的。

我们可以发现，现在许多熟悉的文化内容和风俗习惯并非华夏传统固有的东西，很多是在三国两晋南北朝时期由印度、中亚甚至南欧、北非传来，为我们先民接受、熟悉，这大大丰富了中国文化的内涵，使得中国文化成长为极具包容性、多样性的宏大系统，得以以崭新的面貌出现在世界的东方。

本章参考书目：

陈尚胜：《五千年中外文化交流史》（第一卷），北京：世界知识出版社，2002年。

王介南：《中外文化交流史》，太原：书海出版社，2004年。

沈福伟：《中西文化交流史》第2版，上海：上海人民出版社，2006年。

陈连庆：《中外文化的交流》，何兹全主编：《中国通史》第五卷《中古时代·三国两晋南北朝时期·乙编综述》，上海人民出版社，1995年。

邢义田主编：《中国文化源与流》，合肥：黄山书社，2012年。

何芳川主编：《中外文化交流史》，北京：国际文化出版公司，2008年。

姜义华主编：《中华文化通志·中外文化交流典》，上海人民出版社，1998年。

季羡林：《中印文化交流史》，北京：新华出版社，1993年。

季羡林：《佛教与中印文化交流》，南昌：江西人民出版社，1990年。

周一良主编：《中外文化交流史》，郑州：河南人民出版社，1987年。

小林正美：《中国的道教》，济南：齐鲁书社，2010年。

附 录 大事年表

帝王纪年	公元	大事
汉献帝建安元年	196	正月，改元。六月，吕布取刘备徐州，令备屯沛。七月，献帝还洛阳。八月，曹操迎帝都许，从此掌汉政；孙策取会稽。是岁，曹操募民屯田许下，州郡例置田官；吕布逐备，备投曹操。
二	197	袁术称帝，置百官。三月，以袁绍为大将军、兼督冀青幽并四州。五月，孙策并有吴郡。九月，曹操攻袁术，术奔淮南。
三	198	十月，曹操屠彭城，围吕布于下邳。十二月，布降被杀。曹操表孙策为讨逆将军，封吴侯。
四	199	春，袁绍陷易京，公孙瓒自焚。袁术欲奔袁绍，遣使归帝号。曹操遣刘备阻击。六月，袁术呕血死；备袭占徐州。九月，曹操出兵官渡，与袁军相持。十一月，张绣降曹操。
五	200	正月，曹操征刘备，备奔袁绍；操还军官渡。二月，绍进兵黎阳。四月，孙策死，弟权代之。八月，绍攻官渡。十月，操烧绍粮草，绍军溃败、渡河走。是岁，张鲁据汉中，以鬼道教民不置长吏；儒学大师郑玄卒。
六	201	九月，曹操击刘备于汝南，备奔刘表。表使备屯新野。是岁，《孟子》注者赵岐死。
七	202	袁绍病死。少子尚继，长子谭为青州刺史。
八	203	袁氏兄弟相攻。是岁，孙权遣将攻山越豪宗。

帝王纪年	公元	大事
九	204	正月，曹操征袁尚。八月，破邺城，尚奔幽州。九月，曹操领冀州牧。十二月，曹操征袁谭。
十	205	曹操追斩袁谭。袁尚、袁熙奔辽西乌桓。曹操颁户调令，户征绢两匹、绵两斤。
十一	206	三月，曹操征斩并州高幹。
十二	207	三月，曹操征乌桓。八月，操大破之，袁尚等奔辽东，公孙康斩尚等首送操。是岁，刘备三顾草庐请诸葛亮出山。
十三	208	六月，罢三公官以曹操为丞相。八月，操杀孔融。刘表死，子琮嗣。九月，曹操攻荆州，琮降。刘备奔夏口，结好孙权。冬，孙刘大败曹操于赤壁。权取江陵，操军退守襄阳。备取江南四郡，后借南郡之江北地。是岁，操杀华佗。
十四	209	七月，曹操开芍陂屯田。
十五	210	春，曹操下"唯才是举"令。十二月，周瑜卒，鲁肃代瑜领兵，屯陆口。孙权略定岭南。
十六	211	正月，曹操以子丕为丞相副。三月，关中马超等起兵。九月，操大破超等，超奔凉州。十二月，操留夏侯渊驻长安。刘璋迎刘备入益州。
十七	212	九月，孙权徙治秣陵，改称建业，立坞濡须口。十月，曹操击孙权。十二月，刘备下刘璋涪城。
十八	213	正月，曹操进军濡须口，相持月余退兵。五月，献帝以冀州十郡封曹操为魏公，加九锡。九月，马超败奔张鲁。
十九	214	刘备军败，诸葛亮留关羽守荆州，统兵入川。备进围成都，刘璋出降。备领益州牧。
二十	215	三月，曹操征张鲁。刘孙以湘水为界再分荆州。七月，操破汉中。十一月，鲁降操，北方统一。
二十一	216	二月，曹操还邺。五月，操进位魏王。七月，分匈奴为五部。十月，曹操征孙权。
二十二	217	二月，曹操攻濡须。三月，操退兵。四月，操用天子礼仪。刘备进兵汉中。是岁，王粲死。
二十三	218	正月，耿纪起兵许都，败。七月，曹操击刘备。

帝王纪年			公元	大事
二十四			219	正月至五月，刘曹争汉中，刘胜，并取房陵等郡。七月，刘备称汉中王。八月，关羽大败曹军。十一月，孙权袭取刘备荆州，关羽败死，权上书曹操称臣。是岁，徐幹、仲长统死。
二十五				正月，曹操还洛阳，死。曹丕继位魏王、丞相，改元延康。二月，陈群奏立九品中正制。
魏文帝黄初元年			220	十月，曹丕代汉称帝，是为魏文帝。改元，魏徙都洛阳。魏以汉献帝为山阳公，东汉正式灭亡。这标志着中国在法理上的正式分裂。
二	蜀汉先主章武元年		221	四月，刘备即帝位，改元，是为汉昭烈帝；史称蜀汉，简称蜀，又称季汉。孙权徙都鄂，更名武昌。七月，刘备征孙权，权遣陆逊拒之。八月，权受魏封称吴王。
三	二	吴黄武元年	222	刘备自正月与吴相拒。六月，吴陆逊大破蜀军。备退还白帝城。九月，魏大军征孙权，权改元黄武，临江拒守。
四	后主建兴元年	二	223	四月，刘备死。五月，太子禅即位，改元。十月，蜀吴复和，共抗曹魏。
五	二	三	224	四月，魏初立太学，置博士。七月，魏伐吴。八月，曹丕临江兴叹，遂退兵。
六	三	四	225	三月，诸葛亮征南中。七月，连战皆捷，南中皆平。八月，曹丕复攻吴，临江而还。
七	四	五	226	五月，曹丕死。太子叡嗣，是为明帝。八月，吴攻魏，败还。吴交州刺史吕岱遣使南海诸国。
明帝太和元年	五	六	227	三月，诸葛亮上表北伐，驻汉中筹备攻魏。十二月，孟达图谋归汉。
二	六	七	228	正月，司马懿攻杀孟达。诸葛亮出祁山北伐，魏天水等三郡响应，姜维降。马谡失街亭，亮退兵。五月，魏曹休攻吴，陆逊大败之。十二月，诸葛亮围陈仓。粮尽退兵。
三	七	黄龙元年	229	春，诸葛亮拔武都、阴平二郡，归。四月，孙权即帝位改元，是为吴大帝。九月，迁都建业。

帝王纪年			公元	大事
四	八	二	230	吴卫温浮海求夷州、亶州。七月，魏曹真、司马懿分道攻蜀。九月，魏退兵。
五	九	三	231	二月，诸葛亮出祁山伐魏。魏司马懿依险拒战。六月，诸葛亮粮尽退兵，斩魏宿将张郃。
六	十	嘉禾元年	232	吴使辽东，辽东使吴称藩。十一月，曹植死。
青龙元年	十一	二	233	二月，魏改元。诸葛亮劝农讲武，作木牛流马运米以备攻魏。十二月，公孙渊杀吴使邀魏赏。
二	十二	三	234	二月，蜀伐魏，约吴共举。三月，汉献帝卒。四月，诸葛亮屯五丈原，司马懿拒之。五月，吴大举攻魏。七月，吴兵退。八月，亮病卒；杨仪杀魏延。吴诸葛恪讨山越。
三	十三	四	235	蜀杨仪怨愤被废，自杀。后主以蒋琬、费祎主政。八月，魏马钧作司南车及水转百戏。
四	十四	五	236	七月，高句丽杀吴使，献首于魏。
景初元年	十五	六	237	七月，魏以武力征辽东公孙渊入朝，渊败之，自立燕王。
二	延熙元年	赤乌元年	238	正月，魏讨公孙渊。八月，渊败死。辽东平。九月，吴改元。吴主使吕壹整肃贪污。
三	二	二	239	正月，明帝死，太子芳立，曹爽与司马懿辅政。二月，爽以懿为太傅，外尊崇，实夺其权。是岁，倭女王使魏。
齐王正始元年	三	三	240	何晏、王弼始倡玄学。
二	四	四	241	四月，吴四路伐魏。六月，吴退兵。
四	六	六	243	倭国女王卑弥呼遣使入魏。吴数学家阚泽卒。
五	七	七	244	三月，曹爽大举攻蜀，不利。五月，引军还。
六	八	八	245	吴太子与鲁王朋党比争，举国中分。蜀蒋琬卒。
七	九	九	246	魏毌丘俭大败高句丽。蜀以姜维辅费祎。
八	十	十	247	何晏等朋附曹爽。司马懿称疾，不与政事。
九	十一	十一	248	司马懿阴与二子师、昭谋诛曹爽。

帝王纪年			公元	大事
嘉平元年	十二	十二	249	正月,司马懿发动政变,诛杀曹爽等。四月,改元。秋,蜀姜维攻魏,无功退。是岁王弼死。
二	十三	十三	250	秋,吴废太子和,赐鲁王霸死。十一月,以亮为太子。
三	十四	太元元年	251	魏王凌据寿春讨司马懿,五月凌败死。吴改元。八月,司马懿死,子师继主魏政。十二月,吴以诸葛恪辅政。
四	十五	孙亮建兴元年	252	四月,孙权死。太子亮嗣,改元。十一月,魏三道伐吴。吴诸葛恪大败之,魏军死数万。
五	十六	二	253	正月,蜀费祎遇刺死。三月,吴大举攻魏。四月,蜀姜维攻魏,粮尽退兵。七月,诸葛恪大败,众庶失望。十月,孙峻杀恪,任丞相。
高贵乡公正元元年	十七	五凤元年	254	二月,魏司马师诛杀众臣,废张皇后。六月,蜀姜维攻陇西。九月,司马师废帝为齐王。十月,立高贵乡公曹髦,改元。蜀姜维拔临洮等。
二	十八	二	255	正月,魏毌丘俭据寿春讨司马师,寻败死。二月,师卒,弟昭总军政。吴孙峻攻魏败还。八月,蜀姜维大败魏军。九月,魏援大至,维退。
甘露元年	十九	太平元年	256	六月,魏改元。七月,姜维出祁山,邓艾破之。九月,吴孙峻死,孙綝代。是岁经学家王肃死。
二	二十	二	257	四月,吴主亮亲政。魏诸葛诞据寿春讨司马昭。七月,昭军围寿春。吴救诞,败归。蜀姜维北伐,邓艾拒之。
三	景耀元年	景帝永安元年	258	二月,魏攻陷寿春;吴死伤数万。蜀姜维退还。九月,孙綝废帝为王;十月,立休,改元。十二月,吴主杀孙綝。置学官,立五经博士。
陈留王景元元年	三	三	260	五月,魏帝髦率宿卫讨司马昭,昭使成济杀之。六月,立曹璜,改名奂,改元。是岁,朱士行西域求佛经,是为汉人西行取经之始。
三	五	五	262	十月,蜀姜维攻洮阳,为邓艾所破。时宦官黄皓用事于中,维种麦沓中。魏司马昭杀嵇康。
四	炎兴元年	六	263	八月,魏钟会邓艾等分道攻蜀。汉改元。十月,吴攻魏救蜀。魏司马昭为相国、晋公,加九锡。十一月,邓艾长途偷袭至成都北,蜀主出降,蜀亡。是岁,刘徽成《九章算术注》。

帝王纪年		公元	大事
咸熙元年	孙皓元兴元年	264	正月，钟会矫诏起兵，败死。三月，司马昭为晋王。五月，魏改元，复五等爵。七月，吴主休死，乌程侯皓立，改元。是岁，魏罢屯田官。
二	甘露元年	265	八月，司马昭死，王太子炎嗣。冬，吴主徙都武昌。
晋武帝泰始元年／二年	宝鼎元年	266	十二月（已入266年），魏禅位于晋，司马炎即帝位，改元。以魏帝为陈留王。炎惩魏氏孤立，大封宗室。诏除魏宗室禁锢，罢部曲将及长吏质任。十二月，罢农官为郡县。
三	二	267	十二月，晋禁星气、谶纬之学。
四	三	268	正月，《晋律》修成。
五	建衡元年	269	晋申戒郡国，务申地利，禁游食商贩。十月，吴改元。鲜卑秃发树机能扰凉州，历时十一年。
六	二	270	四月，吴以陆抗都督西方备晋。史学家谯周卒。
七	三	271	吴晋交州相争，吴陶璜连胜。是岁，裴秀死，创"制图六体"说，著《禹贡地域图》。
八	凤凰元年	272	益州西部乱，王濬平之。八月，吴西陵督步阐降晋，陆抗围杀之。
九	二	273	四月，吴主杀韦昭。
十	三	274	七月，陆抗死，遗表请重视西部防务。
咸宁元年	天册元年	275	十二月至明春，洛阳大疫，死者数万。
二	天玺元年	276	七月，吴改元。八月，吴改次年元。十月，羊祜上疏请伐吴，大臣贾充等反对。
三	天纪元年	277	三月，晋破树机能，降胡二十余万。是岁，西北杂胡及匈奴、鲜卑、东夷等附晋者甚众。
四	二	278	十一月，羊祜临终举杜预代，图灭吴。
五	三	279	十一月，晋六路大军伐吴。十二月，晋马隆大破鲜卑。
太康元年		280	三月，王濬自武昌顺流直下建业。吴主孙皓降，吴亡。中国再度统一。四月，改元。是岁，颁占田令。全国有户二百四十五万九千八百四十。郭钦请徙诸胡于边地，不听。
二		281	十月，鲜卑慕容涉归攻昌黎。十一月，鲜卑侵辽西，晋击破之。汲冢战国墓出土《竹书纪年》等大批竹简。

帝王纪年	公元	大事
三	282	三月，晋破慕容涉归于昌黎。九月，东夷二十九国归附。史学家皇甫谧卒。
四	283	是年，鲜卑慕容涉归死，弟删立，子廆亡辽东。
五	284	是岁，刘毅上书陈九品中正法弊端，请废之，未行。闰十二月，名将、学者杜预死。
六	285	是岁，慕容删为下所杀，迎廆立之。廆攻辽西，晋大破之。廆大破扶余。
七	286	五月，晋复扶余国。是岁，鲜卑拓跋悉鹿死，弟绰立。
十	289	慕容廆降，拜鲜卑都督。
太熙元年/惠帝永熙元年	290	正月，改元。四月，晋武帝死，子衷嗣，是为惠帝，改元。十月，以刘渊为匈奴五部大都督。
元康元年	291	三月，贾后杀辅政杨骏专权，改元。六月，贾后杀汝南王亮、楚王玮等，肇八王之乱之始。
四	294	是岁，大饥。慕容廆徙居大棘城，开始华化。
五	295	夏，荆扬等六州大水灾。十月，武库大火。是岁，鲜卑拓跋禄官分其国为三部。
六	296	夏，匈奴及杂胡起事，攻陷郡县。秦雍氐羌响应，氐齐万年立为帝；十一月，命周处等击之。
七	297	正月，周处败死。七月，雍秦二州旱疫。是岁，拓跋猗㐌始经略西方，五年附者三十余国。裴頠著《崇有论》斥清谈、虚无。史学家陈寿死。
八	298	九月，荆豫等五州大水，秦雍六郡民数万家因饥馑荒乱入汉中。巴氐李特兄弟率民入蜀就食。
九	299	正月，孟观破氐，俘齐万年。江统著《徙戎论》，请乘胜徙戎至边，不从。
永康元年	300	四月，赵王伦废杀贾后及张华等。八月，淮南王允攻伦败死。伦杀石崇等。是岁，向秀死。
永宁元年	301	正月，以张轨主凉州。赵王称帝。齐王冏讨伦。四月，伦败死，惠帝复辟改元，冏专政。宗室开始混战。十月，益州迫流民返乡，李特起事。
太安元年	302	五月，李特等连胜官军。十二月，河间王颙、成都王颖等讨齐王冏，长沙王乂杀冏，改元。

帝王纪年	公元	大事
二	303	正月，李特入成都，建元。二月，特被杀，李流李雄相继为帅。五月，义阳蛮张昌起事。七月，陶侃等破之，昌众降散。八月，河间王颙、成都王颖讨长沙王乂，进兵洛阳。十月，陆机、陆云相继死难。十二月，李雄入成都。
建武元年 / 永兴元年	304	正月，东海王越囚乂，改元永安。三月，颖为皇太弟，表刘渊监匈奴五部军事。七月，越等讨颖，败遁归国，改元。刘渊称大单于。十月，李雄称王建元。刘渊称汉王，建元。十一月，张方逼惠帝迁长安。十二月，改元永兴。
永兴二年	305	六月，凉州张轨击降叛军，又破鲜卑若罗拔能。七月，公师藩起事，汲桑及羯人石勒投之。十二月，陈敏据江东。是岁，文学家左思死。
永兴三年 / 怀帝光熙元年	306	四月，东海王越师入长安。六月，迎帝还洛阳，改元。李雄称帝，国号成。八月，越总朝政。杀颖。十一月，惠帝死，太弟炽嗣，是为孝怀帝。八王之乱结束。是岁，司马彪、稽含死。
永嘉元年	307	正月，改元。二月，陈敏败死。五月，汲桑石勒陷邺。七月，以琅邪王睿镇建业。八月，分荆州八郡为湘州。九月，汲桑石勒败溃，勒等投刘渊。十二月，拓跋禄官死，猗卢总摄三部。
二	308	正月，刘渊遣石勒等略赵魏。十月，刘渊称帝改元。并州刘琨率鲜卑败渊。勒攻魏郡、汲郡。
三	309	夏，石勒略钜鹿、常山。刘渊遣将攻壶关，连破晋兵。八月，王浚遣将与鲜卑兵大破石勒。
四	310	二月，石勒等侵诸州，民多从。七月，刘渊死，子和嗣。刘聪杀和自立。十月，刘曜、石勒等攻洛阳。晋封拓跋猗卢为大单于。十一月，东海王越出驻许昌。
五	311	正月，石勒陷江夏。蜀流民杜弢复起事。三月，东海王越死。四月，石勒追杀晋王公、兵众十万余。五月，杜弢陷湘州。六月，刘曜等入洛阳俘怀帝。八月，汉将下长安。十二月，晋索綝等迎秦王业西上。慕容廆击并辽东附塞鲜卑。

帝王纪年	公元	大事
六	312	四月，贾疋逐刘曜，迎秦王业入长安。七月，石勒据襄国。十二月，杜弢攻荆州，陶侃等击之。南安羌姚弋仲东徙。
愍帝建兴元年	313	正月，刘聪杀晋怀帝。四月，秦王业即帝位，是为孝愍帝，改元。五月，以琅邪王睿为左丞相，南阳王保为右丞相。七月，睿令祖逖北伐。
二	314	二月，石勒袭杀幽州王浚。五月，张轨死，子寔嗣，史称前凉。六月，石勒、李雄定户调。
三	315	二月，晋封拓跋猗卢为代王。八月，陶侃破杜弢。时广州纷扰，侃至定之。九月，刘聪以石勒为陕东伯，专征伐。
四	316	四月，代主猗卢为子所杀。八月，刘曜围长安。十一月，愍帝降，西晋亡。刘琨败奔幽州。
晋王睿建武元年	317	三月，琅邪王睿即晋王位，改元，史称东晋。六月，豫州祖逖经营北伐。十二月，刘聪杀愍帝。是岁，河南王吐谷浑死，子吐延嗣。
元帝大兴元年	318	三月，晋王睿称帝改元，是为孝元帝。汉刘聪死，子粲嗣，靳准杀之。十月，刘曜称帝；十二月，杀准。
二	319	四月，汉迁都长安；六月，改国号称赵，史称前赵。十一月，石勒称赵王，史称后赵；十二月，蒲洪附刘曜。
三	320	二月，冀州邵续陷羯，晋北方藩镇尽失。六月，凉州张寔为下所杀，弟茂嗣。关中大乱，曜击定之。八月，石勒定选举制。十二月，高句丽攻辽东大败。
四	321	三月，石勒几有幽冀并三州。五月，晋免中原良民为扬州僮客者备征役。九月，豫州祖逖死。
永昌元年	322	正月，改元。王敦反于武昌。三月，以王导御敦。敦入石头城，杀帝亲信。四月，敦还武昌。闰十一月，元帝卒，太子绍嗣，王导辅政。
明帝太宁元年	323	三月，改元。四月，王敦移镇姑孰。六月，交州叛，广州陶侃讨平。七月，刘曜击定陇上，徙大姓于长安。石虎破青州。张茂称藩于刘曜。
二	324	正月，王敦灭义兴周氏。五月，张茂死，子骏嗣。六月，敦再反，七月，军及建康。以王导讨敦。敦死，军溃。是岁，敦杀大学者郭璞。

帝王纪年	公元	大事
三	325	二月，慕容廆大破宇文鲜卑。五月，石勒收刘曜关东地，尽有司豫徐兖，与晋以淮为界。以陶侃总督上游。闰七月，明帝死，太子衍嗣，是为成帝，王导、庾亮等辅政。
成帝咸和元年	326	二月，改元。十月，庾亮杀南顿王宗。十一月，石勒侵淮南，晋退之。晋定王侯国秩九分食一。
二	327	十月，张骏攻刘曜秦州，大败，尽失河南地。十一月，历阳苏峻起兵；十二月，豫州祖约应之，峻将陷姑孰。
三	328	二月，苏峻至建康，庾亮遁寻阳。五月，陶侃庾亮等讨峻。七月，石勒渡淮掳民。八月，石虎攻刘曜，大败。九月，苏峻败死，弟逸继主。十二月，石勒救金墉，擒杀刘曜。
四	329	正月，石勒取长安。二月，苏逸败死。八月，曜将刘胤攻长安。九月，石虎大败胤，杀前赵王公，前赵亡。大徙氐羌至司冀。十二月，河南王吐延死，子叶延立，用祖名称其国吐谷浑。
五	330	二月，石勒称天王行皇帝事。九月，石勒称帝。勒兵入襄阳。十月，李雄陷巴东。是岁，东晋始行度田收租制，亩税三升；虞喜发现岁差。
六	331	三月，后赵起明堂、辟雍于襄国。
七	332	七月，陶侃复襄阳。
八	333	正月，石勒使晋修好，拒之。五月，慕容廆死，子皝嗣。七月，石勒死，子弘嗣，石虎总朝政。氐王蒲洪降石虎，虎徙秦雍流民及氐羌于关东。
九	334	三月，后赵徙秦州民于青并。六月，陶侃死。成李雄死，子班嗣。十月，成李期杀班自立。十一月，石虎废杀石弘。慕容皝攻辽东，徙大姓于棘城。
咸康元年	335	正月，改元。夏，大旱，会稽人相食。九月，石虎迁都邺。是岁，代拓跋翳槐以内乱奔石虎。
二	336	正月，慕容皝平辽东。六月，段、宇文攻慕容，大败。
三	337	正月，石虎称天王。十月，慕容皝称燕王，史称前燕，皝称藩于石虎。代王拓跋翳槐复国。
四	338	正月，慕容皝与石虎夹攻段辽，三月，辽败走，石虎徙段氏民于内地。四月，成李寿废期自立，改国号汉。石虎攻慕容皝大败。十一月，代翳槐死，弟什翼犍嗣。

帝王纪年	公元	大事
五	339	七月，丞相王导卒。七月，石虎遣将略沔南。
六	340	正月，庾亮死。三月，代始都云中。石虎大徙北部民于中原，括民马，大征兵，欲击慕容皝。皝大掠蓟民。
七	341	正月，慕容皝筑龙城。三月，诏王公庶人皆正土断、白籍。十月，匈奴刘虎攻代，代大破之。
八	342	六月，成帝死，弟岳嗣，是为康帝。十月，燕迁都龙城。十二月，石虎大兴土木，百姓怨愤。
康帝建元元年	343	正月，改元。七月，诏议经略中原。八月，慕容皝击代无功。汉李寿死，子势嗣。
二	344	正月，燕大破宇文，该部散亡。九月，康帝死，太子聃嗣，是为穆帝，褚太后临朝称制。
穆帝永和元年	345	春，石虎发诸州民修洛阳宫，征民牛配牧官，征民女配东宫及公侯，民大骇。慕容皝开苑囿给贫民耕种。八月，以桓温总督上游军政。
二	346	正月，慕容儁攻扶余大胜。五月，张骏死，子重华嗣。六月，石虎将掳凉民徙雍。十月，汉乱。十一月，桓温伐汉。
三	347	三月，桓温灭汉。汉遗臣纷起。七月，范贲立为帝。八月，石虎大发前代陵墓，豪筑华林苑，死数万。虎将取枹罕，胁降河南氐羌。十二月，萧敬文据涪城叛晋。是岁，常璩成《华阳国志》。
四	348	九月，燕王慕容皝死，子儁嗣。
五	349	正月，石虎称帝，国乱，讨平。四月，范贲败死，益州平。石虎死，子世嗣。五月，石遵杀世自立。七月，褚裒北伐败还。十一月，赵石闵废杀遵，立鉴。十二月，闵因鉴，大杀胡羯。
六	350	正月，后赵大乱。闰正月，石闵自立为帝，国号魏，复本姓冉，史称冉魏。蒲洪称三秦王，改姓苻。二月，慕容儁南下．三月入蓟。苻洪死，子健代。赵石祇称帝。寻攻冉闵。八月，苻健拥众入关。十一月，健入长安。
七	351	正月，苻健称天王，国号秦，史称前秦。二月，石祇乞师燕、姚弋仲。三月，冉闵败还邺。石氏所徙民及氐羌胡蛮数百万纷还本土，途相杀掠，死者大半。四月，石祇为下所杀，后赵亡。十月，姚弋仲降晋。

帝王纪年	公元	大事
八	352	正月，苻健称帝。姚弋仲死，子襄领其众。四月，燕杀冉闵。七月，秦徙关东民实关中。八月，燕取邺。十一月，慕容儁称帝。
九	353	二月，张重华攻苻健，大败。三月，王羲之写《兰亭序》。七月，关中人纷起反秦，苻健平之。十月，殷浩北伐败绩。十一月，张重华死，子曜灵嗣。十二月，张祚废曜灵自立。
十	354	二月，桓温伐关中。姚襄降燕。四月，桓温破秦军，进驻灞上。六月，温乏粮退兵。
十一	355	六月，秦帝死，子生嗣。七至闰九月，前凉大乱，玄靓立。
十二	356	二月，张玄靓称藩于秦。桓温伐姚襄。八月，温大破襄，入洛阳。十一月，慕容儁据齐地。
升平元年	357	正月，穆帝亲政，改元。五月，秦将击姚襄，襄弟苌降。燕将攻敕勒于塞北，大捷。六月，苻坚杀生自立，去帝号称天王，重用王猛。十一月，燕迁都邺。
二	358	三月，燕略定并州。十月，燕略地河南。十二月，荀羡伐燕，败还。
三	359	六月，前凉张瓘兵败自杀，玄靓去王号。八月，诸葛攸击燕，大败。十月，谢万北伐自溃，燕乘势攻占许颍等城。
四	360	正月，燕慕容儁死，子暐嗣。三月，匈奴刘卫辰降秦，入居塞内。
五	361	正月，刘卫辰附于代。五月，晋穆帝死，琅琊王丕嗣位，是为哀帝。十二月，苻坚命州郡举孝悌、廉直、文学、政事之士。
哀帝隆和元年	362	正月，改元，减田租，亩收二升。二月，燕攻洛阳。七月，燕兵退。
兴宁元年	363	二月，改元。四月，燕攻荥阳。八月，张天锡杀玄靓自立。十月，燕攻陈留。代大破高车。
二	364	三月，庚戌土断。四月，燕略许昌等地，徙万户于幽冀。是岁，大道士葛洪死，著《抱朴子》。
三	365	二月，晋哀帝卒，弟琅琊王奕嗣，是为废帝海西公。三月，燕陷洛阳。

帝王纪年	公元	大事
海西公太和元年	366	五月，代主附秦。七月，秦将略南乡郡。十月，以司马昱为丞相。是岁，敦煌莫高窟开凿。
二	367	四月，秦将大败前凉。五月，燕慕容恪死。七月，燕将破敕勒。十月，秦苻氏内乱。
三	368	正月，秦遣兵平乱，至十二月定。燕以王公贵戚多荫户，诏搜括属郡县。晋加桓温殊礼。
四	369	四月，桓温伐燕。六月，温师次枋头。九月，温粮尽退兵，大败。十一月，慕容垂奔秦。十二月，王猛等攻洛阳。
五	370	四月，王猛等击燕。十一月，苻坚入邺，俘慕容暐，前燕亡，秦得郡凡百五十七，户二百四十六万，口九百九十九万。十二月，秦迁鲜卑四万余户于长安。
简文帝咸安元年	371	正月，秦徙关东豪杰及杂夷十五万户于关中。四月，秦将破仇池。前凉称臣于秦。十一月，晋桓温废帝，立会稽王昱为帝，是为简文帝，改元。是岁，秦将降伏陇西鲜卑。
二	372	三月，秦令关东选送通经艺之民，吏百石以上不通经艺者罢为民。七月，晋帝卒，子曜嗣，是为孝武帝。
孝武帝宁康元年	373	七月，桓温死，谢安始执政。十一月，秦将略定梁益二州，邛、莋、夜郎皆附。
二	374	五月，蜀人起兵攻秦戍军，围成都。九月，败亡。十一月，晋破秦兵于垫江口。
三	375	七月，王猛死，临终嘱坚勿图灭晋。十月，秦禁老庄、图谶之学，犯者弃市；又令公卿王侯子弟及将士皆执经受学。
太元元年	376	正月，晋帝亲政改元。三月，秦拔南乡，山蛮多降。八月，秦灭前凉，徙豪右关中。十一月，秦击代，破之。十二月，秦灭代。秦统一北方。
二	377	十月，晋建新军，史称北府兵。
三	378	二月，秦将入沔中。四月，围襄阳。七月，遣将攻淮北。九月，秦使入西域。
四	379	二月，秦陷襄阳，俘朱序。三月，蜀人围成都，秦将破之。五月，秦南攻，沿淮郡县多下；六月，谢玄等连破秦军。是岁，王羲之卒。

帝王纪年	公元	大事
五	380	三月，苻洛据和龙称秦王，秦遣将击之，五月，平之。七月，秦分诸氐隶于宗亲，散居方镇。
六	381	正月，晋帝立精舍于殿内，引诸沙门居之。二月，东夷、西域六十二国献于秦。十二月，苻坚攻竟陵，桓石虔败之。
七	382	九月，秦将吕光帅大军西征，经略西域。十月，秦廷议攻晋，朝臣多不可。
八	383	五至七月，晋秦交战，晋屡挫秦。秦大举征兵。八月，秦诏分道南征，图谋灭晋。十一月，晋谢石等于肥水大破秦军。十二月，乞伏国仁据陇西反秦。慕容垂坑氐兵谋复燕国。是岁，吕光征服焉耆等国。
九	384	正月，慕容垂自为燕王，史称后燕。攻秦邺城。三月，慕容泓据华阴起兵。四月，姚苌称秦王，史称后秦。慕容泓建元，史称西燕。六月，泓被杀，弟冲立。七月，吕光征服西域。八月，晋谢玄北伐，连战连捷。九月，冲攻长安。十月，姚苌攻新平大败。十二月，慕容晖谋杀苻坚，晖及宗族、鲜卑在长安者皆死。
十	385	正月，慕容冲称帝。三月，吕光自龟兹还师，迎鸠摩罗什。五月，苻坚败奔五将山。六月，冲陷长安。七月，姚苌将俘苻坚。八月，谢安卒。姚苌杀坚，坚子丕嗣位。九月，吕光至姑臧，自为凉州刺史。乞伏国仁建元，史称西秦。十月，慕容冲攻姚苌，大败。是岁，道安死。
十一	386	正月，拓跋珪复代国即王位，徙居盛乐。慕容垂称帝。二至六月，西燕冲被杀，内乱相继，次第为主有段随、慕容顗、瑶、忠、永。代改国号称魏，史称北魏、后魏、拓跋魏。姚苌称帝。十月，秦苻丕与西燕战，败死。苻登大败姚苌，旋称帝。十二月，吕光建凉，史称后凉。
十二	387	四月，后燕击降丁零翟辽。七月，后燕以刘可泥为乌桓王。十月，翟辽反燕。十二月，后凉乱，吕光讨平。是岁，凉州大饥，人相食。
十三	388	二月，丁零翟辽称天王。三月，燕废代郡，徙民龙城。六月，乞伏国仁死，弟乾归嗣。魏破库莫奚。九月，乞伏乾归迁都金城。

帝王纪年	公元	大事
十四	389	正月，魏袭破高车。二月，魏破、徙吐突邻部。五月，秦凉两地鲜卑、羌、胡多附乞伏乾归。
十五	390	正月，西燕攻洛阳，朱序败之。四月，符登将攻姚苌，苌击斩之。魏会燕兵击降贺兰等三部。
十六	391	五月，姚苌战符登，先败后胜。六月，西燕攻洛阳，败。十月，魏破柔然。丁零翟辽死，子钊立。十一月，魏破匈奴刘卫辰，辰子勃勃遁。
十七	392	六月，后燕大破丁零，钊奔西燕。八月，吕光攻乞伏乾归大败。十月，关中巴蜀人窦冲等反姚苌，附符登。
十八	393	六月，窦冲反符登，称秦王。十一月，后燕大举攻西燕。十二月，后秦姚苌死，子兴嗣。
十九	394	正月，秦符登攻后秦。吕光拜秃发乌孤为河西鲜卑大都统。二月，后燕兵分三路攻西燕。五月，姚兴称帝。七月，姚兴杀符登，登子崇奔湟中即帝位。姚兴破窦冲。吕光以子复镇高昌。八月，后燕灭西燕。十月，乞伏乾归破符崇。十二月，乞伏乾归自称秦王。
二十	395	五月，后燕攻魏。十一月，魏大破燕于参合陂。
二十一	396	三月，慕容垂击魏，入平城死，子宝嗣。六月，燕定士族旧籍，校阅户口。吕光称天王。八月，魏大举击燕，九月，取并州，初建台省、置刺守，悉用儒生。晋帝死，子德宗嗣，是为安帝。十一月，魏围燕中山，河北诸郡多纳款。
安帝隆安元年	397	正月，燕破魏攻邺军。秃发乌孤称王，史称南凉。三月，燕主弃中山走龙城。晋王恭等举兵，寻罢。吕光杀匈奴沮渠罗仇，其侄蒙逊起兵。五月，燕慕容详称帝。后凉破蒙逊。段业自立，史称北凉。七月，慕容麟杀详称帝。十月，魏克中山，麟奔邺，去帝号。
二	398	正月，魏入邺，慕容德南徙，称燕王，史称南燕。魏拓跋珪北还，徙山东六州民夷于代。四至七月，后燕内乱。七月，魏迁都平城，建宗庙社稷。王恭殷仲堪再度起兵，九月，恭败死。十月，慕容盛称帝。殷仲堪罢兵。十二月，魏主珪称帝。晋杀五斗米道首领孙泰，侄恩入海。

帝王纪年	公元	大事
三	399	二月，魏大破高车。三月，魏置五经博士。八月，后秦攻晋洛阳。秃发乌孤死，弟利鹿孤立。慕容德取广固，青兖多附。十月，晋司马道子父子专政，毒害百姓，孙恩起事，攻占会稽，沿海八郡响应。十二月，孙恩复败入海。桓玄攻据荆州。吕光死，子纂篡立即王位。是岁，僧人法显赴印度求佛经。
四	400	二月，燕大破高句丽。李暠据敦煌。五月，孙恩再攻会稽等地。六月，吕纂袭段业，无功。南凉袭纂，大掠而还。七月，后秦大破西秦，乾归走依南凉，旋降后秦。十一月，孙恩复败入海。李暠自称凉公，史称西凉。南燕主称帝。
五	401	二月，后凉将杀纂，以吕隆为天王。孙恩三度登陆。四月，沮渠蒙逊起兵杀段业。六月，孙恩败，浮海走。后秦围后凉姑臧。八月，后燕主为下所杀，熙即天王位。九月，吕隆降于后秦。十二月，南凉攻吕隆。是岁，学者范宁死；后秦迎鸠摩罗什至长安。
元兴元年	402	正月，晋讨桓玄；玄举兵东下。柔然社仑夺高车地，自号豆代可汗。二月，魏取秦高平，徙民于代。三月，玄入建康，总百揆，废杀重臣。孙恩败死，恩妹夫卢循为主，桓玄授循永嘉太守。南凉主死，弟傉檀立，称凉王。五月，卢循攻东阳，刘裕败之。后秦攻魏大败。十一月，柔然侵魏。是岁，画家顾恺之死。
二	403	二月，卢循将攻东阳，为刘裕所败。四月，南燕核实户口。七月，吕隆为南北凉所逼，举国入后秦，后凉亡。裕破循，循浮海南走。九月，桓玄为相国、楚王。十二月，玄称帝，号楚，废晋帝为王。是岁，魏始制冠服。
三	404	二月，刘裕等起兵讨桓玄。三月，玄西走，裕入建康。四月，玄还江陵，五月被杀。九月，魏改官制。十月，卢循入广州。
义熙元年	405	正月，晋刘毅等入江陵，改元。后秦以鸠摩罗什为国师、命释经典，佛教大盛。二月，谯纵为成都王，蜀中大乱。四月，刘裕都督荆司等十六州军事。以卢循为广州刺史。五月，玄余党分扰荆湘等州，刘毅等次第平之。九月，南燕慕容德死，侄超嗣。

帝王纪年	公元	大事
二	406	正月，魏州郡县各置三长。六月，南凉攻北凉，无功。八月，南燕内哄，诸将出走。
三	407	六月，刘勃勃称夏天王、大单于，夏始此，改姓赫连。七月，后燕冯跋等拥慕容云为天王，杀慕容熙，云复姓高氏，史称北燕。八月，刘裕弟道规为征蜀都督击谯纵，纵称藩于后秦。十一月，夏攻南凉，大掠而还。
四	408	正月，刘裕录尚书事。五月，后秦击南凉及夏，皆败。七月，刘道规等讨谯纵，败还。
五	409	正月，后秦以谯纵为蜀王。二月，南燕扰晋。三月，刘裕请伐南燕。六月，裕围广固。八月，后秦击夏，败还。十月，北燕主被杀，冯跋平之，自立为王，仍称燕。魏帝为子绍所杀，太子嗣杀绍即位，改元永兴。
六	410	二月，刘裕拔广固，灭南燕。三月，卢循连下长沙等郡。五月，卢循败刘毅，进迫建康。魏击柔然，可汗社仑遁死，弟斛律立。七月，循败退寻阳。十一月，晋攻占广州诸郡。十二月，刘裕连破卢循。北燕内哄，旋定。
七	411	正月，乞伏乾归复降后秦。二月，卢循将徐道覆败死。四月，循奔交州，败死。
八	412	二月，乞伏乾归击降吐谷浑。六月，乞伏公府杀乾归。乾归子炽磐杀公府。九月，刘裕攻刘毅，毅败自杀。十二月，晋朱龄石伐蜀。法显航海回国，次年至建康，著有《佛国记》。
九	413	三月，刘裕重行庚戌土断制，诸流寓郡县多并省。夏发民筑统万城。七月，朱龄石定蜀。是岁，西秦三攻吐谷浑。
十	414	正月，魏改元神瑞。二月，夏扰魏边。五月，南凉袭乙弗部；西秦乘之，攻拔乐都。柔然内哄，大檀自立为可汗。六月，南凉主降于西秦，国亡。十月，北燕与西秦连和。十二月，柔然侵魏，败。
十一	415	正月，晋宗室休之等起兵讨刘裕；三月，休之等败奔后秦。夏拔后秦杏城。北凉拔西秦广武。五月，加刘裕殊礼。夏与北凉结盟。

帝王纪年	公元	大事
十二	416	正月，加刘裕都督廿二州。后秦主死，子泓嗣。四月，魏改元泰常。西秦攻后秦。六月，后秦并州胡起兵，败。仇池、夏相继攻后秦。八月，刘裕督兵伐后秦。十月，晋兵入洛阳。十二月，西秦使晋，请击后秦。是岁，慧远死。
十三	417	正月，西凉李暠死，子歆嗣。西秦破吐谷浑。四月，刘裕破魏兵于河上。北凉攻西凉，大败。五月，魏置六部大人。八月，晋将入长安，姚泓降，后秦亡。九月，刘裕至长安；后秦将士多奔魏。十月，魏以晋降人刁雍侵扰徐、兖。十一月，魏平西山丁零。十二月，刘裕东还。
十四	418	正月，魏将北略至弱水。夏兵至渭阳，晋兵大败之。晋长安诸将内讧。五月，魏袭北燕。六月，刘裕为相国，封宋公，加九锡。十月，长安大乱，夏进据咸阳。十一月，晋兵弃长安东退，夏追败之。赫连勃勃入长安即帝位。十二月，刘裕杀安帝，以琅邪王德文嗣，是为恭帝。
恭帝元熙元年	419	二月，夏主还统万。晋宗室楚之等攻金墉城，刘裕遣兵分击，司马氏多降魏。四月，西秦破吐谷浑于弱水。七月，刘裕晋爵宋王。
宋武帝永初元年	420	正月，司马氏在魏者多被害，平城连坐者众。六月，刘裕称帝建元，废晋帝为零陵王，晋亡。南朝始此。七月，李歆攻北凉，战死；蒙逊入酒泉，李恂自立。
二	421	三月，北凉破敦煌，李恂自杀，西凉亡，西域诸国皆附北凉。四月，吐谷浑王阿柴降于西秦。六月，北凉攻西秦，大败。九月，宋杀零陵王，首开"禅让"退位被杀例。
三	422	五月，宋武帝死，太子义符嗣，是为少帝。六月，魏扰宋青州，败还。七月，沮渠蒙逊耀武于西秦，大败。九月，魏大举侵宋，十一月拔宋滑台及沿河多郡。
少帝景平元年	423	正月，魏拔宋金墉。二月，魏筑长城二千余里备柔然。闰四月，魏拔宋虎牢。十一月，魏攻许昌等，宋兵溃。魏帝死，子焘嗣，是为太武帝。十二月，魏崇奉道士寇谦之，道教大盛。

帝王纪年		公元	大事
魏太武帝始光元年	宋文帝元嘉元年	424	正月，魏改元。五月，徐羡之废杀宋帝，西迎义隆。七月，西秦攻河西。八月，义隆即帝位，改元，是为文帝。柔然侵魏云中，败。十月，吐谷浑王死，弟慕璝嗣。十二月，魏攻掠柔然。
	二	425	四月，魏遣使通好于宋。八月，夏主勃勃死，子昌嗣。十月，魏五道攻柔然。
	三	426	正月，宋帝杀徐羡之等；谢晦江陵举兵。二月，晦败被杀。八月，西秦攻北凉，夏拔西秦南安。九月，魏攻夏。十一月，夏围西秦抱罕。魏兵至夏统万。十二月，魏兵入夏长安，氐羌皆降。
四	四	427	四月，魏遣使聘宋。魏大举攻夏，六月，拔统万，夏主奔上邽。是岁，名诗人陶潜死。
神麚元年	五	428	二月，魏改元。夏主昌攻魏安定，兵败被擒；弟定奔平凉称帝。三月，魏攻赫连定败绩，长安失守。五月，西秦主炽磐死，子暮末立。六月，北凉与西秦约和。八月，柔然扰魏边。十月，宋攻魏济阳等。十二月，北凉攻西秦。
二	六	429	正月，北凉拔西秦西平。四月，魏崔浩等撰国书成。五月，魏大破柔然。柔然可汗死，子赖连可汗立。八月，魏袭降高车。十月，魏徙柔然、高车降人于漠南，使耕牧。自是魏之马牛羊及毡皮价落。是岁，裴松之注《三国志》成。
三	七	430	三月，宋发兵北伐，魏备之。七月，魏弃虎牢等城诱宋。九月，北燕冯跋死，弟弘立。夏约宋攻魏，魏发兵击夏。魏下宋洛阳。西秦举国入魏，地入于吐谷浑。十一月，魏大破夏，赫连定出逃。宋檀道济率众北伐。前方宋军溃败。
四	八	431	正月，宋檀道济于寿张大破魏兵。夏灭西秦。魏攻夏，夏主西迁。二月，檀道济以粮尽退。六月，吐谷浑俘赫连定，夏亡。九月，魏征用各州名士。魏司徒崔浩大整流品，明辨姓族，得罪于众。十月，魏更定律令。
延和元年	九	432	正月，魏改元。七月，宋蜀中侨旧俱反。九月，魏攻北燕，大捷。是岁，北凉杀名僧昙无谶。

帝王纪年		公元	大事
二	十	433	二月，魏遣使如宋，且为太子求婚。宋发兵救成都。四月，北凉主蒙逊死，子牧犍嗣。九月，成都围解。是岁，大诗人谢灵运被杀。
三	十一	434	二月，魏与柔然和亲。是岁，竺道生卒。
太延元年	十二	435	正月，魏改元。十一月，宋萧摹之请限造塔寺及铸铜佛像。魏灭吐没骨。
二	十三	436	三月，宋檀道济无罪被杀。魏大举攻北燕。四月，高句丽遣兵迎北燕冯弘，五月，弘焚龙城东走，北燕亡。八月，魏发兵通莎泉道。柔然扰魏边。
三	十四	437	四月，宋益州平。五月，魏令吏民得告守令。
四	十五	438	三月，魏罢年五十以下沙门俾从征役。高句丽杀冯弘。七月，魏大攻柔然，无功而还。是岁，宋于台城北郊开馆，立玄、史、文、儒四学。
五	十六	439	六月，魏攻北凉。九月，兵至姑臧，北凉主降，国亡。魏结束十六国乱局，统一北方，北朝始此。
太平真君元年	十七	440	三月，北凉支属沮渠无讳陷魏酒泉。六月，魏改元。八月，无讳降魏，凉州平。
二	十八	441	正月，魏以沮渠无讳为酒泉王。四月，魏遣兵围酒泉，十一月拔之，无讳遁保鄯善东城。
三	十九	442	正月，宋诏兴国子学。魏帝始诣道坛受符箓，传为永制。四月，无讳据鄯善，其王奔且末。五月，魏分道侵宋。九月，无讳屠高昌，阚爽奔柔然。十二月，宋修鲁郡孔子庙、墓及学舍。
四	二十	443	正月，宋军屡败于魏。九月，魏袭柔然，无功。
五	二十一	444	正月，魏禁王公、庶人私养沙门、巫觋；诏王公卿士子弟入太学，工商子弟传世业，不得私立学校。沮渠无讳死，弟安周嗣。
六	二十二	445	正月，宋颁行《元嘉新历》。七月，宋大破缘沔诸蛮。九月，魏卢水胡盖吴杏城起义，关中乱。十月，魏发兵击盖吴。十一月，魏掠宋淮泗以北民实河北。十二月，宋杀史学家范晔。
七	二十三	446	二月，魏禁佛教，毁佛寺，坑僧尼，焚经像。魏大破盖吴。八月，吴败死。
八	二十四	447	是岁，名学者何承天死。

帝王纪年		公元	大事
九	二十五	448	八月，悦般约魏攻柔然。九月，魏破焉耆，其王奔龟兹。十二月，魏击龟兹攻柔然，无功还。
十	二十六	449	正月，魏分道攻柔然，无功。九月，魏大破柔然，柔然从此衰落。
十一	二十七	450	二月，魏帝攻宋，河南诸郡闻风溃。四月，魏兵退。六月，魏以修史"暴扬国恶"名杀崔浩及宗姻。七月，宋分道攻魏，连下数城。九月，魏帝御宋。十二月，魏侵宋至瓜步，建康大震。
正平元年	二十八	451	正月，魏帝北还。三月，魏置宋降民五万家于平城近畿。六月，魏改元。魏更定律令。是岁，史学家裴松之死。
城帝兴安元年	二十九	452	二月，魏宗爱杀帝，立馀。五月，宋分道攻魏。十月，宋无功而返。源贺等立皇孙浚，改元，是为高宗文成帝，杀宗爱。十二月，魏弛佛教之禁。是岁，魏废景初历，行玄始历。
二	三十	453	二月，宋太子劭杀父自立。四月，刘骏立，是为孝武帝，五月杀劭。是岁，云冈石窟开凿。
兴光元年	孝武帝孝建元年	454	二月，宋南郡王义宣等起兵；六月，败死。七月，魏改元。是岁，宋始课南徐州侨民租。
太安元年	二	455	六月，魏改元。十月，宋贬损王侯车服器用之制。
二	三	456	二月，魏灭井陉山中丁零。八月，魏破伊吾，大掠而还。是岁，诗人颜延之卒。
三	大明元年	457	正月，宋改元。七月，宋实行土断，流寓入籍。
四	二	458	正月，魏设酒禁，又置内外候官察百官。六月，宋于吏部置二尚书以分其权。
五	三	459	四月，宋竟陵王诞据广陵抗命，遣兵击之；七月，克广陵，杀诞，屠男口，女子充军赏。
和平元年	四	460	正月，魏改元。二月，魏击降河西胡。六月，魏击吐谷浑，大掠而归。十一月，柔然攻高昌，杀灭沮渠氏，以阚伯周为王，高昌称王始此。
二	五	461	四月，宋海陵王休茂起兵，未几败死。十二月，制民户岁输布四匹。是岁，宋诏士族与工商杂户为婚者皆补将吏，士族多避役逃亡为乱。

帝王纪年	公元	大事
六	462	七月，宋制沙门致敬人主。十月，宋祖冲之造新历《大明历》上之。冲之首次把圆周率准确数值推算到小数点后七位，长期领先世界。
七	463	七月，宋检纠民之私占名山川为田者。
五　　八	464	闰五月，宋帝死，子子业嗣，是为前废帝。七月，柔然可汗死，子受罗部真可汗立，率众扰魏，败还。是岁，宋有州二十二，郡二百七十四，县一千二百九十九，户九十四万有奇。宋东方诸郡连年旱饥，民饿死什六七。
六	前废帝永光元年景和元年/明帝泰始元年 / 465	五月，魏帝死，子弘嗣，是为献文帝，乙浑专权。八月，宋柳元景谋立江夏王，事泄死。改元。九月，宋义阳王昶据徐州抗命，败奔魏，魏封王。十一月，宋帝害沈庆之，晋安王子勋起兵江州。宋阮佃夫等杀帝，十二月，拥湘东王彧即位，是为太宗明帝，改元。子勋等拒新命。
献文帝天安元年　　二	466	正月，魏改元。宋晋安王即帝位，四方响应，贡计皆归之。二月，魏杀乙浑，冯太后临朝称制。八月，宋沈攸之入寻阳杀子勋，大乱粗平。魏立郡学，置博士、助教、生员。九月，诗人鲍照为乱军所杀。魏曹天度造千佛塔。十月，宋尽杀孝武帝诸子。宋薛安都等降魏。十二月，宋益州大乱，弥月平之。
皇兴元年　　三	467	正月，宋淮北及豫州淮西之地入魏。二月，魏攻宋汝阴不克。三月，魏攻宋青州。八月，魏铸大佛高四十三尺，用铜、黄金甚巨。魏改元。宋将沈攸之攻魏，大败，下邳等郡入魏。
四	468	正月，魏攻宋武津、义阳，败还。宋东徐州、东兖州、兰陵、历城守将降魏。三月，宋交州人李长仁据州起事，自称刺史。
五	469	正月，北魏陷宋东阳，青冀之地尽入魏。二月，宋柳欣慰等谋立庐江王，事泄皆死。五月，魏徙青齐民于平城，置平齐郡；用沙门统昙曜言，以平齐户及诸民能输谷入僧曹者为僧祇户。
四　　六	470	九月，宋立总明观，置祭酒一人，儒、玄、文、史学士各十人。魏帝自将分道击柔然，大破之。

帝王纪年		公元	大事
孝文帝延兴元年	七	471	八月，魏帝传位太子宏，是为孝文帝，改元。十月，魏沃野、统万二镇敕勒乱，遣将平之。
二	泰豫元年	472	正月，宋改元。四月，宋帝死，子昱嗣，是为后废帝。闰七月，宋荆州刺史苟虐，诸蛮群起，宋兵破之。
三	苍梧王元徽元年	473	正月，宋改元。魏诏守令劝农，又定守令治盗升转法。七月，魏诏河南六州民，户收绢一匹、绵一斤、租三十石。八月，宋王俭上《七志》。
四	二	474	五月，宋桂阳王休范以清君侧为名起兵寻阳；右卫将军萧道成使人诈降，杀休范，破其余党。六月，宋萧道成参决朝政。魏罢门房同诛之律。
五	三	475	六月，魏初禁杀牛马。
承明元年	四	476	六月，魏冯太后鸩太上皇，改元，再次临朝称制。七月，宋建平王景素起兵，旋败死。
太和元年	顺帝昇明元年	477	正月，魏改元。四月，宋阮佃夫等谋废立，事泄被杀。七月，宋萧道成杀帝，立安正王准，改元，道成录尚书事。十二月，宋荆州沈攸之起兵讨萧道成，袁粲等据石头城应之，败死。北魏制，一夫治田四十亩，中男二十亩。
二	二	478	正月，攸之败死。二月，宋进萧道成太尉等职。九月，以道成假黄钺、大都督中外诸军事等职。
三	南齐高帝建元元年	479	三月，宋以道成为相国，封齐公。四月，道成迫宋帝禅位，宋亡。道成称帝，是为太祖高帝，国号齐。十一月，魏奉宋降王刘昶分道攻齐。
四	二	480	正月，魏陷齐马头戍，败还。三月，魏兵退。八月，魏数道攻齐。十月，淮北民纷纷起反魏。
五	三	481	正月，魏攻齐淮阳，大败。二月，魏平城沙门法秀聚众，谋起事，事泄死。齐大破魏于淮北。四月，魏镇压淮北民。
六	四	482	三月，齐帝死，太子赜嗣，是为武帝。七月，魏发民治灵丘道。
七	武帝永明元年	483	正月，齐改元。三月，齐诏郡县官以满三年为限。十二月，魏始禁同姓为婚。

帝王纪年		公元	大事
八	二	484	六月，魏始班禄，户增调帛三匹、谷二斛九斗以供百官禄；另增调外帛二匹。给禄后，赃满一匹者死。齐于建康栖霞山凿千佛崖石窟。
九	三	485	正月，齐以交州刺史李叔献断割外国贡献，发兵迫其还朝。魏禁图谶、秘纬，私藏者死；又禁巫觋、卜筮之不经者。三月，魏令诸王入馆受学。十月，魏行均田令，有桑田、露田之别。十二月，柔然攻魏边。齐富阳唐寓之起事，三吴大扰。是岁，柔然可汗死，子伏名敦可汗立。
十	四	486	正月，魏帝朝会始服衮冕。唐寓之称帝，国号吴，旋败死。二月，魏清户籍，改宗主督护，实施三长制。四月，魏始制五等公服。九月，魏作明堂辟雍。十一月，魏定亲民官依户给俸。
十一	五	487	正月，魏定乐章，除非雅者。八月，柔然攻魏，败。十二月，魏重修国书，改编年为纪传表志。
十二	六	488	是岁，魏攻百济，败还。永明声律之说兴起。
十三	七	489	十二月，柔然别帅叱吕勤降魏。
十四	八	490	五月，库莫奚扰魏边。
十五	九	491	十一月，魏大定官品，考诸牧守。
十六	十	492	四月，魏班新律令。八月，魏击柔然，大破之。柔然人杀可汗，立侯其伏代库者可汗。魏行养三老五更礼。十二月，齐令沈约撰《宋书》。
十七	十一	493	二月，魏帝初行耕籍礼。七月，诗人王融被杀。齐帝死，孙昭业嗣，史称郁林王。九月，魏迁都洛阳。
十八	郁林王隆昌元年/海陵王延兴元年/明帝建武元年	494	七月，齐萧鸾杀帝，立昭文。九月，魏初行三载考绩法，帝临朝黜陟百官。齐萧鸾杀诸王。十月，萧鸾废帝为海陵王，自立改元，是为高宗明帝。十二月，魏大举攻齐。魏禁士民胡服。
十九	二	495	正月，齐遣将拒魏。三月，魏师退。魏帝亲往鲁祀孔子，封其后为崇圣侯。六月，魏禁鲜卑语于朝。魏求遗书。代人南迁皆著籍河南洛阳。魏改用长尺、大斗，依汉律历志。八月，魏立国子、太学等。九月，魏六宫百官迁于洛阳。

帝王纪年		公元	大事
二十	三	496	正月，魏定族姓，清流品。改拓跋氏为元，其余鲜卑复姓均改。鲜卑八姓与汉四大姓同等，并以门第用人。禁迁洛代人还葬北方。八月，魏太子恂不乐南迁谋北遁，被废。
二十一	四	497	八月，魏攻齐。十二月，齐攻魏，大败。高昌王为下所杀，立麹嘉为王。高昌麹氏政权始此。
二十二	永泰元年	498	正月，魏陷齐沔北诸郡。齐大杀高武帝子孙。三月，齐大破魏兵于涡阳。四月，齐改元；王敬则起兵会稽，五月，败死。七月，齐帝卒，子宝卷嗣，史称东昏侯。九月，魏撤攻齐之兵击高车。十二月，高车相率降魏。
二十三	东昏侯永元元年	499	正月，齐改元。齐攻魏以收沔北诸郡。三月，魏大破齐兵。四月，魏帝卒，子恪嗣，是为世宗宣武帝。八月，齐始安王遥光起事，败死，齐帝大杀大臣。十一月，齐陈显达举兵寻阳，十二月，败死。是岁，诗人谢朓下狱死。
宣武帝景明元年	二	500	正月，魏改元。齐将裴叔业降魏，齐击之。三月，魏大破齐于寿阳。齐崔慧景起兵围建康，四月，败死。八月，魏大破齐于肥口，淮南多入魏。十月，齐害萧懿。十一月，懿弟、雍州萧衍起兵襄阳。十二月，齐萧颖胄起兵江陵，奉南康王宝融为主。魏弛盐池之禁。魏于洛阳龙门山造佛龛。是岁，科学家祖冲之卒。
二	和帝中兴元年	501	三月，齐南康王即帝位于江陵，改元，是为和帝。九月，魏筑洛阳城坊。萧衍督师至建康，十月，围宫城。十二月，齐王珍国杀帝，迎萧衍，衍秉政。刘勰《文心雕龙》成书。
三	梁武帝天监元年	502	正月，齐萧衍为相国，封梁公，加九锡。二月，衍进梁王，大杀齐明子弟，迎和帝于江陵。四月，萧衍称帝，国号梁，改元，是为高祖武帝；以齐帝为巴陵王，旋杀之，南齐亡。梁诏议赎刑条格。梁土断南徐州郡县。魏徙蛮于幽并及六镇，寻皆南走，沿途被杀殆尽。五月，梁江州陈伯之起兵，败奔魏。六月，前益州刺史刘季连据成都反梁。八月，梁命删定律令。
四	二	503	正月，刘季连降。四月，梁班新律。

帝王纪年		公元	大事
正始元年	三	504	正月，魏改元。二月，梁攻魏寿阳，大败。九月，柔然攻魏；魏于北边筑九城。十一月，梁除以金赎罪之科。十二月，魏修律令。
二	四	505	正月，梁置五经博士各一人；又立州郡学。四月，梁梁州十四郡入魏。六月，梁立孔庙。八月，魏攻梁雍州大捷。九月，梁与魏战于马头，大败。十月，梁大举击魏。十一月，魏师退离涪城，巴西复归梁。是岁，名文学家江淹卒。
三	五	506	正月，魏拔武兴，仇池杨氏亡。二月，梁魏战于梁城，梁败；梁围魏淮阳。三月，梁败魏于胶水。四月，魏罢盐池禁。魏发兵拒梁。九月，梁大败于洛口。十月，魏围钟离，梁发兵赴援。柔然库者可汗死，子佗汗可汗立。
四	六	507	三月，梁大破魏兵于钟离。九月，魏开斜谷旧道通梁益。范缜发表《神灭论》，与众学者激辩。
永平元年	七	508	正月，梁制百官九品十八班；二月，定将军十品二十四班等制。置州望、郡宗、乡豪各一人。五月，梁增置列卿为十二。八月，魏京兆王愉据冀州称帝，逾月平。魏改元。是岁，柔然复请魏和，遭拒。高车攻杀柔然可汗，子立为罗伏跋豆伐可汗。任昉卒。
二	八	509	三月，魏攻梁潺沟，大败。五月，梁诏试通经之士，不限门第授官。十一月，魏帝为诸僧及朝臣讲佛经，佛教大盛，州郡有一万三千余寺。
三	九	510	正月，梁作缘淮塘。三月，梁帝亲讲于国子学，令太子及王侯子入学受业。十月，梁行祖冲之大明历。是岁，魏铸五铢钱。
四	十	511	五月，魏禁天文学。十二月，梁破魏军取朐山。魏以品官为河南六部尉，有勋品者为里正。是岁，梁有州二十三，郡三百五十，县千二十三。
延昌元年	十一	512	四月，魏改元。十一月，梁修五礼成。
二	十二	513	闰三月，名学者沈约死，约诗文均有名。
三	十三	514	二月，魏蛮帅田鲁生等附梁。三月，魏破鲁生。十月，魏发兵攻梁益州。梁发扬徐民作浮山堰。

帝王纪年		公元	大事
四	十四	515	正月，魏帝卒，子诩嗣，是为肃宗孝明帝，诏攻梁益之师还。六月，魏冀州沙门法庆起义。九月，魏胡太后临朝称制。
孝明帝熙平元年	十五	516	正月，魏改元。四月，梁筑淮堰城。七月，魏取梁东益州。九月，梁浮山堰崩塌，缘淮民多漂入海。十一月，胡太后作永宁寺，凿伊阙作石窟寺。柔然大破高车，复旧地，势复振。
二	十六	517	十月，魏诏代都士民未南迁者听留居为永业。十二月，柔然请和于魏，用敌国礼。
神龟元年	十七	518	二月，魏改元。八月，魏补刻熹平石经。十月，魏遣宋云等赴西域求佛经。魏复盐池之禁。魏与波斯通使。是岁，钟嵘死，著《诗品》
二	十八	519	二月，魏羽林虎贲不惬选格新法，群起鼓噪，为改乃平。魏立选举停年格。十二月，魏沙汰郎官。是岁，名画家张僧繇卒。
正光元年	普通元年	520	正月，梁改元。七月，魏元义杀清河王怿，幽太后。改元。中山王熙起兵讨义，旋败死。柔然内讧，可汗被杀，弟阿那环立，兵败奔魏，魏封为蠕蠕王。弥偶可社句自立可汗。
二	二	521	正月，魏发兵送阿那环回国。十月，魏置阿那环于怀朔镇北，以内附柔然旧民付阿那环，置弥偶可社句于西海郡。是岁，文学家刘峻卒。
三	三	522	二月，宋云等自西域乾罗国取大量佛经回洛阳。十二月，柔然弥偶可社句附于哒哒，魏击擒之。
四	四	523	四月，柔然阿那环扰魏，败还。魏李崇请免六镇府户为民，不报。魏怀荒、沃野等镇杀镇将起义，推破六韩拔陵为首。龙门佛龛部分完成。
五	五	524	四月，魏高平镇民推敕勒帅胡琛为王，应拔陵。五月，拔陵败魏师于五原。六月，梁攻魏，半年中连克十余城。七月，拔陵败魏师于白道。魏凉州幢主于菩提等起事。八月，敕勒皆附于拔陵。魏改镇为州，非以罪配隶者皆免为民。魏秀容乞伏莫于起事，南秀容牧子万于乞真起事，秀容帅尔朱荣击平之。吐谷浑王伏连筹击杀于菩提。十一月，莫折天生陷魏岐州。

帝王纪年		公元	大事
孝昌元年	六	525	正月，魏徐州刺史元法僧称帝，旋降梁。梁将裴邃大破魏师。三月，柔然可汗阿那环助魏击破六韩拔陵。四月，魏杀元义，胡太后复临朝摄政。五月，梁攻魏益州，大败。六月，梁豫章王综奔魏。魏改元。西部敕勒复降于魏。柔然阿那环败拔陵，拔陵南走，部下降魏者二十余万人，魏徙之冀定瀛三州。八月，魏柔玄镇兵杜洛周起事于上谷。吐谷浑助魏击定凉州。
二	七	526	正月，五原降户鲜于脩礼帅北镇流民起事。二月，敕勒斛律洛阳起事于桑乾西，尔朱荣败之。四月，鲜于脩礼败魏师于五鹿。七月，魏师败杜洛周于栗园。八月，脩礼为部下元洪业所杀，葛荣又杀之自立。魏将尔朱荣袭执肆州刺史。九月，葛荣称帝，国号齐。破六韩拔陵杀胡琛，万俟丑奴尽并其众。十一月，梁将夏侯亶拔魏寿阳，降城五十二。杜洛周克范阳城。
三	大通元年	527	正月，葛荣陷殷州，围冀州。莫折念生陷岐州，北华、幽州皆应之，关中大扰；念生死，众溃。梁取魏东豫州与琅邪郡等地。三月，梁帝舍身同泰寺，改元。七月，魏乐安王鉴据邺附葛荣；八月，魏破邺斩鉴。十月，梁拔魏广陵。魏萧宝寅据关中称齐帝，杀郦道元；道元撰《水经注》。十一月，葛荣陷冀州，十二月，大败魏师。
孝庄帝永安元年	二	528	正月，杜洛周陷魏定州、瀛洲。萧宝寅败奔万俟丑奴。葛荣击杀杜洛周。魏尔朱荣举兵南下。魏胡太后杀明帝，立元钊为帝。三月，葛荣陷沧州，屠州民。四月，尔朱荣立长乐王子攸为帝，是为孝庄帝，沉胡太后及幼帝钊于河，杀王公、官民二千余人。魏郢、北青、南荆州降魏；北海王元颢等奔梁。六月，邢杲集流民起义于北海，称王。九月，尔朱荣击虏葛荣，平冀定等五州。魏改元。十月，梁以元颢为魏王，送之北还。十二月，荣余部韩楼据幽州起事。
二	中大通元年	529	正月，梁更定二百四十号将军为四十四班。四月，元颢称帝于睢阳。魏尔朱兆击虏邢杲。五月，元颢入洛阳；魏帝奔河北。六月，尔朱荣入洛阳，迎还魏帝，元颢走死。九月，梁帝舍身于同泰寺。尔朱荣遣将击虏韩楼，平幽州。万俟丑奴陷魏东秦州。十月，梁改元。

帝王纪年		公元	大事
三	二	530	四月，魏尔朱天光等击虏万俟丑奴。六月，梁以魏汝南王悦为魏王，送之北还。九月，魏孝庄帝杀尔朱荣。十月，尔朱兆等立长广王晔为帝。十二月，尔朱兆入洛阳，囚杀孝庄帝。魏王悦还梁。是岁，梁将陈庆之屡破魏兵。
普泰元年/中兴元年	三	531	二月，尔朱世隆废元晔，立广陵王羽为帝，改元普泰，是为节闵帝。四月，梁太子萧统卒。统工诗文，编《文选》。六月，魏高欢起兵信都讨尔朱氏。十月，欢立勃海太守元朗为帝。
孝武帝永熙元年	四	532	正月，梁送魏王悦还洛。高欢拔邺。闰三月，高欢破尔朱天光于邺。四月，欢部至洛阳尽杀尔朱之党，废元朗及节闵帝，立平阳王脩为帝，是为孝武帝，自为大丞相。七月，欢入晋阳，尔朱兆北走。十二月，魏改元永兴，寻又改永熙。
二	五	533	正月，魏高欢大破尔朱兆，兆自杀。八月，魏以贺拔岳都督西部军事，以牵制高欢。是时魏僧尼近二百万，寺院三万所。
东魏孝静帝天平元年	永熙三年	六	534	二月，贺拔岳为侯莫陈悦所杀，岳部拥宇文泰为帅。四月，泰大破陈悦。六月，高欢军南下。七月，孝武帝西奔长安。欢入洛阳。十月，欢立元善见为帝，是为孝静帝，改元，迁都邺。魏自是分东西，高欢、宇文泰各操政柄。闰十二月，宇文泰杀魏孝武帝。两魏均和亲讨好柔然。
二	西魏文帝大统元年	大同元年	535	正月，梁改元。西魏立南阳王宝炬为帝，是为文帝，改元。东魏大破稽胡刘蠡升。三月，西魏定新制二十四条。苏绰定公文格式及计帐、户籍之法。七月，高欢宇文泰互讨。八月，东魏作邺宫。十二月，东魏官始量事给禄。是岁，东魏以宗女妻柔然可汗。西魏与柔然约和。
三	二	二	536	正月，东魏袭拔西魏夏州，迁民归。西魏灵州曹泥降东魏，高欢遣将迎之，迁民归。三月，梁大道士陶弘景死。九月，东魏命侯景攻梁。十月，梁击走侯景。十二月，梁与东魏和。高欢督军攻西魏。是岁，学者阮孝绪死。

帝王纪年			公元	大事
四	三	三	537	正月，西魏大破高欢军，欢退。八月，西魏拔东魏恒农，河北城堡降附甚众。九月，柔然攻东魏。闰九月，高欢自将击西魏。十月，东西魏战于沙苑，高欢大败。西魏攻陷东魏洛阳及河南多郡。是岁，史学家萧子显死。
元象元年	四	四	538	正月，东魏改元。二月，东魏复河南四州。西魏与柔然互婚。七月，东魏围洛阳。八月，西魏大破之。西魏关中大乱，逾月定。十二月，梁皇侃上《礼记义疏》。东魏改选举依年劳之制。东西魏战于河桥，西魏初胜后败。
兴和元年	五	五	539	九月，东魏城邺。十月，东魏改元。十一月，东魏行兴光历。梁分州为五等。
二	六	六	540	正月，西魏铸五铢钱。
三	七	七	541	九月，西魏颁六条诏书于牧守令长。十月，东魏颁麟趾格。是岁，西魏增新制十二条。东魏定调绢以四十尺为匹。
四	八	八	542	二月，西魏初置六军。十月，东魏高欢自将攻西魏玉壁，无功而还。是岁，西魏创建府兵制。
武定元年	九	九	543	正月，东魏改元。三月，高欢、宇文泰交战于洛阳，泰败退关中。十一月，东魏筑长城于肆州北山，西自马陵，东至土墱。
二	十	十	544	正月，交州李贲称帝，国号越。七月，西魏更度量衡制，又损益所颁律令。十月，东魏括户六十余万。十一月，东魏命魏收修国史。
三	十一	十一	545	二月，东魏帝纳吐谷浑可汗从妹。西魏使突厥。六月，西魏诏令皆仿大诰体。梁陈霸先破李贲。柔然可汗阿那环以女妻高欢。是岁，皇侃死。
四	十二	中大同元年	546	正月，李贲败走，梁复交州。二月，西魏凉瓜二州乱，旋平。四月，梁改元。八月，东魏迁洛阳石经于邺。九月，贲复出，陈霸先破之，贲奔僚中。东魏高欢围西魏玉壁，大败而退。是岁，突厥收服高车，始盛；袭收铁勒，遂强。

帝王纪年			公元	大事
五	十三	太清元年	547	正月，东魏高欢卒，子澄嗣；大将侯景降西魏，旋降梁。三月，梁帝舍身佛寺。梁援景。四月，梁改元。五月，西魏兵东出。八月，梁击东魏。东魏帝谋除澄，事泄被幽。十一月，东魏慕容绍宗大败梁兵。十二月，绍宗攻景于涡阳，大败。是岁，东魏杨衒之撰成《洛阳伽蓝记》。
六	十四	二	548	正月，东魏大败侯景，景奔寿阳，梁将溃退。三月，獠杀李贲，兄天宝统残部，陈霸先平之。八月，侯景叛梁。十月，景围建康，梁临贺王正德附之。十一月，正德称帝。十二月，梁各方援军屡败，征宁州徐文盛援，爨氏遂据南中。
七	十五	三	549	二月，侯景伪请和，梁拜为大丞相。三月，侯景破台城。梁青冀等州入东魏。四月，东魏高澄为相国，封齐王。五月，梁武帝死，子纲嗣，是为太宗简文帝。西魏诏太和中代人改汉姓者皆复旧。六月，梁湘东王绎与河东王誉相攻。七月，梁广州刺史元景仲附侯景，旋败死。八月，东魏高澄为下所杀，弟洋嗣。九月，梁岳阳王詧攻湘东王绎，败附西魏。陈霸先起兵讨侯景。东魏陷梁司州，尽有淮南地。
齐文宣帝天保元年	十六	简文帝大宝元年	550	正月，梁改元。梁萧纶自为承制。西魏陷安陆，尽有汉东地。四月，梁湘东王绎攻杀河东王誉，下令讨侯景。五月，东魏高洋称帝改元，国号齐，史称北齐，是为显祖文宣帝；以孝静帝为王，寻杀之，东魏亡。六月，西魏封萧詧为梁王。八月，齐重定律令，又立九等户法。九月，西魏攻齐。梁萧绎攻萧纶，纶败附齐，得封梁王。侯景为相国，封汉王。十一月，西魏退师，洛阳以东入齐。是岁，齐行天保历。
二	十七	二	551	二月，西魏陷汝南，杀梁邵陵王纶。三月，西魏文帝死，子钦嗣，是为废帝。四月，侯景督师西攻郢州。六月，景败于巴陵，所取城尽失。突厥请婚西魏，以长乐公主妻之。八月，侯景废杀简文帝及太子、诸王，立豫章王栋为帝。十一月，侯景称帝，国号汉，废栋，幽之。

帝王纪年			公元	大事
三	废帝元年	元帝承圣元年	552	正月，突厥大破柔然，可汗自杀。二月，梁湘东王绎发兵讨侯景。三月，王僧辩、陈霸先等破建康，侯景东走，寻被杀。四月，梁武陵王纪成都称帝。五月，西魏陷梁南郑，梁剑以北尽失。十月，齐于黄栌岭起长城，北至社平戍，四百余里。十一月，梁湘东王绎称帝于江陵，改元，是为世祖元帝。武陵王纪师东下。
四	二	二	553	二月，东部柔然内讧，三易可汗。七月，梁武陵王纪败死。八月，西魏陷益州。十月，齐大破契丹。十一月，柔然为突厥所逼，举国奔齐；齐立庵罗辰为可汗，处之马邑川。齐败突厥。是岁，突厥可汗死，子俟斤立为木杆可汗。
五	恭帝元年	三	554	正月，西魏改官制。宇文泰废帝钦，立齐王廓，是为恭帝，去年号称元年。九月，西魏开回车路通汉中。十月，西魏发兵攻梁，十一月，西魏入江陵，梁元帝降，旋被杀。十二月，西魏大掠江陵，以荆州地予梁王詧。王僧辩、陈霸先等奉梁晋安王方智为太宰，承制，还建康。
六	二	敬帝绍泰元年	555	正月，梁王詧称帝江陵，称藩西魏，史称后梁，是为中宗宣帝。齐立梁贞阳侯渊明为帝，遣兵卫送。二月，梁晋安王方智即梁王位。五月，王僧辩迎渊明入建康即帝位，以方智为太子，称藩于齐。六月，齐筑长城，自幽州至恒州九百余里。八月，齐令道士皆剃发为沙门。九月，陈霸先袭杀王僧辩，废渊明。十月，立方智为帝，是为敬帝，改元。陈霸先秉政。僧辩旧部杜龛、王僧智等起兵。十一月，齐遣兵援之。十二月，霸先大破齐军，因约和。是岁，西魏诸王降爵为公。突厥破柔然，西败嚈哒，东逐契丹，遂为大国。
七	三	太平元年	556	正月，西魏仿周礼建六官。杜龛败死，王僧智等奔齐。三月，齐发兵攻梁，六月至建康，霸先破之。九月，梁改元，陈霸先为丞相。十月，西魏宇文泰卒，子觉嗣，封周公，泰兄子护总军国事。十一月，齐大并省州郡。十二月，齐大筑长城，东至于海，前后筑凡三千余里。岁末，宇文护迫魏恭帝禅位，西魏亡。

帝王纪年			公元	大事
八	北周孝闵帝元年/明帝元年	陈武帝永定元年	557	正月，宇文觉称天王，是为孝闵帝；国号周，史称北周，以恭帝为宋公，寻杀之，魏亡。九月，梁进陈霸先为相国，封陈公。周宇文护废觉，立毓为天王，是为世宗明帝。十月，霸先称帝，国号陈，改元，是为高祖武帝；以梁帝为江阴王，寻杀之。十二月，陈遣使招降闽中土豪。齐于长城内筑重城四百余里。
九	二	二	558	正月，王琳请齐援，并请还永嘉王庄主梁祀。三月，齐还庄为梁帝，以王琳秉政。
十	武成元年	三	559	六月，陈武帝卒，侄蒨嗣，是为世祖文帝。八月，周始称皇帝，建元武成。十月，齐文宣帝死，太子殷嗣，是为废帝。
乾明元年/皇建元年武成帝太宁元年	二	文帝天嘉元年	560	正月，陈改元。齐改元。二月，齐助王琳攻陈，至芜湖大败；王琳等奔齐。齐常山王演自为大丞相、录尚书事。四月，周宇文护杀明帝，立邕为帝，是为高祖武帝。七月，陈令民不问侨旧，悉令著籍。八月，齐常山王演为帝，改元，是为肃宗孝昭帝，以废帝为王。
河清元年	武帝保定元年	二	561	正月，周改元。三月，周改八丁兵为十二丁兵，率岁一月而役。十一月，齐孝昭帝死，弟长广王湛嗣，改元，是为世祖武成帝。
二	二	三	562	闰二月，后梁帝死，太子岿立，是为世宗孝明帝。
三	三	四	563	二月，周制大律。三月，齐筑长城二百里，置十二戍。十月，周与突厥共攻齐。
后主天统元年	四	五	564	正月，齐败周，突厥大掠走。三月，齐颁新律，复颁均田令。八月，周与突厥攻齐，无功。九月，突厥大掠齐幽州。十二月，齐败周于洛阳。
二	五	六	565	二月，周使突厥，迎可汗女为后。四月，齐武成帝禅位于太子纬，改元。
三	天和元年	天康元年	566	正月，周改元。二月，陈改元。四月，陈帝死，子伯宗嗣，是为废帝。是岁齐始以士人为县令。
	二	废帝光大元年	567	正月，陈改元。五月，陈湘州华皎附后梁，潜结周师。九月，陈败周师，华皎奔后梁。

帝王纪年			公元	大事
四	三	二	568	三月，陈攻后梁江陵，败还。十一月，陈安成王顼废帝为临海王。齐武成帝死。
五	四	宣帝太建元年	569	正月，陈安成王顼称帝，改元，是为高宗宣帝。九月，陈左卫将军欧阳纥据广州起事。
武平元年	五	二	570	正月，齐改元。二月，陈叛将欧阳纥败死。
二	六	三	571	正月，齐败周于汾北。六月，齐取周汾州。七月，齐琅邪王俨杀帝倖臣；九月，齐帝杀俨。
三	建德元年	四	572	三月，周杀宇文护及诸子，改元。六月，齐杀丞相斛律光。是岁，突厥木杆可汗死，国内渐成分裂之象。史学家魏收死。
四	二	五	573	二月，齐置文林馆，撰《修文殿御览》。三月，陈将吴明彻大举攻齐，连克数十城戍；至十二月，几尽复江北及淮泗地。
五	三	六	574	五月，周禁佛道二教，毁经像，命沙门、道士还俗。七月，周卫王直攻宫城，败死。
六	四	七	575	七月，周大举攻齐。九月，周取齐三十余城。闰九月，陈于吕梁大败齐。
隆化元年	五	八	576	十月，周帝攻齐，取平阳；齐帝救，大败。十二月，齐改元。周于晋阳大败齐军。
建德六年		九	577	正月，齐帝传位太子恒，自为太上皇。周取邺，齐太上皇等奔青州，幼帝禅位于任城王湝。周师俘太上皇、幼帝等。二月，周陷瀛州俘高湝，齐亡，凡州五十、郡一百六十二、县三百八十、户三百三万二千五百皆入周。周免齐隶户为民。十月，陈周争徐兖，败周师于吕梁。
宣政元年		十	578	二月，陈将吴明彻等围彭城，大败。三月，周改元。四月，突厥入周幽州杀掠。六月，周武帝死，太子赟嗣，是为宣帝。
宣帝大成元年／静帝大象元年		十一	579	正月，周始服汉魏衣冠朝贺，改元。宣帝传位子阐，是为静帝，改元。五月，突厥掠周并州。六月，周修长城。九月，周攻淮南。十月，周弛造佛像之禁。十二月，周尽取陈江北淮南地。

帝王纪年		公元	大事
二	十二	580	五月，周宣帝死，后父杨坚摄政。六月，周复行佛道二教。相州尉迟迥起兵讨坚，七月，青州尉迟勤、郧州司马消难起兵应迥。八月，益州王谦响应。迥、勤败死，消难奔陈。十月，谦败死。十二月，周诏诸改代姓者复旧。杨坚为相国总百揆，进爵随王。坚大杀宗室诸王。
隋文帝开皇元年	十三	581	二月，杨坚称帝，国号隋，改元，是为高祖文帝；以静帝为介公，北周亡。隋除周六官，依汉魏制置省台寺卫等，又置勋官、散官。九月，陈攻江北，隋发兵南下。是岁，隋诏任民出家，听大造经像，佛书数十百倍于六经。突厥四可汗分立。文学家庾信卒。
二	十四	582	正月，陈宣帝死，子叔陵谋乱败死，叔宝即位，史称后主。四月，隋破突厥。五月，突厥大入长城。隋于龙首山作新都大兴城。十二月，突厥入武威等郡大掠。
三	后主至德元年	583	正月，陈改元。二月，突厥扰隋北边。三月，隋迁新都。四月，隋发兵八道，大破突厥，故齐将高宝宁走死契丹。是岁，文学家徐陵死。
四	二	584	正月，后梁帝朝隋。六月，隋凿广通渠以通运。十一月，陈增关市之征，军人士人皆令纳税。
五	三	585	正月，隋颁行新修五礼。五月，后梁帝死，子琮嗣。是岁，隋复置江陵总管监后梁。隋筑长城，凡七百里。
六	四	586	二月，隋于朔方东筑数十城。
七	祯明元年	587	正月，陈改元。四月，突厥可汗死，弟莫何立。八月，隋征后梁帝入朝。九月，废之，后梁亡。
八	二	588	十一月，隋以晋王广为元帅，发大兵攻陈。十二月，突厥可汗死，兄子立为都蓝可汗。
九		589	正月，隋师入建康，俘陈后主，陈亡。隋得陈州三十，郡一百，县四百，统一全国。

后 记

自先师辞世而去，倏忽已近三载。彼今之间，余每感彷徨咎愧，怨责自矢。所以如此，皆为本书之修订出版。

此事缘于当年《三国史》再版签约之时，先生非常高兴，坚欲全面修订。余深恐先生劳累伤身，情急之下，遂出缓兵之计，谓先生在寿老主编《中国通史》中所写"魏晋南北朝综述"部分比较全面，既未收入《文集》，又系先生晚年定论，可酌为润饰，倘能再辅以弟子十年对图像证史之心得，予以全面、系统配图，定可成魏晋四大名家中独具特色之作，先生若允，弟子当全力联系，目下《三国史》宜尽快处理。再次见面，先生告知采纳余见，吩咐照此办理。之后，余一面细读、核对《三国史》，加以简单配图，另一面则积极与出版社联系，商定"魏晋南北朝史"再版事宜。期间，既重温旧业，又频频与先生请益、磋商修订事项。

2011年1月13日，余赴医院探望先生，请他定夺《三国史》的封面样式，同时带去《魏晋南北朝史》出版合同。得知签约之讯，先生精神矍铄，各种话题聊了一个半小时，先生还催促说："国安，你去办手续，咱们回家吧，可以开工了。医院里太闷，没意思。"余劝慰先生："等过了冬天，到春天，咱们再回去干。"当时，真是丝毫未曾想到先生会这么早离开我们，只觉得变季时节，住在条件好的医院利于维护健康，还跟朋友说："何先生身体没事。再不济，像季先生那样，一住就住它好几年。"

讵天地不仁，春节甫过，惊闻噩耗。2月16日晨，接连收到两则短信，得知恩师已于夜前溘然长逝。余颇感意外，犹如晴空万里闻雷霹。10日上午得知，先生曾经病危，但已大为好转，并取下呼吸机，精神也很好，余还通过电话向先生问候，先生尚铿锵有力地说："好。嗯。"没想到这竟是先生遗余最后之言。

先生驾鹤而去，遗余未竟难题。余之本意，在于馈报师恩。先生于我，渥恩甚深。当年拯我于水深火热之中，识余于歧路彷徨之际，特允以同等学力报考尚为当时社会所重的博士研究生，并在余英语成绩远离及格线 15 分的情况下，与招办主任彭老师联袂促成了这校无前例的破格特招，从此改变了余之人生轨迹。而先生师母本系众羡群慕之神仙眷属，师母不幸之后，先生颇为孤寂。一代宗师，虽已百岁高龄，思维仍极清晰，谈论学术，时发卓异之见，而竟枯对电视，虚耗岁月。先生学者人生，若有适宜适量愉悦之事，一可淡化先生心中哀愁，二可再给后人留下一笔丰厚遗产。预定的操作程序是：针对每个部分，由我检阅有关论著、期刊，查出学术最新进展，在先生身体适宜的情况下，每天用一小时左右，当面禀报，供先生参考、折中和定夺，然后按照先生之意，由我负责具体文案，配图工作则由我独任。

不意约既定而师遂亡，宏图未竟，徒叹奈何。送走先生之后，余检点此事，自感心意已尽，依照先生晚年信仰的唯物主义原则，人死如灯灭，此事除出版社外，几于无人知晓，因而决意放弃。不料，出版社方面坚不允准。思之再三，此事中道搁置，既负先生嘱托，亦伤朋友之义。而如玉成此事，亦感颇有难度。因先生之文，平素不欲他人改动。先生此卷，当年因体例所限，偶有阙典。然光辉俱在，所见自同。余之问学精神，本与先生十分一致——上下而求索、择善而固执，而此事修改，虽有大略意见，余若擅自以己意更动，未知与先生之意是否相互参商。余虽曾追随门下，然根基薄浅，蒙先生错爱，令读书自研，数年获益匪浅。后因我心曾有旁骛，加之学术观点出现分歧，遂予鬼魅魍魉交并作祟之机，从此命途多舛，迄今学无大成，实有负恩师当年厚望，每念及此，心常戚戚。况本师门太大，由我这排序不前不后、学业不精不纯的弟子董理此事，实非上选，而同门兄弟姐妹，于配图之事均不精熟。踟蹰再三，曾请教掌门师兄，商谈之下，亦无良策。思来想去，"有事弟子服其劳"，仍当以完成先生最后心愿为妥，罪我誉我，均非所计。

　　余遂决定：先生本文不再更动，多在配图上着力，重要可补之处则于文字说明中间杂己意，期望以此特色为先生大作增光添彩。考图之为物，先民所重，盖既简明直观，又醒目易记。文图并用，则可活跃版面，使读者轻松之余，进可触发思古之幽情，拉近古今距离，感受、领悟文化，加深理解历史。读史而思见其人，想观其形。而历史图文书的现状，或者前面有一个总帽子，然后是文物、图片集；或者历史书中随意配一些文物、图片，表里松散。本书预期要达到"图画与文字"相互依存、交织表达、共同承担叙事责任（即图文合奏）使之成为一个复合文本之效果。

　　为此目的，搜集扫描了四千余幅图片，采用约近七百，选图以内容尽量贴切、清楚为标准，对需用而不清楚之图则加以修整。此外，余自学绘图软件 CorelDRAWX5 和 Photoshop，尝试别出心裁以图叙述历史之法，无奈路歧人困，偓蹇难行，以致空惭寸进，更因环境所限，每趑趄而难前，原欲速决之心愿，一再悬空。既而发现：绘图之事既属专业，亦非一蹴而就，纵免越俎代庖之罪，惟自拟始而可行，但以余才性疏愚，时遭窒碍，前既无得，退又不能，更非余目前境况所能尽绘者也。虽差幸粗成，定多有不如人意之处，庶几算是了结了恩师一桩心愿。

　　另须向读者告白事项如下：

　　本书原为《中国通史》第五卷《中古时代·三国两晋南北朝时期·上卷》之"综述"部分，初意以"三国两晋南北朝史"为书名较妥，后虑及在同社刚刚出过《三国史》，乃以定约故，名之为《魏晋南北朝史》。

　　"中外文化的交流"一部分，初版由陈连庆先生所写，先生曾希望能由我来重写，当时考虑这部分本非素习，若骤然涉入，一必延宕时日，二则材轻质薄，殆可断言，以故并未承允。嗣后发现，若仍用原作，则存在署名问题，而以拙作代之，虽徒惹续貂之讽，亦难辞喧夺之嫌，但可回避此一难题。深入之后，颇觉此时代中外问题之重要远超想象，以所写过多致比例失当，故调整为一章。另外，余补写了魏晋南北朝的大事年表，实以一"微型通鉴"而期之，并大略以有准确系年之文物置于关键之年，以期达到既活跃版面，又引导读者注意这重要的年份。之所以敢以区区微名而忝列骥尾，实因书中余所写文字，未经恩师过目，表示本人负责之故。岂我好名？事非得已而然也！

　　本书先由北京联合大学应用科技学院张苏雁依照上海人民初版校对一遍。余配图时发现字形相近者错讹甚多，遂爬梳两遍，就可疑之处校勘文字并核对史料，确为史实错误或手误者则加以订正。

　　余才疏学浅之辈，卑浅不名之誉，奔波劳碌之暇，不揣冒昧，且惶且恐，配补师作。自兹以来，常怀愧怍，岁月蹉跎，付梓延迟，实非得已。所以亟亟毕功者，用为先师逝世三周年之纪念。是书终能付梓，实赖世勇先生再四督促，铭戴之余，别有所感。

张国安

2013 年 11 月 8 日

责任编辑：王世勇

图书在版编目（CIP）数据

魏晋南北朝史 / 何兹全，张国安 著 . – 北京：人民出版社，2013.12
（2019.1 重印）
ISBN 978 – 7 – 01 – 011139 – 1

I. ①魏⋯　　II. ①何⋯②张⋯　　III. ①中国历史 – 魏晋南北朝时代
　IV. ① K235

中国版本图书馆 CIP 数据核字（2013）第 194998 号

魏晋南北朝史
WEIJIN NANBEICHAO SHI

何兹全　张国安　著

人民出版社 出版发行
（100706　北京市东城区隆福寺街 99 号）

中煤（北京）印务有限公司印刷　新华书店经销

2013 年 12 月第 1 版　2019 年 1 月北京第 2 次印刷
开本：710 毫米 ×1000 毫米 1/16　印张：32.25
字数：478 千字

ISBN 978 – 7 – 01 – 011139 – 1　定价：118.00 元

邮购地址 100706　北京市东城区隆福寺街 99 号
人民东方图书销售中心　电话（010）65250042　65289539